甘肃省文化资源名录
（第二十九卷）

节庆、赛事、文化之乡

节庆、赛事、文化之乡

总 主 编：陈 青　王福生
副总主编：马廷旭
总 校 对：刘玉顺
本卷主编：魏学宏　李 骅

中国书籍出版社
China Book Press

图书在版编目（CIP）数据

甘肃省文化资源名录. 第二十九卷 / 陈青, 王福生总主编; 甘肃省社会科学院编. — 北京：中国书籍出版社, 2018.1

ISBN 978-7-5068-6711-5

Ⅰ.①甘… Ⅱ.①陈… ②王… ③甘… Ⅲ.①文化遗产—甘肃—名录 Ⅳ.①K294.2-62

中国版本图书馆CIP数据核字（2018）第027827号

甘肃省文化资源名录　第二十九卷

陈　青　王福生　　总主编
甘肃省社会科学院　编

责任编辑	毕　磊
责任印制	孙马飞　马　芝
封面设计	东方美迪
出版发行	中国书籍出版社
地　　址	北京市丰台区三路居路97号（邮编：100073）
电　　话	（010）52257143（总编室）　　（010）52257140（发行部）
电子邮箱	eo@chinabp.com.cn
经　　销	全国新华书店
印　　刷	三河市顺兴印务有限公司
开　　本	787毫米×1092毫米　1/16
字　　数	423千字
印　　张	18.75
版　　次	2018年1月第1版　2018年1月第1次印刷
书　　号	ISBN 978-7-5068-6711-5
定　　价	226.00元

版权所有　翻印必究

甘肃省文化资源普查
和分类分级评估工作领导小组

组　长　　连　辑

副组长　　张广智

成　员　　俞建宁　张建昌　范　鹏　武来银　伏晓春　赵海林
　　　　　王智平　周继尧　史志明　李宗锋　阿　布　李　塮
　　　　　曹玉龙　陈　汉　梁文钊　陈德兴　妥建福　樊　辉
　　　　　肖立群　王兰玲　肖学智　宋金圣　拜真忠　卢旺存
　　　　　石生泰　柳　民　吴国生　火玉龙　车安宁　马少青
　　　　　王福生　张智若

甘肃省文化资源普查和分类分级评估工作领导小组办公室及下设机构

主　　任　　范　鹏

常务副主任　　王福生

副 主 任　　李　堋　　王兰玲　　柳　民

执行副主任　　侯拓野　　马廷旭　　陈月芳　　廖士俊

成　　员　　杨文福　　丁　禄　　田锡如　　李含荣　　路晓峰　　刘效明
　　　　　　张建胜　　徐麟辉　　马志强　　张春锋　　梁朝阳　　方剑平
　　　　　　黄国明　　王银军　　刘志忠　　李拾良　　王登渤　　赵艳超
　　　　　　席浩林　　王　钢　　刘　晋　　李军林　　王景辉　　邵　斌
　　　　　　杨彦斌　　李素芬　　李才仁加　王　旭　　王治纲

综合协调组

组　长　　王灵凤

成　员　　庞　巍　　马争朝　　吴绍珍　　巨　虹　　王彦翔　　唐莉萍
　　　　　段翠清

普查业务组

组　长　　谢增虎

成　员　　马东平　　侯宗辉　　马亚萍　　戚晓萍　　魏学宏　　李　骅
　　　　　买小英　　梁仲靖　　王　屹　　海　敬

技术保障组

组　长　　刘玉顺

成　员　　胡圣方　　王　荟　　谢宏斌　　张博文　　宋晓琴

专家联络组

组　长　　郝树声　　马步升

成　员　　金　蓉　　赵　敏

甘肃省文化资源名录
编纂委员会

主　　　任　　陈　青　　郝　远

副 主 任　　范　鹏　　彭鸿嘉　　俞建宁　　王福生

委　　　员　　朱智文　　安文华　　刘进军　　马廷旭
　　　　　　　王俊莲　　王　琦　　陈双梅

总 主 编　　陈　青　　王福生

副总主编　　马廷旭

总 校 对　　刘玉顺

成　　　员　　谢增虎　　马东平　　侯宗辉　　马亚萍　　戚晓萍
　　　　　　　魏学宏　　赵国军　　谢　羽　　金　蓉　　买小英
　　　　　　　巨　虹　　吴绍珍　　胡圣方　　李　骅　　鲁雪峰
　　　　　　　梁仲靖　　王　荟　　王　屹　　海　敬　　段翠清
　　　　　　　李志鹏　　尹小娟　　姜　江

前　言

　　丝绸之路三千里，华夏文明八千年。甘肃是华夏文明的重要发祥地之一，是中华民族重要的文化资源宝库，是国务院认定的"华夏文明传承创新区"。为了保护和传承甘肃恢宏的历史与当代文化资源，使之能够汇总展示给世界，并永久流传，甘肃省从 2013 年 4 月启动了全省文化资源普查工作。在甘肃省文化资源普查和分类分级评估工作领导小组组织下，动员全省各市（州）县（区）、31 个厅局及省直单位的专业人员，数十位专家学者，历时两年，完成了普查和数据录入工作。对于全省文化资源普查成果，甘肃省社会科学院又经过两年时间整理完善、分类编辑、拾遗补阙、校对编排，现在终于有了《甘肃省文化资源名录》的付梓出版。

　　《甘肃省文化资源名录》集中展现了甘肃历史悠久、丰富多样的文化资源。甘肃历史文化遗存位列全国前茅，民族民俗文化特色鲜明，现代文化颇具实力。伏羲文化、大地湾文化、马家窑文化、齐家文化、寺洼文化、彩陶文化、周秦早期文化、长城文化、汉简文化、三国文化、五凉文化、敦煌文化、石窟文化、黄河文化等历史文化资源积淀深厚；道教文化、西夏文化、伊斯兰文化、藏传佛教文化等民族宗教文化资源星罗棋布；大革命文化、根据地文化、长征文化、抗日文化、解放区文化等红色文化资源耀眼夺目；工业文化、科技文化、歌舞文化、大众文化等现代文化资源特色鲜明。可以说，文化资源是历代生活在甘肃的华夏儿女留给这块大地的永不磨灭的最辉煌印记。

　　就甘肃省文化资源的精华而言，截至 2017 年初，全省馆藏可移动文物为 195.84 万件，各类不可移动文物 16895 处。有世界文化遗产 7 处，全国重点文物保护单位 131 处，省级文物保护单位 556 处，国家级非物质文化遗产代表性项目 68 项。有国家级历史文化名城 4 座，国家级历史文化名镇 7 座，中国历史文化名村2座，中国传统村落36个。莫高窟、嘉峪关、伏羲庙、麦积山、炳灵寺、阳关、玉门关、锁阳城、崆峒山、拉卜楞寺、中山桥……，都是甘肃文化的历史见证；敦煌汉简、悬泉汉简、铜奔马、牛肉面、剪纸、花儿、皮影、羊皮筏子、黄河水车……，都是甘肃永恒的文化名片；腊子口、哈达铺、会师楼、南梁……，都是甘肃代表性红色文化遗产；酒泉卫星发射中心、刘家峡水电站、玉门油田、《读者》《丝路花雨》《大梦敦煌》……，都是甘肃之所以为甘肃的鲜明标志；祁连山、雪山冰川、河西走廊，大漠戈壁、高原草原、天池梅园……，都是如意甘肃的生动写照。众多的历史、自然和现代文化资源犹如满天繁星，镶嵌在广袤的甘肃大地上熠熠生辉。

　　《甘肃省文化资源名录》汇总甘肃省文化资源的精华，完成了打造华夏文明传承创新区的基础工作。《名录》将文化资源分为二十大类，分别是：文物；红色文化；重要历史事件与人物；重要历史文献；民族语言文字；非物质文化遗产；自然景观文化；宗教文化；文学艺术；饮食文化；建筑文化；节庆、赛事文化；文化之乡；地名文化；文化传媒；社科研究；文化类高等教育；文化艺术机构团体；文化产业；文化人才。每类文化资源按属性又分若干子分类，每个子分类都有严格的界定。同时，将文化资源级别分为省级和市州级。省级文化资源是指国务院、国家有关部委、甘肃省政府和省直部门已经明确命名、认定、管理（或委托管理）的国家级和省级文化资源，以及甘肃省文化资源普查办公室评估认定并核定公布、报送备案的文化资源。市州级文化资源是指甘肃省各市州、县级政府及其管理部门已经明确命名、认定、管理的市县文化资源，以及甘肃省文化资源普查办公室评估认定并核定公布、报送备案的市县文化资源。甘肃省内世界级文化资源（遗产）纳入省级文化资源管理范围，暂未认定级别和不需认定级别的文化资源统一纳入市州级文化资源范围。

　　推出《甘肃省文化资源名录》，对于推进华夏文明传承创新区建设、甘肃文化大省建设、丝绸之路黄金段建设意义深远。《名录》不仅仅记录了甘肃文化资源的种类和数量，也使甘肃文化资源的资源类别、品相级别、蕴藏情况、流布地域、传承范围和衍变情况得以准确和清晰化。通过编辑出版《甘肃省文化资源名录》，形成一个科学完整的文化资源数据库、文化资源研究的学术平台、文化资源传承保护和开发利用的指南，有助于更好地挖掘那些具有世界影响、国家价值、显著特点、唯一仅存、开发潜力巨大的代表性文化资源，为文化资源的有效保护提供科学依据，为重点文化资源找到开发的机遇并重塑生长的价值，为文化产业项目的开发利用提供可靠的参考。所以，《名录》的推出，是甘肃省文化资源普查成果面向世界迈出的第一步，是文化实力助推甘肃转型发展的坚实步伐，它为甘肃省今后对文化资源进行保护传承、专题研究、数字展示、市场开发奠定了基础。

甘肃省社会科学院

2017 年 7 月

目 录

前　言 　　　　　　　　　　　　　　　001

节庆　　　　　　　　　　　　　　　　001

　（一）兰州　　　　　　　　　　　　002
　（二）酒泉　　　　　　　　　　　　022
　（三）金昌　　　　　　　　　　　　028
　（四）天水　　　　　　　　　　　　031
　（五）武威　　　　　　　　　　　　058
　（六）张掖　　　　　　　　　　　　063
　（七）白银　　　　　　　　　　　　068
　（八）平凉　　　　　　　　　　　　072
　（九）庆阳　　　　　　　　　　　　076
　（十）定西　　　　　　　　　　　　084
　（十一）陇南　　　　　　　　　　　109
　（十二）临夏　　　　　　　　　　　111
　（十三）甘南　　　　　　　　　　　112

赛事 121

 （一）兰州 122
 （二）酒泉 131
 （三）嘉峪关 142
 （四）金昌 143
 （五）天水 144
 （六）武威 151
 （七）张掖 153
 （八）白银 161
 （九）平凉 167
 （十）庆阳 173
 （十一）定西 176
 （十二）陇南 179
 （十三）临夏 184
 （十四）甘南 188

文化之乡 193

 （一）传统村落 195
 （二）文化户 207
 （三）文化名城 221
 （四）文化名村 230
 （五）文化名街 239
 （六）文化名镇 243
 （七）文化艺术之乡 253

后 记 284

第二十九卷 甘肃省文化资源名录
节庆、赛事、文化之乡

节庆

（一）兰州
（二）酒泉
（三）金昌
（四）天水
（五）武威
（六）张掖
（七）白银
（八）平凉
（九）庆阳
（十）定西
（十一）陇南
（十二）临夏
（十三）甘南

（一）兰州

0001 中国（兰州）国际鼓文化艺术周

文献依据：兰州市文化局
流布区域：兰州市
起始时间：2013 年
举办机构：兰州市委、市政府
级　　别：1
简　　介：2013 年年初，甘肃省建设华夏文明传承创新区，围绕"一带"，建设"三区"，打造"十三板块"，在"十三板块"的节庆赛事会展举办中列入了"中国（兰州）国际鼓文化艺术周"活动。中国（兰州）国际鼓文化艺术周在甘肃兰州搭建了全世界鼓的文化交流平台。艺术周以"鼓舞、奋进、合作、友谊"为宗旨，以"艺术盛会、鼓舞世界"为理念，通过邀请世界各国鼓文化艺术团体和国内知名鼓队的参加，展示世界各国鼓文化艺术风采，发掘鼓文化艺术精粹，用精彩的文艺演出，浓郁的中外民间艺术特色，吸引外界关注兰州，促进兰州对外开放，提升兰州市的知名度和影响力，为甘肃省实施"3341"项目工程提供智力支持和精神动力，具有十分重要的意义。2013 年第一届中国（兰州）国际鼓文化艺术周中有 21 支中外鼓队汇聚金城，举行了全球千人鼓队大巡游、世界鼓王大联欢、世界鼓文化高峰论坛、闭幕式和颁奖晚会等活动，让市民领略到世界多元鼓文化的风采，让兰州的国家级非遗保护项目兰州太平鼓融入世界鼓文化之林。第一届中国（兰州）国际鼓文化艺术周的成功举办，为以后的活动奠定了良好的基础。

0002 兰州市春节文化庙会

文献依据：兰州市文化局
流布区域：兰州市三县五区
起始时间：2002 年
举办机构：兰州市文广局
级　　别：1
简　　介：兰州市春节文化庙会 2002 年举办了第一届。杂技、兰州拳、皮影子、香包、剪纸、泥塑、刻葫芦等兰州非物质文化遗产是每年庙会的保留节目。另外，传统社火、书画笔会、灯谜有奖竞猜、免费的新春贺岁片展映、民间工艺品展销、风味小吃品尝以及游园、游艺等活动陪伴广大市民度过喜庆吉祥的民俗年。兰州春节文化庙会是落实中央、省市丰富群众节日文化生活的精神的重要举措，有利于营造和谐文明、健康快乐的节日氛围。庙会期间通过组织丰富多彩的文化活动，提供优质的公共文化服务，使广大市民在欢乐、喜庆、热烈、祥和的气氛中欢度春节。兰州市春节文化庙会获得过文化部每三年一届的群众文化项目"群星奖"，已成为在兰州举办的品牌群众文化活动。

0003 兰州艺术节

文献依据：兰州市文化局

流布区域：兰州市

起始时间：2006 年

举办机构：兰州市文广局

级　　别：1

简　　介：首届兰州艺术节始于 2006 年，最初为金海湾艺术节，后更名为兰州大剧院艺术节，第四届正式命名为兰州艺术节。兰州艺术节定位高、视野大、一流水准，演出剧目一届比一届丰富，演出内容一届比一届精彩。每届兰州艺术节的活动都盛况空前，其影响力已不仅仅局限于甘肃境内，从首届开始便受到了青海、宁夏等周边城市的高度关注。兰州艺术节秉承着"提升兰州城市文化品位，展示全国舞台艺术成就"的宗旨而不断升华，不遗余力地对华夏文明传承创新成果进行着展示，成为兰州人自豪的又一个文化品牌、艺术盛会。艺术节在国内外影响广泛，较好地树立了兰州作为现代化区域性中心城市的文化地位和文化形象，为宣传兰州、提高兰州的知名度做出了贡献。

0004 兰州农民艺术节

文献依据：兰州市文化局

流布区域：兰州市三县五区

起始时间：2004 年

举办机构：兰州市委、兰州市人民政府

级　　别：1

简　　介：兰州农民艺术节的参加者主要是兰州市 8 县区的农民朋友。兰州农民艺术节活动主要有全市农民文艺汇演、农民美术作品展、兰州非遗保护成果大展示、全市农村文化建设工作经验交流会暨乡镇文化站长培训班、优秀农村题材影片展映等部分组成。其中文艺节目是农民朋友利用农闲季节、茶余饭后，自编自演的。形式多样、新颖独特、短小精悍的文艺节目充分展示了兰州市农村的新人、新事、新面貌、新变化和新气象，体现了时代特征和农民特色。举办农民艺术节目的在于为活跃农民生活搭起一个平台，促进民间艺术的挖掘、传承和创新，推动农村文化工作再上新台阶，为更好地解决"三农"问题提供智力支持和精神动力。

0005 兰州社区艺术节

文献依据：兰州市文化局

流布区域：兰州市

起始时间：2009 年

举办机构：兰州市委、兰州市人民政府

级　　别：1

简　　介：社区艺术节由群众文艺团队舞蹈、

戏曲、声乐、器乐展演，社区群众书画笔会，社区群众象棋比赛，社区群众扑克牌双扣比赛，现场摄影比赛，灯谜有奖竞猜等活动组成。活动内容丰富、形式多样、参与性强、群众面广。每届社区艺术节的举行，都吸引了20多万人次的观众观看并参与其中。艺术节成了老年人享受欢歌笑语的"剧场"、孩子们竞技的"游乐园"、年轻人燃烧激情的场所和中年人展示风采的舞台。通过举办社区艺术节，营造多姿多彩、生动活泼、寓教于乐的社区文化氛围，促进了社区文化体育活动的蓬勃开展，更重要的是，通过艺术节，改变了社区居民的精神风貌，提高了广大居民的道德素养，为建设和谐社区、和谐社会奠定了基础。

0006 兰州新年音乐会

文献依据：兰州市文化局
流布区域：兰州市三县五区
起始时间：1998年
举办机构：兰州市文广局
级　　别：1
简　　介：兰州新年音乐会从1998年起开始举办。兰州是全国最早举办新年音乐会的城市之一。从2003年起，兰州新年音乐会与市政府的元旦招待会合并，成为市政府主办的一年一度的文化盛典。以举办新年音乐会的方式辞旧迎新，已经成为兰州新的文化传承。

0007 黄河风情文化周

文献依据：兰州市文化局
流布区域：兰州市三县五区
起始时间：2002年
举办机构：兰州市文广局
级　　别：1
简　　介：第一届兰州黄河风情文化周2002年举办。黄河风情文化周通过举办丰富多彩的，集思想性、群众性、艺术性、娱乐性于一体的系列文化活动，充分展示民族艺术、民间艺术、国外艺术及黄河兰州段独特的风情。通过举办黄河风情文化周，在全市形成"热爱家乡、热爱生活"的浓厚氛围，丰富多彩的文化活动活跃了广大市民的文化生活，为兰州社会经济转型跨越发展、再造兰州提供了智力支持。兰州黄河风情文化周也是黄河风情线上的一道靓丽风景。

0008 兰州七里河区春节民俗文化庙会

文献依据：兰州市七里河区文化局

流布区域：兰州市七里河区

起始时间：2007年

举办机构：兰州市七里河区委、区政府、区委宣传部、区文广局、区文化馆

级　　别：1

简　　介：为促进兰州七里河区文化大繁荣、大发展，弘扬民族民间优秀文化，在全区积极营造欢乐祥和、健康文明的节日氛围，展示全区人民拼搏向上的精神风貌和创业实干的豪迈热情，使广大市民在欢乐、喜庆的气氛中欢度春节，2007年举办了第一届春节民俗文化庙会活动，反响较好。此后该活动一年一届，现已成为兰州七里河区人民每年不可缺少的一项文化活动。

0009 添仓节

文献依据：兰州市七里河文化局

流布区域：全国

起始时间：不祥

举办机构：民间

级　　别：1

简　　介：添仓节是古代民间祈年节俗，也叫填仓节。填仓节分大小，小填仓在农历正月二十，亦称"小添仓"，大填仓则在二十五。添仓，是指农家往仓房囤子里增添粮食，意思是当年要在原有粮食生产的基础上，增加收成，多多增产，寄托了人们对于来年粮食丰收的良好愿望。添仓节，不同的时代，不同的地区，节日时间有所不同，节俗也不一样，各地过节方法也不尽相同。有的地方，添仓节这天，象征性地往粮仓里添加粮食，有的地方则在添仓节这一天吃春饼、煎饼和饺子，并把这些食物投入到粮仓。名曰填仓、添仓。

据说添仓节是为了纪念一个仓官。仓官是谁？在民间有两种传说：一说西汉淳于衍曾做过粮仓官，为人正直，遭人陷害，判死刑入狱，经女儿上诉赦免，后人为了纪念他，定正月二十五为添仓节。另一种传说是，相传在很久很久以前，我国北方遇到连年旱灾，赤地千里，颗粒无收。可是，皇家不管黎民百姓的死活。照样征收皇粮，弄得民间怨声载道。看守李家粮仓的仓官，目睹这一惨景，于心不忍，便毅然打开皇仓，救济灾民。他知道，这样做是触犯了王法，皇帝绝不会饶恕他。于是，他让百姓把粮食运走以后，就一把火把皇仓烧了，连同自己也活活烧死。这一天正好是农历正月二十五日，后人为了纪念这位放粮救灾民的无名氏仓官，每到这一天，就用细炊灰在院内外打囤填仓，以示对仓官的怀念，也祈盼新年有好收成。这样，填仓节的习俗就世代流传下来。

另一说填仓节又叫天穿节。宋代以前，以正月二十三为天穿节，相传这一天为女娲补天日。在远古时期，天崩地裂火山爆发洪水浩荡，猛兽巨鹰横行扑食难民，百姓处于水深火热中。这时被称为人类始祖的女娲氏，采来五色彩石日夜冶炼，炼了七七四十九天后，正是正月廿五这一天，终于把破裂的天空修补好。女娲氏又斩断巨龟的四条腿，用来支撑天的四方，并且杀死猛兽巨鹰，治退洪水，使百姓安居乐业。为了纪念女娲氏，人们就在正月廿五这天吃烙饼、煎饼，并用红丝线系饼投在房屋顶上，谓之"补天穿"。故正月廿五又称为"天穿节"、"天仓节"。

0010 兰州百合文化旅游节

文献依据：兰州市七里河文化局

流布区域：兰州市

起始时间：2012 年
举办机构：中共兰州市委、兰州市人民政府主办，中共兰州市七里河区委、七里河区人民政府、兰州市农业委员会、兰州市文化局、兰州市旅游局承办
级　　别：1
简　　介："兰州百合"享誉全国，在兰州百合的主产区——兰州市七里河区，百合种植面积已达 4 万余亩，年产量达 1500 万公斤，百合产业已成为七里河区经济、旅游、文化发展的"助推器"。七里河区为进一步拓展经济发展空间，更好地提升"兰州百合"形象，立足产业基础，发挥资源区位优势，以兰州百合文化为底蕴，2012 年精心举办"第一届兰州百合文化旅游节"，节会以"传播百合文化旅游，建设幸福美好兰州"为主题，突出"高原美玉陇上奇珍"兰州百合宣传，通过"三大系列，十大主题活动"，节会已成为促进文化产业交流、推动区域旅游发展、开展招商引资活动的重要平台。该节会的举办进一步展示了"山水名城、魅力兰州"和七里河创建宜居新环境，进一步提升了"天下百合第一区"的社会影响力。

0011　查干萨仁

文献依据：兰州市七里河农牧局
流布区域：甘肃部分地方
起始时间：不祥
举办机构：民间
级　　别：4
简　　介：蒙古族的传统节日主要为旧历新年，蒙古语为"查干萨仁"，即白色的月。蒙古族的年节亦称"白节"或"白月"，这与奶食的洁白紧密相关。"白"在蒙古人心目中具有"开元"之意。据史书记载，自元朝起蒙古族接受了汉族历法，因此，蒙古族白月与汉族春节正月相符。这就是蒙古族过春节的由来。蒙古族年节，虽然与汉族春节时间一致，并吸收了一些汉族习俗，如吃五更饺子，放鞭炮等，但也保留了很多蒙古族传统习俗。在农牧区，查干萨仁期间，草原上都要举行祭火、祝寿、拜年等活动，庆祝新一年的开始，在除夕夜一般都要吃手扒肉、点篝火，以示合家团圆，辞旧迎新。初一凌晨晚辈向长辈敬"迎新酒"，亲朋间互赠哈达，恭贺新年吉祥如意。整个白月（正月）里，在草原上常会看到穿着节日盛装的牧民带着酒香和歌声，和着马蹄或汽车摩托车的伴奏，结伴走亲访友的热闹情景。

0012　农历七月七庙会

文献依据：兰州市西固区委党史研究室
流布区域：吧咪山地区、关山地区
起始时间：不详
举办机构：民间
级　　别：4
简　　介：农历七月初七是金花仙姑出世的日子。相传明朝洪武年间，兰州井儿街有一户人家，男的叫金应龙，女的方氏，他们原籍榆中金家崖，因租地耕种移居到这里。洪武二十二年的一天，方氏梦见自己吞下了日月，金光闪耀，于是身怀有孕。农历七月初七日晚，生下一女，取名金花，又名天姑，这就是金花仙姑。金花自幼与众不同，从三岁开始不食荤腥，不穿帛衣，四岁开始捻麻纺线，好读经文。到了永乐三年（1405 年），金花刚满十七岁，父母将金花许配兰州南山大马莲滩（今属兰州市七里河区）王家庄华岭子村民王尕福子，金花执意不从，但父母之命媒妁之言，六礼既成，奈何。迎亲当夜，金花一手拿火棍，一手拿麻线，将线头系在灶龛，出门

离家西去。金花出兰州西稍门，去下西园与舅舅告别后，便一路向南，上晏家坪，经摸石湾、泉神庙，至神树岘稍歇，被哥哥追至，劝妹一同归家。金花对哥哥直言："妹妹乃慈航分形，光分南海，肩负普渡众生脱离苦海之重任。如今功果圆满，已成正果，此行此别，不能后退半步"。哥哥不相信妹妹的话，就说："你若真的成仙，可与我当面显个灵验"。金花遂将手拿火棍插于道旁巨石之上，只见火棍瞬间生枝吐叶，变为一棵枝繁叶茂的青松。哥哥目瞪口呆，方知妹妹所言不虚，只好长叹而归。今天在关山乡松树岘，神树犹在，树顶有火烧痕迹，树下有菩萨庙祭祀仙姑。兄妹分手，金花继续西行。又经关山乡蒲家沟，折向西行，过小干沟梁、格水岭、歇马殿、黑山顶，直达塔什堡浪头山。金花登高俯视，只见黑山山势奇特，形如左狮右象，森林茂密，清丽美好，心知到了地界。是年农历四月初八日，金花将躯体抛入吧咪山无影洞中，羽化成仙。因金花仙姑的缘故，黑山改名吧咪山。《甘肃古迹名胜辞典》载："传谙光绪年间，大旱饥馑，满山忽生吧糜，味美能食"，百姓赖以度过了荒年，感谢金花仙姑保佑，故称黑山为"吧咪宝山"。金花姑娘成仙后，屡屡显灵，驱除瘟疫，拔除旱魔，可谓有感即通，当地百姓于明成化四年（1468年）建庙供奉。因其灵感四方，便由起初的方神转而成为吧咪山方圆百里内信奉者共同尊崇的神灵，吧咪山也随之成为道教圣地，代有兴建。农历七月七庙会，就是广大百姓为纪念金花仙姑诞辰而举行的庆祝活动，意在宣扬金花仙姑普济众生的大德懿行。一般从七月初一开始，初七结束。

0013 幸福寺农历腊月初八取火煮粥

文献依据：西固区文化局

流布区域：西固乡柴家台村

起始时间：不详

举办机构：幸福寺

级　　别：4

简　　介：每年农历腊月初八，欣逢幸福寺为释迦文佛成道举行盛会，四方香客早早赶到，敬香完毕散会时"老爷"答谢，招呼大家吃一碗热气腾腾的"腊八粥"。腊八施粥为的是纪念佛祖释迦牟尼成道日，秉承佛教"无缘大慈，同体大悲"精神，上报四重恩，下济三涂苦。让社会大众在品尝佛家烧制的腊八粥的同时，感悟佛教文化的优秀传统，感受佛教慈悲利生的悲心善念。

0014 兰州西固灯会

文献依据：兰州西固区文化局

流布区域：西固区

起始时间：清末

举办机构：民间

级　　别：4

简　　介：清末开始，兰州西固每逢春节由专人筹办元宵灯会。新中国成立后每年仍继续，"文化大革命"期间中断，20世纪80年代初陆续恢复。"金城灯会西固红，万支彩灯跃长空。银花火树满园春，天上人间无不同。"在长期发展过程中，西固灯会渐渐形成了自己的特色，并形成了深厚的文化积淀，有着广泛的群众基础，这些都为西固灯会促进社会经济的发展奠定了良好的基础。

0015 玉女神会

文献依据：兰州西固区委党史研究室

流布区域：西固区金沟乡

起始时间：不详

举办机构：民间

级　　别：4

简　　介：历传吧咪山金花仙姑祈雨灵验，周边永靖二十四庙、临洮十八庙、兰州大马莲滩六庙的信众，为求得神灵保佑，风调雨顺，常来吧咪山求雨取水，通称"水会"。由于各地水会的形式不同，各赋其名。永靖二十四庙俗称"玉女神会"，临洮十八庙通称"龙华海会"，兰州大马莲滩称为"旱水会"。"玉女神会"的水会队伍从农历四月初八一早出发，沿固定路线到吧咪山池庙的"神池"取水。"神池"也叫"水晶宫"。据传，金花姑娘羽化成仙时，"双足踏破水晶宫，五龙捧圣百脉通"，池深五尺许，水从两石窝渗出。池旁还有一棵神奇的百年古松，叫"线杆松"，相传因金花仙姑捻线的线杆而得名。念金花仙姑宝诰，行一系列叩拜程序，然后，把总将神水瓶用红线红布包扎，倒立神池取水。取到水后，周行二十四庙，最后还于池庙。

0016　放河灯

文献依据：兰州西固区国土资源局

流布区域：兰州西固区

起始时间：不详

举办机构：民间

级　　别：4

简　　介：旧俗于农历七月十五日中元节夜，燃莲花灯于水上以烛幽冥，谓之"放河灯"。放河灯是华夏民族传统习俗，用以对逝去亲人的悼念，对活着的人们祝福。它流行于汉、蒙古、达斡尔、彝、白、纳西、苗、侗、布依、壮、土家族地区，各地在三月三、七巧节、中秋节晚上水边，常放河灯。道教、佛教在夏历七月十五举行宗教节日时也放河灯，一般人误为放河灯是宗教活动。兰州居住在黄河岸边的人们，有许多是靠搬大筏（牛皮筏子），羊皮筏子，赶单流，跑木筏来养家糊口的，在滔滔黄河水中搬筏子，是一种很危险的工作。在水中不幸遇难者，连个尸首都难以寻觅，于是亲人们就用这种放灯招魂的方式，来祭奠亡灵，以此来寄托思念之情。久而久之，送灯招魂也就成了人们水上祭奠的一种仪式，并沿袭下来。放河灯时，人们会把糊好的各种形状、五颜六色的河灯放到河上。如果是在夜晚，本来漆黑一片的河面上突然闪亮起飘动的灯火，灯火在河上随着流水移动，层次错落，让人觉得美丽而又壮观。

0017　兰州西固红枣节

文献依据：西固区国土旅游局

流布区域：兰州市

起始时间：2012年

举办机构：兰州西固区政府

级　　别：4

简　　介：在兰州西固，种植和生产大红枣已经有近500年的历史，枣树主要生长在东川、河口、新城、达川四个区域，面积达万亩以上。每到中秋时节，郁郁葱葱的枣树林中，仍不乏超百年树龄的老树依然枝繁叶茂、开花结果。近年来，通过西固区党委政府的大力扶持和农业科技部门的积极帮助，现已形成以河口百年老枣林和东川青石台红枣新品种示范基地为依托的两大红枣主产区。为充分发挥和利用东川、河口红枣产业基础和旅游资源优势，提升西固旅游形象，打开旅游知名度，西固区于2012年9月20日举办首届红枣节。举办节会旨在充分发挥和利用东川、河口红枣产业基础和旅游资源优势，促进文化产业交流，推动区域旅游发展。

0018 龙华海会

文献依据：兰州西固区委党史研究室
流布区域：西固区金沟乡
起始时间：不详
举办机构：民间自发
级　　别：4
简　　介："龙华海会"由临洮十八庙联合举行，一般是在后山"玉女神会"结束将神水送回金花仙姑神池之后，"龙华海会"人员于农历四月十六晚间再到吧咪山取"神水"。

0019 兰州桃花节

文献依据：兰州安宁区文化局
流布区域：兰州市
起始时间：1984 年
举办机构：兰州市委、兰州市人民政府主办，兰州市委宣传部、安宁区委、安宁区人民政府承办
级　　别：4
简　　介：兰州安宁区种桃历史悠久，安宁桃园东起刘家堡，西至沙井驿，绵延 15 公里，面积 8000 多亩，是享誉全国的三大桃园之一。每年暮春时节，十里桃乡处处桃树红霞飞，片片桃花吐芳菲。据《西京杂记》载：汉武帝初修上林苑，群臣远方各献名果异树，亦所制为美名，以标奇丽。在名果中有秦桃、金城桃、紫纹桃等，其中金城桃就是兰州安宁桃园出产的迟水桃，以此佐证兰州出产鲜桃至今已有两千多年历史。兰州焦桃于明清时列为贡品，久食可延年益寿。1984 年举办第一届桃花会，2001 年第 18 届桃花会更名安宁桃花旅游节，此后每年桃花会正式称名为"兰州桃花节"。桃花节于每年 4 月份桃花盛开之际，在安宁区桃园隆重举行。桃花节不仅成为市民游春赏花的休闲节会，更成为安宁区乃至兰州市招商引资、洽谈经贸、展示形象的经济盛会。

0020 甘肃水果玉米采摘节

文献依据：榆中县农牧局
起始时间：2010 年 7 月
流布区域：甘肃省
举办机构：甘肃省农牧厅、兰州市政府、榆中县政府、榆中县农业局、甘肃中美国玉水果玉米科技开发有限公司
级　　别：4
简　　介：甘肃首届水果玉米摘节于 2010 年 7 月 24 日在兰州市榆中县许家窑生态园开幕。水果玉米采摘节主要包括实地采摘玉米、生吃玉米以及最大"水果玉米王"拍卖等环节（拍卖所得款项全额捐献给在读贫困大学生）。水果玉米被称为"中美国玉"，引种于美国。有皮薄、质脆、味甜等特点。从 2005 年第一粒水果玉米种子播撒在高崖镇大营村到今天，"中美国玉"水果玉米种植面积已经超过了 3 万亩。上市后的鲜食水果玉米有 10% 出口海外，主要销往新加坡、马来西亚、日本、沙特阿拉伯等地，国内主要销往上海、杭州等东部沿海城市。

0021 城隍出巡

文献依据：榆中县委宣传部
流布区域：青城古镇
起始时间：清代
举办机构：民间
级　　别：4

简　介："城隍出府"是一项青城特有的大型民俗活动，每年都在中国历史文化名镇榆中县青城镇举，属于省级非物质文化遗产保护项目。

青城城隍为督城隍系省城隍神，雍正二年。因省城恢崇庙宇，神像嫌小，经当时在兰州市榆中县青城商贾的多重努力，为条城请到了督城隍，其祭祀活动与兰州城隍基本相同。

据载，"神极灵异，香火最盛"。城隍爷每年清明节前一天和农历十月初一前一天，"出府"两次，体察民情，处理世间不平事，惩罚作恶多端之徒。每到这一天，城隍庙或城隍行宫都要唱三天大戏（出府前一晚至回府）。城隍爷"出府"，讲究颇多：首先是出巡前一天下午举行"请神"活动，出巡的当天早上要举行道教活动，均由道士主持。又因城隍爷是督城隍爷，管辖"八府"。条城属皋（皋兰）、金（榆中）二县管辖。每次出巡时，轿有三顶，各不相同，督城隍的轿身为黄色，轿夫穿黄色的衣服，且必须是青城村的人才能做都城隍的轿夫；皋兰县隍爷的轿身为蓝色，轿夫身穿蓝色服装。金县隍爷的轿身为绿色，轿夫穿绿色服装。届时，鸣铁炮三响，一骑高头大马者身背印架，上置令箭，前行，后众衙役鸣锣开道，四长号齐鸣，道教徒列队奏乐居中，刀枪剑戟，斧钺钩叉林立，飞龙旗、飞虎旗猎猎，"回避"、"肃静"大牌高举，皋、金二县轿居前，城隍爷金轿居后，后竖一"敕封忠烈公"长方形旌旗，旗后一人骑马背大印，带上方宝剑，出行队伍长约里许，浩浩荡荡，威严肃穆，经前街，出东城门，沿东西街过东栅门，经马路巷，越南栅门至崇兰山城隍行宫。督城隍的轿子所经之处，人山人海，人们争先恐后跪在轿子下面，虔诚地等待城隍爷从自己身上越过，名曰"过关"。据说这样可以驱除身上的晦气、祛病消灾，保佑全家幸福安康。亦有临轿烧香许愿的，给轿子披被面、毛毯，以表虔诚，隍爷到城隍行宫（专为隍爷出巡修的官邸）住一宿，次日上午举行盛大道教活动，后沿原路回府。回府规模和出府一样，亦有很多人跪在轿下"过关"祈求幸福安康。隍爷出府是古条城最大的庙会，届时，条城所辖的东滩、水川、强湾等地的隍爷子民们多来祈福消灾，声势浩大，观者如云。此庙会远近闻名。

0022 苦水猪驮山四月八浴佛节

文献依据：榆中县委宣传部
流布区域：榆中县高崖镇、新营乡、龙泉乡、

清水驿乡、韦营乡等乡镇

起始时间：2007年

举办机构：甘草店镇西村

级　　别：4

简　　介：农历四月初八，是中国佛教徒纪念教主释迦牟尼佛诞辰的一个重要节日，亦名佛诞节。浴佛是提醒我们时时保有一颗清净心。

猪驮山，原名萱帽山，位于兰州永登县苦水镇苦水街河西一公里处，气势超拔，峰态耸峙；山下玫瑰花似海，游客来如潮。在清朝时已是平番（即今永登县）八大胜景之一，与苦水"庄浪秋水"、"巨柳含烟"等胜景，一直为文人墨客吟咏不已。而今，猪驮山与被誉为兰州十大景观之一的"玫瑰花香"互相映衬，已成为省城市民旅游、避暑、朝山、拜佛的后花园。

苦水猪驮山"四月八"浴佛节，人山人海，规模空前，具有西北之冠美誉的鎏金大佛更是吸引了众多游客，烧香拜佛。同时也为永登县的经济发展带来了巨大收益。

0023 兰州市榆中县龙泉乡龙泉寺庙会

文献依据：榆中县委宣传部

流布区域：榆中县龙泉乡

起始时间：不详

举办机构：龙泉寺

级　　别：4

简　　介：龙泉寺位于榆中县出南门九十华里地，属榆中县龙泉乡骡子滩，银川，花寨子三村交连处，也是榆中，临洮，定西三县接壤之地，亘古以来是周边四十八庄口集贸交易、拜佛上香的圣地。龙泉寺历史悠久，据考证始建于梁武帝年间，清康熙十二年或二十八年兴修复建。在清同治年间，回民造反，寺院被烧毁殆尽，此后复建的三霄宝殿比较雅致，三霄娘娘塑像庄严威仪，新中国成立后在破除迷信的运动中又遭毁坏。现在的建筑都是周边的信仰群众近年来捐钱献料制作而成。每年农历五月初五的端午节是龙泉寺历史以来的节日盛会。每逢庙会，要唱三天大戏。届时，善男信女、集贸小贩、旅游观光者从四面八方蜂拥而至，寺院广场容纳不下，就在靠北的凹凸地聚集，帐篷连片，酒摊、茶馆、小卖摊点，地方小吃云集于此，车水马龙热闹非常。

0024 榆中县大水洞村山神庙庙会

文献依据：榆中县委宣传部

流布区域：来紫堡乡大水洞村

起始时间：不详

举办机构：大水洞村山神庙管委会

级　　别：4

简　　介：大水洞村山神庙建于道光1821年，庙宇建成后供奉山神爷（诸葛武侯）、关公、八吒爷、送子娘娘。1946年破除四旧时拆除，于1989年重建，人们为纪念武侯在每年七月二十三举办庙会进行祭祀。

0025 骆驼巷紫清观庙会

文献依据：榆中县委宣传部

流布区域：来紫堡乡骆驼巷村

起始时间：不详

举办机构：骆驼巷紫清观道教事务管理委员会

级　　别：4级

简　　介：紫清观始于建1894年，神位有九天圣母太乙元君，乌龙大五谷苗稼王威灵显化天尊，每年正月十三、七月二十一、十一月初六各五天是人们祭祀、祈祷的节庆日，每逢吉日，从四面八方赶来的信男善女们烧香祈福。届时庙会上有歌舞、戏曲表演，给人们繁忙的生活增添了生机。

0026 七月官神传统庙会

文献依据：榆中县委宣传部
流布区域：苑川河中下游夏官营、金崖、来紫堡一带的两川、四堡、三十六社
起始时间：明初"靖难之变"后
举办机构：宛川民俗文化研究所
级　　别：4

简　　介："七月官神"主要流传于苑川河中下游夏官营、金崖、来紫堡一带的两川（苑川、南川）、四堡（红崖堡、巴石堡、窦家堡、来紫堡）、三十六社。"七月官神"传统庙会于每年七月初十开始至八月初十结束，为期一月。七月初十，过店子村玩神队伍和其他社的玩神代表齐聚金崖镇寺隆沟村的白马庙上，举行隆重的起神仪式。礼毕，三声炮响，鼓乐齐奏，白马爷、八蜡爷两顶绿锦神轿缓缓起动，由"师公子"穿百家衣、执扇鼓，随"爷"来往表演。仪仗高举的龙凤彩旗迎风招展，万民伞、回避肃静牌、神牌、金瓜钺斧、朝天镫、半副銮驾，威风八面，十分壮观。沿途各庄接送，直到过店子玉皇殿上，白马天子、八蜡田祖朝拜玉皇大帝，接着一社接一社，每社玩一天。玩神的内容包括起神、曳神、抢庙、安神、签盘、秉烛、献祭、迎盘、玩毡、破羊盘、跑玉皇等程式。夜间停驻在本社歇马殿，其间，唱兰州鼓子、榆中小曲子，表演杂耍"流星水锤"、"流里火锤"、"小洪拳"及皮影戏。遇到半社的地方，神轿不在此过夜，只是途经此处，属地庄户人家在路边门前摆起香案、盘供、祭品，迎候尊神，焚香叩拜，祈求降祥。七月官神玩到黄家庄，又添了清水龙王、白马爷两顶神轿，于是共四顶神轿。七月神会的尾声是伙神，意思是各路神会汇合在一起，来一次总的祭神。这时上社的四顶神轿与下社的混水龙王、九龙爷、金龙爷等四顶神轿及各玩神队伍齐聚黄家庄教场湾，其场面宏大，规模壮观，将整个玩神活动推向了高潮。其中的重要项目是武术表演和较量。训练有素的武术爱好者头裹红绸，腰缠红带，手持旗杆和棍棒，在苑川河滩里一决胜败。胜者抬神轿先进总庙，然后其余七顶神轿依次进入总庙，面宿一夜，上下社师公、谈古论今、各显神通，热闹非凡。次日分头，白马、八蜡神轿经由文化村、黄家庄、施家巷、上伍营，由西向东玩到寺隆沟村。一直玩到农历八月初十前后，回归寺隆沟老庙安神就结束了。玩神期间，神轿每到一个庄上，村民们家家蒸馒头、买香烛、处处宰羊、备供品。亲戚朋友也来观看玩神。七月官神传统庙会已逐步演变成了集体文化娱乐、集市贸易、相亲联姻为一体的民俗盛会。

0027 骆驼巷村龙凤山关圣帝君庙会

文献依据：榆中县委宣传部
流布区域：来紫堡乡骆驼巷村

起始时间：2006 年
举办机构：龙凤山关圣帝君庙管委会
级　　别：4
简　　介：关圣帝君庙始建于 1887 年，"文革"期间拆除。2006 年群众自发募捐重建于骆驼巷村龙凤山，内供奉关圣帝君、协天大帝、文昌帝君、二郎真君、三霄娘娘、三官大帝等神位。建成后每年农历四月初六至初八举行庆典祭祀。

0028　榆中大营寺庙会

文献依据：榆中县委宣传部
流布区域：榆中县川西地区
起始时间：2006
举办机构：大营寺寺委会
级　　别：4
简　　介：大营寺，位于榆中县高崖镇李家磨村一带，是一座最初建于明代的寺院，它是榆中县历史上有名的寺庙。大营寺雄伟壮丽巍立在宛川河畔，寺院在青山翠柏中显得格外灵秀。史载明朝万历乙卯年，古槐一棵，小寺一座，清朝康熙五十八年筹集银两，第三次维建寺院，清朝末年寺院所有殿宇设施毁于战火之中。大营寺辖九庙十八庄，旧时每年都举行一次庙会，当时称"打醮"、"歌官神"。届时，将九庙神佛坐轿集中到大营寺举行活动。从外地请来师功子，打羊皮鼓跳神，人们抬着轿子互相追逐，场面十分热闹。外地的商贾小贩也身背肩挑，来到大营寺摆设摊点，有一边敲打梆子一边高声说唱的，也有做产品功能演示的，商品琳琅满目，叫卖声不绝于耳。从四面八方赶来参加庙会的人挤满了寺院，有男的女的、老的少的，人群熙熙攘攘，热闹非凡。寺庙这一佛教圣地，成为商品交流和文化活动场所，在当时很好地起到了商品流通、人际交往和文化娱乐的作用。

古老的大营寺于 2006 年农历三月十七日重新修建，前后修建了槐爷殿、菩萨殿和龙王殿。大营寺庙会每年农历六月十八举行，届时广大信仕祈福还愿、信愿念佛、祈求平安。

0029　榆中方家泉三官殿庙会

文献依据：榆中县委宣传部
流布区域：来紫堡乡方家泉村
起始时间：2003 年
举办机构：方家泉村三官殿管委会
级　　别：4
简　　介：方家泉三官殿始建于元朝至顺年间，距今有六百多年的历史，毁于"文革"期间。2003 年重建，每逢农历七月十五日举办庙会，为信教群众提供了活动场所，对社会稳定起到了一定的作用。

0030　榆中西坪龙王庙会

文献依据：榆中县委宣传部
流布区域：来紫堡乡西坪村
起始时间：2010 年
举办机构：群众自发
级　　别：4 级
简　　介：西坪龙王庙始建于明末清初，是当地人为祈雨保丰年而修建，"文革"时期为"破四旧"而拆毁，1986 年在原地重建。2010 年重新选址于护洼山建成现在的龙王庙。大殿建筑是砖木结构，建筑中运用了大量的工程技艺，砖雕、木雕、彩绘随处可见，起脊卧阁，雕梁画栋，独具匠心。

0031　方家泉娘娘庙会

文献依据：榆中县委宣传部
流布区域：来紫堡乡方家泉村
起始时间：2004 年
举办机构：方家泉娘娘庙管委会

级　　别：4

简　　介：榆中县方家泉村娘娘庙，据《皋兰县志》记载，始建于清乾隆年间，距今200多年，有主殿三间，厢房五间，主殿前方50米有自然生成泉池一眼，后因盗匪放火毁坏。2004年当地民众自发募捐进行重建，内供奉金花仙姑，九天圣母，碧霞元君三位金身塑像。为弘扬中国道教文化，树立群众爱教意识，每逢七月初七日举行文化慈善庙会。

0032　火家店村龙王庙会

文献依据：榆中县委宣传部

流布区域：来紫堡乡火家店村

起始时间：2014年

举办机构：火家店村民俗委员会

级　　别：4

简　　介：榆中县来紫堡乡火家店村龙王庙，始建于大清光绪年间，毁于20世纪60年代末。2011将龙王庙迁址于一台子赵家沟旁边重建，2014年（甲午年）农历七月十九日全面完整竣工。自此，民俗委员会决定每年农历七月二十一举办火家店村龙王庙会。

0033　榆中县民俗文化节

文献依据：榆中县委宣传部

流布区域：榆中县

起始时间：2009年9月1日

举办机构：中共榆中县委　榆中县人民政府

级　　别：3

简　　介：兰州市榆中县在沿川湖文化生态园区举办以"传承、创新、发展、和谐"为主题的榆中民俗文化节。节会一般为期五天。节会以文艺演出、民俗文化展演、商品展览展销等为主要内容。节会期间邀请陕西省戏剧研究院眉碗团演出秦腔经典剧目，甘肃省歌舞剧团、甘肃省民族歌舞团等演出大型综艺、杂技类节目，邀请甘肃省著名的花儿演出团体和藏族歌舞表演团体演出有民族特色的文艺节目。组织县内各乡村有地方特色的团体和个人演出。节会由兰州正和集团赞助。

0034　城关镇地椒沟方神庙庙会

文献依据：榆中县委宣传部

流布区域：榆中县城关镇

起始时间：2013年

举办机构：李家庄村委会

级　　别：4

简　　介：城关镇地椒沟方神庙庙会兴起于2013年，每年农历九月十四举办，李家庄村及周边村的数百名村民汇集于此，络绎不绝，一连几天香火旺盛。地椒沟方神庙庙会活动主体是民众，最大的特色是始终保持着民间自发性。庙会期间所有活动均由当地村民自发组织开展，所需费用也由村民及信众捐助。庙会上，李家庄村及周边村民众自发传承、创作的民俗文艺表演形式多样，主要包括秧歌表演、舞蹈表演和书画作品展览等活动。地椒沟方神庙庙会是民间文化的盛会，展示着多姿多彩的民俗文化，是真正意义上的乡村文化大舞台。庙会的举办一方面可以展示民俗文化，另一方面则有宣传教育的作用，让年轻的一代了解李家庄村庙会，弘扬传统文化。

0035 兴隆山六月六山会

文献依据：榆中县委宣传部

流布区域：甘肃省兰州市榆中县兴隆山

起始时间：春秋战国

举办机构：兴隆山旅游管理中心

级　　别：3

简　介：山会定在六月六，据说源自春秋战国时期。相传晋国有个宰相叫狐偃，每逢六月六过生日的时候，总有数不清的人给他拜寿送礼，恭祝他长生不老。这样狐偃逐渐骄傲起来，因他权高位重，百官敢怒不敢言。狐偃的儿女亲家赵衰直言了他许多不是，被狐偃当众责难，赵衰因气得病而死。赵衰的儿子便决定趁六月六岳父寿宴之日，杀狐偃、报父仇。但是妻子跑回娘家将丈夫的密计告诉了父亲。六月初六一早，狐偃亲自上门请女婿进宰相府坐上席，对众人说："老夫今年放粮，亲见百姓疾苦，深知我近年来做事有错，今天贤婿设计害我，虽然过于狠毒，但他是为民除害，为父报仇，老夫不怪罪。女儿救父危难，尽大孝，理当受我一拜。并望贤婿看我面上，不计仇恨，两相和好！"从此以后，狐偃真心改过。为了永远记取这个教训，狐偃每年六月六都要请回闺女、女婿团聚一番。这件事传扬出去，老百姓也都仿效在六月六接回闺女，应个消仇解恨，免灾去难。天长日久，相沿成习，便称六月六为"姑姑节"。"姑姑"在榆中称"娘娘"，"娘娘"又与神话中"西天圣娘娘"、"送子娘娘"混为一谈。故而六月六逐渐演变成了娘娘送子日期，善男信女敬香求子，并将重点置于娘娘殿、太白泉求子，冷落了山神祭祀。随着道教在兴隆山的传播与流布，兴隆山庙会活动中逐渐以白狗、白鸡、白盐祀奉山神，以香钱馒头敬香求子的活动则演变为以各种供品祀奉"混元"、"玉帝"、"显化真人"诸神等等。

0036 兴隆山六月六传统庙会

文献依据：榆中县委宣传部

流布区域：甘肃省兰州市榆中县兴隆山

起始时间：不详

举办机构：兴隆山旅游管理中心

级　　别：3

简　介：兴隆山"六月六"传统文化庙会出自山会，是祀奉山神、求取药草、驱除"山鬼"的一项民间文化活动。相传，在兴隆山南侧的马啣山有一眼终年冰雪不化的神泉——金龙池，很久以前东海龙王的女儿因触犯天规，被罚变成一条金龙，终年禁锢在这里，只有农历"六月六"这天冰泉解冻，金龙才可以沐浴天日，跃出水面戏水。人们为观此景，在"六月六"这天纷纷登临东山太白泉，遥看寒山之巅金龙风采，并借此祭奠神灵、祈福还愿、商品交易、武林会友、寻找伉俪，"六月六"文化庙会由此逐步兴起并流传至今。

0037 榆中县城关镇下汉村文昌宫庙会

文献依据：榆中县委宣传部

流布区域：城关镇

起始时间：2008年

举办机构：下汉村委会及民间组织

级　　别：4

简　　介：城关镇下汉村文昌宫庙会兴起于2008年，每年农历七八月份举办。庙会期间下汉村、东湾村及周边村的数百名村民汇集于此，善男信女络绎不绝，一连几天香火兴旺。下汉村文昌宫庙会是民间文化的盛会，展示着多姿多彩的民俗文化，已成为真正意义上的乡村文化大舞台。

0038 城关镇南关村庙坡山庙会

文献依据：榆中县委宣传部

流布区域：榆中县城关镇

起始时间：1997

举办机构：民间组织

级　　别：4

简　　介：位于城关镇周家庄、汉家庄两村之间的庙坡山，地形独特，集天时、地理、人和为一体，是榆中县城揽胜之地。先辈们在此修建了"义勇武安王"庙，即关圣殿。因为有了庙，人们最初称"高庙山"，后称为"庙坡山"。据老人们回忆，每年元宵节，庙上都沿着弯弯的之字形山路，摆上灯笼，每当夜晚远远望去，如龙灯闪烁，可谓别具一格的"灯会"。以前上汉家庄的社火道具全存放于庙内，要是遇上丰收年景，小伙们就到庙上取家什敲打起来，年老者默许，当年社火就非玩不可。1997年，庙坡山下的上汉家庄和南周村的有识之士率先发起了重修庙坡胜景的倡议。2013年，乡民们在原址修起了娘娘殿，供奉送子娘娘、催生娘娘、花儿娘娘，彩绘后金碧辉煌。原小桥村供奉叭蜡爷，因旧址建校，村民奉接到庙坡山供奉。至此，庙坡灵山初具规模，吸引周边无数香客。自此之后每年从除夕到元宵，庙上都挂红灯以增加喜庆气氛，可谓庙坡灯会的延续，晚上远远看去，县城万家灯火，山头瑞霭接天，遥相辉映，美不胜收，好一派清平、祥和的盛世景象。

0039 榆中二龙山庙会

文献依据：榆中县委宣传部

流布区域：青城古镇

起始时间：不详

举办机构：民间组织

级　　别：4

简　　介：农历七月十五为二龙山玉皇大帝庙会日，届时在二龙山举行盛大的道教活动。二龙山庙宇始建于乾隆十六年，位置正对二龙山的戏楼，庙会期间大多请省、市、县剧团和有名的秦腔班社前来演出。二龙山庙会是二龙山景区旅游的宣传品牌，也是青城百姓关注和喜爱的文化活动之一。

0040 榆中青城东岳大帝庙会

文献依据：榆中县委宣传部
流布区域：青城古镇青城街
起始时间：不详
举办机构：青城古镇
级　　别：3

简　介：每年农历三月二十八的条城街"东岳大帝庙会"，也称"东岳会"。相传，东岳大帝为掌管阴司的最高首领，主管着十殿阎君、十二曹府。三月二十八是东岳大帝的诞辰日，为纪念其生日，对阴司鬼魂实行"特赦"一天。举行庙会的意思：一是"交钱粮许愿还愿，祈福消灾"。二是经商的外地商贾终年不回家，难免想念亲人，无法祭奠祖先，此日可给去世的父母及祖先以邮包的形式寄钱（烧纸钱），俗称"寄邮包"。三是封建社会的妇女受"三纲五常"、"三从四德"的束缚，不能进婆家的坟院，也不能进娘家的坟院祭祖的，也只有在这一天（特赦日）在旷野地、路旁（不能去坟院）给自己去世的父母及祖先烧钱。烧完纸钱后，往往大哭一场，发泄冤屈、释放压抑。故此庙会参加者妇女犹多。四是妇女可借机走出门，游览条城各寺庙，观景购物，舒畅心情。今天在东岳庙举行盛大的道教活动，信徒云集，拜大帝诵经文，众生说善事。青城街上万人空巷，游人如潮，擦肩接踵。街两旁摆满了买香火纸钱的、风味小吃的、各种水果的、占卦的、书写信件邮包等，应有尽有，热闹非凡。

0041 榆中县凤凰山白马爷庙庙会

文献依据：榆中县文化局
流布区域：榆中县韦营乡李家坪村
起始时间：1960年
举办机构：李家坪村白马爷庙道教人士
级　　别：4

简　介：凤凰山白马爷庙位于李家坪村，庙内供奉白马爷，将军爷，该庙在新中国成立前就已形成，"文化大革命"期间遭受毁坏，后经多次兴建和维修，2014年农历五月建成砖木仿古的大殿两座，后一步步建成钟鼓楼等附属设施。凤凰山白马爷庙会，每年的正月初举行，一般正月中旬结束，庙会包括乐器演奏，走场，法师诵经祈福迎祥法，社火表演，期间可以进行抽签求卦占卜。凤凰山白马爷庙会，体现了辖区群众对美好生活的憧憬，对国泰民安、风调雨顺的美好向往。

0042 榆中城关镇分豁岔村春节农民运动会暨文艺演出

文献依据：榆中县委宣传部
流布区域：城关镇分豁岔村
起始时间：2011年
举办机构：分豁岔村委会
级　　别：4
简　　介：为营造春节期间热烈喜庆的氛围，全面展示大好形势下分豁岔村村民良好的精神风貌，为丰富群众的精神文化生活，分豁岔村从2011年开始由村支部、村委会组织庆春节的文艺汇演和农民运动会活动。每届活动分两部分：一是文艺汇演，一是农民运动会（篮球赛）。活动持续五天，参加的演员和运动员有150余人。在春节农闲之际，此活动丰富了农民精神文化生活，汇演活动营造了积极、健康、向上的农村文化氛围，有利于提高广大群众的精神文化修养和审美情趣，取得良好的社会效果。

0043 甘草店镇泰山庙会

文献依据：榆中县委宣传部
流布区域：高崖镇、新营乡、龙泉乡、清水驿乡、韦营乡等乡镇
起始时间：2007年
举办机构：甘草店镇西村
级　　别：3
简　　介：据传说，农历三月二十八日是东岳大帝黄飞虎的诞辰日，人们为了纪念这位为人正直、驱灾降祥、保一方百姓平安健康的大将军，以庙会形式举行隆重的祭祀仪式。甘草店镇泰山庙会每年两次，春社为农历三月二十八日，相传这一日是泰山爷黄飞虎的生日；秋社为农历十一月中旬，是黄飞虎出府射猎的季节。庙会期间，请陕西或兰州戏班唱会戏，庙会活动主要是在泰山庙举行隆重的诵经祭祀仪式，敬神还愿，泰山爷出府、秦腔展演。甘草店泰山庙会已被列入县、市级非物质文化遗产保护项目。

0044 榆中甘草店镇民俗文化节

文献依据：榆中县委宣传部
流布区域：甘草店
起始时间：2012年
举办机构：甘草店镇西村
级　　别：4
简　　介：民俗文化节以"传承民间民俗文化，丰富群众精神生活"为主题，内容丰富多彩，富有地方特色。有为纪念东岳大帝黄飞虎的隆重祭祀仪式，有专业剧团的秦腔大戏演出，有来自农民自办社团的群众歌舞表演，有种类繁多的商品展销以及地方风味小吃等。

0045 皋兰县农民艺术节

文献依据：皋兰县文化局
流布区域：皋兰县
起始时间：2012年
举办机构：皋兰县人民政府
级　　别：3
简　　介：皋兰县农民艺术节是由政府主办，依托"一村一品"群众性文化精品创建工程展演活动，全面展示群众性文化精品创建成果和新时代农民群众的精神风貌的大型节会。皋兰县农民艺术节每年举办一次，为期两天，分为"一村一品"群众文化精品展示专场、秦腔专场、兰州鼓子专场，集中展示农民群众艺术成果、民俗文化和县域非物质文化遗产。

0046 皋兰县石洞寺文化庙会

文献依据：皋兰县文化局

流布区域：皋兰县

起始时间：2012 年

举办机构：皋兰县人民政府

级　　别：4

简　　介：石洞寺文化庙会以展示石洞寺佛教文化为主要内容，充分挖掘石洞寺传统庙会的文化底蕴，引导群众性社会活动健康发展，为皋兰乡村旅游和经济发展搭建的新平台。石洞寺文化庙会每年举办一次，石洞寺文化庙会活动紧密结合庙会传统和石洞寺景区发展实际，以民俗文化、体育赛事、乡村旅游为重点，有针对性地开展系列活动。包括"梨花诗会"、"庙会祈福活动"、"庙会文体活动"、皋兰特色小吃及小商品展销等活动。

0047 永登石家滩原生态草原文化旅游节

文献依据：永登县旅游局

流布区域：永登县

起始时间：不详

举办机构：永登县人民政府、武胜驿镇人民政府

级　　别：4 级

简　　介：为进一步提升永登旅游形象，充分展示石家滩独特秀美的自然风光，特举办永登石家滩原生态草原文化暨油菜花节。活动内容有：户外登山比赛，篝火晚会，武胜驿美食文化节美食节开幕式及文艺演出，武胜驿手抓高峰论坛，"魅力花海"摄影作品征集，油菜花节诗词、散文、歌曲有奖征集，油菜花节书画作品征集，花儿演唱会，油菜花节摄影、诗词、散文、歌曲、书画作品评展活动。

0048 中国玫瑰之乡·兰州玫瑰节

文献依据：永登县旅游局

流布区域：永登县城

起始时间：不详

举办机构：兰州市人民政府、永登县人民政府、苦水镇人民政府

级　　别：3

简　　介：兰州玫瑰节主要活动包括非物质文化展演、苦水丹霞自行车骑行和徒步游、"修身养性"休闲垂钓、"开心农场·手留

玫乡"采摘、"玫瑰之乡"书画摄影及苦水丹霞图片展、"文化下乡进景区"活动暨农村广场舞大赛、县际乒乓球联赛、"金秋欢歌"果品采摘节、"玫乡风情"秦腔擂台赛等多项活动。节会突出"玫瑰之约，文化之旅"主题，依托永登厚重的历史文化，怡人的自然景观和久负盛名的兰州新十景之一"玫海花香"，展示永登县"永不停步、敢于攀登"的新变化，活动充分带动了乡村旅游发展。

0049 永登石家滩原生态油菜花节

文献依据：永登县文化局
流布区域：永登县武胜驿
起始时间：不详
举办机构：永登县人民政府、武胜驿镇人民政府
级　　别：3
简　　介：甘肃永登县石家滩原生态草原文化暨油菜花节以"相约生态草原，畅游金色花海，展示'双联'成果"为主题，相继开展了"爬山大赛"、"篝火晚会"、"武胜驿美食文化节"、"'魅力花海'摄影作品征集"、"中小学生作文、诗词、散文、歌曲有奖征集"、"书画作品征集"、"花儿演唱会"等丰富多彩的活动，整个活动每年基本从7月底开始一直持续到8月8日结束。武胜驿高原生态良好，民族风情独特，此活动是以高原生态谷油菜花、青山、林海、草原、藏民族风情为主的生态旅游节会。

0050 连城四月八浴佛节

文献依据：永登县旅游局
流布区域：不详
起始时间：农历四月初八
举办机构：民间组织
级　　别：4
简　　介：农历四月初八，是中国佛教徒纪念教主释迦牟尼佛诞辰的一个重要节日，亦名佛诞节。世界各地的佛教徒每年都会在这一天举办功德法会或行小三献礼来恭祝佛陀的诞辰，而各佛教寺庙也会准备素菜素饭，招待信徒祭拜，并举行花祭。举行浴佛大典的佛寺，大多也会举行放生法会，以结善缘，增进功德。浴佛的仪式一般是在佛殿或露天净地举行。浴佛的方式是在庙寺前置一小浴亭，亭内供释迦小像，旁贮浴佛水，佛水是药草煮炼而成，有甘草、百香草等，信徒匀水淋佛，即饮之。

0051 中国·兰州永登土司文化旅游节

文献依据：永登县旅游局
流布区域：永登县
起始时间：不详
举办机构：兰州市人民政府、永登县人民政府、连城镇人民政府
级　　别：1
简　　介：充分依托连城独特的区位优势，厚重的土司历史文化，怡人的吐鲁沟、石屏山等自然景观，大力发展以吐鲁沟国家森林公园、鲁土司衙门、"陇上都江堰"等为代表的一批特色旅游产业品牌，以举办土司文化旅游节系列活动为载体，强力打造"多彩兰州·奇在永登"的旅游文化品牌，特举办中国·兰州永登土司文化旅游节。节会的内容有：1.中国·兰州永登土司文化旅游节新闻发布会。介绍土司文化及鲁土司衙门、妙音寺、石屏山、吐鲁沟、东大寺、大通河

梯级电站等旅游景点；宗教界人士介绍藏传佛教文化以及旅游节期间的佛事活动。2.土司文化与民族和谐研讨会。3.连城文化、风情一日游。鲁土司衙门—东大寺藏传佛教浏览—登览石屏山—吐鲁风情浏览—天王沟水电站一日游。4.摄影作品展示大赛。5.篝火晚会。

（二）酒泉

0052 酒泉·华夏文化艺术节

文献依据：酒泉市文化局

起始时间：2013年

流布区域：酒泉市

举办机构：酒泉市委宣传部、市文明办、文广局、旅游局和团市委联合主办

级　　别：2

简　　介：首届"酒泉·华夏文化艺术节"于2013年于7月15日—8月18日举办，共演出节目568个，惠及数十万群众。分为"百姓大舞台"、"酒泉铸辉煌"、"华夏谱新篇"及"酒泉文化旅游商品展"四大板块，举办了36场主题晚会。"百姓大舞台"板块中，以群众文化活动展示为主。"酒泉铸辉煌"板块中，汇集了非物质文化遗产项目展、敦煌临摹壁画展、酒泉发展成就图片展、民间故事摄影图片展和农民艺术品、手工艺品展等5大内容。"华夏谱新篇"板块中，汇聚了白俄罗斯国家艺术团演出、各县市区精品文艺调演等丰富内容。在流光溢彩时段的精品文艺展演中共评选出综合奖7个、优秀节目奖22个、创新节目奖10个等。特别是对评选出的"酒泉宝卷唱新韵"，酒泉民歌等一批富有地方特色、形式题材新颖的创新作品给予了表彰奖励。华夏文化艺术节以精彩纷呈的文艺演出，丰富多彩的节目内容，广泛的群众参与，满足不同层次的文化需求，让市民在文化之夏中享受欢乐、品尝精彩、感受喜悦。

0053 玉门赤金峡漂流文化节

文献依据：玉门市文化局

流布区域：玉门市

起始时间：2013年

举办机构：玉门市委、市政府

级　　别：3

简　　介：为加快推进玉门华夏文明传承创新区建设，充分展示市政迁址十年来经济社会发展取得的辉煌成就，构筑对外合作交流平台，玉门市委、市政府于2013年8月6日隆重举办了"首届赤金峡漂流文化节"。首届赤金峡漂流文化节活动历时一个月，期间举办了玉门区域经济发展及经贸洽谈会、市政迁址10周年辉煌成就展、大型专场文艺演出、书画摄影展等系列文体活动。同时举办了漂流大赛、冲关赤金峡、峡谷飞索、

高湖冲舟等各类大型娱乐活动。活动的开展集中表现了玉门独特的文化旅游资源和优越的投资发展环境，充分展示了玉门对外开放开发新形象。

0054 玉门市广场文化艺术节

文献依据：玉门市文化局

流布区域：玉门市

起始时间：2006 年

举办机构：玉门市委市政府、市委宣传部文体局

级　　别：3

简　　介：广场文化艺术节是玉门市委、市政府关心群众文化生活、构建和谐社会与地方特色文化的一个重要举措，是活跃基层文化、推进全市群众文化质量和水平的一个重要载体，是基层组织和广大人民共同创造的一个群众满足、社会赞许、党委政府认可、市内外影响较大的特色群众文化活动品牌。每届艺术节举办各类演出 25 场次，参与演出单位 20 多个，演出节目 300 多个，观看群众达 12 万余人次。舞台上布设精彩的背景，结合电脑灯、激光灯、染色灯、冷焰火、泡泡机等现代舞美设施，使得每场演出都流光溢彩，熠熠生辉。

0055 玉门市农谷文化节

文献依据：玉门市文化局

流布区域：玉门市

起始时间：2010 年

举办机构：玉门市花海镇党委、花海镇人民政府

级　　别：3

简　　介：独特的地理环境，丰富的土地资源，使得玉门农业产业硕果累累，棉花、蜜瓜、辣椒、孜然等特色农产品享誉全国，远销海内外；鲜食葡萄、枸杞、红花、籽瓜、茴香、紫花苜蓿等特色产业已初具规模，为了充分展示玉门的农产品特色，玉门市花海镇每年 8 月在玉门市花海镇举办玉门市农谷文化节，历时一个星期。

0056 玉门市黑沙窝民俗沙浴文化节

文献依据：玉门市文化局

起始时间：2005 年

流布区域：玉门市

举办机构：玉门市柳河乡政府

级　　别：3

简　　介：玉门市柳河乡黑沙窝沙浴有着悠久的历史和独有的民俗文化底蕴，以其特有的自然景观和神奇的沙浴疗效，在每年农历六月六形成了"晒沙浴"的习俗。柳河官庄子北边的黑沙窝，三面绿树环绕，中间一块神奇的沙漠，玉门周边群众来此，一为凑热闹，二为通过晒沙治疗各种风湿病，取沙疗病的民间习俗在当地已流传数百年。据说是因为药王在六月六日在黑沙窝里撒下药物，因此黑沙窝成了黑色，还有疗伤治病功能，由此当地举行民俗沙浴文化节活动，喝地道的土鸡汤，吃各种本土小吃，听秦腔，把平时一个人都没有的黑沙窝变得人山人海。

0057 中国·敦煌（国际）葡萄文化节

文献依据：敦煌市林业局
起始时间：2008 年
流布区域：敦煌市
举办机构：中国果品流通协会葡萄分会、甘肃省科技厅、中国农学会葡萄分会、敦煌市政府、敦煌市林业局
级　　别：1
简　　介：敦煌的葡萄种植可以追溯至西汉时期，但真正的大面积发展还是从20世纪改革开放后开始。悠久的栽培历史再加上罕见的戈壁葡萄，构成了敦煌别具一格的葡萄特色。2008年6月，敦煌市被中国果品流通协会评为"全国优质葡萄生产基地"，无核白葡萄、红地球葡萄被评为"中华名果"。敦煌是旅游名城，也是葡萄瓜果之乡。为大力发展葡萄产业，敦煌市内抓生产销售，外抓宣传推荐，依托于葡萄产业而举办的葡萄文化旅游节备受瞩目，收到了良好的效果。

0058 中国酒泉航天金塔胡杨文化旅游节

文献依据：金塔县旅游局
流布区域：金塔县
流布时间：2010 年 9 月
举办机构：甘肃省旅游局、酒泉市人民政府
级　　别：2
简　　介：金塔胡杨文化旅游节是集旅游推介、文化交流、体育比赛为一体的盛会，每年的9月末至10月末在酒泉市金塔县举办。该节促进了金塔旅游业的发展和知名度的提高，产生了丰厚的社会效益和经济效益，已成为金塔旅游业的黄金品牌。金塔胡杨林现有林地面积8万亩，是集休闲、度假、旅游、观光为一体的生态旅游基地。为充分发挥这一独特的旅游资源优势，提高当地的知名度和影响力，使更多的人认识金塔、了解金塔、走进金塔，2010年举办第一届金塔胡杨文化旅游节，该节会已成为金塔县文化节庆活动之一。

0059 中国酒泉瓜州蜜瓜节

文献依据：瓜州县文化局
流布区域：瓜州县
起始时间：2011 年
举办机构：瓜州县政府
级　　别：省级
简　　介：2004年，瓜州县被中国特产之乡组委会命名为"中国蜜瓜之乡"。蜜瓜产业

是瓜州最具代表性的农业产业，因此，举办"蜜瓜节"。节会期间通过成果展示、竞赛评比、蜜瓜评鉴、项目推介与签约、观摩培训、成果发布等活动，充分展示瓜州蜜瓜产业发展成果，进一步提升"瓜州蜜瓜"的品牌知名度和品牌优势，引导农民积极发展高效特色农业，推进农业产业化经营。

0060 首届张芝奖全国书法大展

文献依据：瓜州县文化局

流布区域：瓜州县

起始时间：2012年8月

举办机构：中国书法家协会主办，甘肃省文联、甘肃省书协承办

级　　别：省级

简　　介：张芝为东汉著名的书法家，敦煌郡酒泉县人（今酒泉瓜州人），是中国书法史上的杰出代表，被世人尊为"草圣"。为缅怀"草圣"张芝，大力弘扬优秀传统文化，建设和谐文化，全面展示当代中国书法篆刻的艺术成就，推动当代书法篆刻艺术进一步繁荣。2012年9月首届"张芝奖"全国书法大展在瓜州举办。同时举办了"全国书法名家邀请展"、"张芝塑像落成典礼"、"草圣张芝书法学术研讨会"等一系列大型活动。甘肃瓜州举办"张芝奖"全国书法大展，不但为甘肃建设文化大省添力，且进一步丰富了瓜州旅游文化的内容。

0061 敖包祭祀

文献依据：肃北蒙古族自治县文化局

流布区域：肃北蒙古族自治县境内

起始时间：不详

举办机构：县、乡镇、村及牧民自办

级　　别：县级

简　　介：祭敖包的含义最初是祭天地、祭地方神祇和祖先等。后来演变成祭家乡风水神的风俗，又带有群众性集会、游艺、祈雨的活动。祭敖包时，除当地女性外，全部落的僧俗吏民均要参加，时间一般在农历五、六月间牧草返青季节。到了祭敖包那天，人们穿上新衣，骑上好马，从四面八方聚集到敖包前。尔后，一般从山包的西南登上中心敖包，由西向东绕着敖包顺转一圈，来到敖包正前方香案前叩拜和点燃香柱。并从很远处带来的石块加在敖包上，用五颜六色的哈达、布条、柳枝和大小彩旗、绿马等将敖包装饰一新。同时在敖包前的祭案上，摆上全羊，两边摆上牧民奉献的鲜乳、奶酪、酥油、馍馍、奶酒、糖、盐等丰盛的红（肉）、白（奶）食品，喇嘛们念一种专门的经文，使整个祭祀现场变得庄严、圣洁。喇嘛们念经完毕，又开始燃放柏叶。这时，鼓钹大作，号管吹响，法铃齐鸣，参加祭祀的人们，不论僧俗尊卑，大襟铺地，向着敖包三拜九叩，祈祷风调雨顺，五畜骤增，无灾无病，绿马飞腾（好运常在），继而将马奶、醇酒等泼散到敖包上，

接着献哈达、举佛灯。此时，有些人家还将自家宠爱的牛、马、羊等净化成神畜。最后众人双手托举哈达、食品等物，口喊"拉尔吉哈拉鲁"（藏语，大意为对家乡的热爱与崇拜），举行招福致祥的仪式，至此祭祀便告结束。大家下山回到妇女等候的帐篷之中，分享祭祀敖包的酒肉等饮食，称为"敖包的口福"。饭罢，开始好汉的"三技比赛"，即小型那达慕大会。旧时，祭祀敖包既是全旗性的集会，旗王便利用这一机会给某些人加官晋爵，封赏功勋摔跤手，逮捕或赦免犯人。有时还判断官司，划分水草。各地商人多在敖包会上摆摊售货，进行物资交流，它还是亲朋好友和青年男女相逢会面、谈情说爱的极好机会。敖包的司仪官，也要借此机会宣布各家各户或各部落布施祭品的情况。

0062 开斋节

文献依据：阿克塞哈萨克自治县文化局
流布区域：甘肃省阿克塞县，新疆巴里坤、木垒县，哈萨克斯坦
起始时间：1954 年
举办机构：甘肃省酒泉市阿克塞县政府
级　　别：省级
简　　介：开斋节，俗称"肉孜节"，是信仰伊斯兰教民族共同的节日。按照伊斯兰教规，回历每年9月是封斋节，白天不得饮食，30天满后天上出现新月，即可开斋，因此叫开斋节。此节欢度3天，节日前家家户户打扫卫生，洗涤衣物，制做节日食品，节日期间，男女老幼，着节日盛装，登门串房，互相拜节。

0063 库尔邦节

文献依据：阿克塞哈萨克自治县文化局
流布区域：甘肃省阿克塞县，新疆巴里坤、木垒县，哈萨克斯坦
流布时间：1954 年
举办机构：甘肃省酒泉市阿克塞县政府
级　　别：省级
简　　介：库尔邦节是信仰伊斯兰教民族最大的节日。此节从开斋节后的70天开始，一般欢度3天。"库尔邦"是阿拉伯语的音译，意为献牲，也称为"宰牲节"。据说，这个节日来源于伊斯兰教的一个故事。相传先知伊卜拉欣梦见安拉，安拉命他宰自己的儿子，以考验他是否忠诚。娄他的儿子伊斯马仪俯首听命，让父亲宰时，安拉又命他以宰羊代替。于是，伊斯兰教根据这个传说，规定每年开斋节后的70天为宰牲畜节，祭祀安拉。据说宰牲节要杀的羊是上天堂乘骑的牲畜。因此，宰的羊不绑羊腿和蹄子，全家人都来抓住羊便可，若绑了腿就无法行走，自然就上不去天堂。在节日前，信仰伊斯兰教的群众，先做礼拜，阿訇念经之后，开始开刀宰牲，准备节日食品，如手抓肉、包尔萨克、退敌疙瘩、油饼子、馓子、糖果等。节日期间，串门访亲，互相问候，互相拜节。

0064 那吾鲁孜节

文献依据：阿克塞哈萨克自治县文化局
流布区域：甘肃省阿克塞县，新疆巴里坤、木垒县，哈萨克斯坦
流布时间：1954 年
举办机构：甘肃省酒泉市阿克塞县政府
级　　别：省级
简　　介："那吾鲁孜节"是哈萨克族传统

节日，这个节日也被称作"撒拉哈特曼节"；象征着春回大地、万物复苏。这是哈萨克族送旧迎新的节日。相似于汉族的"春节"。它是使用十二生肖相纪年法计算。每年春分的那天，白昼与黑夜长短一样（即现在阳历的3月21日），被称为"那吾鲁孜节"。过节时，把肉、小麦、小米、奶疙瘩等食物混合在一起做饭吃，并举行各种庆祝活动。

（三）金昌

0065 金昌金川区羊肉美食文化旅游节

文献依据：金川区文化局

起始时间：2012

流布区域：金川区

举办机构：金川区文化广播影视局

级　　别：县级

简　　介：金川区羊肉美食文化旅游节是骊轩文化国际旅游节的重要组成部分。节会倡导文明健康的饮食理念，引领饮食文化潮流为目标，主要有开幕式、高峰论坛、美食体验、美食展销、特色赛事、文艺汇演、书画摄影作品展览、农产品展销、星级农家乐评定、服务明星评比、闭幕式等活动，旨在让社会各界进一步认识金川、认可金川，推动金川区文化旅游产业快速发展。

0066 永昌县正月十六游百病

文献依据：永昌县文化局

流布区域：永昌县

起始时间：不详

举办机构：无

级　　别：县级

简　　介：据《白下琐言》："岁正月既望，城头游人如蚁，箫鼓管乐之声，远近相闻，谓之走百病……"据说游就百病不生，不知从什么时候开始讲究的，这天男不做农活，女不做针线，做了叫"扎百病"。就是说把百病的根子扎下了，永昌正月十六日游百病，主要活动在永昌县北武当山及其寺庙，是民间敬佛拜神，祈福禳灾的一种自发性活动。当日，民众要赶早赶到武当山游庙上香，男女老幼人头攒动，天晴风静，阳光明媚的日子，游人达数万之众。雷坛下的马踏泉更是有许多人来取泉中的水，据说能祛灾除病。人们认为正月十六日一游，能求得四季平安，百病不生，身体健康，生活幸福，好运多多。

0067 中国·金昌骊轩文化国际旅游节

文献依据：永昌县文化局

流布区域：金昌

起始时间：2012年

举办机构：金昌市委、市政府

级　　别：市级

简　　介：中国·金昌骊靬文化国际旅游节文化节的举办，进一步增强了国内外游客对骊靬文化旅游的全面了解，打造了特色文化旅游品牌，扩大了文化旅游产业规模，提升了文化旅游产业品质，增强了骊靬文化国内外影响力，带动了永昌旅游产业及相关产业经济的发展起到至关重要的作用。文化节通过"达瓦孜"丝绸之路永昌行、"骊靬之夜"文艺演出、汽车场地越野赛、《罗马军团消失之谜》评书首播、精品旅游线路参观等系列活动，向来宾和永昌人民展示永昌发展成就和骊靬文化神韵。通过节会的各项活动，整合多种资源和通路扩大了景区知名度，为永昌旅游产业的快速崛起创造了条件。

0068 永昌六月六朝山节

文献依据：永昌县文化局

流布区域：永昌县南坝乡

起始时间：不详

举办机构：南坝乡云庄寺寺庙管理所

级　　别：乡镇级

简　　介：云庄寺位于永昌县东南39公里处，在南坝乡政府驻地南7公里的祁连山中，开凿于晋代，共有大小石窟21个，寺观遗址数处。据《五凉志》记载：晋代名僧摩阿（刘萨诃）曾栖于云庄寺，并流传下一段段传奇故事。悠久的佛教文化，使这深藏于满山劲松的古刹，成了历代周边百姓的祭祀还愿之地。每年农历六月初六，举行云庄寺朝山节，由此永昌县南坝乡逶迤起伏的祁连山支段融入传统文化节日的喜庆。翠色尽染的山林掩映下，纷至沓来的上千名游客交织其中。上千名游人朝山逛庙，登高望远，既在千年古刹中祈福还愿，又饱览了云庄寺山区的旖旎风光。

0069 永昌县四月八

文献依据：永昌县文化局

流布区域：永昌县

起始时间：不详

举办机构：永昌县北海子景区委员会

级　　别：县级

简　　介：每逢农历四月八日，北海子公园内游人如织，商贾云集，盛况空前，十里八乡的农民群众几乎全家出动，前来"赶会"，赶会人数多达10多万。农历"四月八"庙会，相传始于唐代天宝年间的金川大寺浴佛会，至今已由1000多年的历史，是永昌留传至今的最古老的传统庙会。据《永昌县志》记载："城北二里许，曰金川寺，唐时敕建。僧惠妙不时募资修建，前后凿池引水，种松柏诸树，蔚然深秀"。又载："四月八，金川大寺浴佛，四乡仕民多兴佛事"。到明、清时期，北海子寺观不断得到增修，魁星阁、佛塔、太清宫、转轮寺、酒仙阁、雷台、药王洞、火神洞、五佛寺等庙宇"鳞次相接，其地周延五六里，高下布置，据一邑之胜。声闻甘（张掖）、凉（武威）、肃（酒泉）诸州"。每当四月八浴佛会，从这天清早开始，佛家弟子奏着各种法器，撑着旗幡、罗伞、抬出寺藏的长卷佛像，在春日的阳光中浴晒。人们从四乡聚集到这里，观看浴佛盛况，顶礼膜拜，祈祷佛祖保佑，健康吉祥，风调雨顺。整个浴佛活动场面宏大，气势空前。到了20世纪后期，随着改革开放和经济的不断发展，旅游业的兴起，四月八庙会，已成为永昌县规模空前的大型商贸交流会。每年从农历四月初开始，县内外商客和一些文化娱乐团体云集与此，进行商品交易、经贸洽谈和文艺演出活动，会期也延长至10日左右。期间，寺庙的佛事活动仍在正常进行，但已不是"庙会"主要内容。

（四）天水

0070 公祭伏羲大典

文献依据：省文化厅
流布区域：甘肃省天水市秦州区
起始时间：1988 年
举办机构：文化部、省政府、省文化厅、天水市政府
级　　别：省部级
简　　介：天水作为伏羲的诞生地——"羲皇故里"，一直被推崇为伏羲的祭祀地，历经 2000 余年的延续发展，对伏羲的祭祀已形成了独具地域特色和深厚文化内涵的祭祀典礼。天水已成为祭拜伏羲的圣地，也是全国研究伏羲文化的中心。天水公祭伏羲有史可查的时间是北宋。据史料记载，北宋太平兴国元年，朝廷在秦州的蜗牛堡即今天的卦台山修建伏羲庙为祭祀伏羲之地。金章宗明昌年间 (1190-1196 年)，卦台山祭祀伏羲始成规格，历年祭祀，并三年一大祭，而且祭文由朝廷统一撰写。到元朝元贞年间，秦州县令韩彧上奏朝廷，表示卦台山乃伏羲画卦之地，此地的祭祀礼仪应高于其他地方，祭祀费用由中央出资，每年春秋之际由官员主祭。元朝恩准了韩彧的奏折，自此，每年春秋，秦州伏羲庙祭祀礼仪由官员主祭。到明朝正德年间，伏羲祭祀中心由卦台山移至秦州，卦台山逐渐成为民祭场所。嘉靖二年，秦州伏羲庙祭祀活动逐渐正规化、制度化，祭祀进入极盛期，分为一年春秋两祭，程序严谨，祭文由礼部制定，制礼作乐，场面十分壮观，秦州伏羲庙成了全国性的规格最高的伏羲祭祀中心。

1988 年"羲皇故里"天水在挖掘历史文化遗产的基础上，恢复了历史上的公祭伏羲典礼，由天水市人民政府主办公祭中华人文始祖伏羲大典暨中国天水伏羲文化旅游节。2010 年开始公祭中华人文始祖伏羲大典升格为由甘肃省人民政府主办。后来，甘肃省人民政府公祭伏羲人文始祖大典规格再次提升，大典由国务院台湾事务办公室、国务院侨务办公室、国务院港澳事务办公室、中国侨联和甘肃省人民政府共同主办，甘肃省文化厅、天水市人民政府承办。

伏羲是中华民族的人文始祖，生于甘肃天水，位居"三皇之首"、"百王之先"。伏羲一画开天，肇启文明，点燃了中华民族的文明薪火。据《世本》、《周易》、《尚书》、《帝王世纪》、《史记》等典籍记载，伏羲创历法、教渔猎、驯家畜、烹食物、定婚嫁、造书契、制琴瑟、创八卦等，对中华民族的文明进步和发展做出了巨大贡献。伏羲文化是中华民族的本源文化和中华文明的重要源头，充满了创造精神、奉献精神和和合精神。传承和弘扬伏羲文化，有利于增强中华民族的文化认同和民族认同，有利于传

承中华文明和传统文化价值观，有利于推进"一带一路"战略和华夏文明传承创新区建设，对于加快全面建成小康社会进程、实现中华民族伟大复兴的"中国梦"，具有重要的推动和支撑作用。2006年，天水伏羲庙祭祀礼仪入选国家非物质文化遗产，这也是目前甘肃唯一入选国家"非遗"的民俗礼仪。

每年农历五月十三举行的祭祀活动已经成为天水人生活中一个隆重的节日。

公祭伏羲大典为甘肃省独具特色的重要文化品牌，已经成为天水加强对外文化交流、增进了解的盛会，成为展示形象、广交朋友的重要平台。同时，通过节会的举办，推动了文化、旅游等产业的发展和城市建设及管理水平的显著提升，进而推动了全市经济社会的快速发展。举办公祭伏羲大典对于深入挖掘甘肃省优秀传统文化资源，增强甘肃文化社会影响力、提高甘肃知名度，做大做强伏羲文化品牌、弘扬伏羲文化，彰显中华民族的凝聚力和向心力、增进文化认同具有十分重要的意义。

0071 太昊伏羲祭祀大典

文献依据：天水市文化局
流布区域：甘肃天水
起始时间：明成化十九年
举办机构：天水伏羲庙
级　　别：市级
简　　介：太昊伏羲祭典活动，主要分布在甘肃天水和河南淮阳。天水祭祀伏羲活动始于明成化十九年（公元1483年），由朝廷颁布祭文，以太牢规格祭祀。清代以后，祭祀礼仪有所调整，渐次简略，由群众自发祭祀。1988年，天水市人民政府恢复举办公祭伏羲大典。目前，天水祭祀伏羲大典分公祭和民祭两种形式，一年三祭。公祭大典于每年公历6月22日举办，民祭为农历正月十六的春祭中华人文始祖太昊伏羲典礼和农历七月十九的秋祭中华人文始祖太昊伏羲典礼。2006年，太昊伏羲祭典荣列国务院公布的首批国家级非物质文化遗产名录。

0072 南郭寺庙会

文献依据：秦州区文化局
流布区域：甘肃省天水市
起始时间：明朝
举办机构：天水市人民政府
级　　别：市级
简　　介：南郭寺位于天水市秦州区城南2公里的山坳，建寺已有一千多年，风景优美、古树参天。南郭寺庙殿隋唐时已初具规模，清乾隆十五年敕赐为"护国禅林院"。每一年农历四月八日就是释迦佛诞生之日举行南郭寺庙会，即浴佛节，又名为佛诞节。佛教史籍记载，佛陀诞生之时，大地为之震动，九龙吐水为其沐浴，因此人们会以浴佛等方式来纪念佛陀诞辰。另有一说，农历四月初八，是唐代高僧道宣律师诞辰纪念日。四月初八也是南郭寺一年当中最隆重、最热闹的日子。为了纪念释迦牟尼佛诞辰，佛教寺院在这一天都要举行盛大的佛事活动。

0073 伏羲文化旅游节

文献依据：天水市文化局
流布区域：甘肃天水
起始时间：2005
举办机构：甘肃省人民政府
级　　别：省级
简　　介：天水伏羲文化旅游节是甘肃省天水市一年一度的大型祭祀伏羲典礼的群众性节庆活动。每年农历五月十三举行，相传这一天是华夏始祖伏羲的诞辰，而天水就是伏羲的故乡。天水伏羲文化旅游节已发展成为"中国最具发展潜力十大节庆"活动之一，荣获2010中国节庆产业金手指奖、十大民俗类节庆·最具文化传承奖。

0074 朝观

文献依据：秦州区文化局
流布区域：甘肃天水
起始时间：嘉庆年间
举办机构：天水市人民政府
级　　别：市级
简　　介："上九朝观"是天水人约定俗成的风俗，是古城天水年俗文化活动中最重要的部分。"朝观"也称"朝山会"，相传每年正月初九是玉皇大帝诞辰，自明代以来，玉泉观即有"朝观"民俗，演绎至今，成为古秦州城最为盛大的民俗庆典礼仪之一，每年都有大批民众前来"朝观"。它既是一种对幸福的祈禳，也是一种公众性文化娱乐活动。子时（晚11时—次日1时）为进香高峰期，谓之"烧头香"。这天，朝观的人上山时都必买一束冬青草(俗称吉祥草)戴于胸前，据说可消灾、免病、吉祥，象征着人们祈福吉祥，过上四季常青般的好日子。从正月初八晚上开始，市民像潮水般涌向玉泉观，观前观上，爆竹喧天，灯火通明，热闹非凡。到零点时，人流几乎水泄不通，钟磬声、鼓乐声、欢笑声相融相和。庞大的朝观群流光溢彩，人流迤逦半山，游乐盛况空前。夜半之后，人流渐歇。"朝观"最为隆重的仪式便是农历正月初九零时在玉皇殿点燃头炷香。初八夜间，玉泉观内人潮涌动，各殿堂灯火通明，香烛袅袅，旗幡飘舞，钟磬齐鸣，人们争先恐后地为玉皇大帝点燃第一炷香。初九庙会日，远远近近的人们扶老携幼，三五成群云集玉泉观，掀起"朝观"的又一高潮。

0075 天水秦州区齐寿山庙会

文献依据：秦州区文化局
流布区域：齐寿乡、平南镇、娘娘坝镇、大门乡

起始时间：三月二十（农历）

举办机构：齐寿乡政府

级　　别：乡镇级

简　　介：齐寿山，位于甘肃省天水市秦城区东南60里处，海拔1951米，是西汉水之源头，长江、黄河之分水岭。故有"齐寿山不大不小，压着三江河垴"之美誉。齐寿山因其山岭如冢，故有寿丘之异称。又名番冢山、兑山、崦嵫山、云台山。虽不以高峻而闻名遐迩，却以其深厚的历史文化底蕴而声名远播。山以文名，亦以人名，中华民族始祖之一的轩辕黄帝就诞生在这里，后逐渐强大，灭蚩尤，败炎帝，天下大治，文明大倡，完成了中华民族历史上第一次大统一的伟业。在《纬书》、《山海经》、《水经注》和近代的《甘肃通志》、《天水县志》等史志中，对齐寿山的人文历史和自然历史都有明确记载，也曾留下东汉人班固、郑玄、桑钦及北魏地理学家郦道元著名学者的足迹，亦留下清人胡缵宗、蒋廷锡、范振绪等多位名人翰墨。齐寿山是镶嵌在秦岭山麓的一颗明珠，把上下五千年的文明历史和独特的自然造化合而为一。为了弘扬和保护齐寿山的历史文化遗产，开发齐寿山旅游资源，把齐寿山建成集历史文化、自然景观、生态旅游为一体的中华民族寻根问祖的又一圣地。近年来，天水市人民政府、各界有识之士在考证轩辕黄帝的出生地，整理李氏文化，恢复传统的佛教、道教庙观，建设长防生态工程等方面做了大量的工作。1989年，当地群众积极捐款，重建"慧福寺"，所有这些使齐寿山逐渐又恢复它钟灵毓秀的面貌。每年的三月二十日（农历），是齐寿山一年一度的庙会，庙会历时3天。

0076 天水秦州区毛家村庙会

文献依据：秦州区文化局

流布区域：齐毛家村

起始时间：唐朝时期

举办机构：毛家村庙会组委会

级　　别：村级

简　　介：毛家村庙会，举办时间在每年的农历十月十五，一年一次，由毛家村庙委会会长负责举办，地点设在毛家村。每年的主题活动有祭祀、秦腔、各种娱乐活动等，每次活动时间一般在三天左右。庙会文化的核心以祭祀、祈福为主。庙会的祭拜风俗源于立社，社就是土地神，负责风调雨顺，人们每年要社祭。该活动成为毛家村一年一度的、广为流传的节庆活动。

0077 天水花石崖庙会

文献依据：麦积区文化局

流布区域：街亭村

起始时间：唐代以前

举办机构：民间自发 组织

级　　别：村级

简　　介：花石崖南临渭河，陇海铁路和310国道在山下经过。涧深壑幽，林茂草密，峭壁山崖呈五色状，故名花石崖。又因峰峦叠嶂，花木竞秀万紫千红，又名万紫山。花石崖景区的风景比较集中，壑中多怪石松柏。既有冬季无冰的"暖水"，又有百仞冰柱的"寒水"，时见清泉飞瀑缀其间，又多雾海烟云相与还，如一挂清奇的山水轴卷徐徐展开。花石崖开发建设的历史比较悠久，相传唐代以前就建有庙宇。现存殿宇多为明清建筑，其中有明清石窟两处，彩塑、壁画和题匾若干。花石崖按地势可分为东崖、西崖，按依山取势的建筑物大体可分为补天石、磨针殿、大殿院、玉皇顶、雷音崖五部分。这里有女娲炼五彩石补天，遗石于此的传说，也有唐僧取经路过此山，师徒大战黄木狼的洞穴。每年农历二月十五日，花石崖盛大的民间庙会，人们焚香祭祀，既表善念，也祈求平安。

0078 天水碧云寺庙会

文献依据：麦积区文化局
流布区域：利桥乡利桥村
起始时间：不详
举办机构：碧云寺
级　　别：村级
简　　介：碧云寺位于利桥乡以北上山一公里处的大雄山上。该寺始建年代无法考证，根据有关碑文记载，碧云寺在大清咸丰年间翻修一次。寺院左角有两座舍利塔，塔上有碑铭记载建于大清光绪年间即（1875）年。经过历史迁流变化，寺院殿宇坍塌，只留砖塔两座。1997年，在利桥乡人民政府和利桥村村委会的大力支持下，由当地信众齐心努力，修建大佛殿三间，观音殿三间、韦陀殿一间、僧房三间、灶房一间，塑造佛教圣像12尊，彩绘壁画200多平方米。近年来，随着党的宗教政策的进一步落实，利桥佛教信众的日益增多，每年的正月初九、二月十九、三月二十、四月初八等时间都会举行庙会。此活动为当地历史名胜古迹人文景观的复兴和当地佛教信众开辟了一处活动场所。

0079 文殊菩萨诞辰·净土寺庙会

文献依据：麦积区文化局
流布区域：后川村
起始时间：农历四月初四
举办机构：净土寺
级　　别：村级
简　　介："净土"为佛家对西方极乐世界的美称。明代洪武年间就有净土寺，当地民间流传说"先有净土寺，后人仙人崖"。究竟始建于何年？清代进士吴西川有诗曰："净土何年寺？松涛泻半空，直从天上落，不与世间同。"也发出"净土何年寺"的疑问。寺名也屡经更改，先后称：寄骨寺、京都寺、净土寺。自从有庙宇起，人们就有供奉文殊菩萨了，海正法师1991年从五台山来到净土寺，南下闽粤等地十方化缘建寺。传说文殊菩萨智慧咒能开启我们的智慧，事事如意而得民间敬仰，从而信众广布，每年农历四月初四为其诞辰日，众多信众在净土寺虔诚礼拜。

0080 天水文岔村灯会

文献依据：麦积区文化局
流布区域：文岔村
起始时间：清朝时期
举办机构：文岔村庙会组委会
级　　别：村级
简　　介：文岔村地处西山坪浅山区，人口五百多，每年灯会在农历正月十五日举办，一年一次。相传在清朝时期流传至今，灯会活动主要以赏灯、各种娱乐活动、猜谜为主，规模不大，由村委会班子组织承办。灯会期间庆祝元宵佳节，晚上人们相继拿着各色各样的彩灯，在远处瞭望如泛星灿灿，放孔明灯，祈福上天来年有个好收成、护佑人们健康平安等，希望每一个小小的愿望都能成真。邻里间相互走动拿出好吃的坐在一起拉家常，谈来年的收成，年轻人们一起到说着彼此对未来的愿望，全村人们沉静在节日的喜悦中。

0081 天水丁赵村庙会

文献依据：麦积区文化局

流布区域：丁赵村

起始时间：清朝末

举办机构：丁赵村庙会组委会

级　　别：村级

简　　介：丁赵村庙会在每年农历的五月五与六月十九，主要以敬神祭祀为主。庙会活动由庙会会长组织承办，村委支持为辅。庙会为期三天，在这三天以秦腔唱戏为主，村里的戏迷们可以一饱眼福，尽情地沉浸在戏本里。妇女舞蹈秧歌队等表演的各种娱乐节目更是给人们带来了诸多快乐。举办庙会是为了祈福神灵保佑，每年能风调雨顺保丰收。

0082 天水赵崖村庙会

文献依据：麦积区文化局

流布区域：赵崖村、刘阳、文沟、文岔等村

起始时间：民国时期

举办机构：赵崖村庙会组委会

级　　别：村级

简　　介：赵崖村在民国时期每年农历的三月十五日就有庙会，由庙会会长组织，由赵崖、漆李、谢坪、霍坪等十三个村在杨岘轮流联合举办。属于西坪乡最大最热闹的节庆活动，活动以秦腔为主，各村妇女也自发组织舞蹈队。活动主舞台设在杨岘小学背面一块空地，庙会以祈福来年五谷丰登人们幸福安康为主。庙会活动带动当地零售业的增长，也带动了当地经济的发展。庙会期间人们走亲访友，彼此交谈种庄稼的经验如何提高生产加强了各村之间的联系，活动使原西坪乡十三个村更具凝聚力，团结一致迈向未来。

0083 天水庙山庙会

文献依据：麦积区文化局

流布区域：庙山

起始时间：不详

举办机构：庙山管委会

级　　别：村级

简　　介：庙山崇祯观位于俊林、社棠、绵诸三村的后山上，始建于明清时期，仰韶期间文化遗址，1963年公布为省级文物保护单位，"文革"时期摧毁，后又重建，内有大殿6座佛像若干，古柏2株，占地面积20余亩。庙会每年三月十八至三月二十一举行，三月二十为正会，会期3—5天，以秦腔戏曲为主，附近乡镇及本镇村民前来观看活动、祭拜神灵。

0084 天水屈坪村社火秦腔汇演

文献依据：麦积区地方史志办

流布区域：天水市麦积区甘泉镇屈家坪村
起始时间：清代
举办机构：天水市麦积区甘泉镇屈家坪村委会及文化活动组委会
级　　别：村级
简　　介：天水市麦积区甘泉镇屈家坪村每年农历正月十六都要举行规模盛大的社火（又称"秧歌"，俗称"烟歌"）汇演，并唱秦腔（民间称"大戏"）以酬神。清代，秦州东乡东荫村（今天水市麦积区甘泉镇屈家坪村）马王庙（初称东坪观）建成后，族人为纪念人文始祖伏羲，祈求马王佑护，始在人文始祖伏羲的圣诞唱戏酬神，同时举行社火汇演。马王即道教的神明马神，全称"灵官马元帅"，道教常称华光大帝，俗称"马王爷"。传说长有三只眼，又称"三眼灵光"、"三眼灵曜"。此后代代相传，相沿成习，一直延续至今。社火演出种类有"石山"、高抬、马鞍歌、舞龙灯、耍狮子、腰鼓、跑驴、大脑壳、划旱船、扛老爷、夜秧歌、踩高跷等，以"高、悬、妙、奇"著称，为乡人称道。2009年起，每年正月十六晚在屈坪村舞台还举办文艺联欢晚会，演出歌舞等文艺节目。

0085 朝阳寺庙会
文献依据：麦积区文化局
流布区域：朝阳村 八槐村
起始时间：不详
举办机构：朝阳寺
级　　别：村级
简　　介：以东柯河流域为主体，每年农历三月初一群众自发形成的祈求平安为目的的庙会，以戏剧秦腔演出为主。

0086 天水汪李村庙会
文献依据：麦积区文化局
流布区域：汪李村
起始时间：清朝时期
举办机构：汪李村庙会组委会
级　　别：村级
简　　介：汪李村庙会在每年的农历三月二十举办，一年一次，举办地点设在汪李村，由汪李村每一年的庙会会长负责举办。每年的主题活动主要有祭祀、各种娱乐活动、秦腔、书法探讨等，时间一般在四天左右。大约在清朝时期就已经形成大规模的庙会，一直流传至今。每年庙会都会有附近村庄村民来祈福、敬神、看戏等。

0087 天水漆李村庙会

文献依据：麦积区文化局
流布区域：漆李村
起始时间：清朝时期
举办机构：漆李村庙委会
级　　别：村级
简　介：漆李村由漆家坪和李家坪两个自然村组成，每年庙会在漆家坪举行，在每年农历的七月十二日与十月二十日由庙会会长组织举办，庙会一般为三天时间。庙会主要有秦腔表演，村里妇女的舞蹈队表演，各种活动使庙会成为全村最热闹的节日之一。一年一次的庙会对秦腔戏迷来说是一次精神盛宴。人们通过庙会活动来祈福上天保佑来年能有好的收成。

0088 天水关帝庙庙会

文献依据：麦积区文化局
流布区域：利桥乡百花村
起始时间：不详
举办机构：关帝庙
级　　别：村级
简　介：关帝庙位于利桥乡百花村，始建于明末清初，关帝庙大殿正中神龛上，关公手托长髯，左手持《春秋》，威严而又慈善。关帝庙先后经几代主持扩建修复庙宇香火十分旺盛，每逢农历七月十二是庙会，门庭若市。

0089 天水槐荫寺庙会

文献依据：麦积区文化局
流布区域：槐荫寺
起始时间：不详
举办机构：白家庄村、槐荫村、刘尧村
级　　别：村级
简　介：社棠镇槐荫寺坐落在社棠镇白家庄村，与村委会相邻接壤，始建于明清时期，是县级文物保护单位，寺内有古槐3株，有前殿、中殿、后殿，佛像18尊，占地面积2600平方米，内有舞台一座，古建筑600平方米。每年的正月十二、七月十二为正会时间，会期3—5天。以秦腔表演为主。寺庙香火旺盛，看戏、祭拜的人员络绎不绝。

0090 天水麦积区金龙山庙会

文献依据：麦积区文化局
流布区域：立远村
起始时间：农历三月初九
举办机构：村委会
级　　别：村级
简　介：金龙山位于麦积区东部东岔镇境内，距天水市火车站80公里，属秦岭余脉，海拔1703米，东至瓦石沟、虫蚀沟，西至咀头沟，南至瓦屋梁，北至咀头。是一处雄如泰山、险若华山、秀比峨嵋、幽似青城、奇像黄山的旅游胜地。终年有不谢之花，四季有长青之树。山上主要宗教建筑有圣母洞、灵观殿、大雄宝殿等庙宇数十间，塑像数十尊，原建筑大多破坏，现多为民间逐年修复。每逢农历三月十六日和七月十二日节会，邻近群众扶老携幼，纷至沓来，络绎不绝。

0091 天水麦积区花牛镇董家沟村碱峪寺庙会

文献依据：麦积区文化局

流布区域：董家沟、兴旺山、二十铺村等6个行政村

起始时间：2002 年

举办机构：麦积区花牛镇碱峪寺管理委员会

级　　别：村级

简　　介：碱峪寺庙会自 2002 年重建以来每年农历三月二十日由麦积区花牛镇碱峪寺管理委员会筹备举办，邀请知名秦腔剧团演出，吸引辖区内广大群众前来观看，同时开展诵经、拜佛、祭祀等一系列民间艺术活动。

0092 天水麦积区渠刘村九龙山庙会

文献依据：麦积区文化局

流布区域：渠刘村

起始时间：民国时期

举办机构：渠刘村庙会组委会

级　　别：村级

简　　介：渠刘村九龙山庙会，举办时间在每年的正月初九和三月二十，一年两次，举办地点在九龙山上，每年的主题活动有祭祀、秦腔、社火等娱乐活动。每年的庙会也是走亲访友的好时间，这种从民国时期就流传下来的民俗，现在已基本固定下来，形成了九龙山上特有的文化和生活特色，植根于村民的心里，成为了古老的民俗传统。

0093 天水麦积区霍家川村圣境寺庙会

文献依据：麦积区文化局

流布区域：琥珀乡

起始时间：清代年间

举办机构：霍家川村

级　　别：村级

简　　介：天水麦积区霍家川村圣境寺位于村后山坡处，是一座以佛教为主、兼容儒教的名刹。其建筑由大雄宝殿、三宵宫、钟鼓楼、文昌阁等分三梯建筑而成。据考证，其原址建于琥珀乡张家寺村，最早建于清代，后经历各种时期逐渐衰落，后来特别是"文革"时期破坏殆尽，1996 年在现址上重修了圣境寺。并把农历二月定为庙会祭祀活动时间。唱戏祭祀六天，隆重庆祝。活动期间各家各户都要去庙里烧香礼佛并准备丰盛的酒宴，尽兴喝个痛快。附近乡民都来赶集、看文艺演出、逛庙会。小商小贩都来做生意，特别热闹。这期间村民都会争先恐后地去山上朝拜，同时也在街道上舞龙、耍狮、扭秧歌（社火）祈福纳祥。圣境寺庙会始于清代年间，历经数代得以传承，历史悠久，文化内涵丰富，礼制程序齐全，对教化世人和传承古镇传统民俗有一定积极意义和作用。

0094 道北街道秦腔演出庙会

文献依据：麦积区文化局

流布区域：道北街道张家村 吕家村 何家村 寨子村

起始时间：未知

举办机构：道北街道张家村、吕家村、何家村、寨子村

级　　别：村级

简　　介：每年农历十一月二十、七月十二，邀请秦腔剧团演出，当地居民也会自发组织节目参与，热闹非凡，万人空巷。

0095 天水麦积区花牛镇罗集村玉皇庙庙会

文献依据：麦积区文化局

流布区域：罗集村、元柳村、巷口村等5个行政村

起始时间：2008年

举办机构：麦积区花牛镇玉皇庙管理委员会

级　　别：村级

简　　介：玉皇庙庙会自2008年重建以来每年农历三月十日由麦积区花牛镇玉皇庙管理委员会筹备举办，邀请知名秦腔剧团演出秦腔，吸引辖区内广大群众前来观看，同时开展诵经、拜佛、祭祀等一系列民间艺术活动。

0096 天水麦积区安林山文化庙会

文献依据：麦积区文化局

流布区域：新阳

起始时间：1980年

举办机构：各届庙会筹备委员会

级　　别：村级

简　　介：安林山庆寿寺位于麦积区新阳镇境内，风景秀美，历史悠久，千百年来香火不断，是理想的旅游观光之所，寻幽访胜之地。文昌阁、门楼、家神庙、娘娘庙、财神庙、药王庙、大雄宝殿等诸多庙宇，雕梁画栋，宏伟壮观；安维峻、何鸿基、任法融、康务学、郭克、岳维宗、夏仕恒、孙执中等近现代名家题写的楹联匾额，笔走龙蛇，风格迥异，都具有很高的艺术和欣赏价值。近年来，在全体乡民、社会各界仁人志士及历届会首的共同努力下，重铺石条台阶、硬化上山道路、加固索道，安装路灯，并对戏台周边进行修缮，改建花坛景观，栽植松柏花草，特别是随着北山绿化项目的启动，整个景区面貌焕然一新，周围环境得到全面改善。每年农历三月二十，邀请陕西省戏曲名家友情出演，戏曲歌舞精彩纷呈，四里八乡的人们纷至沓来，饱览名胜古迹，领略秦腔艺术。

0097 天水麦积区后川村庙会

文献依据：麦积区文化局

流布区域：后川村

起始时间：清朝时期

举办机构：后川村委会及庙会会长
级　　别：村级
简　　介：后川村庙会活动，举办时间在每年的农历二月初二，一年一次，举办地点设在后川村。由后川村每一年的庙会会长和村委会负责举办。每年的主题活动主要有祭祀、秦腔、各种娱乐活动等，时间一般在三天左右。庙会大约在清朝时期就已经形成规模，一直流传至今。

0098 天水麦积区花牛镇曹埂村南武观（清平寺）庙会

文献依据：麦积区文化局
流布区域：曹埂村、七里墩、东十里等18个自然村
起始时间：2005年
举办机构：麦积区花牛镇南武观管理委员会
级　　别：村级
简　　介：南武观（清平寺）庙会自2005年重建以来每年农历三月初三由麦积区花牛镇南武观管理委员会举办，邀请知名秦腔剧团演出秦腔，吸引辖区内广大群众前来观看，同时开展诵经、拜佛、祭祀等一系列民间艺术活动。

0099 天水麦积区云雾山庙会

文献依据：麦积区文化局
流布区域：云雾村、甘江村
起始时间：不详
举办机构：云雾山庙会
级　　别：村级
简　　介：以甘江沟为主体，甘江、云雾两村村民求福求子为目的，每年三月初一以庙会形式举办的群众性文化戏剧娱乐活动。

0100 天水麦积区种田等村庙会活动

文献依据：麦积区文化局
流布区域：种田村、中庄村
起始时间：民国时期
举办机构：种田村庙会组委会
级　　别：村级
简　　介：种田村在2004年撤乡换镇之前，属西坪乡，和五龙乡的中庄村是一个村，名为种地湾。之后种田村属中滩镇管辖，而中庄村属五龙乡管辖，但两个村的村民互相之间经常走动，亲如一家。每年农历的三月二十日的庙会活动，种田村和中庄村共同举办，庙会主题主要是祭祀、敬神、敬佛、秦腔等，规模比较大。由两村村委会和庙会会长共同负责举办，在当地属于最热闹的节日之一。庙会时间一般为三天时间，人们通过庙会活动来祈福上天保佑来年能有好的收成。

0101 天水麦积区前进村贵裕庙上九古会

文献依据：麦积区文化局

流布区域：前进村、王山村

起始时间：不详

举办机构：贵裕庙管委会

级　　别：村级

简　　介：正月初九为正会日，会期5天，参会2万余人次。

0102 天水麦积区余峡村庙会

文献依据：麦积区文化局

流布区域：余峡村

起始时间：不详

举办机构：余峡村委会及庙委会

级　　别：村级

简　　介：余峡村庙会举办时间在每年的农历七月二十七，一年一次，由余峡村庙委会和村委会共同举办，地点设在余峡村。每年的活动有祭祀、秦腔、各种娱乐活动等，每次活动时间一般在四天左右。秦腔是每年庙会最主要的活动之一，庙会已成为余峡村一年一度的、广为流传的节庆活动。

0103 家神会

文献依据：麦积区文化局

流布区域：刘坪村 杨河村

起始时间：不详

举办机构：民间自发

级　　别：村级

简　　介：所谓"家神"就是家里的神，各家是不一样，各家的家神也有所不同，但并不是家家都有"家神"。"家神"产生于清代同治年间。有这么一句话说"三十晚上杀dada，活要老子的命哩"。这句话的意思是说在同治年间的一个大年三十的晚上，皇帝下令要杀掉所有的dada，但是这个dada到底是什么东西老人也说不清楚。在这个时候就有许多的dada被杀掉了，而有些人家则把他藏起来幸免于难。这些幸存下来的dada就被家人供奉起来成了"家神"。"家神"是个只管家事的小神，是玉皇大帝派到人间每家每户的灵官，他们都具有相应的权限与法力，一方面守护家宅保人平安，另一方面向天庭传递人间的信息。

0104 天水麦积区泰山庙庙会

文献依据：麦积区文化局

流布区域：大江沟

起始时间：不详

举办机构：泰山庙

级　　别：村级

简　　介：以大江沟流域归凤、阳湾、包沟为主，泰山庙会每年三月二十八，举办祭祀庆典演出，祈求丰收，风调雨顺。

0105 天水麦积区凤凰山东岳文化庙会

文献依据：麦积区文化局

流布区域：新阳、琥珀、五龙、秦州区中梁、玉泉、甘谷等三个县区 9 个乡镇

起始时间：1985 年

举办机构：各届庙会筹备委员会

级　　别：村级

简　　介：1942 年在当地名士胡汝翼先生的倡导下，筹集资金，募资助物，组织人力，重修庙宇，历经三年，至 1945 年建成泰山庙、山门戏台及厢房。1980 年后，凤凰山周围九乡群众捐资捐物，对殿宇逐年进行了维修、扩建，并于 1983 年起，每年农历三月二十八日开始举办"凤凰山东岳文化庙会"吸引麦积、秦州、甘谷等地数以万计群众朝拜盛会。凤凰山是改革开放以后全市最早开放的道教活动场所之一，1988 年被列为县级文物保护单位。近年来，全国政协常委、中国道教协会会长任法融投资近 1000 万元，对凤凰山景区进行了大规模维修和兴建。至 2012 年，凤凰山文化广场、山门、大殿及通往凤凰山的道路焕然一新。2012 年 6 月，凤凰山被评为国家 2A 级旅游风景区。凤凰山已成为天水市最大的文化庙会和新的旅游景点。如今的凤凰山，建筑宏伟，面貌一新，实为人们休闲避暑、观光度假的好去处。

0106 天水麦积区归凤山云光寺庙会

文献依据：麦积区文化局

流布区域：大江沟

起始时间：不详

举办机构：云光寺

级　　别：村级

简　　介：归凤山又名"龟凤山"，由龟山和凤山组成，自云光寺建立以来，每年四月初四举办，并以祭祀为主举办文化艺术演出。

0107 天水麦积区缑杨村庙会

文献依据：麦积区文化局

流布区域：缑杨村

起始时间：不详

举办机构：缑杨村委会及庙会组委会

级　　别：村级

简　　介：缑杨村庙会活动在每年的农历正月初七和六月二十六，一年两次，举办地点设在缑杨村。由村委会和庙委会共同负责举办。每年的活动主要有祭祀、秦腔、各种娱乐活动等，时间一般在四天左右。庙会期间还有一些娱乐活动，包括武术、歌舞、书法等，这些活动为缑杨村庙会增添了无数的乐趣。

0108 天水麦积区五龙乡文化艺术节

文献依据：麦积区文化局

流布区域：五龙乡

起始时间：2011 年

举办机构：五龙乡人民政府

级　　别：村级

简　　介：五龙乡首届文化艺术节于 2011 年 10 月 12 日开幕。活动主要内容有秦腔演出、武术表演和篮球比赛以及书画展览等，参加活动的除了五龙乡的父老乡亲之外还有

宣传文化部门、周边乡镇的广大群众爱好者。文化艺术节的举办对进一步丰富全乡广大群众的精神文化生活、促进全乡文化产业大发展大繁荣具有十分重要的意义。

0109 天水麦积区石佛镇农民文化艺术节

文献依据：麦积区文化局
流布区域：石佛镇
起始时间：2006年
举办机构：石佛镇各村
级　　别：村级
简　　介：石佛镇农民文化艺术节以"新石佛、新形象、新农民、新生活"为主题，节会从4月9日开始到12日结束，活动内容紧贴农村基层，项目比赛紧扣农民实际。书画展上展出了150多幅以石佛籍人士为主的书画作品，象棋爱好者参与了象棋比赛，武术爱好者进行了武术表演，同时第一届文化艺术节还邀请了陕西咸阳大众秦剧团演出了秦腔历史经典剧目。另外，石佛小吃一条街有石佛甜醅、凉粉、呱呱、石佛手扯凉面、手工挂面等特色小吃，真正把农民文化艺术节举办成了"农民的节日，艺术的盛会"。

0110 天水麦积区文沟村庙会

文献依据：麦积区文化局
流布区域：文沟村
起始时间：清朝时期
举办机构：文沟村庙会组委会
级　　别：村级
简　　介：文沟村在清朝时期就有庙会。每年农历的十月十五和正月十五举行，一年两次，由于全村人数不多，所以庙会规模不大。最开始主要以敬神祭祀为主，到后来发展成为以小戏跟村里妇女组织舞蹈队表演为主。庙会举办时间一般不会超过四天。在村里属于除春节之外最热闹的节日之一，这几天人们都走亲访友，邀请远方的亲戚来家里做客看戏。庙会是人们加强亲戚关系的一项重要活动，人们做着好吃的款待亲朋好友，然后看戏聊天，每年的庙会活动是人们祈福山神保佑来年丰收，风调雨顺、五谷丰登。

0111 天水麦积区四月八庙会

文献依据：麦积区文化局
流布区域：贾河村、麦积村
起始时间：不详
举办机构：交龙寺、瑞应寺
级　　别：村级
简　　介：农历四月八，又名浴佛节、佛诞节、龙华会。纪念佛教创始人释迦牟尼诞生的佛教仪式节日。这是佛教传入中国后兴起的宗教节日，但是又有中国传统文化的特点，其中的浴佛、斋会、结缘、放生和求子在过去广为流行是从求福灭罪的一种宗教要求传衍而来。中国东汉时仅限于寺院举行，到魏晋南北朝时流传至民间。汉族地区佛教在北朝时多在四月八日举行，后不断变更、发展，北方改在十二月八日（腊八节）举行，南方则仍为四月八日举行，相沿至今（俗称"四月八"）。麦积区四月八庙会借助麦积山的影响力举办的庙会，可以说是天水最大庙会之一，来自四面八方的人们祈福还愿、登临圣境、访亲会友，体悟到觉悟解脱之道，净化了心灵，身心得到了极大的满足。

0112 天水麦积区余峡村龙马洞公祭活动

文献依据：麦积区文化局
流布区域：余峡村
起始时间：不详
举办机构：余峡村委会及庙委会
级　　别：村级
简　　介：余峡村龙马洞公祭活动，举办时间在每年的农历二月初二，一年一次，举办地点在余峡村龙马洞山下，每年的活动主要有祭祀、各种娱乐活动、秦腔等。由于伏羲和女娲娘娘美丽的神话传说，形成了这里一年一度的祭祀活动。举行庙会一为传承和弘扬伏羲文化，让华夏民族子子孙孙了解伏羲文化并发扬光大。二为祈福，为生活在龙马洞山脚下的余峡村几百村民祈福，护佑他们生活健康平安，世世代代繁衍生息。每年的祭祀活动已形成了惯例，现在已基本固定下来，形成了龙马洞祭祀活动特有的文化和生活特色，植根于村民的心里，成为了古老的民俗传统。

0113 天水麦积区四合村庙会

文献依据：麦积区文化局
流布区域：四合村
起始时间：不详
举办机构：四合村庙会组委会
级　　别：村级
简　　介：四合村庙会活动，举办时间在每年的农历正月十六，一年一次，举办地点在四合村演营寺。每年的活动主要有祭祀、各种娱乐活动、秦腔等。四合村的演营寺，相传唐朝樊梨花占据樊家城时曾在该寺演练兵马，故名演营寺。寺内殿宇经重新修整，现已成为三阳川最著名的旅游景点之一，有几百年的文化历史，已被保护。每一年的庙会活动都会吸引很多远道慕名而来祈福、敬神的朋友以及附近村庄的人们，现庙会已形成千百人的规模，这种形式和规模已形成了惯例基本固定下来，形成了四合村演营寺庙会活动特有的文化和生活特色，植根于村民的心里，成为了古老的民俗传统。

0114 天水麦积区吴砦古城隍庙文化节

文献依据：麦积区文化局
流布区域：三岔乡吴寨村
起始时间：清乾隆年间
举办机构：三岔乡政府主办，吴寨村承办

级　　别：村级

简　　介：清乾隆年间，吴砦城设三岔厅署，为县级建制，遂建城隍庙，座汉忠烈纪信将军像，为祭祀汉忠烈纪信将军，定于每年农历五月十八举办城隍庙会暨物资交流大会，后因五月十八正值农忙时节，遂于上世纪三十年代将节会日改为每年农历十月十八日，会期十天，参会3万余人次，商品贸易额达500多万元。

0115　天水麦积区黄龙山轩辕大帝庙会

文献依据：麦积区文化局

流布区域：杨河村黄龙山

起始时间：不详

举办机构：民间自发

级　　别：村级

简　　介：一般公认黄帝继位于公元前2697年。道家把这一年作为道历元年。传说黄帝一生下来，就显得异常的神灵。生下没多久，便能说话。到了15岁，已经无所不通了。20岁的黄帝继承了有熊国君的王位。因他发明了轩辕，故称之为轩辕。又因他以土德称王，土色为黄，故称作黄帝。传说黄帝曾经在东柯河谷一带活动，留下了许多美丽的传说故事，后人为了纪念他，在此建立了寺庙祭祀。每到庙会十里八乡的人们都会自发的赶过来缅怀中华民族这一共同祖先。

0116　天水麦积区渠刘村庙会

文献依据：麦积区文化局

流布区域：渠刘村

起始时间：民国时期

举办机构：渠刘村庙会组委会

级　　别：村级

简　　介：渠刘村庙会，举办时间在每年的农历六月初六，一年一次，由渠刘村庙委会和村委会共同举办，地点设在渠刘村。每年的活动有祭祀、秦腔、各种娱乐活动等，每次活动时间一般在三至四天左右。每年庙会时附近村村民甚至有些很远地方的人也慕名而来，为庙会增添了不少色彩。

0117　卦台山民间祭祀太昊伏羲大典

文献依据：麦积区文化局

流布区域：霍卢村、吴村、张石村、张新村

起始时间：1981年

举办机构：卦台山旅游景点管理处

级　　别：村级

简　　介：伏羲祭祀大典被列入第一批国家非物质文化遗产名录，卦台山民间祭祀伏羲活动也被列为"中国天水伏羲文化旅游节"重要活动内容之一。祭祀伏羲的历史最早可追至汉代，伏羲被定为春皇，祭祀在春天举行；唐玄宗天宝六年（公元747年），朝廷确定每年春季三月三日，秋季九月九日祭祀三皇；金、元两代沿袭；明代，将卦台山的祭祀日期定为每年仲春、仲秋的上丙日，即二月三日和八月三日举行。明嘉靖年间伏羲庙建成，官祭伏羲移至秦州城，卦台山遂成为民间祭祀伏羲的中心，祭祀日期便改为每年农历正月十六、二月十五日两次举行。至"文革"时期庙内建筑全被摧毁，祭祀活动停止。1981年，群众自发组织恢复祭祀活动，并重修庙宇。从此将正月十六日、二月十五日、五月十三日（龙的诞辰日）定为祭祀日，一年举行 3 次，且日益隆重。在卦台山，每逢农历正月十六，当地人会请来戏班子为伏羲唱秦腔。唱戏是民间祭祀伏羲的另一种方式。

0118 天水麦积区缑杨村祭河活动

文献依据：麦积区文化局
流布区域：麦积区中滩镇缑杨村
起始时间：不详
举办机构：缑杨村委会
级　　别：村级
简　　介：缑杨村祭河活动，举办时间在每年的农历六月初六，一年一次，举办地点在缑杨村。每年的活动主要有祭祀、各种娱乐活动等。这个祭河活动源于很多年前渭河上游下暴雨发洪水，使缑杨村村民遭受了严重的人身和财产的损害，之后由历届缑杨村村委会主要负责举办祭河活动。年复一年，一直流传至今。这个活动主要是祭祀、祈福，祈求神灵能护佑缑杨村村民生活健康平安，世世代代在此繁衍生息。

0119 花牛苹果节

文献依据：麦积区文化局
流布区域：甘肃省天水市麦积区
起始时间：1992 年起
举办机构：天水市麦积区人民政府
级　　别：县级
简　　介：花牛苹果，因最早产于天水县二十里铺乡花牛寨村（今天水市麦积区花牛镇花牛村）而得名。该地属暖温带，为半湿润半干旱气候过渡带，最适宜苹果的生长和发育。1974 年，"花牛"苹果在全国果品鉴评中名列 168 个县之首。1977 年，在全国北方优质水果评比会上，花牛苹果被评为优质水果。同年 10 月在甘肃省苹果鉴评会上，又被评为元帅系苹果第一名。1985 年 11 月，在全国第一次优质农产品鉴评会上，花牛苹果被评为元帅系苹果第二名，获全国优质农产品奖。1986 年，花牛苹果在国家农牧渔业部组织的评比活动中获优质产品奖。1988 年，花牛苹果获部、省优质农产品证书。1989 年 10 月在甘肃省果品鉴评会上获全省优质产品奖。2007 年 11 月 21 日起对花牛苹果实施地理标志产品保护，确定甘肃省天水市麦积区、秦州区、秦安县、清水县、甘谷县、武山县、张家川回族自治县等两区五县共 63 个乡镇所辖行政区域为花牛苹果地理标志产品保护范围。2009 年 9 月，在麦积区商埠路步行街举办了 2009 中国苹果年会暨天水花牛苹果节。苹果节是麦积区近年来规模大、规格高的一项大型活动，也是全市人民的一件大事。苹果节也是一次展示麦积区乃至天水市对外形象的大好时机，进一步提高了花牛苹果的知名度，果农从中受益，有利于进一步改善天水投资环境，吸引更多客商来投资兴业。

0120 崇福寺正月上九庙会

文献依据：麦积区文化局
流布区域：街亭村
起始时间：清代道光年间
举办机构：崇福寺
级　　别：村级
简　　介：农历正月初九，古人认为九在数目中表示多数，最多，最大，因此为上。上九日正月初九，俗称"上九日"，又称这天是"天日"，传说是玉皇大帝的生日，必须隆重庆祝。九与酒谐音，九不能离酒，各家各户都准备丰盛的酒宴，尽兴喝个痛快，给玉皇大帝祝寿。崇福寺上九庙会始于清代道光年间，历经数代得以传承，历史悠久，文化内涵丰富，礼制程序齐全。

0121 杜甫祭祀大典

文献依据：麦积区文化局

流布区域：街亭村

起始时间：2006年

举办机构：天水市杜甫研究会

级　　别：县级

简　　介：柳河村，唐代为东柯村。公元759年（唐肃宗乾元二年）7月，杜甫辞去华州司功参军职务，携家眷跋山涉水，翻过陇山，来到边远的秦州。杜甫为避战乱，投靠秦州的亲友，杜甫走了，托杜甫的福，杜甫居住过的东柯村，现叫"子美村"，杜甫教过书的"先人场"，现在有了"子美小学"，东柯附近的街亭西街明代就修起了"杜甫堂"和"子美书房台"，每次过"杜甫庙会"，由杜佐后代挂像主持，2006年春天，第一次民间举办祭祀杜甫活动。据说，天水民间举办祭祀杜甫活动在新中国成立后还是首次，过去在当地曾举办过这样的庙会，周围13个村子，约有万人参加庙会，并念经上供，唱戏酬"神"等民间祭祀活动，庙会由杜佐后裔当会长主办，后来杜家人丁衰落，"子美阁"祭祀活动由会长和主持人来充当，尤其新中国成立后这种活动再没有举办过，2006年由当地几个"秀才"发起，而后，年年由天水杜甫文化研究会牵头举办，这也让生在这片土地上的杜甫的后人深感欣慰。

0122 天水市麦积区刘阳村庙会

文献依据：麦积区文化局

流布区域：刘阳村、赵崖、文沟、文岔等村

起始时间：民国时期

举办机构：刘阳村庙会组委会

级　　别：村级

简　　介：刘阳村由三个自然村组成（杨岘、刘阳、刘阴），每年庙会举办地在杨岘，杨岘为原西坪乡乡政府所在地，设有集市。刘阳村庙会在每年农历的三月十五举办，民国时期就已经形成规模，由赵崖、漆李、谢坪、霍坪等十三个村在杨岘轮流联合举办。刘阳村庙会属于西坪最大最热闹的节庆活动，活动以秦腔表演为主，及各村妇女自发组织舞蹈队表演。活动主舞台设在杨岘小学背面一块空地，庙会以祈福来年五谷丰登人们幸福安康为主。庙会设有灶房办伙食供远方客人食用，庙会期间人们走亲访友相互走动，交谈彼此种庄稼的经验如何提高生产等，庙会也带动当地零售业的增长，加强了各村之间的联系，使原西坪十三个村更具凝聚力，团

结一致迈向未来。

0123 天水市麦积区霍坪村庙会活动

文献依据：麦积区文化局

流布区域：霍坪村

起始时间：清朝末

举办机构：霍坪村庙委会

级　　别：村级

简　介：霍坪村相传每年在清末开始每年农历的八月十五日举办庙会，一年一次，由于全村人数不多，所以庙会规模不大，最开始主要以敬神祭祀为主，到后来发展成为以小戏和村里妇女组织舞蹈队表演为主，庙会持续时间一般不会超过四天。在村里属于除春节之外最热闹的节日之一。八月十五又正处在丰收季节，整个村落沉浸在喜悦气氛中。庙会活动是人们祈福山神保佑来年丰收、风调雨顺、五谷丰登的重要活动。

0124 天水市麦积区种田村庙会活动

文献依据：麦积区文化局

流布区域：种田村

起始时间：民国时期

举办机构：种田村庙会会长

级　　别：村级

简　介：种田村在民国时期就有庙会活动，举办时间为每年农历的正月十五日，因村庄人口基数小，庙会规模不大，主要由庙会会长跟村委班子成员组织承办活动，庙会主要以秦腔表演为主，在全村属于最热闹的节日之一。一年一次的庙会对秦腔戏迷来说是一次精神盛宴。庙会时间不长，一般为三天时间，人们通过庙会活动来祈福上天保佑来年能有好的收成。

0125 东岔镇二月十九庙会

文献依据：麦积区文化局

流布区域：东岔镇土桥村、曹坪村

起始时间：不详

举办机构：村委会

级　　别：村级

简　　介：东岔镇利用民间传统节日，坚持每年在草坪村、土桥村举办庆新春唱大戏、扭秧歌、社火汇演等活动，年参与群众达3000多人次。庙会期间，还结合当地的习俗，"请庙神下山"期间敲锣打鼓，全民皆欢，共同迎接庙神，期望庙神能保佑家人平安、来年风调雨顺、五谷丰登。如此之习俗，赋予了东岔镇更多的文化底蕴。东岔镇政府始终遵循"为人民服务"的宗旨重视当地习俗，不断促进民间文化活动发展，极大地丰富了群众文化生活。

0126 蒲甸村庙会活动

文献依据：麦积区文化局

流布区域：蒲甸村

起始时间：清朝时期

举办机构：蒲甸村庙会会长

级　　别：村级

简　　介：蒲甸村庙会，举办时间在每年的农历二月十九和十一月初一，一年两次，举办地点在蒲甸村，由蒲甸村每年的庙会会长负责举办。每年的活动主要有祭祀、秦腔、各种娱乐活动等，活动时间一般在四天左右。由于此地历史上处于西秦地区，是秦人最先发展壮大的地区，秦腔在这里代代相传，几乎每次庙会秦腔都是主要活动之一，吸引了很多的秦腔爱好者观看。同时附近村庄的村民也会来参加庙会活动，现庙会已形成几百人甚至几千人的规模，形成了蒲甸村庙会活动特有的文化和生活特色。

0127 导流山庙会

文献依据：麦积区文化局

流布区域：马家山村、石崖村、夏家村

起始时间：不详

举办机构：导流山庙会组委会

级　　别：村级

简　　介：导流山位于石佛镇，距天水市区20公里。相传远古时候，河水泛滥，大禹率领民众在此劈山导流，使得河水安然东去。据说，大禹治水之时，是在这里东山挖窑搭棚、安营扎寨，领导人们用疏导的方法，凿东山而引洪水，历经数载，终于凿出了一条沟壑，积水畅流，川原浮现，人们在这块土地上生活耕作，繁衍生息，人们为了永远纪念大禹治水功绩，把东山改名为导流山。每年农历三月初三是导流山的传统的庙会，附近村民自发集会，上香朝拜之人约2万余人。庙会上还有风情十足的杂耍欢庆节目，以及天水民间特色小吃等等。庙会传统的节目是每年的秦腔大戏，会场人山人海，各种小贩穿梭其间，成为每年庙会的重头戏。三月三日是整个导流山上油菜花开的季节，站在导流山顶，放眼望去，绿的小麦，黄的油菜花错落有致，是这个时节导流山不容错过的一大美景。

0128 天柱山（兴国寺）庙会

文献依据：麦积区文化局

流布区域：井儿村

起始时间：唐末

举办机构：民间自发

级　　别：村级

简　　介：天柱山因形似"擎天柱"而得名。天柱山位于麦积区东30公里的元龙镇井儿村，距女娲炼石补天所在地——花石崖约10里。传说远古时期，水神共工与火神祝融战火纷争，共工怒触不周山，使天柱折，顿时天塌地陷，洪水不息，恶兽横行，女娲在花石崖炼石补天，又斩巨鳌的四足做天柱，天柱山就是巨鳌的其中一足。当地民众为了保护开发这一独特的旅游资源，近年来栽植了数万株松柏，重修了庙宇，兴建了坐车可直达山顶的公路，每逢农历三月三举办文化庙会。

0129 花牛镇毛集村朝阳寺庙会

文献依据：麦积区文化局

流布区域：毛集、纸碾、上湾等18个自然村

起始时间：新中国成立前

举办机构：麦积区花牛镇朝阳寺管理委员会

级　　别：村级

简　　介：朝阳寺庙会自建立以来每年农历七月二十日由麦积区花牛镇朝阳寺管理委员会举办，庙会期间邀请知名秦腔剧团演出

秦腔，吸引辖区内广大群众前来观看，同时开展诵经、拜佛、祭祀等一系列民间艺术活动。

0130 晚阳寺庙会

文献依据：麦积区文化局

流布区域：陶新村、陶老村、张家寨

起始时间：不详

举办机构：晚阳寺庙会组委会

级　　别：村级

简　　介：川是渭南、中滩、石佛三乡镇的总称。古以卦台山脊背梁为中心，太阳终天照射而得名，元至七年（1347）普奕的《伏羲画卦台记》一文中称，"其川三阳……广表四隅，渭水回旋，朝晖夕阳变态靡时，陇右为甲。"明代胡缵宗《卦台记》中说，"三阳云者，朝阳启明，其台光荧；太阳中天，其台宣朗；夕阳返照，其台腾射。"故曰"三阳开泰"卦台山其东南之沃野平川亦以"三阳"命名焉。在川中，石佛乡有早阳寺（即郭家寺），晚阳寺（即张家寨），渭南乡有正阳寺（崔家集）以象征三阳开泰。每年的正月十六人们汇集于此地来祭祀，为道家三清道观的节日。

0131 雷王村庙会

文献依据：麦积区文化局

流布区域：雷王村

起始时间：不详

举办机构：雷王村委会

级　　别：村级

简　　介：雷王村庙会，举办时间在每年的农历正月十七，一年一次，举办地点在雷王村，每年的活动主要有秦腔、祈福、各种娱乐活动等，活动时间一般在四天左右。秦腔是每年庙会最主要的活动，活动中会吸引南来北往的秦腔爱好者驻足，此活动已成为雷王村一年一度的、广为流传的节庆活动。

0132 罗家村圣境寺正月庙会

文献依据：麦积区文化局

流布区域：罗家村霍家川村

起始时间：1994年

举办机构：罗家村

级　　别：村级

简　　介：罗家村圣境寺庙会，起源于1994年重修圣境寺之时。这是佛教宗教与当地传统文化节庆庙会，庙里供奉一佛二菩萨，圣境寺前面为文化广场及罗家村大舞台。庙会举办时间一般为五到六天。来自四面八方的人们祈福还愿、登临圣境、访亲会友，体悟到觉悟解脱之道，净化了心灵，身心得到了极大的满足。活动期间，舞台上唱大戏，庙里人来人往，香火缭绕，热闹非凡，善男信女，络绎不绝。更有从相邻的乡镇来的赶集商贩，形形色色的商品摆卖街道，俨然一个商品交流大会。

0133 峪口庙会

文献依据：麦积区文化局

流布区域：峪口村

起始时间：不详

举办机构：峪口庙会组委会

级　　别：村级

简　　介：每年的三月初八是峪口村最热闹的一天，四面八方的人纷纷赶来加入这一年一度的庙会节，烧香拜佛，祈福还愿，每年节会活动形式多样，内容丰富，深受全镇广大农民群众喜爱。

0134 神龙会

文献依据：麦积区文化局
流布区域：永庆村神龙山
起始时间：不详
举办机构：民间自发
级　　别：村级
简　　介：神农又称炎帝，据说神农尝百草，曾经在这神龙山上采集百草，突然被一大蟒蛇给吓到，惊慌失措中将背的药材种子全部散落了，结果次年这座山遍野翠绿，长出了许多植被，经过中医学者的鉴定留在这座山上的药材有200多种，同时神农又利用山上的一眼冒真气的泉眼给大伙治病，为纪念神农的功德，在上山建了庙宇，每年农历四月二十五举行庙会纪念这一伟大的祖先。

0135 杨成村庙会

文献依据：麦积区文化局
流布区域：杨成村
起始时间：清朝时期
举办机构：杨成村庙会会长
级　　别：村级
简　　介：杨成村庙会在清朝时期就有，时间在每年农历的三月十一日举行。庙会时间一般为三天时间，人们通过庙会活动来祈福上天保佑来年能有好的收成。

0136 陈大村庙会

文献依据：麦积区文化局
流布区域：陈大村
起始时间：清朝时期
举办机构：陈大村庙会组委会
级　　别：村级
简　　介：陈大村庙会，举办时间在每年的农历二月初二，一年一次，举办地点在陈大村，由陈大村每一年的庙会会长负责举办。每年主要有祭祀、秦腔、各种娱乐活动等，活动时间一般在四天左右。每次的庙会也是走亲访友的好时间，也是一年一度村里的节庆日，无论老人还是小孩脸上都洋溢着幸福快乐的笑容。陈大村庙会已成为当地群众喜爱的民俗传统。

0137 石佛庙会

文献依据：麦积区文化局
流布区域：石佛村
起始时间：不详
举办机构：石佛庙会组委会
级　　别：村级
简　　介：在几百年前，有次突降暴雨，在两山河沟之间发洪水，雨停之后，村民在河沟发现一尊两米多高的石雕佛像，村民将佛像保存，村名也改为石佛村。每年的三月二十是整个石佛村的重大节日，人民纷纷来到庙内及其附近，进行祭神、娱乐。随着时代变化，古老的庙会亦增添了不少新内容，展示民俗一直是庙会最主要的特色。内容有舞狮、传统民族花会、现代舞、民间手工艺展、特价书市和京剧、武术、杂技专场等。现在庙会集旅游观光、休闲娱乐、购物餐饮为一体，具有鲜明的传统民族特色，为石佛村的发展带来了无限的生机。

0138 关庄村庙会

文献依据：麦积区文化局

流布区域：集村、关庄、咀头三村

起始时间：不详

举办机构：组委会

级　　别：村级

简　　介：农历三月二十六日为正会日，会期五天，参会人数 3 万余人次。

0139 集村上九文化庙会

文献依据：麦积区文化局

流布区域：三岔乡集村

起始时间：不详

举办机构：大会组委会

级　　别：村级

简　　介：正月初九为正会日，会期 5 天，参会 2 万余人次。

0140 谢坪村庙会

文献依据：麦积区文化局

流布区域：谢坪村

起始时间：不详

举办机构：谢坪村庙会组委会

级　　别：村级

简　　介：谢坪村在每年农历的正月初九和七月二十日举办庙会，一年两次。主要以秦腔为主，还有村民自发组织的舞蹈秧歌队等各种活动。人们相聚在戏场里，大人们观看着秦腔表演，小孩们在戏场里拿着父母给的零花钱买着小吃。秦腔表演在下午和晚上表演，村里舞蹈队在早上表演。庙会时间为四天，虽然时间不长，但足以让人们享受一顿文化大餐。庙会最开始以祭神为主，后来盖了戏台为庙里的神灵唱戏，人们通过庙会活动来祈求来年风调雨顺、五谷丰登、减少灾难。

0141 背湾村庙会

文献依据：麦积区文化局

流布区域：背湾村

起始时间：不详

举办机构：背湾村庙会组委会

级　　别：村级

简　　介：背湾村庙会，举办时间在每年的农历正月十五，一年一次，举办地点在背湾村。每年的活动主要有祭祀、秦腔、各种娱乐活动等，活动时间一般在四天左右。

0142 玉兰太平寺庙会

文献依据：麦积区文化局

流布区域：甘泉镇

起始时间：1959 年

举办机构：天平寺

级　　别：村级

简　　介：太平寺内有泉曰"春晓泉"，泉边有两株千年古树玉兰寺，于1959年建成双玉兰堂、太平寺每年三月二十举办庙会，此时玉兰花盛开，满寺飘香，既有观赏价值，又有祈福意义。

0143 张白村庙会

文献依据：麦积区文化局

流布区域：中滩镇张白村

起始时间：不详

举办机构：张白村庙会组委会

级　　别：村级

简　　介：张白村庙会在每年农历的三月二十日和十月十五日举行，庙会主要以祭祀、秦腔为主，并加入村民组织的舞蹈表演等节目，在全村属于最热闹的节日之一。庙会时间一般为三天时间，人们通过庙会活动来祈福上天保佑来年能有好的收成。

0144 清水县物资交流大会

文献依据：麦积区文化局

流布区域：天水－清水

起始时间：1689 年

举办机构：民间组织

级　　别：村级

简　　介：据民国《清水县志》载：清康熙二十八年(1689)开始，每年农历四月二十八日至五月初七日，民间有给城隍爷过寿诞的习俗。其间，有秦剧、木偶、马戏、社火等文艺演出和商品交易活动。经历代发展，形成闻名西北地区的清水县夏季物资交流大会，一直延续至今。改革开放和市场经济的发展，使清水物交会闻名于西北、西南、中原等省区。每年有四川、云南、贵州、湖南、湖北、河南、内蒙古、陕西和甘肃等9省(区)客商3至5万多人参加物资交流会。交流物资主要有牲畜、山货、大麻、药材、粮食及工业品1万多种，年成交总额266万多元。清水物交会经过310多年的发展变化，由过去的小市场，发展到现在的山货、牲畜、日用品等3大专业批零集散中心。

0145 清水县轩辕文化旅游节

文献依据：清水县文化局

起始时间：2006 年

流布区域：清水

举办机构：清水县委县政府

级　　别：县级

简　　介：据史料记载和大量的民间传说证实，轩辕黄帝诞生在清水县。为了进一步发展文化旅游产业，特举办轩辕文化旅游节，目的是弘扬轩辕文化、打造避暑胜地、发展旅游。通过举办旅游节，推动了当地文化和旅游的深度融合。

0146 秦安社火

文献依据：秦安县社会院

流布区域：秦安县域

起始时间：相传起源于唐朝

举办机构：秦安县政府及各乡政府主办

级　　别：县级

简　　介：秦安社火，俗称鼓狮。相传起源于唐朝，1000 多年来不断发展、变化、提高。特别是改革开放后社火自由发展，得到各级组织的重视。几乎村村闹社火，人人看社火。秦安社火形式有：秦腔、蜡花舞、戏鳌、打虎、旱船、狮子、马社火、高跷、高台、羊皮鼓、陈姑赶船、龙灯、大头娃娃、推车、海巴儿、亭子、吊庄务农、纸驴、卖篦子、卖水、施不全上任、天官赐福、刘海撒金钱等近 30 余种，机关单位有各式各样的彩车。

0147 人文始祖女娲祭祀活动

文献依据：秦安县社会院

流布区域：秦安县

起始时间：秦朝

举办机构：秦安县政府

级　　别：县级

简　　介：地处秦安县城 45 公里的陇城镇，相传为女娲出生之地。据《水经注》记载：秦安县城北面，山上有女娲祠，此地有风姓命名的风沟、风台、风莹等地名，娲皇、凤尾、龙泉等村名，传说女娲生于风沟，长于风台，葬于风莹。在风沟悬崖上至今还有一处深不见底的女娲洞，镇北门外有一口大井，世称龙泉，据传是女娲抟土造人用水之泉。镇南门有一座气宇轩昂、雕梁画栋的女娲庙，大殿正中有女娲氏塑像，生动再现了女娲"炼石补天"、"抟土造人"的情景。该景点为"寻根访祖"旅游线上的重要景点之一。以往的祭祀女娲活动都是由民间自发组织。从 2005 年开始，当地政府把"民祭"活动同宣传当地旅游资源、提升秦安整体形象结合起来，组织大规模的公祭活动。举办公祭的意义在于弘扬中华民族尊敬祖先的传统美德，在于强化大家对同一个中华文化的认同。但"民祭"依然是当地百姓最为重视的祭祀形式。民祭女娲活动最热闹时有 5 省 28 个县 170 多个村落的群众来观看民祭活动，最多的一年有 15 万多人。

0148 邢泉庙会

文献依据：秦安县社会院

流布区域：秦安境内

起始时间：明代

举办机构：民间自发

级　　别：村级

简　　介：邢泉庙会是秦安境内规模最为盛大、会众最多、历史悠久的著名庙会。据碑文记载，邢泉圣母宫为九龙山三圣母的行宫。明嘉靖《秦安志·礼制志》："九龙庙，九龙名山，县所主也，与庙山所建天齐宫，当并祀之，礼也。"即在明代之时，九龙山圣母与泰山同为县内官神，享受官方祭祀。九龙山圣母庙始建于元大德年间，历代官员每于久旱不雨之时，长途跋涉，前去取湫求雨，为县内重要的农耕民俗活动。清代以来，由于路途遥远，为了求雨方便，在邢家村建立圣母行宫。每年农历七月十二日举行庙会，唱戏娱神，世代相传，相沿成习。时至今日邢泉庙会已成为秦安最为盛大的民俗活动。邢泉庙会最盛时，会众遍及秦安县大半城。热闹非凡的庙会带动了当地旅游、餐饮、商业等经济活动的发展。

0149 中国天水·秦安果品博览会

文献依据：秦安县社会院

流布区域：秦安县

起始时间：2007

举办机构：甘肃省财政厅、省林业厅、省农牧厅和天水市人民政府联合主办，秦安县委、秦安县人民政府承办

级　　别：市级

简　　介：秦安县为全省林果大县。先后被国家林业局命名为"中国名特优经济林桃之乡"，荣获"全国经济林建设先进县""全国经济林产业示范县""中国苹果之乡""中国花椒之乡"等称号，秦安蜜桃、苹果、花椒等7个果椒品种通过了国家绿色食品认证，"秦安蜜桃""秦安花椒""秦安苹果"先后荣获"中华名果"称号，通过了国家地理标志产品保护，秦安已成为全国唯一通过三个地理标志产品保护的县。

甘肃秦安果品博览会是省委、省政府关注民生、重视"三农"政策的充分体现；是天水市委、市政府坚持以科学发展观发展观统领经济社会发展全局，积极推动县城经济和特色农业发展，全面建设和谐天水的重要举措，也是秦安人民立足县情、因地制宜、做大做强林果支柱产业，扩大对外影响，促进交流合作，实现经济社会又好又快发展的具体行动。博览会对于打造天水市乃至全省的优质果品品牌，发展壮大特色经济，提高天水和秦安的知名度，全面加快建设小康社会进程，产生了积极而深远的影响。

0150 甘谷县全民健身日体育专场晚会

文献依据：甘谷县体育局

流布区域：甘谷县城

起始时间：2009 年

举办机构：甘谷县体育发展中心

级　　别：县级

简　　介：甘谷县全民健身日体育专场晚会，从 2009 年开始，每年 8 月 8 日前后为期一周时间为全民健身周，在此期间开展系列群体活动，直到 8 月 8 日晚体育专场晚会，这一周系列活动达到高潮。

0151 武山水帘洞庙会

文献依据：武山县文化局

流布区域：西县、通渭县、武山县、甘谷县

起始时间：隋文帝中叶

举办机构：水帘洞庙会管理委员会

级　　别：县级

简　　介：武山水帘洞是天水百里石窟走廊中的一颗璀璨明珠，奇特的丹霞地貌景观，雄浑的北周摩崖大佛，精湛的历代精美壁画，离奇的火棍笤刷传说，千百年来吸引着周边数县群众朝山敬香，踏春览胜。尤其是麻线娘娘的神奇传说，从隋文帝中叶一直流传至今，她勤劳善良的形象深入民心，惩恶扬善的灵异广为传颂，吸引了四周百里的群众前来祈福还愿，并逐渐形成了以武山、甘谷、陇西、通渭四县水会为主的传统春游庙会。一年一度的水帘洞传统春游庙会，自农历二月初九日开始，至农历二月十九日结束，历时十一天，期间由四县水会轮流负责做道场。每年初九的道场由陇西水会负责，一些烧香弟子天不亮就到山上等候，上午十点至中午两点，水帘洞中人如潮涌，沿路上游人如织，石阶上摩肩接踵。

0152 关山花儿会

文献依据：张家川回族自治县文化局

流布区域：张家川县

起始时间：2007年7月

举办机构：张家川回族自治县文化馆

级　　别：县级

简　　介："花儿"，在张家川，又称"漫花儿"，是本地区民间的一种歌曲，因此"花儿会"就是本地区的民间歌会。在张家川，几乎随处都听到"花儿"，但最有民俗特点的是每年7月份的关山"花儿会"，会期三天，规模较大。会场上搭有歌台，歌手登台比赛，优胜歌手会得到奖励。"花儿"爱好者可唱本地"花儿"，也可唱外地"花儿"，演唱本地"花儿"者居多，张家川"花儿"以生动形象的比兴起句，格律严格，歌词优美，曲调时而高亢，时而婉转。"花儿会"期间，远近的百姓都登山会歌，多时人数上万。届时人们撑着伞，摇着扇，席地而坐，歌词多为即兴创作，极具生活气息。"花儿会"也是青年男女选择对象的极佳场合，他们以歌为媒，向对方表白心迹。此外，张家川县在关山"花儿会"期间，还有物资交流活动和清真食品节等活动。

（五）武威

0153 武威市民族民间文艺汇演大奖赛
文献依据：武威市文化局
流布区域：武威
起始时间：2010年
举办机构：甘肃省文化馆、武威市文广局、武威市文化馆
级　　别：市级
简　　介：武威市民族民间文艺汇演大奖赛以"弘扬民族民间文化艺术，展示群众文化艺术风采"为主题，连续举办。民族民间文艺汇演大奖赛荟萃全市民族民间文化艺术，繁荣社会主义先进文化，为打造"美丽武威"，促进全市广大人民群众文化活动健康协调发展，为推动全市经济社会转型跨越发展提供了有力的精神动力和文化保证。

0154 凉州区海藏寺庙会
文献依据：武威市文化局
流布区域：凉州区城乡
起始时间：1980年
举办机构：凉州区海藏寺管理处
级　　别：县级
简　　介：每年的正月十五、十六日逛海藏寺游"百病"的习俗，一千多年来在武威一直延续着。在海藏庙会期间，凉州贤孝、凉州攻鼓子、凉州民间花灯、舞龙、舞狮子、武术表演、现代歌舞、象棋、书画展览等精彩纷呈，上千名群众参加巡游队伍，甚是热闹，活动吸引了数万人观看，整个道路人山人海，放眼远望寺内，数以万计的信众和游客挤满了整个寺院，成为凉州春节期间文化活动中的一道亮丽的风景。

0155 莲花山农历五月十三朝山
文献依据：武威市文化局
流布区域：甘肃省武威市
起始时间：不详
举办机构：自发

级　　别：县级

简　　介：莲花山，位于武威城西南15公里的松树乡境内，海拔2900多米。因其山势雄伟，奇峰环列，层峦叠嶂，四面险峰宛如瓣瓣盛开的青莲而得名。每年农历五月十三这天，莲花山便成为武威人的朝圣之地。上香的，拜佛的，祈福的，消灾的，大家或扶老携幼，或拖儿带女，揣着一颗虔诚的心奔往莲花山。山路尽管逶迤，坦坦荡荡行走在路上的是风调雨顺的期盼；金顶尽管高远，朴素无华执着向往的是千年万年不变的民生祈福，还有人们向往美好生活的一片热忱。

0156 古浪石门峡庙会

文献依据：古浪县文化局

流布区域：古浪

起始时间：明代

举办机构：民间自发

级　　别：村级

简　　介：石门峡庙会，于每年农历六月初六在古浪县黄羊川镇石门峡举办。石门峡石峡两壁如劈如削，苍苔老松倒悬其上。峡底流水激荡，声喧幽谷。山岭多生苍松翠柏、奇花异草。一年四季，峡水中流，两山松涛与谷底波涛相应，恰似"一线当中吼白龙"。峡西顶为西龙洞沟，古为佛教圣地，曾有寺殿20多座，毁于1958年，后复建6处，有的迁建在悬崖石壁上。悬崖上有三条石岭，人称石龙，山麓有岩洞。"松山之战"就从这里打起。入石门峡，豁然开朗，为河谷大草原，为古代军马的集养地。峡口有东西两"龙洞"，峡东有石峰，似巨人仰望，如思如叹，人称"老子问道"峰。龙门峭壁之上，凿岩穿壁，数座小庙参差山麓间，险中见趣，奇中生巧，备受关注。每年庙会举办丰富多彩的民俗文化活动，土特产品及美食让游客大饱眼福和口福。仅一天时间，石门峡庙会接待游客上万人。

0157 天祝三峡风光暨民俗风情旅游节

文献依据：天祝藏族自治县文化局

流布区域：天祝县

起始时间：不详

举办机构：天祝县旅游局

级　　别：县级

简　　介：天祝藏族自治县区位条件优越，民族风情浓厚，资源丰富，风光旖旎，是祁连山东段和兰州西北部重要的生态安全屏障，也是围绕兰白经济圈着力打造的2小时旅游经济圈，素有"高原金盆"和"避暑胜地"的美誉，蕴藏着巨大的发展潜力。天祝三峡风光暨民俗风情旅游节旨在依托丝绸之路文化背景，突显藏乡民俗风情和文化特色，进一步增强天祝以及全市旅游的吸引力和影响力，着力打造"中国旅游标志·马踏飞燕胜地"旅游品牌，让更多的人走进天祝，感知武威，领略甘肃。

0158 民勤县苏武文化节

文献依据：民勤县文化局

流布区域：甘肃省民勤县

起始时间：2007年

举办机构：民勤县人民政府

级　　别：县级

简　　介：为了更好地打造苏武文化品牌，弘扬民勤精神，传承苏武文化，繁荣民勤文化事业，满足广大人民群众文化生活需求，2007年组织开展了民勤县第一届"苏武"文化节。节会上举办了盛大的开幕式和各类文艺演出和展览活动，全面展示了全县戏剧表演、工艺美术、文学艺术、出版印刷、旅游产品开发等方面的成果。

0159 民勤县春节秧歌社火汇演

文献依据：民勤县文化局

流布区域：甘肃省民勤县

起始时间：1998年

举办机构：中共民勤县委宣传部

级　　别：县级

简　　介：民勤县委、县政府每年正月十五在群众体育场举办城乡优秀秧歌、社火汇演，每年观众达50000多人次。沙城内外喜气洋洋、锣鼓喧天，春潮激荡。元旦、春节文化系列活动的广泛开展，极大地丰富了全县人民群众的节日文化生活，提高了党和政府的凝聚力和战斗力，增强了全县人民群众在治理民勤生态环境中克服困难的决心和信心。

0160 古浪昌灵山天贶节

文献依据：古浪县文化局

流布区域：古浪县及周边

起始时间：不详

举办机构：民间

级　　别：3

简　　介：昌岭山位于祁连山东端的古浪县裴家营乡，山形巍峨挺拔，气候清爽宜人，庙宇错落有致，自然景观奇特，宗教文化悠久，旅游资源丰富，历来是避暑游览和道教活动的重要场所，素有"戈壁明珠"、"西北小武当"、"小庐山"之称，属国家级自然保护区。因山上有三清殿、文昌宫和灵隐寺而得名。每年六月初六，人们就到庙会凑热闹，难耐心中的喜悦和冲动。

0161 古浪爷爷山庙会

文献依据：古浪县文化局

流布区域：古浪县及周边

起始时间：不详

举办机构：民间

级　　别：村级

简　　介：爷爷山，又名莲花山，在古浪县泗水镇双塔村西面。为了纪念霍去病将军，人们就在山上修了霍爷祠，把这座山叫爷爷山。每年农历四月初八，人们放下手中的活，梳洗打扮，穿戴一新，扶老携幼，从四面八方感到双塔爷爷山，参加庙会。

0162 古浪城隍庙会

文献依据：古浪县文化局
流布区域：古浪县及周边
起始时间：不详
举办机构：民间
级　　别：县级
简　　介：农历五月二十八，是古浪县一年一度的城隍庙会暨民间民俗文化交易会，全县山川各地的人民群众涌入县龙泉公园，公园内人山人海。

0163 民勤小曲戏艺术节

文献依据：民勤县文化局
流布区域：民勤县城
起始时间：明代末年
举办机构：县委宣传部、文体局、文化馆、社会团体
级　　别：县级
简　　介：民勤小曲戏源远流长，最初称镇番小曲（因民勤过去称为镇番县，意为镇番之地）是流行于民勤城乡的地方小剧种。民勤小曲是由当地小曲和内蒙流传而来的民歌"西调"、"二人台"，陕西"眉户"，江浙一带的俚曲小调等相融合后，在清初逐步形成的独特剧种。民勤小曲曲调丰富，有100多种。民勤小曲戏剧目较多，仅艺人口传即有五十多本，其中如《小放牛》、《下四川》、《张连买布》、《钉缸》、《小姑贤》、《二瓜子吆车》等为独擅剧目。民勤小曲戏有影响的班社，清代有胡兆痒戏社、陈友生容尤堂，民国有泰和社等。著名艺人先后有曹开兴、高培阁、周玉文、田志书、陈生政等。民勤小曲戏风格独特。道白多用民勤方言，诙谐、通俗、幽默、亲切感人。唱腔时而粗犷豪放，时而细腻婉转，兼具南北之风。动作欢快自然，男角演时蹦蹦跳跳，手持"鹅毛扇"，女角演出时摇摇摆摆，善用手帕等小道具做戏，带有鲜明的地方舞蹈形式。表演无固定场合，可在农家院落和田间地头演出，称"地蹦子"；也可"小曲子当大戏唱"，登台表演。民勤小曲戏与民勤人民的生产生活息息相关，已成为民勤人民的一种娱乐方式，深刻地影响着本地人的思维方式、道德观念、价值取向、民俗风情。传承、保护、发展民勤小曲戏艺术节，对落实科学发展观，实现中国梦；塑造地方文化形象，繁荣文化产业；促进建立和谐社会，实现民勤经济社会全面、协调、可持续发展有十分重要的意义。对于传承弘扬民勤小曲戏艺术，推动这一珍贵的非物质文化遗产走出民勤、走向全国，走上更加广阔的舞台，有着重要的历史意义和现实意义。

0164 天堂花儿会

文献依据：天祝藏族自治县文化局

流布区域：甘肃省天祝县天堂镇

起始时间：2001 年

举办机构：天祝县天堂镇人民政府

级　　别：县级

简　　介：天堂镇地处甘青两省交界地带，属河湟文化辐射区，历来有传唱"花儿"、酒曲等民俗歌曲的习俗。依托天堂蝴蝶滩，以打造藏式风情民俗为目的，每年在旅游旺季和县庆期间定期召开"天堂花儿会"，多年来，"天堂花儿会"的成功举办受到周边各县区的肯定，在群众中赞誉度极高，同时自 2008 年以来节会以"敞开天堂门，迎来八方客"为办会宗旨，纳入周边商贸服务与小摊点集市经营，在成功举办节会的同时拉动了当地经济的发展。

（六）张掖

0165 民俗文化敖包节

文献依据：甘州区文化局
流布区域：平山湖蒙古族乡
起始时间：不详
举办机构：平山湖蒙古族乡人民政府
级　　别：县级
简　　介：平山湖蒙古族祭敖包时间，在农历四月二十五日，凡是本地的僧俗或群众，大都参加祭祀活动。主祭人主持三年一轮换，轮换一次三户，挨次进行。费用提前挨家收取。祭祀的第一天，喇嘛在敖包附近专设的蒙古包内念经；主祭人带着一队青壮年男子，骑马巡视牧地一圈后，聚于敖包周围。祭敖包一般分血祭、酒祭、武祭"三祭"。祭祀仪式结束，便开始"那达慕"（游艺）体育活动。每年这两天，乡里群众扶老携幼前往观看赛事，场面蔚为壮观。

0166 甘肃省山丹县大佛寺四月四庙会

文献依据：山丹县文化局
流布区域：甘肃省河西地区
起始时间：明代
举办机构：民间宗教组织
级　　别：县级
简　　介：山丹大佛寺坐落在甘肃省张掖市山丹县，山丹大佛寺位于城西5公里处的瞭高山脚下，旧名"土佛寺"，始建于北魏（公元425年），距今1500多年。明英宗朱祁镇曾亲手为该寺题写匾额"土佛"，土佛寺由此得名。本寺在历史上屡遭战火，又屡次重建，特别是1971年，这座千年古刹几乎毁于"文革"浩劫。自20世纪90年代以来，山丹县人民政府又恢复了大佛寺传统庙会，它是集民间艺术、地方习俗、佛教文化为一体的民俗盛会，在浓郁的节日气氛中，可以真正体验到山丹县地方民俗的魅力。大佛寺庙会保留了河西地区，特别是山丹县周边以民间信仰为特点的传统民间文化，是研究河西地区民众信仰和生活情况的重要依据，在民俗学研究方面具有不可替代的作用。大佛寺庙会除了传统的宗教祭祀活动外，已逐渐融入经贸活动和文艺活动，山丹县政府组织的一年一度焉支山旅游观光节已成为大佛寺庙会的重要组成部分，吸引了来自全国各地的旅游观光客。现大佛寺庙会已成为丝绸之路旅游的重要文化景观之一。

0167 甘肃省山丹县钟山寺庙会

文献依据：山丹县文化局
流布区域：甘肃省河西地区
起始时间：隋代
举办机构：民间宗教组织
级　　别：县级
简　　介：钟山寺庙会，始于唐。是以民间信仰为主要内容的民间群众性活动和民间文化活动，是甘肃河西走廊地区著名的庙会之一。它承载着大量的民俗事项，受到了当地群众的重视。每年六月初六（农历）日，为钟山寺庙会，张掖、民乐、永昌及本县群众来山观景，求神拜佛，采药防疫，这个习俗一直流传至今。今钟山寺是在原址上复建而成。现今山丹钟山寺庙会每年吸引成千上万的人从省内外云集，随着参与庙会人流的不断增加，红火的"庙会经济"已经给山丹带来了显著的经济效益，使周边的商业、酒店餐饮业和其它服务业也相继得以发展。钟山寺庙会因其规模盛大、内容丰富，参加者众多，在甘肃河西一带具有深远的影响。

0168 甘肃省山丹县焉支山旅游文化节

文献依据：山丹县文化局
流布区域：甘肃省河西走廊
起始时间：2001年6月
举办机构：山丹县人民政府
级　　别：县级
简　　介：焉支山位于山丹县城东南40公里处，南北宽20公里，东西长34公里，总面积680平方公里。海拔2919米，主峰毛帽山高3978米。焉支山森林公园是1993年经甘肃省林业厅批准成立的省级森林公园，2010年7月又被授予国家4A级风景区，是以自然风光为依托的游览区。区内重峦叠嶂，松林密布。山上林海松涛，碧波无际，山下沟壑纵横，清泉淙淙。腹地，獐鹿、岩羊等野生动物出没其间，峡谷两侧崇山峭立，奇石岩岩。秋日，各种野花竞相怒放，争奇斗艳；晓日初升，云兴霞蔚，重雾缥缈，气象万千。秋夏之际，这里气候凉爽湿润，景色秀丽迷人，素有"小黄山"之称。自2010年设立的焉支山旅游文化节更是以建设河西旅游大县和宜居宜游宜商宜业新山丹为目标，以隆重、热烈、节俭、特色为原则，推动旅游、生态、文化深度融合，对提升五彩山丹旅游知名度产生了一定的影响，特别是在国泰民安的今天，在各级政府和广大人民群众的大力参与和积极支持下，焉支山正以崭新的面貌大放异彩，迎接八方游客。

0169 祭灶

文献依据：民乐县文化局
流布区域：县境内
起始时间：不详
举办机构：自发组织

级　　别：县级

简　　介：农历十二月二十三日，供奉灶神。祭灶，是一项在民间影响很大、流传极广的习俗。旧时，差不多家家灶间都设有"灶王爷"神位。灶王龛大都设在灶房的北面或东面，中间供上灶王爷的神像。没有灶王龛的人家，也有将神像直接贴在墙上的。焚烧香表后（灶王爷骑的神马），献供品"灶干粮"（一种面做的小薄饼）、糖果，送灶王爷上天，祈求灶神"上天言好事，回宫降吉祥"。去向玉帝启奏人间一年之善恶，而妇女不能参拜，只于内室扫除炉灶，燃灯默拜。

0170 补天节

文献依据：民乐县文化局

流布区域：县境内

起始时间：不详

举办机构：民乐县文化馆

级　　别：县级

简　　介：补天节是正月二十日，据说是女娲补天的日子。节日当天，由长辈主妇用面做烙饼或蒸饼，饼子要求圆而薄，名为"补天饼"。补天补地的仪式很简朴，用红丝线系上补天饼抛到自家的屋顶，以象征补天，另一块饼掰开放入院子的井中或角落，象征补地。仪式完毕，全家才吃补天饼。

0171 "金色田园 魅力民乐"旅游文化艺术节

文献依据：民乐县文化局

流布区域：民乐县境内

起始时间：2012年

举办机构：民乐县文化广播影视新闻出版局、民乐县旅游局

级　　别：县级

简　　介：为了充分发挥民乐县历史人文底蕴深厚优势，有效开发旅游资源潜力，促进全县文化旅游产业的全面发展，全力打造"高原生态旅游"品牌，拓展旅游业发展空间，实现文化与旅游深度融合。县委、县政府决定在2012年7月28—8月8日举办"金色田园，魅力民乐"旅游文化艺术节活动，意义是主打"高原生态旅游"牌，以挖掘历史文化旅游资源为主导，以发展祁连山生态旅游和民俗文化为主题，以打造高原生态旅游胜地为目标，以建设"三大景区"（扁都口生态休闲旅游区、海潮湖生态度假旅游区、圣天寺佛教文化旅游景区）、开发"三大特色"（生态、休闲、度假）为重点，通过"走进大西北、穿越扁都口、观赏油菜花、挑战祁连山"领略田园绿洲、油菜花海、蓝天白云、雪山冰川之美景；让参与者无拘无束的全情投入穿越、登山、探险、野营的体验乐趣；观赏人间美景、挑战生命极限、品尝民乐美食、体验民俗文化、享受生活乐趣。做

好"山、水、花、人"的文章，做靓"河西千年扁都口，天下第一油菜花"的金字招牌，走文旅相融、文商互动的文化旅游产业发展路子。以宣传民乐休闲、生态、度假为特色的旅游文化产品，展示民乐的风土人情与秀美山川，增进交流与合作，实现共赢与发展，将民乐打造成为全市乃至全省新的热点旅游区和独具特色的生态度假胜地，使更多的社会各界人士走进民乐，感受民乐，宣传民乐，发展民乐。

0172 去病节

文献依据：民乐县文化局

流布区域：县境内

起始时间：不详

举办机构：民乐县文化馆

级　　别：县级

简　　介：农历六月初六日，俗称"去病节"，是河西走廊民间的传统节日。此时也为气温最热日，民间习惯翻晒衣物，以驱除虫害。

0173 民乐县农民文化艺术节

文献依据：民乐县文化局

流布区域：民乐县各个乡镇

起始时间：2011年

举办机构：民乐县文广新局

级　　别：县级

简　　介：自2011年起，每年由一个乡镇承办，内容涉及专场文艺演出、民间工艺品展销、书画展览、体育比赛等内容。节目均有农民自编、自导、自演。农民文化艺术节全面展现了全县新农村建设的新成就、农业发展的新成果和当代农民的新风貌，对弘扬全县民间优秀传统艺术文化起到了一定的积极作用。

0174 临泽县四月八庙会

文献依据：临泽县文化局

流布区域：临泽县板桥镇

起始时间：不详

举办机构：临泽县板桥镇

级　　别：乡（镇）级

简　　介："四月八"庙会历史悠久，是临泽最富有特色的民俗活动，也是丝绸古道传统民族文化宝库中的一颗灿烂明珠。在临泽县，每逢农历四月八日，西北各兄弟民族赶牛羊、携供品到仙姑庙膜拜仙姑，相沿成习，已历2000多年，是临泽留传至今的最古老的传统庙会。今天，"四月八"庙会对推进全县创建全省公共文化服务体系示范区工作营造良好氛围，进一步丰富商贸流通形式和内容，展示全县特色地域文化，吸引更多的外地客商到临泽县投资，促进县域经济快速健康发展具有重要意义。

0175 "中国枣乡·魅力临泽"旅游文化艺术节

文献依据：临泽县文化局

流布区域：临泽县

起始时间：2010 年 5 月

举办机构：临泽县政府

级　　别：县级

简　　介："中国枣乡·魅力临泽"旅游文化艺术节每年举办一次，活动内容丰富多彩。旅游文化艺术节的举办，弘扬了时代精神，倡导了文明新风，极大地丰富了城乡群众的精神文化生活。同时，也通过宣传临泽、歌咏临泽，提升了临泽的对外形象。

0176 肃南乡镇文化艺术节

文献依据：肃南裕固族自治县体育局

流布区域：肃南县各乡镇

起始时间：不详

举办机构：各乡镇人民政府

级　　别：县级

简　　介：每年 6 月到 8 月，各乡镇集中开展传统民族文化艺术活动。

（七）白银

0177 白银市群众文化艺术节

文献依据：白银市文化局

流布区域：白银市

起始时间：2005年

举办机构：白银市委、市政府主办，市委宣传部、白银市文化广播影视新闻出版局承办

级　　别：市级

简　　介：遵循"为百姓搭台，让群众唱戏"的办节宗旨，每年9、10月期间，驻银部队、三县两区、学校、企业、专业文艺院团、社区和民间自办文化社团共同参与。每届艺术节，都根据形势需要变换主题，以广场为舞台，辐射周边社区、学校，为白银市企业文化、军营文化、校园文化和社区文化的集中展示搭建了平台。艺术节举办一系列群众参与面广、活动形式多样的文化活动，带动了群众文化向多形式、多层次的大型广场文化形式发展，使各种文艺比赛广聚人才，社区文化活动自娱自乐，全面开花。白银市群众文化艺术节是白银市精心打造的群众文化活动品牌，是广大人民群众共建共享文化成果的重要平台，被誉为老百姓自己的节日。

0178 九九重阳白银四龙剪金山民俗文化旅游节

文献依据：白银区文化局

起始时间：2007年

流布区域：白银市白银区四龙镇

举办机构：白银市白银区四龙镇人民政府、白银区旅游局

级　　别：市级

简　　介：剪金山旅游风景区位于白银市区东南25公里的四龙镇，濒临黄河北岸，海拔1748米，有悠久的历史渊源，自古就有陇右名山的美称。1990年，当时的四龙乡党委、政府筹备举办了第一届"九九重阳白银四龙剪金山文化物资交流大会"。到2006年，共举办了17届"九九重阳白银四龙剪金山文化物资交流大会"。2007年，在白银区委、区政府的支持下，四龙镇党委、政府举办了第一届"九九重阳白银四龙剪金山民俗文化

旅游节"。九九重阳白银四龙剪金山民俗文化旅游节在白银市已成为与会宁"红色旅游节"、景泰"黄河石林旅游节"齐名的节会。剪金山应和着社会和谐而发展，伴随着民俗文化旅游而兴旺。"九九重阳"白银四龙剪金山民俗文化旅游节已成为白银地区及周边约定俗成的盛大节日，吸引无数的游人前来登山朝拜，商贾云集，赏戏会友，人来如织，热闹非凡，呈现出了"文化旅游搭台，经济贸易唱戏"的繁荣景象。

0179 白银水川北武当民俗文化旅游节

文献依据：白银区文化局

起始时间：2014年

流布区域：白银市白银区水川镇大川渡村

举办机构：区文体局、白银区旅游局、白银区水川镇人民政府

级　　别：县级

简　　介：北武当作为"条城八景"之一，南依黄河，北傍青山，由东、中、西三组庙宇群落组成，风景秀美，气候温和，文化底蕴深厚；北武当雏形开始于公元430年西秦后期，形成于元成宗大德五年(公元1301年)，规模于清代，维修于民国时期。主体有祖师大殿、三官殿、子孙殿、药王殿、财神殿、灵官殿、文昌宫、雷神殿等建筑，占地12000平方米，其规模、风格、气势、布局堪称条城一绝。既有苏州园林的彩绘特点，又有北京故宫的建筑风格，还有拉萨布达拉宫的依山势造物的特色，融南方山水秀丽和北国风光之雄奇为一体，是水川宗教文化的集聚地，具有独特的文化旅游优势。白银水川北武当民俗文化旅游节旨在传承悠久的黄河文化和民俗文化，宣传弘扬水川镇旅游文化并推动水川镇经济发展，进一步提升了水川镇旅游知名度和美誉度，并通过全方位、多角度的宣传和推介，让更多人了解水川，认识水川。

0180 平川春节秦腔戏剧调演

文献依据：白银市文化局

流布区域：平川

起始时间：2004年

举办机构：区委宣传部、区文广局，区文化馆承办

级　　别：县级

简　　介：自2004年春节开始每年举办"迎新春城乡戏剧调演"活动。自开展以来，活动深受平川区人民喜爱，每逢演出时，戏院里就坐满了观众，气氛非常活跃。活动不仅为广大人民群众带来了丰富的精神食粮，还为节日营造出欢乐祥和而隆重的气氛。每年正月十二至正月十六在平川区文化馆露天舞台演出的秦腔深受人民喜爱。活动传承了历代人民用心血创造的宝贵文化遗产，弘扬了传统文化，彰显了民族精神。通过调演这种形式，普及了戏曲知识，调动了广大爱好者的积极性，培养了戏曲人才，逐年提高了基层业余剧团的演唱水平。

0181 平川区广场文化活动

文献依据：平川区文化局

流布区域：平川

起始时间：2005年

举办机构：白银市平川区委组织部、白银市平川区委宣传部

级　　别：县级

简　　介："广场文化"是平川区群众性文化活动的特色品牌。从 2005 年至今，活动进一步宣传了先进文化，加强了平川区精神文明建设，丰富和活跃了广大群众的文化生活，为区经济发展和社会进步营造了良好的社会环境。广场文化活动的开展，也充分展示了区职工群众蓬勃向上的精神风貌和表演爱好者的艺术风采，促进了区文化事业的繁荣和发展。

0182 靖远县法泉寺风景旅游区"四月八"浴佛节

文献依据：靖远县文化局

流布区域：白银市、兰州市、宁夏中卫及青海、陕西一带

起始时间：1988 年

举办机构：法泉寺风景旅游区管理委员

级　　别：县级

简　　介：法泉寺位于靖远县城东约十公里的红山岔，始建于北魏，距今已有 1500 多年的悠久历史，与陕西法门寺、宁夏景云寺同承一脉，文化价值极高，同敦煌莫高窟、天水麦积山石窟、永靖炳灵寺石窟媲美陇上，溢彩塞北，位列中国佛教百大名寺第 39 位，是省级文物保护单位和省级森林公园。寺内现存有价值连城的达摩洞唐代佛像、窟壁纯阳真人吕祖乩书真迹、大佛殿顶壁藻井唐代彩画、来自缅甸的玉石佛像等彩绘、雕塑 60 多处，还有彭泽、刘果斋、于右任、张大千、张云锦、范振绪、陈国均等历代文人墨客留下的遗墨和脍炙人口的赞美诗篇。法泉寺集佛教、道教、儒教于一寺，融建筑艺术、雕塑艺术、园林艺术、文学艺术于一体。今日法泉寺座座洞窟连群，巍巍殿宇耸立，长桥拱卧、清泉回流、榆柳成荫、鸟语花香，是人们观光、休憩、旅游、度假、娱乐的好去处。活动对于宣传靖远旅游资源，活跃靖远旅游市场，拉动当地旅游消费，扩大法泉寺风景旅游区的影响，推动靖远县旅游产业又好又快发展具有十分重要的意义。同时也给广大信众、传统文化爱好者及游客朋友们提供了一个体验寺院生活、感受传统文化的机会。

0183 甘肃 · 会宁县红色旅游节

文献依据：会宁县委宣传部

流布区域：会宁县

起始时间：2006 年

举办机构：会宁县委、县政府

级　　别：县级

简　　介：会宁革命遗迹众多，历史地位特殊。1936 年中国工农红军第一、二、四方面军胜利会师会宁，赋予了会宁新的历史意义，铸就了伟大的长征会师精神。会宁是红色历史的见证者、参与者和创造者，是享誉全国的红色旅游胜地，是红色历史名城的代表，是甘肃发展红色旅游的龙头基地。会宁红色

旅游节进一步加强了红色旅游基础工作，加快提升了红色旅游发展质量；进一步强化了区域交流合作，推进了统筹融合发展，打造了会宁红色旅游经典品牌，为促进全国红色旅游健康可持续发展做出新的贡献。

0184 红军三大主力会宁会师逢十周年纪念庆祝活动

文献依据：会宁县委宣传部

流布区域：会宁县

起始时间：1986年

举办机构：甘肃省委省政府、兰州军区及白银市、会宁县委人民政府

级　　别：省级

简　　介：会宁县从1986年10月隆重举办纪念长征胜利暨红军三大主力会宁会师50周年以来，每逢整10年举办周年纪念活动。活动规模高、影响大、效果好，不仅深化了爱国主义教育的内涵，而且提升了会宁红色旅游的知名度。

0185 会宁县桃花山庙会

文献依据：会宁县委宣传部

流布区域：会宁县桃花山

起始时间：不详

举办机构：会宁县会师旧址管委会

级　　别：县级

简　　介：会宁桃花山庙会在每年的农历六月十九，前后约四天左右，持续几天的庙会使整个会宁城热闹非凡，增添了许多和气、瑞气和盛世气象。桃花山庙会以其特殊的魅力不仅吸引了市井百姓，还深深吸引了文人雅士。庙会期间总能感觉空气里弥漫着那种特殊的喜气的味道，每天上山的游客约三到四万人次，无论白天或傍晚，在山道上总能看见男女老幼，摩肩接踵，络绎不绝。从山底到山顶一路的摊贩，一路的新鲜感。保宁寺内是彩旗飘飘，梵音袅袅。无数的善男信女们，都要去烧香磕头，拜佛求神，寺庙外道路两旁全都是商家小贩，吆喝声叫卖之声不断，真是热闹非凡。会宁的庙会，演绎的是会宁的民风民俗，表现的是会宁的地域文化，展示的是会宁的精神，庙会期间游客既可瞻仰革命遗迹，又可享受登山览胜之乐趣。

（八）平凉

0186　农历七月十八西王母诞辰日

文献依据：泾川县旅游局
流布区域：海峡两岸
起始时间：西汉元封元年
举办机构：泾川县道协
级　　别：市级
简　　介：泾川是西王母的降生地和西王母文化的发祥地。始建于西汉元封元年（公元前110年）的泾川王母宫是中国最早、最大的西王母祖庙，被誉为"天下王母第一宫"。始于北宋开宝元年的西王母庙会，距今已举行1047届，"西王母信俗"被列入第二批全国非物质文化遗产名录，长期以来吸引了大批台湾同胞寻根问祖，每年朝圣人群多达10万之众。1999年中国民俗学会正式确立泾川是西王母降生地和西王母文化发祥地，2013年由中国非物质文化遗产推广中心倡议，将西王母诞辰日农历七月十八确立为"华夏母亲节"，确定泾川县为"国际西王母文化研究基地"，进一步丰富和提升了西王母文化内涵。农历七月十八西王母诞辰日有公祭大典。祭乐奏起，全场肃穆伫立，共同缅怀华夏母亲西王母。乐舞告祭后，参祭人员依次向华夏母亲西王母敬献花篮，行祭拜礼，表达对华夏母亲西王母的无限敬仰和感恩之情。

0187　农历三月二十西王母传统庙会

文献依据：泾川县旅游局
流布区域：大陆地区、港澳台及海内外
起始时间：北宋开宝元年
举办机构：泾川县旅游局
级　　别：市级
简　　介：泾川王母宫是我国最早、最大的西王母祖庙，距今已有2100多年历史，被誉为"天下王母第一宫"。每年农历三月二十，都要举行传统的西王母庙会，届时人山人海，人数多达十万之众，自北宋开宝元年至今，已有1047多届，规模宏大，历史悠久，影响深远，"西王母信俗"被列入第二批全国非物质文化遗产名录。1990年以来，遍及台湾各县市的800多个朝圣团、成千上万的朝圣者前来寻根谒祖、观光旅游，西王母文化也正在成为联系海峡两岸人民情感的重要纽带。

0188 "灵台"祭天

文献依据：灵台县文化局
流布区域：灵台县城
起始时间：西周
举办机构：民间
级　　别：县级
简　　介：灵台县以台命名邑名，从隋炀帝大业元年（605年）始。据史书记载，公元前12世纪初，周文王攻灭灵台境内的密须国，征服密须周围的崇、共、阮等部族，为最后攻灭殷纣做好了准备。于是在灭密须后二年立台祭告天地，祭天的高台叫灵台，周文王立灵台祭天，明确表示自己君王地位的确立，也就是说明确表达了与殷纣决裂的态度。从此以后，灵台在小县城成为地标性建筑，院内苍松翠柏，碑林琳琅，典雅古朴，成为文人聚会、百姓敬神的好去处。这一时期形成了每逢正月十五、四月八、七月十五、九月初三、除夕夜到文王台下烧香敬神的自发习俗。走方僧道，云游隐士，凡来灵台的必先到灵台持香叩敬。每年正月各乡社火队进城，必先直奔灵台下，持香上表，叩头，放炮，耍几折出五官，然后才能巡演市巷。

0189 六月六

文献依据：灵台县文化局
流布区域：陇东
起始时间：近代
举办机构：民间
级　　别：县级
简　　介：六月初六，传为虫王爷生日。家家户户晒衣物，防潮防虫蛀。自制食醋的人家此日用麦麸踩曲，认为这一天踩制的曲为上乘。

0190 祭祀孔子

文献依据：灵台县文化局
流布区域：灵台文庙
起始时间：民国23年（1934年）
举办机构：民间
级　　别：县级
简　　介：灵台文庙，也称孔庙，过去每逢农历八月二十七日孔子诞辰，都要进行隆重的祭奠活动。民国29年（1930）时祭奠孔子礼仪程为：奏乐、晋爵、献馔、进献芳茗（酒器、三牲、果品）、读祭文等。祭文毕，行礼，三鞠躬，典礼宣告结束；钟鼓声起，主祭官、陪祭官退位，大殿内几十支红蜡烛与雕梁画栋相辉映，一排排祭品摆在香案前，几十头全牲（宰杀过的猪羊）白白净净，四蹄用木架撑着，丰盛气派。午后由县衙两人抬一大抬盒，内放大小不等的猪羊肉，最多的二十多斤，包裹着的红纸上分别写"主祭官某某举人收"、"陪祭官某某道君收"、"县知事某某收"。肉块越来越小，以后便是教育局长收，某校长收。最后一个抬盒里只有四五斤肉，上写某科秀才某某收，这大概是给封建科举最后一个秀才赠送的礼品。

0191 农神节

文献依据：灵台县文化局
流布区域：陇东及关中西部
起始时间：西周时期
举办机构：民间

级　　别：县级

简　　介：农神节，农历四月八日灵台人敬农神"麦王爷"。早期活动于陇东和关中西部的周人祖先叫后稷。尊为农神的传说，在灵台妇孺皆知。什字太白庙塑有"麦王爷"神像，供在麦王楼上。朝那、上良、独店等处，也建有"麦王爷"坛，供祭都在四月初八。这一天盛会，唱大戏，迎神，祭拜隆重。据说过了四月八，小麦就没有灾难了；如果四月八天气晴好，则预兆当年庄稼大丰收。描述一般年份小麦长势的"四月八，苦老鸦"农谚也很准确。到农历四月八，小麦开始吐穗，则预示小麦丰收有望。

0192 龙泉寺庙会

文献依据：崇信县文化局

流布区域：崇信县县城

起始时间：唐宋时期

举办机构：崇信县龙泉寺管理局

级　　别：县级

简　　介：每年一次的龙泉寺四月初二庙会，会期为五天，从四月初一开始到四月初五结束，其中四月初一至初三为道教信仰者举行活动，限期三天；四月初四至初五为佛教信仰者举行活动，为期两天；其中，四月初二和初四分别是为了纪念三宵娘娘和文殊菩萨的诞辰。会期安排，四月初一早上，请正一派道师进行法事活动，一般是九名或十一名道师，下午三点开始敬香、点裱、燃蜡烛、上供品，供品有水果、点心、馒头、寿面；诵经念佛举行法事活动，祈求神灵保佑百姓健康平安，风调雨顺，五谷丰登等一切美好的愿望；从四月初二开始，唱戏（连唱三至五天），初五卸装，拆台，庙会结束。

0193 中国－平凉崆峒文化旅游节暨华亭－金秋关山文化旅游节

文献依据：华亭县文化局

流布区域：华亭县

起始时间：2012年9月25日

举办机构：华亭县委、华亭县人民政府、华亭煤业集团

级　　别：市级

简　　介：华亭－金秋关山文化旅游节是崆峒文化旅游节的重要组成部分，是一次全面推介宣传华亭的重要节会，也是全面展示全县经济文化发展的一次节会，通过节会，既能促进文化旅游产业发展，又可让县外各级领导和客商感觉到华亭人民的热情好客，历史文化的悠久，山水风光的秀丽，民俗风情的丰富，从而增强到华亭的投资兴业的信心。

0194 中国平凉金果博览会暨静宁文化旅游节

文献依据：静宁县文化局

流布区域：静宁县

起始时间：2012年10月

举办机构：静宁县委、县政府

级　　别：县级

简　　介："中国平凉金果博览会暨静宁文化旅游节"有产品展览展示、参观交流、研讨论坛、项目洽谈签约等众多活动。为我们进一步学习借鉴先进经验、扩大对外交流与合作、宣传推介"平凉金果"品牌提供了难得的机遇和广阔平台。节会以"展示名优果品,扩大商贸合作,发掘苹果文化,共谋跨域发展"为主题,旨在进步一步提升平凉金果品牌,突出体现区域经济和地方特色,扩大宣传推介,实现与国际国内高端市场的有效对接,促进苹果产业持续健康发展,加快推进全县经济社会跨越发展。

（九）庆阳

0195 中国（庆阳）农耕文化节
文献依据：西峰区农牧局
流布区域：庆阳市
起始时间：2009 年
举办机构：庆阳市委、市政府
级　　别：省级
简　　介：庆阳是中华民族早期农耕文明的发祥地之一，民俗文化独树一帜，"庆阳香包绣制"、"庆阳唢呐艺术"、"环县道情皮影"、"庆阳剪纸"、"窑洞营造技术"5个项目被列入国家非物质文化遗产保护名录。中国（庆阳）首届周祖农耕文化节于2009年9月21日至25日在"周祖农耕文化之乡"甘肃省庆阳市举行。此后每两年举办一次。农耕文化节以"传承农耕文明、弘扬民俗文化、发展现代农业、推动区域合作发展"为宗旨，旨在加强区域交流合作，加快老区发展，共建美好明天。

"中国（庆阳）周祖农耕文化节"由国家农业部、文化部、甘肃省政府作为支持单位，由农业部农村社会事业发展中心、文化部社会文化司、甘肃省委宣传部、甘肃省农牧厅、文化厅、商务厅、庆阳市委、庆阳市政府主办；中国农业科学院、中国农业博物馆、中国石油集团、中国华能集团、世界华人华侨华商联合总会协办。

0196 青龙寺庙会
文献依据：西峰区文化局
起始时间：清光绪 30 年间
流布区域：西峰区
举办机构：民间自发
级　　别：乡（镇）级
简　　介：青龙寺位于肖金镇米王村境内。清光绪三十年修建，民国初年续修，"文革"时期被毁，2004年在原地重建。每年农历二月初五为庙会期，为期5到7天时间，开展进献供果、过幸福桥等活动，游客烧香祈福、祈福积德，会期唱大戏、耍杂技，热闹非凡，每日游客可达千人以上。

0197 中国庆阳端午香包民俗文化节
文献依据：西峰区文化局
起始时间：2001 年
流布区域：庆阳市
举办机构：庆阳市委、庆阳市人民政府

级　　别：市级

简　　介：2001年6月15日至25日，原西峰市委、市政府在西峰举办了西峰市首届香包节，这次节会的举办引起了广大市民的极大兴趣和庆阳地委、行署的高度重视。2002年年初，原庆阳地委、行署决定在西峰举办首届中国·庆阳端午香包民俗文化节，围绕小香包做大文章，用小香包催生大产业，构筑大文化，建设大市场，带动大发展。截至2011年，庆阳市已经成功举办了九届香包节和一届文博会。香包节的成功举办，使得以庆阳香包、庆阳刺绣、陇东民歌、民间剪纸、道情皮影为代表的"庆阳五绝"成为民俗文化产业的知名品牌，带动了草编、根雕、泥塑、石雕、面艺、喜剧服装道具、艺术壁挂等工艺美术门类的发展，推动了文艺创作和文化出版业等文化艺术事业的繁荣。香包节的成功举办，得到了社会各界的广泛认同，取得了显著的经济效益和社会效益，为人民群众开通了把艺术品变成商品、由家庭生产到市场销售的渠道，实现了千家万户小生产与千变万化大市场的有效对接，架起了庆阳与外界沟通的桥梁。有力地宣传了庆阳，提升了庆阳在国内外的知名度，扩大了庆阳民俗文化产业的影响力，为庆阳对外开放构建了重要平台。

0198 小崆峒庙会

文献依据：西峰区文化局

起始时间：明崇祯年间

流布区域：庆阳市及周边省、市、区

举办机构：民间自发

级　　别：乡（镇）级

简　　介：明崇祯年间，有合水、华池几位老人，因路远、年高，行动不便，相约在郭家庄路口建造石碑，刻绘无量祖师像、左右帅各一，并沿袭崆峒山庙会，每年四月初一，在此碑下朝拜焚香。清同治年间，庙宇毁于兵焚。1933年，由附近百姓及好善之士共同公议，化缘布施，仿崆峒山太和皇城无量殿之规格，在北台建成无量大殿、太和宫，左建子孙宫，右建三帝庙。至1945年，历时12年，在小崆峒共修建庙宇2座，房庙13间，窑庙19孔，殿宇巍峨，造型优美。后为避四月初立夏前后阴雨天气，免众人践踏秧苗，遂将庙会改为农历三月初三和九月十九日。陕甘边界数县群众前来朝山赶会，香火颇盛，"牛车绵延数里，游人香客莫可计数"是当时宗教、旅游活动盛状的真实写照。1990年以来，在小崆峒建委的组织领导下，佛、道教管委会自筹资金修复，整修了部分庙宇、窑庙，恢复了小崆峒庙会，游人香客络绎不绝，成为陇东高原重要的佛道教活动场所。

0199 老洞山真人寺庙会

文献依据：西峰区文化局

起始时间：唐贞观16年

流布区域：庆阳市及周边省、市、区

举办机构：民间自发

级　　别：乡（镇）级

简　　介：真人寺，即郭官洞，俗称老洞，位于肖金镇东南方，于芮岭、张庄、老山诸村交界处，是黄土高原上唯一的一座具有陇东特色的窑洞庙宇群落。历经宋、元、明、清各代加固维修、扩建增置，已成为佛、道、儒三教合流的民间宗教活动场所。每年农历"二月初二"和"九月初九"为庙会期，吸引周边陕西、宁夏等10多个县市区群众烧香朝拜、求嗣祈福、卜卦抽签、游玩赏景。会期唱大戏、耍杂技、热闹非凡，游客可达30万人次。真人寺成为陇东地区旅游观光名胜之一。

0200 庆阳端午香包民俗文化产业博览会

文献依据：西峰区文化局

起始时间：2007年6月14日

流布区域：庆阳7县1区

举办机构：庆阳市委、市政府

级　　别：市级

简　　介：该博览会以展示精品、拓展市场、提升层次为主旨，以"民俗特色、文化庆阳"为主题提升展销规格，开拓市场，促进庆阳民俗文化产业发展。该博览会着眼于提高文化软实力、产业硬实力，是打造特色品牌的盛会、繁荣民俗文化的盛会、促进文化旅游融合发展的盛会，助推全市经济转型升级。

0201 肖金文化商贸交流会

文献依据：西峰区文化局

起始时间：明清时期

流布区域：陕甘宁蒙及南方多个省市

举办机构：肖金镇人民政府

级　　别：乡（镇）级

简　　介：肖金文化商贸交流会是在肖金金城寺庙会的基础上发展而来，是当地群众为庆祝武圣关羽诞辰之日，定于每年农历六月二十四日开始，进行为期10天时间物资交流会，以农副产品、牲畜及工艺产品交易，并有秦晋鲁豫等省区及甘肃省17个县客商300多家，歌舞、杂技、马戏、游戏等文艺团体20多家参与其中。随着经济社会的发展，肖金文化商贸交流会的规模也在不断扩大，除传统的物资交流之外，更有各类文体活动如期开展。

0202 正觉寺庙会

文献依据：西峰区文化局

起始时间：唐贞观年间

流布区域：庆阳市及周边省、市、区

举办机构：民间自发

级　　别：乡（镇）级

简　　介：正觉寺位于庆阳市西峰区董志镇东南约十五华里处，该寺始建于唐贞观年间，以佛教为主。清嘉庆十九年十二月二十八日发生地震，后又三年重修，但香火未断。1941年因建校拆毁，成为一片废墟，庶民惋惜，于1994年秋，五社众弟子，发动社会志士仁人，投工投料，捐资，开发左畔堡子废弃荒地，以新的寺貌落户于董志南塬一隅，与小崆峒山相得益彰，成为董志镇境内佛教文化传播之圣地，民俗文化游览之盛景。新的正觉寺矗立在秀山灌木之间，镶嵌在溪水涓流之中，山门气势宏伟，庙宇金碧辉煌，寺内建有"大雄宝殿"、"观音殿"、"三官殿"、"杨泗将军殿"等。每逢农历四月初八，七月十五为年度庙会，四方香客云集，焚香拜佛，祈求一生平安。游人慕名探足，游览观光，探寻文明进步，领略陇上民俗，饱览黄土风情，拥抱自然风光，净化心灵，陶冶情操。

0203 龙头节

文献依据：正宁县文化局

流布区域：正宁县

起始时间：三皇之首伏羲氏时期

举办机构：民间

级　　别：乡（镇）级

简　　介：农历二月初二，传说是龙抬头的日子，它是我国农村的一个传统节日，名曰"龙头节"。俗话说："二月二，龙抬头，大家小户使耕牛。"此时，阳气回升，大地解冻，春耕将始，正是运粪备耕之际。传说此节起源于三皇之首伏羲氏时期。伏羲氏"重农桑，务耕田"每年二月二这天，"皇娘送饭，御驾亲耕"自理一亩三分地。后来黄帝、唐尧、虞舜、夏禹纷纷效法先王。到周武王，不仅沿袭了这一传统做法，而且还当作一项重要的国策来实行。于二月初二，举行重大仪式，让文武百官都亲耕一亩三分地，这便是龙头节的历史传说。又一说为武则天废唐立周称帝，惹得玉帝大怒，命令龙王三年不下雨。龙王不忍生灵涂炭，偷偷降了一场大雨。玉帝得知便将龙王打出天宫，压于大山之下，黎民百姓感龙王降雨深恩，天天向天祈祷，最后感动了玉皇大帝，于二月初二将龙王释放，于是便有了"二月二，龙抬头"之说，实际上是过去农村水利条件差，农民非常重视春雨，庆祝"龙头节"，以示敬龙祈雨，让老天保佑丰收，从其愿望来说是好的，故"龙头节"流传至今。

0204 城壕村文化庙会

文献依据：华池县文化局

流布区域：城壕村

起始时间：不详

举办机构：城壕乡城壕村

级　　别：村级

简　　介：城壕村文化剧场在县文广局及有关部门的大力支持下，主要由原来在城壕作业区工作的佛教信仰者哈国庭筹资重建而成。为了继承庆阳传统文化，发扬佛教的真、善、美和庆贺城壕文化剧场重建落成城壕乡城壕村特举办了盛典。活动开展五天，每天参加物资交流及看戏、游玩人数达三四百，同时邀请崇信县振兴秦剧团为城壕人民群众带来了一场秦腔文化盛宴。一方面满足了信男善女进香拜佛许愿消灾及群众祈求五谷丰登的愿望，另一方面为人们农闲之余进行物质消费、精神文化需求提供了条件。活动更体现了它的传承性、地域性、市场化、范围广，传承和发扬陇东地区的民俗文化精髓，创新挖掘了文化消费市场，满足人们精神文化需求及物质消费，带动了当地的文化、经济共发展。

0205 老爷岭庙会

文献依据：华池县文化局
流布区域：山庄乡老爷岭
起始时间：1984年
举办机构：山庄乡老爷岭
级　　别：村级
简　　介：老爷岭组地处红色旅游沿线，西邻柔远镇柳湾村，南接城壕乡太阳村，属梁峁型村组，石油开发区。老爷岭庙会兴起于1984年，每年举办五天。古历五月十三为正会，这一天赶会的人最多，在举行庙会的中间有陕北说书，还有各地来庙会摆摊的，来往的人络绎不绝。老爷岭庙是周边居民的信仰活动开展的平台，在过会的时间，来往的每个人都在烧香祈福，希望在这一年里顺顺利利。

0206 红色南梁旅游节

文献依据：华池县文化局
流布区域：南梁镇
起始时间：2010年
举办机构：华池县人民政府
级　　别：县级
简　　介：南梁位于甘肃东部华池县的南梁，一个令人肃然起敬的地方，一个让人永远追忆的地方。因为这里曾经是老一辈革命家刘志丹、习仲勋战斗和生活过的地方。西北第一个红色苏维埃政权——陕甘边革命政府就诞生在这里，在中国革命史上写上了光荣的一笔。为了缅怀革命先辈的丰功伟绩，早在1986年建成南梁革命纪念馆，成为全国爱国主义教育示范基地。2010年9月举办了首届南梁红色旅游文化节，以"红色南梁，魅力华池"为主题，集旅游、经贸、文化为一体，按照团结、友好、合作、发展的办节方针，突出华池厚重的历史文化以及深厚红色文化积淀，充分展示华池县丰富多彩且独具特色革命历史文化、人文旅游资源，把华池县独具魅力的红色旅游资源、品牌、精品线路推向全省、推向全国，打响"南有井冈，北有南梁"红色品牌。通过"文化搭台、旅游唱戏"，提升华池知名度，加强与周边地区的区域合作，推动旅游业大发展，培育县域经济新的增长点。南梁红色旅游节，主要有开幕式、参观游览、文化产品展示、旅游产品推介、区域经济合作论坛及群众文化活动等内容。

0207 黄渠村梁沟门庙会

文献依据：华池县文化局
流布区域：林镇乡黄渠村
起始时间：不详
举办机构：林镇乡黄渠村
级　　别：村级
简　　介：林镇乡黄渠村梁沟门庙会由长主持举办，每年一次，以前每年也就找两个艺人说会书，现在不仅说会书，还邀请剧团唱戏、庆丰收、保安定，庙会期间，同时也进行物资交流。活动不仅使人们在农闲之时互相进行了物资交流，同时也满足了村民们祈求家人平安、庄稼丰收的心愿。

0208 柔远镇物资交流大会

文献依据：华池县文化局
流布区域：柔远镇
起始时间：不详

举办机构：柔远镇

级　　别：3

简　　介：柔远镇是县城所在地，是全县人民政治经济文化活动中心。宋代在此筑寨，以怀柔边陲之意，取名"柔远"。柔远镇物资交流大会由最初的庙会逐渐演变而来，在每年的阴历7月12—22日举办，会期10天。华池县城建县初期，各种商品比较奇缺，平时买不到的东西，在大会上都能如愿以偿，县城及柔远镇村民潮水般涌向大会，大会上人山人海，物资交流购销两旺，为县城的经济发展发挥了巨大的推动作用。随着商品经济的发展，物资交流已深入人心，交流会上的娱乐设施、戏剧表演、各种美食更是吸引着群众聚集一堂，尽情娱乐。交流会为进一步繁荣市场经济，丰富群众精神文化生活，促进感情交流，展示"三大文明"建设成果，推动全镇经济社会跨越式发展搭建了有利的平台。

0209 菩萨山庙会

文献依据：华池县文化局

流布区域：元城镇菩萨山

起始时间：不详

举办机构：元城镇菩萨山

级　　别：村级

简　　介：菩萨山原名高山寺，地处华池县元城镇西部与白马乡接壤。每年的三月二十举办庙会，人来人往，名流布衣、香客纷至沓来，当天几乎有万人之多，敬神观景、游山朝拜、休闲娱乐。菩萨山于2012年修建纪念亭一处，如今的菩萨山已成为全县乃至周边群众旅游朝拜的一处胜景。

0210 三霄娘娘庙会

文献依据：华池县文化局

流布区域：五蛟乡

起始时间：不详

举办机构：五蛟乡

级　　别：村级

简　　介：五蛟古庙宇原有日、月、星三光菩萨庙，天、地、水三官庙，关圣帝君庙，显神，三霄娘娘庙，牛、马、土地、水草大王五位尊神，还有八腊虫王庙等。相传这些庙宇最早始建于秦汉，兴盛于唐、宋以至明、清。原来庙宇宫殿坐落于五蛟中山梁山巅和中山梁山麓大道东侧台地上，庙宇建筑群甚为壮观，宫殿雕梁画栋，飞檐翘首，塑像姿态各异，栩栩如生。每年农历三月十八、四月二十四、五月十三、七月初五各位尊神圣诞庙会，香客云集，香火旺盛。

0211 尚湾村庙会

文献依据：华池县文化局

流布区域：山庄乡尚湾村

起始时间：2002年

举办机构：山庄乡尚湾村

级　　别：村级

简　　介：尚湾村地处红色旅游沿线上，与南梁、林镇相接。尚湾庙会兴起于2002年，会期五天，农历五月十九为正会。每天参加物资交流及看戏、游玩人数达三四百。第一节庙会邀请崇信县振兴秦剧团为城壕人民群众带来了一场秦腔文化盛宴。庙会期间人来人往，前来捐赠布施，上香拜佛。庙会让人们的精神有了寄托，丰富了文化生活。

0212 兴元山药王庙会

文献依据：华池县文化局

流布区域：元城镇兴元山

起始时间：2006 年

举办机构：元城镇兴元山

级　　别：乡（镇）级

简　　介：2006 年，元城镇党委、政府为弘扬古风，传承美德，内遂民愿，决定结合小城镇建设工程，在更名后的兴元山（原址荒地岗）周围打造占地达 10 余亩的旅游景区，现位于元城镇南街，此景点以中医药文化、社区文化为主。先后建成了药王殿、圣母殿、无为尊神殿、功德亭、平安亭、望龙亭、长寿亭、长乐亭、马氏祖祠、登山 54 阶石阶、旱冰场、演艺台、园林、仿古山门、配套安装调频广播系统一套，景区绿化新建油路、路灯总长达 1.5 公里，城镇面貌焕然一新。庙会于每年的农历六月二十三日举办，参会人数大约均达到上万人。

0213 新堡庙庙会

文献依据：华池县文化局

流布区域：悦乐镇新堡村

起始时间：不详

举办机构：悦乐镇新堡村

级　　别：乡（镇）级

简　　介：新堡庙地处悦乐镇新堡村东南部，布局二台三院，面积达 1580 平方米，建筑群立，四合院式，塑像、壁画神奇别致，结构严谨，殿宇雄伟壮观。新堡庙庙会于每年农历二月初八举行，会期 5 天，在新堡庙庙内及其附近举行。新堡庙庙会是悦乐镇规模最大、影响最广的庙会。目前庙会期间前来祭神、娱乐和购物等活动的各界人士、群众居民多达 2 万人。二月初十新堡庙庙会达到高潮，来自各地戏班的艺人、乐师登堂表演，商贩及游者络绎不绝，善男信女敬香祈福者接踵而来，庙内外香烟缭绕，钟声幽幽，戏台上悠扬的唱腔、动听的乐声，营造出一派肃然而优美的气氛。新堡庙庙会是全县民间广为流传的一种传统民俗活动，是群众居民生活文化的一个有机组成部分。

0214 庆阳赤城苹果节

文献依据：庆城县文化局

流布区域：庆城县

起始时间：2002 年

举办机构：赤城乡人民政府

级　　别：乡（镇）级

简　　介：2002 年赤城乡被农业部确定为无公害农产品（水果）生产示范县中心示范区，并向国家工商行政管理局、商标局申请注册了"赤诚"牌苹果商标，举办了首届"庆阳赤城苹果节"。2003 年取得了省无公害农产品产地认证，同时在中国西部交易会上获金奖，并成功举办了第二届"庆阳赤城苹果节"。2004 年取得了省无公害农产品产品认证，同年在北京第二届中国国际农产品交易会期间举办了"赤诚"牌苹果新闻推介会。2008 年在中国苹果年会上荣获"中国优质苹果基地百强乡镇"称号，2010 年成功举办了第三届"庆阳·赤城"苹果节，成为远近闻名的"苹果之乡"。苹果节进一步加强了与旅游业及社会各界的互动交流，扩大了庆城旅游知名度，有利于做大做强庆城旅游产业，促进庆城经济社会和谐发展。

0215 中国环县道情皮影艺术节

文献依据：环县文化局
流布区域：庆阳市环县
起始时间：2002 年
举办机构：环县县委、环县人民政府
级　　别：县级
简　　介：环县道情皮影是流传于环县及周边地区的具有浓郁地方特色的艺术形式，集音乐、美术、口传文学和民俗为一体，具有特殊的文化价值。2002 年 8 月，环县成功举办了"首届中国环县皮影艺术节"，环县被中国民俗学会命名为"中国皮影之乡"。2003 年，环县道情皮影被文化部列为全国首批 10 个民族民间文化保护试点工程之一。2006 年，环县成功举办了全国非物质文化遗产保护试点工作经验交流会和第二届中国道情皮影民俗文化节，环县道情皮影戏被列入第一批国家级非物质文化遗产保护名录。

中国环县道情皮影艺术节以道情皮影宣传、推介、展示为载体，展示环县形象，旨在进一步保护开发以道情皮影为主的民俗民间文化资源，实现文化与经济联袂，招商与引智结合，进一步打造环县特色文化品牌，为经济社会发展注入新的活力。艺术节期间环县举办项目推介、专题研讨、皮影展演、文化展览等活动，来自北京、河北、陕西、山东、湖北、辽宁、云南、甘肃等地的皮影剧团聚集"中国皮影之乡"，同台献艺，为皮影艺术爱好者献上一道丰盛的民俗文化大餐。

（十）定西

0216 安定五月十八庙会

文献依据：安定区旅游局

流布区域：安定区

起始时间：不详

举办机构：民间

级　　别：县级

简　　介：定西市安定区的传统五月十八庙会是当地人民群众生活中的一件大事，来自定西市各地的香客会在城隍庙内举办盛大的仪式，祭祀圣人文天祥，祈求生活平安。每逢庙会，都会邀请名家演出秦腔名段，前来观看的游客络绎不绝。琳琅满目的小百货、摩肩接踵的人群，不仅城区群众蜂拥而至，还吸引了周边地区的商贩和香客慕名而来。庙会期间，每年的游客接待量都达到10万左右，民风民俗和商业气氛十分浓厚。

0217 中国·定西马铃薯大会暨马铃薯采挖风情体验活动

文献依据：安定区旅游局

流布区域：安定区

起始时间：不详

举办机构：定西市政府

级　　别：县级

简　　介：深秋时节，是甘肃定西马铃薯收获季节，每年部分参加马铃薯大会的代表与各界嘉宾、媒体人、游客一道在定西香泉镇马铃薯种植地里，体验马铃薯采挖风情体验活动的乐趣。"实地观摩、现场采挖、随性烹制"是活动的主题，活动分设的内容有：马铃薯集中采挖比赛、切片比赛、切丝比赛、分散体验（采挖体验和品尝煮洋芋、烧洋芋）、厨艺展示等，马铃薯大会充满了别样情趣。

0218 锦鸡塬庙会

文献依据：安定区旅游局
流布区域：安定区内官镇
起始时间：不详
举办机构：民间
级　　别：乡（镇）级
简　　介：锦鸡塬俗称"四月八山"，位于内官营镇东南一公里处。锦鸡塬山寺庙始建于元代，后经明清两代逐步续建形成规模，至今已有四百多年的历史，此山寺庙成群，古木参天，山色苍翠，松柏交织，花红柳绿，风景优雅。每年农历四月初八庙会在这里举行。庙会期间举办书画展览，丰富群众文化生活。随着地方经济的不断发展和人民物质文化水平不断提高，锦鸡塬庙会已成为陇中大地上民俗活动的一颗耀眼明珠。

0219 敦煌行·丝绸之路国际旅游节 中国·通渭国际书画艺术节

文献依据：通渭县文化局
起始时间：2011年
流布区域：全国
举办机构：甘肃省委宣传部、定西市委、市政府主办，中国书画报社、甘肃省书法家协会、甘肃省美术家协会、通渭县委、县政府承办
级　　别：省级
简　　介：敦煌行·丝绸之路国际旅游节、中国·通渭国际书画艺术节，2011年举办了首届。书画艺术节作为促进全县文化旅游业发展的有效载体，在挖掘资源优势，培育关联产业，真正把书画产业打造成带动县域经济发展的新引擎方面发挥了重要作用。以书画为代表的文化产业已成为全县工作的重中之重，通渭书画品牌效应不断扩大，形成了全县人人关注、个个参与书画产业发展的良好局面。

0220 四月八仁寿游山会

文献依据：陇西县文化局
起始时间：不详
流布区域：陇西县
举办机构：陇西县仁寿山公园
级　　别：县级
简　　介：仁寿山原名十方山。相传，很久以前有个叫仁寿的大汉，对什么事情都喜欢刨根问底，他一心想找到天的尽头，于是他做了铁鞋和铁衣启程，不知走了多久，铁衣和铁鞋都磨破了许多件，随着时间的流逝，大汉已成为一个老人，但还是没有找到天边。在一个清晨，他拖着佝偻的身子来到陇西城南门外，当他爬上城西南的一座山时，太阳在山后徐徐落下，余辉五彩缤纷。此时他感到体力不支，呼吸急促，晕厥在地。正巧有一位农夫经过，便急急唤醒老翁。他上气不接下气地说了一句话"我叫……仁寿，找到了天边"，言毕即逝。年轻的农夫不解，出于善心，埋葬了他，这天正是农历四月初八。晚上，农夫梦见老翁对他说："我因寻找天边有功，被玉帝封为仁寿山将军，明年四月初八你来我墓前，我赠你一女子为妻，以报答掩埋骨骸之恩。"农夫梦醒，将信将疑。第二年的四月初八，农夫便按梦里老翁约定前往，刚走到墓前十步，只见一女子向他含羞微笑，与梦中所说无二，农夫又惊又喜，后来他们成了家，日子过得幸福美满。这事一传开，每年农历四月八，方圆百里的人们便络绎不绝地前往仁寿山赶庙会，青年男女借此寻觅自己的意中人。年复一年，无数有情人结为伉俪，四月八仁寿游山会自此而来。四月八仁寿游山会早时称"朝山会"，是陇西民间远古流传下来的传统文化瑰宝。届时，云阳板、曲艺、书画、武术表演等艺术百花齐放，风味小吃、商品展销、法制宣传、棋牌竞技等文化交流百家争鸣，踏青游览，谈

情择偶，聚会畅饮的情景随处可见。

0221 中国陇西李氏文化旅游节

文献依据：陇西县文化局

起始时间：1994年8月

流布区域：全国29省、市、区及世界有关国家

举办机构：陇西县委、县政府

级　　别：县级

简　　介：天下李氏，郡望陇西。陇西李氏文化是与敦煌文化、天水伏羲文化、拉卜楞寺藏传佛教文化齐名的甘肃四大文化之一。陇西李氏文化不是简单的地域文化和姓氏文化，而是以华夏第一大姓李氏族人为主体形成的优秀传统文化，它反映和代表了中华民族良好的生活习俗和高尚道德追求，是中华民族文化的重要组成部分，具有丰富的文化内涵。1992年，陇西县恢复重建"陇西堂"，并成立了"陇西李氏文化研究会"。从1994年开始，先后成立了甘肃陇西李氏文化研究总会和陇西李氏文化研究开发中心，利用信(电)函往来、资料交流、媒体推介等多种形式，对陇西李氏文化开展了一系列具有较大影响的宣传活动。中国·陇西李氏文化旅游节"提高了陇西李氏文化的知名度和影响力，进一步增强了海内外李氏宗亲对陇西李氏文化的认同感。李氏文化旅游节已成为推介陇西厚重文化，展示陇西良好形象，发展陇西文化旅游业的金字招牌，也成为"世界了解陇西、陇西走向世界"的重要"桥梁"和"窗口"。

0222 羌蕃鼓舞

文献依据：渭源县文化局

起始时间：不详

流布区域：渭源县麻家集镇路西村

举办机构：渭源县麻家集镇路西村村委会

级　　别：村级

简　　介：羌蕃鼓舞主要流传在甘肃省渭源县麻家集镇陆家沟社和周边村庄，原是羌族"释比"（觋公）做法事时跳的一种宗教舞蹈，后演变为民间舞蹈。在渭源的祭礼活动中我们可以看到男女在日常生活和劳作中的不同分工，男与女之间，长辈与晚辈之间，村领导与普通百姓之间的地位与关系，村民与外来人之间的沟通以及他们对周围一切事物的态度等等。伴随着社会的发展，这程式化的活动本身已经逐渐远离了最初的巫术的实用功能，但由程式化的祭礼所潜藏的传统力量却仍然影响着这一地区集居者的精神生活和行为方式。

0223 峡城花儿会

文献依据：渭源县文化局

起始时间：不详

流布区域：渭源县峡城乡辖区

举办机构：渭源县峡城乡政府

级　　别：乡（镇）级

简　介：峡城花儿会主要分布在距渭源西南部的峡城乡，距国家级森林公园莲花山仅30华里，因长期受莲花山花儿会的熏陶，这里的花儿演唱活动也比较多，在陇原大地上享有"花儿之乡"的美誉。其主要活动有农历五月初十、十一日（正会）、十二日的脱甲山花儿会，农历五月十二日、十三日（正会）、十四日的杨家大庄、磨下滩花儿会，农历五月十四日、十五日（正会）、十六日的峡城乡花儿会，农历五月十七日、十八日（正会）、十九日的门楼寺花儿会，农历六月初六（正会）的船崖寺花儿会。峡城花儿会上演唱的花儿主要以洮岷花儿为主，间有河湟花儿等其他花儿，是花儿品种最多的地区之一。其表演有即兴创作、随机应变、触景生情的特点。

0224 高桥庙会

文献依据：渭源县文化局

起始时间：1830年

流布区域：上湾乡

举办机构：高桥庙会管理委员会

级　　别：乡（镇）级

简　介：高桥庙坐落于上湾乡水家窑村侯家坪社，位于漫坝河与南川河交汇处的平台上，依山傍水，风景秀丽。高桥庙修建于清道光九年，旧称九天圣母庙，俗称娘娘庙，因在光绪年间修建漫坝河拱形石桥，取名高桥，故改称高桥庙，沿用至今。高桥庙会始于道光十年，会期为每年农历五月初四、初五、初六三天，1976年以后增加了农历五月初七。此后变为四天。每年正月十三还有社火汇演。辖有上湾乡上湾，常家坪，水家窑，朱堤四村和临洮县的陈家咀村。每逢会期，庙会管委会都会请秦剧团唱大戏，还有花儿爱好者自发举行的花儿对唱。届时，商贾云集、人山人海，热闹非凡。

0225 首阳山文化旅游艺术节

文献依据：渭源县文化局

起始时间：2010年

流布区域：莲峰镇辖区

举办机构：莲峰镇人民政府

级　　别：乡（镇）级

简　介：首阳山位于渭源县东南34公里的莲峰镇首阳村首阳山社，因其列群山之首，阳光先照而得名。首阳山因商末周初孤竹国（今河北庐龙县）君之二子伯夷、叔齐相让嗣君，相偕至周，后闻武王伐纣，叩马谏阴。因武王不听，遂愤而不食周粟，西行至首阳山，采薇而食，后饿死于首阳山而成为陇右名山。首阳山与莲峰山遥相呼应，其山势巍峨高峻，古松郁郁葱葱。确是一处旅游避暑胜地。自从2010年开始，莲峰镇政府每年举办"首阳山文化旅游艺术节"，艺术节上不但有秦腔演、歌舞、小品、广场舞、太平鼓等表演，还有科普宣传、有奖问答等活动。

0226 锹峪乡"六一"全民运动会

文献依据：渭源县文化局

起始时间：1976

流布区域：渭源县

举办机构：锹峪乡人民政府

级　　别：乡（镇）级

简　　介：每年一次的全乡大型农民运动会不仅丰富了群众文化生活，而且增加了农民的经济收入。

0227 麻家集高石崖花儿会

文献依据：渭源县文化局

起始时间：不详

流布区域：渭源县麻家集镇与田家河乡交界处的高石崖、麻家集镇乔家滩村

举办机构：麻家集镇乔家滩村村民委员会

级　　别：村级

简　　介：麻家集高石崖花儿会每年农历六月初六在位于麻家集镇正东方的高石崖和在其山脚的乔家滩举行。高石崖距离县城约50公里，因七座陡峭如削的山崖拔地而起，并列而得名。在渭源，最为引人的花儿会要数宗丹河畔的高石崖花儿会。麻家集地区的花儿会，从每年农历五月初五小鳌山开始，五月十八日塌崖湾花儿会，五月二十二的关山，五月二十三的打钟湾和八戒沟法云寺，五月二十七日的南屏山麻黄岭，六月初六的高石崖花儿会为止。在众多花儿会中，六月初六的高石崖花儿会的参加人数最多，规模最大。麻家集高石崖花儿会吸引了麻家集周边远近三县（渭源、临洮、康乐）十里八乡成千上万的花儿爱好者前来朝山对歌。花儿会不仅是他们谈情说爱、纵情娱乐的大好机会，而且也是人们身心得以松弛、精神得以解脱、感情得以宣泄的最好环境。

0228 庆坪乡二郎文化节

文献依据：渭源县文化局

起始时间：2010年

流布区域：庆坪乡

举办机构：庆坪乡委员会

级　　别：乡（镇）级

简　　介：二郎神在民间俗神信仰中影响广泛，崇拜兴盛，庆坪及周边县区、乡镇信众，凡降妖镇宅、整治水患、节令赛会等民俗行为，莫不搬请朝拜。2010年庆坪乡成功举第一届二郎庙会以来，每年农历六月初六日都进行秦腔表演等文化活动及农副产品交流等商品贸易活动，对促进地方经济发展、社会和谐、文化繁荣起到了积极的促进作用。尤其在文化信息交流、对外宣传等方面对庆坪的发展产生了积极的影响。

0229 会川镇本庙庙会

文献依据：渭源县文化局

起始时间：不详

流布区域：会川、临洮，

举办机构：会川镇本庙村民委员会

级　　别：村级

简　　介：甘肃省渭源县会川镇本庙村，距兰州148公里，国道212线和316线在此交汇，南通漳岷、巴蜀，北抵临洮、兰州。本庙庙会每年两次，一次在农历正月十五日，另一次在农历五月二十五日，以五月二十五日的庙会为最盛。本庙庙会因民间信仰打石岔索陀行雨龙王而起，索陀龙王本庙庙会开始在明洪武年间，距今已有600余年的历史。在祈求风调雨顺，无旱无涝，无虫无灾，五谷丰稔，平安吉祥的过程中逐渐形成了一系列约定俗成的程序：春祈秋报，端午赴会，求雨回水，酬神报赈等。本庙庙会在中华民族对龙的崇拜与信仰的基础上，与本土民间信仰的八位官神之一的打石岔索陀行雨龙王总督福神（简称索爷，群众俗称福神爷）相结合而产生。

0230 麻家集九天圣母庙会

文献依据：渭源县文化局

起始时间：不详

流布区域：麻家集镇辖区

举办机构：麻家集镇村民委员会

级　　别：村级

简　　介：九天圣母庙会是以民间信仰为主要内容的群众性文化活动。庙会期间人们祈求吉祥平安，年丰物阜，子孙昌盛。庙会期内远近香客，都来参拜。一则旅游观光，寻找乐趣；二则经过进香祈祷，对心灵也有一定的慰藉，对精神更有鼓舞。

0231 首阳山伯夷叔齐祭祀

文献依据：渭源县文化局

起始时间：秦汉时期

流布区域：渭源县莲峰镇首阳山

举办机构：当地群众

级　　别：乡（镇）级

简　　介：首阳山采薇会伯夷叔齐祭祀活动在渭河源国家森林公园的主体公园—首阳山举行。数百人祭拜伯夷叔齐，并进行击鼓鸣金、参谒培土、献时食供品、恭读祭文等丰富多彩的祭祀活动。祭拜当天有社火队表演。渭源县首阳山伯夷叔齐祭祀活动已被甘肃省列为省级非物质文化遗产保护项目。

0232 维新乡大山庙庙会
文献依据：岷县文化局
起始时间：不详
流布区域：维新乡
举办机构：民间组织
级　　别：村级
简　　介：维新乡大山庙庙会，每逢四月八举办，主要以歌唱花儿为主。

0233 西江镇芽面林庙会
文献依据：岷县文化局
起始时间：不详
流布区域：西江镇
举办机构：民间组织
级　　别：村级
简　　介：西江镇芽面林庙会，每逢五月十五举办，在当地具有一定影响，其主要活动有花儿赛唱。

0234 西寨镇坎卜塔庙会
文献依据：岷县文化局
起始时间：不详
流布区域：西寨镇及周边
举办机构：民间举办
级　　别：村级
简　　介：西寨镇砍卜塔庙会在当地具有一定代表性，在会事期间有四里八乡的群众前来祭拜艰难爷，其活动有演唱秦腔和赛唱花儿。

0235 十里庙会
文献依据：岷县文化局
起始时间：不详
流布区域：十里镇
举办机构：民间举办
级　　别：村级
简　　介：十里庙会在当地具有一定的代表性，吸引了邻近许多群众。

0236 锁龙乡大东沟庙会
文献依据：岷县文化局
起始时间：不详
流布区域：锁龙乡
举办机构：民间组织
级　　别：村级
简　　介：锁龙乡大东沟庙会，每逢农历四月十四举办，主要以祭拜黑爷为主，其活动有攒神。

0237 马坞乡土地眼庙会
文献依据：岷县文化局
起始时间：不详
流布区域：马坞乡
举办机构：民间组织
级　　别：村级
简　　介：马坞乡土地眼庙会在当地具有代表性，每逢五月十七举办，主要是祭拜观音菩萨，其活动有唱秦腔。

0238 闾井镇后治庙会
文献依据：岷县文化局
起始时间：不详
流布区域：闾井镇
举办机构：民间举办
级　　别：村级
简　　介：闾井镇后治庙会，每年六月初四举办，祭拜庄王爷，在会事期间有众多群众参与，主要活动有秦腔演唱。

0239 西寨镇站里庙会
文献依据：岷县文化局
起始时间：不详
流布区域：西寨镇
举办机构：民间组织

级　　别：村级

简　　介：西寨镇站里庙会，在当地具有一定代表性，每逢四月八开始，主要活动以唱秦腔为主。

0240　西江镇唐家川庙会

文献依据：岷县文化局

起始时间：不详

流布区域：西江镇

举办机构：民间组织

级　　别：村级

简　　介：西江镇唐家川庙会，每年五月十五举办，主要以秦腔演唱、花儿演唱、物资交流为主。

0241　西江镇作不尺庙会

文献依据：岷县文化局

起始时间：不详

流布区域：西江镇

举办机构：民间举办

级　　别：村级

简　　介：西江镇作不尺庙会，每年七月十二举办，会事上参与群众众多，其活动有烧香拜佛、秦腔演唱。

0242　清水镇崖寺村金家寺庙会

文献依据：岷县文化局

起始时间：不详

流布区域：清水镇及周边

举办机构：民间举办

级　　别：村级

简　　介：清水镇崖寺村金家寺庙会，在农历四月八举办，主要活动以敬神游春为主。

0243　十里镇三十里铺庙会

文献依据：岷县文化局

起始时间：不详

流布区域：十里镇及清水镇

举办机构：民间组织

级　　别：村级

简　　介：十里镇三十里铺庙会，在当地具有一定代表性，参与人数众多，主要以秦腔演唱、赛唱花儿为主。

0244　马坞乡太春沟庙会

文献依据：岷县文化局

起始时间：不详

流布区域：马坞乡

举办机构：民间举办

级　　别：村级

简　　介：马坞乡太春沟庙会，每年八月十五举办，祭拜杨四爷，主要活动是武术表演。

0245　中寨镇牧场滩花儿会

文献依据：岷县文化局

起始时间：不详

流布区域：中寨及附近乡镇

举办机构：民间组织

级　　别：乡（镇）村

简　　介：牧场滩的本庙供奉的是本方福神山海乌龙大王，会期除了善男信女上香点蜡之外，还要为福神唱大戏五天（共唱13本13折）。牧场滩花儿会外除了岷县下北路的5个乡镇的群众外，现在包括城区及周边漳县、卓尼、临潭的部分群众都来参加，会期群众接近10万人。人们穿上新衣，打上花伞，一丛丛，一团团，悠扬的花儿接连不断，形成了一片歌的海洋。2006年，中寨镇在镇政府的带领下，举办了中寨镇首届花儿歌手大奖赛，大赛由企业赞助，一等奖设摩托车一辆，在群众中产生了很大的影响。中寨镇牧场滩花儿会历史悠久，具体产生年代不详，但在长期的历史过程中已形成了完备的传承模式，在人们的生活中占有重要的地位。

0246 麻子川庙会

文献依据：岷县文化局

起始时间：年代不详、

流布区域：麻子川及宕昌周边

举办机构：民间组织

级　　别：村级

简　　介：麻子川庙会在周边具有一定的代表性，每逢五月十三举办，该庙会吸引了邻近县的群众参与，主要以秦腔演唱和花儿赛唱为主。

0247 茶埠镇出龙岗庙会

文献依据：岷县文化局

起始时间：不详

流布区域：茶埠镇

举办机构：民间组织

级　　别：村级

简　　介：茶埠镇出龙岗庙会，主要以祭拜为主，其活动有秦腔演唱。

0248 清水蒋家村祁家寺庙会

文献依据：岷县文化局

起始时间：不详

流布区域：清水及附近

举办机构：民间举办

级　　别：村级

简　　介：清水祁家寺庙会在当地具有一定的代表性，吸引了邻近乡镇的群众来祭祀拜佛。

0249 梅川隍庙庙会

文献依据：岷县文化局

起始时间：不详

流布区域：梅川及周边

举办机构：民间举办

级　　别：村级

简　　介：梅川隍庙庙会在当地具有一定的代表性，吸引了众多邻近乡镇群众，在会事期间有大型的文艺演出和秦腔表演。

0250 申都乡岔林寺庙会

文献依据：岷县文化局

起始时间：不详

流布区域：申都乡及周边

举办机构：民间举办

级　　别：村级

简　　介：岔林庙会在当地具有一定的代表性，吸引了邻近乡镇的群众祭祀香巴佛。

0251 锁龙月楼滩青苗会

文献依据：岷县文化局

起始时间：明代

流布区域：锁龙乡部分村社

举办机构：民间组织

级　　别：村级

简　　介：青苗会是流行于甘肃岷县锁龙乡部分村社的一项独特而神秘的神灵祭祀活动。作为流传久远的庙会活动，锁龙月楼滩青苗会富有许多农耕文明的信息，其广泛的群众参与性，独特的人神沟通方式，虔敬的水崇拜等都具有极大的文化价值，是研究当地民间民俗活动的活化石。青苗会的总庙在锁龙赵家庄，人称月楼滩庙，庙里供奉两位善神：九天圣母京华娘娘又叫大娘娘，九天圣母京皇娘娘又叫二娘娘。相传两位娘娘都是锁龙乡人，她们出生在明成化年间（1465年），后两位娘娘都到出嫁的年龄，因不满家里指定的婚姻，离家出走，最后在锁龙的梳发台显神，成为锁龙五大会十个自然村村民敬奉的两位善神。每年从农历六月初六日开始到六月十三日结束，居住在锁龙10个自然村的村民都要举行一年一度的青苗会庙会活动。

0252 中寨镇崇隆寺庙会

文献依据：岷县文化局
起始时间：不详
流布区域：中寨镇及周边
举办机构：民间举办
级　　别：村级
简　　介：中寨镇崇隆寺庙会，每逢六月十五举办，参与人数众多，主要活动有诵经、礼佛和载护神。

0253 清水镇沙漠沟庙会

文献依据：岷县文化局
起始时间：不详
流布区域：清水镇
举办机构：民间组织
级　　别：村级
简　　介：清水镇沙漠沟庙会，每逢四月十五举办，主要是祭拜菩萨和闻太师，其活动有秦腔演唱和赛唱花儿。

0254 岷县梅川高庙、城隍庙、贾家庙庙会花儿会

文献依据：岷县文化局
起始时间：不详
流布区域：梅川境内
举办机构：民间组织
级　　别：村级
简　　介：梅川有城隍庙、高庙和贾家庙，梅川镇所在的梅城、杏林、余家那、红水、店子五个自然村分别归属四个庙会（一会梅城、二会杏林、三会余家那、四会红水、店子）。高庙上供奉的神灵有梅川大爷（岷县十八位湫神之一）、泰山爷和红牛龙王等，以前会事由四个会承担，后来在一次陪侍神灵的过程中，一位头人说了这样一句话"老人家！我们一会、二会、三会等群众为您过会，求你老人家保佑我们风调雨顺，国泰民安"。因其中没有在陪侍语中明确地提到四会，四会人一气之下另立门户，不参与高庙会事，他们只在每年的三月二十八日在贾家庙中为九天阿婆发神还愿，祈求平安。现在还在红水村后的半山腰娱神唱花儿，形成了一个不小的哈哈花儿会，而五月十九的高庙会则由梅城村牵头，其他两会参加联合办会。岷县梅川高庙、城隍庙、贾家庙庙会花儿会历史悠久，具体产生年代不详，但在长期的历史过程中已形成了完备的传承模式，在人们的生活中占有重要的地位。

0255 茶埠镇沟门村庙会

文献依据：岷县文化局

起始时间：不详

流布区域：茶埠镇

举办机构：民间组织

级　　别：村级

简　　介：茶埠镇沟门村庙会，在当地具有一定的代表性，吸引了邻近乡镇群众参看，主要以祭拜千手千眼菩萨和金火娘娘，其活动有秦腔演唱。

0256 马坞乡无量殿庙会

文献依据：岷县文化局

起始时间：不详

流布区域：马坞乡及周边

举办机构：民间举办

级　　别：村级

简　　介：马坞无量殿庙会在当地有一定影响，主要是祭拜无量祖师。

0257 九宫八卦灯会

文献依据：岷县文化局

起始时间：明万历年间

流布区域：马坞及周边地区

举办机构：马坞乡灯场村

级　　别：乡（镇）级

简　　介：甘肃岷县马坞乡"九宫八卦灯会"又称平安灯会，是集"湫池取雨"、"水神"踩街、九宫转灯、演戏娱神等活动为一体的民间民俗活动。主要在岷县的马坞乡灯场村举办，但因为马坞乡位于岷县、武山、礼县三县六乡中心地带，因此，周边三县的大部分乡镇都参与其中，影响深远。岷县马坞"九宫八卦灯会"作为一种独特的文化空间形式，从明万历年间流传至今，具有广泛的群众性和民间传承性，而且传承脉络十分清晰。"九宫八卦灯会"是马坞及周边地区群众独有的娱人又娱神的狂欢节，集中展示了人们对水的崇拜，对神灵的崇拜，对平安的渴求，对美好生活的向往，从每年农历七月十二日开始，生活在岷县马坞及周边地区的村民，在夏收刚结束之时，都要聚集马坞，利用三天时间，举办一年一度的"九宫八卦灯会"，用以祭祀神灵，祈求一年一度风调雨顺、五谷丰登、生意兴隆、万民平安。

0258 西江镇王伦村令令山庙会

文献依据：岷县文化局

起始时间：不详

流布区域：西江镇及周边

举办机构：民间举办

级　　别：村级

简　　介：西江镇王伦村令令山庙会，每逢六月初一举办，祭拜明代李文中，会事在当地具有一定代表性，主要活动有敬神还愿，赛唱花儿。

0259 梅川镇牛蹄山庙会

文献依据：岷县文化局

起始时间：不详

流布区域：梅川镇及周边

举办机构：民间举办

级　　别：村级

简　　介：梅川镇牛蹄山庙会在当地具有代表性，主要是祭拜府君阿婆。

0260 西江镇八娘寺庙会
文献依据：岷县文化局
起始时间：不详
流布区域：西江镇及周边
举办机构：民间举办
级　　别：村级
简　　介：西江镇八娘寺庙会，每年八月十四举办，会期三天，祭拜太子爷范仲淹，主要活动有秦腔演唱。

0261 二郎山子孙殿庙会
文献依据：岷县文化局
起始时间：不详
流布区域：县城
举办机构：民间举办
级　　别：村级
简　　介：子孙殿位于岷县县城二郎山，殿里供奉的是子孙阿婆，以前有秦腔演唱，现在只是烧香还愿。

0262 中寨镇扎马庙会
文献依据：岷县文化局
起始时间：不详
流布区域：中寨镇及周边
举办机构：民间举办
级　　别：村级
简　　介：每逢三月十五是扎马庙会，在会事期间有秦腔表演。

0263 维新乡周家村挖布寺庙会
文献依据：岷县文化局
起始时间：不详
流布区域：维新乡及周边
举办机构：民间举办
级　　别：村级
简　　介：维新乡周家村挖布寺庙会，每逢六月初一举办，其主要活动有"载护神"法会和赛唱花儿。

0264 茶埠镇甫里庙会
文献依据：岷县文化局
起始时间：不详
流布区域：茶埠镇及周边
举办机构：民间举办
级　　别：村级
简　　介：茶埠镇甫里庙会，每年八月十四举办，会期三天，在会期间有四里八乡的群众前来祭拜关老爷，主要活动有秦腔演唱。

0265 岷阳镇下北小路庙会
文献依据：岷县文化局
起始时间：不详
流布区域：岷阳镇及周边
举办机构：民间举办
级　　别：村级
简　　介：岷阳镇下北小路庙会，每年八月十四举办，会期三天，主要是祭拜太子爷范仲淹，在当地具有一定的代表性，吸引了众多群众参与，主要活动有秦腔演唱。

0266 马坞乡秦家沟上庄庙会
文献依据：岷县文化局
起始时间：不详
流布区域：马坞乡及周边
举办机构：民间组织
级　　别：村级
简　　介：马坞乡秦家沟上庄庙会，主要以祭拜小二龙王为主，在会期间四里八乡群众前来祭拜，会上举办攒佛爷等活动。

0267 维新乡堡子村盘岭山庙会
文献依据：岷县文化局
起始时间：不详
流布区域：维新乡及周边

举办机构：民间举办

级　　别：村级

简　　介：维新乡堡子村盘岭山庙会，每年六月初一举办，祭拜山神爷，活动有花儿演唱。

0268 梅川镇老幼店庙会

文献依据：岷县文化局

起始时间：不详

流布区域：梅川镇

举办机构：民间举办

级　　别：村级

简　　介：梅川的老幼店庙会历史悠久，文化积淀丰厚。

0269 麻子川岭峰庙会

文献依据：岷县文化局

起始时间：不详

流布区域：麻子川及周边乡镇

举办机构：民间举办

级　　别：村级

简　　介：麻子川岭峰庙会，每逢五月十九举办，吸引力附近乡镇的花儿爱好者参加。

0270 茶埠峪沟庙会

文献依据：岷县文化局

起始时间：不详

流布区域：茶埠镇

举办机构：民间举办

级　　别：村级

简　　介：在每年九月十九至二十一举办，主要是祭拜观音菩萨，其活动有秦腔演唱。

0271 马坞乡秦家沟下庄庙会

文献依据：岷县文化局

起始时间：不详

流布区域：马坞乡

举办机构：民间组织

级　　别：村级

简　　介：马坞乡秦家沟下庄庙会，主要是祭拜玉皇大帝，在该区域具有一定的代表性，每逢五月十五十里八乡群众前来祭拜。

0272 茶埠镇茨湾庙会

文献依据：岷县文化局

起始时间：不详

流布区域：茶埠镇

举办机构：民间组织

级　　别：村级

简　　介：茶埠镇茨湾庙会，每年四月八举办，主要以秦腔和花儿演唱为主。

0273 清水乡板达沟村苟家河滩庙会

文献依据：岷县文化局

起始时间：不详

流布区域：清水及周边

举办机构：民间组织

级　　别：村级

简　　介：清水乡板达沟村苟家河滩庙会历史悠久，每逢四月八举办，主要以祭拜敬神，物资交流为主。

0274 岷阳镇周家崖庙会

文献依据：岷县文化局

起始时间：不详

流布区域：岷阳镇

举办机构：民间举办

级　　别：村级

简　　介：岷阳镇周家崖庙会在每年的二月二十九开始，吸引了周边许多群众来祭拜珍珠娘娘，会事期间有秦腔表演。

0275 十里镇甘寨庙会

文献依据：岷县文化局

起始时间：不详

流布区域：十里镇及周边乡镇

举办机构：民间举办

简　　介：十里镇甘寨庙会，每逢五月十九举办，祭拜涂朱爷，吸引了众多邻近乡镇群众参加，其活动有秦腔演唱。

0276 茶埠镇尹家庄庙会

文献依据：岷县文化局

起始时间：不详

流布区域：茶埠镇及周边

举办机构：民间组织

简　　介：茶埠镇尹家庄庙会，在当地具有一定代表性，吸引了周边许多群众参加，以祭拜千手千眼菩萨和秦腔演唱为主。

0277 维新乡卓坪村红莲寺庙会

文献依据：岷县文化局

起始时间：不详

流布区域：维新及周边

举办机构：民间举办

简　　介：庙会吸引了众多临近乡镇群众参加，其活动有秦腔演唱。

0278 十八位湫神祭典

文献依据：岷县文化局

起始时间：明嘉靖年间

流布区域：岷县

举办机构：民间组织

简　　介：岷县民间的祭湫神活动，源于岷县古代的多神崇拜，是图腾崇拜、神灵崇拜和英雄崇拜的混合体。其产生和发展经历了漫长的过程和深厚的文化积累，到明嘉靖年间（公元1523年）18位湫神的神灵形象、祭祀指向及各种仪规均已日趋完善，从而成为地方农业和社会文化结构的重要规范，渗透于生产、生活、社会民俗的各个方面。它与"岷州花儿"的演唱起源与发展密切联系在一起，具有鲜明的地方特色，是集民俗、伦理、歌谣、艺术、祭祀礼仪等多元性文化为一体的复合体。

0279 西江镇娃住村法藏寺庙会

文献依据：岷县文化局

起始时间：不详

流布区域：西江镇及周边

举办机构：民间举办

级　　别：村级

简　　介：西江镇娃住村法藏寺庙会，每年农历六月六举办，在当地具有一定的代表性，吸引了众多邻近乡镇群众参与，其主要活动有礼佛、诵经、载护神和花儿赛唱。

0280 中寨镇古城庙会

文献依据：岷县文化局

起始时间：不详

流布区域：中寨镇及周边

举办机构：民间举办

级　　别：村级

简　　介：中寨镇古城庙会，在每年农历五月二十二举办，是为了祭拜锁子阿婆，在会事上群众众多，主要活动有花儿赛唱。

0281 申都乡申都庙会

文献依据：岷县文化局

起始时间：不详

流布区域：申都乡
举办机构：民间举办
级　　别：村级
简　　介：申都乡申都庙会，每逢农历六月初二举办，祭拜九天圣母，会事期间群众众多，其活动有秦腔演唱。

0282　清水大路村大牌坊庙会
文献依据：岷县文化局
起始时间：不详
流布区域：清水及周边
举办机构：民间举办
级　　别：村级
简　　介：清水大路村大牌坊庙会，是清水比较大的一个庙会，在会事期间群众扮演灶神巡游街道。

0283　十里镇齐家庄庙会
文献依据：岷县文化局
起始时间：不详
流布区域：十里镇
举办机构：民间组织
级　　别：村级
简　　介：十里镇齐家庄庙会，每逢农历五月十五举办，吸引了当地众多群众参与，主要活动有秦腔演唱和花儿赛唱。

0284　马坞乡大沟门庙会
文献依据：岷县文化局
起始时间：不详
流布区域：马坞乡及周边
举办机构：民间组织
级　　别：村级
简　　介：马坞乡大沟门庙会，在当地具有一定的代表性，吸引周边许多群众参加，主要以秦腔演唱为主。

0285　维新乡堡子庙会
文献依据：岷县文化局
起始时间：不详
流布区域：维新乡及周边
举办机构：民间举办
级　　别：村级
简　　介：堡子庙会在当地具有一定的影响力，在会事期间有秦腔表演和北路花儿赛唱。

0286　梅川镇西坝庙会
文献依据：岷县文化局
起始时间：不详
流布区域：梅川及周边
举办机构：民间举办
级　　别：村级
简　　介：梅川西坝村坐落于洮河岸边，每年正月十八是庙会，在会期间有秦腔演唱和社火表演。

0287　寺沟乡纸坊庙会
文献依据：岷县文化局
起始时间：不详
流布区域：寺沟乡及周边
举办机构：民间举办
级　　别：村级
简　　介：寺沟乡纸坊庙会，每年农历五月二十七举办，其活动有祭拜金花娘娘，烧香拜佛。

0288　寺沟乡多纳庙会
文献依据：岷县文化局
起始时间：不详
流布区域：寺沟乡及周边
举办机构：民间举办
级　　别：村级
简　　介：多纳庙会位于寺沟乡，农历二月

十八至二十，会期三天，以前会事期间演皮影戏，唱秦腔。

0289 马坞乡南寺庙会
文献依据：岷县文化局
起始时间：不详
流布区域：马坞乡及周边
举办机构：民间举办
级　　别：村级

0290 维新乡卓坪庙会
文献依据：岷县文化局
起始时间：不详
流布区域：维新乡及周边
举办机构：民间举办
级　　别：村级
简　　介：维新乡卓坪庙会，在当地具有一定的代表性，每逢农历三月二十三开始，吸引周边群众参看，主要以秦腔演唱为主。

0291 清水乡清水沟庙会
文献依据：岷县文化局
起始时间：不详
流布区域：清水镇境内
举办机构：民间组织
级　　别：村级
简　　介：清水乡清水沟庙会，在农历五月初五举办，祭拜关圣帝君，在当地具有一定影响，主要活动有秦腔演唱和花儿赛唱。

0292 茶埠镇哈岔庙会
文献依据：岷县文化局
起始时间：不详
流布区域：茶埠镇及周边
举办机构：民间举办
级　　别：村级
简　　介：哈岔庙会在当地有一定的代表性，在会事期间有秦腔表演，吸引了当地不少群众。

0293 茶埠镇树扎村安家寺庙会
文献依据：岷县文化局
起始时间：不详
流布区域：茶埠镇及周边
举办机构：民间举办
级　　别：村级

0294 清水镇大路村二十河滩庙会
文献依据：岷县文化局
起始时间：不详
流布区域：清水镇及周边
举办机构：民间举办
级　　别：村级
简　　介：清水镇大路村二十河滩庙，每年农历五月二十举办，祭拜龙王爷，其活动主要有秦腔演唱和花儿演唱。

0295 岷阳镇白塔寺庙会
文献依据：岷县文化局
起始时间：不详
流布区域：岷阳镇
举办机构：民间举办
级　　别：村级
简　　介：白塔寺庙会位于县城东侧，每年农历三月初三至初五是正会，庙会期间有传统秦腔演唱和唱花儿。

0296 清水镇蒋家旮旯庙会
文献依据：岷县文化局
起始时间：不详
流布区域：清水镇
举办机构：民间组织
级　　别：村级
简　　介：清水镇蒋家旮旯庙会，每逢农历

五月初二举办，祭拜牛王爷、马王爷及药王爷，其活动为秦腔演唱。

0297 马坞乡沙金庙会
文　献　依　据：岷县文化局
起　始　时　间：不详
流　布　区　域：马坞乡
举　办　机　构：民间组织
级　　　　　别：村级
简　　　　　介：马坞乡沙金庙会，在每年农历五月初五举办，祭拜黑池龙王和白马龙王，在会期间四里八乡群众来祭拜。

0298 禾驮乡石门庙会
文　献　依　据：岷县文化局
起　始　时　间：不详
流　布　区　域：禾驮及周边
举　办　机　构：民间举办
级　　　　　别：村级
简　　　　　介：禾驮乡石门庙会历史悠久。

0299 西寨镇冷地口庙会
文　献　依　据：岷县文化局
起　始　时　间：不详
流　布　区　域：西寨镇及周边
举　办　机　构：民间举办
级　　　　　别：村级
简　　　　　介：西寨镇冷地口庙会，在每年的农历三月十八举行，吸引了当地的群众来拜佛念经。

0300 秦许乡吉祥寺庙会
文　献　依　据：岷县文化局
起　始　时　间：不详
流　布　区　域：秦许乡及周边
举　办　机　构：民间组织
级　　　　　别：村级
简　　　　　介：秦许乡吉祥寺庙会，距离县城十三公里，每逢农历十月十五开始，有四里八乡的群众前来祭拜，主要活动有护神。

0301 禾驮乡卓洛庙会
文　献　依　据：岷县文化局
起　始　时　间：不详
流　布　区　域：禾驮及周边
举　办　机　构：民间举办
级　　　　　别：村级
简　　　　　介：卓洛庙会在每年的农历正月十六举办，在会期间吸引了当地的不少群众来观看秦腔表演。

0302 禾驮乡禾驮庙会
文　献　依　据：岷县文化局
起　始　时　间：不详
流　布　区　域：禾驮乡及周边
举　办　机　构：民间组织
级　　　　　别：村级
简　　　　　介：禾驮乡禾驮庙会，每逢农历五月十三开始十五结束，在庙会期间有秦腔表演及文艺演出。

0303 梅川隍庙锁子阿婆庙会
文　献　依　据：岷县文化局
起　始　时　间：不详
流　布　区　域：梅川镇及周边
举　办　机　构：民间举办
级　　　　　别：村级
简　　　　　介：梅川隍庙锁子阿婆庙会，每年农历六月初一举办，主要是祭拜锁子阿婆，在当地具有一定的代表性，其参会人数众多，主要活动有秦腔演唱。

0304 城区大南门火神爷庙会
文　献　依　据：岷县文化局

起始时间：不详

流布区域：县城

举办机构：民间举办

级　　别：村级

简　　介：火神爷庙会在正月二十九举行，在会期间白天群众烧香拜佛，晚上秦腔演唱和播放电影。同时吸引了不少县城群众。

0305　中寨镇出扎庙会

文献依据：岷县文化局

起始时间：不详

流布区域：中寨镇

举办机构：民间组织

级　　别：村级

简　　介：中寨镇出扎庙会，在当地具有一定影响力，在会期间主要以秦腔演唱和花儿演唱为主。

0306　里镇中寨村庙会

文献依据：岷县文化局

起始时间：不详

流布区域：十里镇及周边

举办机构：民间举办

级　　别：村级

简　　介：中寨庙会在每年的三月不定期举办，四里八乡的群众祭拜君王爷，会事期间有秦腔表演。

0307　维新元山高庙花儿会

文献依据：岷县文化局

起始时间：不详

流布区域：维新及周边乡镇

举办机构：民间组织

级　　别：村级

简　　介：每年农历五月十二日庙会期间，来自周边的十八位龙神，在当地百姓的簇拥下手拿各种兵器刀枪，载歌载舞被抬上龙神大殿，届时人们唱花儿娱神，好不热闹。五月的元山高庙这一盛大的狂欢被推向了一年中的高潮，著名学者陆泰安在他的《洮州纪略》里写道："每逢此日（农历五月十二日——柯杨注），洮、岷诸神十余位赶会，村村相迎，家家恭祀，山巅形成闹市，男女人等穿红戴绿，其徒步顶礼赴会朝山者不下五千人，往来参神，逢场作戏……。这一天，诸神供宿此庙，就是远道前往赴会者，大都食宿于此，他们彻夜高唱，那新颖香艳的词句，婉转嘹亮的神韵，动人魂魄，醉人心神，男女问答相和，若彼此情意融合，即在庙前神龛权作结婚前奏，同席者不以为奇。翌日诸神纷纷乘轿回府，人们就在这复仇、艳遇、难解难分的场面，结束了一年一度的高庙盛会。

0308　二郎山花儿会

文献依据：岷县文化局

起始时间：明嘉靖年

流布区域：岷县

举办机构：岷县文广局

级　　别：县级

简　　介：二郎山花儿会集湫神祭祀、花儿赛唱、物资交流于一体，它的价值是多方面的。湫神祭祀作为古老的民间信仰，在漫长的发展过程中积淀了深厚的历史文化内涵，除了历史文化价值外，还具有很高的民俗价值。而原生态的"洮岷花儿"除了它古老的音乐美之外，它的文学价值就更高，特别是赋、比、兴手法的运用更增强了它的艺术美。花儿会盛大的规模，丰富的民俗事项，成为岷县广大群众交流思想，联络感情，增强凝聚力，构建和谐社会的最有力的手段。

0309　岷阳镇南川村庙会

文献依据：岷县文化局

起始时间：不详

流布区域：岷阳镇及周边

举办机构：民间举办

级　　别：村级

简　　介：岷阳镇南川村庙会，每年农历八月十八举办，会期三天，祭拜南川大爷北宋宗泽，该庙会在当地具有一定的代表性，吸引了众多邻近乡镇群众参与，主要活动有秦腔演唱。

0310　梅川镇马场庙会

文献依据：岷县文化局

起始时间：不详

流布区域：梅川镇及周边

举办机构：民间举办

级　　别：村级

简　　介：梅川镇马场庙会历史悠久，文化积淀丰厚。

0311　白马庙庙会

文献依据：临洮县文化局

起始时间：不详

流布区域：玉井一带

举办机构：玉井镇袁家湾村村民委员会 陈家嘴村村民委员会

级　　别：村级

简　　介：每年农历五月十九、正月十九举行。

0312　姚家坪村十三场会

文献依据：临洮县文化局

起始时间：农历正月十三

流布区域：姚家坪村

举办机构：玉井镇人民政府、玉井镇姚家坪村村民委员会

级　　别：村级

简　　介：每值正月十三，姚家坪村方圆几公里内的群众前往姚家坪村部，玉井镇内其它各村的社火队齐聚姚家坪，耍社火，跳广场舞，唱戏，以此来耍出农家人的喜悦，跳出庄稼人的快乐，唱出劳动人民的心声。活动体现了民间文化的多元性和普遍性，有助于提高居民的个人素养，使得群众关系更为融洽，家庭更为和睦，从而促进农村的综合发展。

0313　好水翠微寺庙会

文献依据：临洮县文化局

起始时间：不详

流布区域：好水村、邓昌村、改河

举办机构：上营、改河、邓昌

级　　别：村级

简　　介：翠微寺地处马啣山脚下上营乡好水村，始建于明朝，是明肃王的善举之一。每逢农历六月初二，迎神庙会开始，看神的、礼佛的进香的络绎不绝，六月初六至六月初十，五天的庙会游人不断，盛况空前。红男绿女穿行于青山绿水之间别有一番景象，这种盛况一直持续到20世纪50年代中期，后因"文革"期间文物古迹彻底毁损停止。邓昌、好水、改河三营人于1987年重建翠微寺，翠微寺冬暖夏凉，天高气爽，风景宜人，极少蚊蝇，以其独特的风姿吸引异地游客。

0314 九龙山花儿会

文献依据：临洮县文化局

起始时间：2006 年

流布区域：南屏、衙下、玉井、康乐

举办机构：衙下集镇人民政府

级　　别：乡级

简　　介：每年的农历五月十六日九龙山花儿会便拉开临洮众多花儿会的序幕，届时在此举办一年一度的寺洼文化艺术节及花儿歌手大赛。同时会吸引周边各县的游人、歌手、客商、专家学者和新闻记者不远千里前来参加，人数最多时达两千之众。近年来，衙下举办过多次花儿大赛。目前全镇有60多名花儿歌手活跃在大大小小的花儿会场，曾有歌手在省地大赛中获奖。中央电视台、《人民日报》等重要媒体都曾介绍花儿艺术活动，赞誉临洮为"花儿之乡"。2000 年，临洮县被国家文化部命名为"中国民间（花儿）艺术之乡"，同时九龙山花儿会也由此被更多人士所关注和周知。

0315 辛店端午文化旅游节

文献依据：临洮县文化局

起始时间：不详

流布区域：辛店镇

举办机构：新店村

级　　别：村级

简　　介：辛店镇是辛店文化的发祥地，这里曾经商铺林立、客商云集，是镶嵌在古丝绸之路上的千年古镇、旱码头。近年来，在临洮县委、县政府"文化兴县"的战略指导下，辛店镇立足文化资源优势，有力推动了辛店文化产业的快速发展。举办文化旅游节的目的，就是为了宣传推介辛店文化，展示辛店的特色产品，让更多人了解辛店，走进辛店。

0316 朱家坪庙会

文献依据：临洮县文化局

起始时间：不详

流布区域：玉井一带

举办机构：玉井镇人民政府、玉井镇朱家坪村民委员会

级　　别：村级

简　　介：每值农历正月十四，朱家坪庙前车水马龙，人山人海，善男信女进香，亲友宴聚，花会争雄，商贾竞卖，万众皆恂一时之快，景象蔚为壮观。庙会内容主要包括耍社火、跳舞和唱戏等。群众参与的主要形式是逛、赏、品、尝、购、娱，内容呈现杂、俗、新、奇、廉、泛的特点，包罗万象，兼容各方需求，既有阳春白雪，也有下里巴人，有传统民俗内容体验。朱家坪正月庙会全面展示了历史悠久、内涵丰富的地方民俗民间文化。

0317 黑池文化旅游节

文献依据：临洮县文化局

起始时间：不详

流布区域：玉井一带

举办机构：井镇人民政府、玉井镇店子村村民委员会

级　　别：村级

简　　介：每年正月十五，店子村及其周边群众逛黑池庙会，览民俗风情，祈国泰民安。庙会期间，商贾云集，生意十分红火。香客戏客人潮如涌，热闹非凡。随着社会的发展，人们不断赋予它新的内涵，使得黑池庙会这一古老形式正焕发新的活力，演变为现代旅游的重要内容。黑池庙会体现了传统又新鲜的一面，不仅展示了玉井风土人情，而且引进了具有时代特点的新内容，是塑造"玉井文化庙会"的品牌之一。每年一届，不但可以保护和促进玉井文化的发展，而且够吸引游客，开拓旅游新市场，拉动当地社会经济的综合发展，为当地经济繁荣作贡献。

0318 玉井峰庙会

文献依据：临洮县文化局

起始时间：秦汉时期

流布区域：玉井镇辖区内

举办机构：玉井镇人民政府

级　　别：乡级

简　　介：玉井峰（一名碧井山，过去群众称石寺），位于临洮县城南10公里店子街之东山上，距甘川公路3.5公里，因山上石崖下多处滴水，滴而为泉，泉水清澈如玉，古人用石砌泉为井，故名玉井，又因东山、南山突出的尖顶相连，形似驼峰而得名玉井峰。据诸多历史记载，自秦汉时玉井峰就是民众祭祀天地之场所，隋唐时形成了佛、道并存的建筑格局，至元末明初已具相当规模。每年农历四月初八的传统庙会会吸引临洮、康乐、渭源等县的数万群众前来游山赏景、烧香拜佛，演唱花儿，盛况空前。活动在传承了民俗文化的同时，也极大地丰富了群众的生活。

0319 临洮县农耕文化艺术节

文献依据：临洮县文化局

起始时间：2012年

流布区域：临洮县洮阳镇辖区

举办机构：临洮县委宣传部、临洮县文化广播影视局、临洮县文化馆、临洮县洮阳镇人民政府、洮阳镇王家咀村委会

级　　别：县级

简　　介：临洮县农耕文化艺术节自2012年开始举办，举办点为洮阳镇王家咀村源泉庙内，举办时间为农历四月二十四到二十六，艺术节内容丰富，有广场舞表演、戏曲表演、傩舞表演、书画展览等，艺术节的举办为丰富辖区内群众的文化艺术生活和提升群众的文化艺术修养起到了至关重要的作用。

0320 寺洼山庙会

文献依据：临洮县文化局

起始时间：1924年

流布区域：衙下、南屏

举办机构：衙下集镇人民政府

级　　别：乡级

简　　介：农历五月十五，一年一度的衙下寺洼山庙会以迎接"九位大神"的迎神赛会

活动就开始了，庙会是当地群众最大的狂欢节。迎拜开始至结束持续三天。参加人员包括衙下、南屏众多人士，场面之热烈，方式之独特，为陇上所仅有。民间传说的九位大神依次是九天圣母、大郎夜、常爷、黑蛩龙王爷、蚂蚱爷、二郎爷、白马爷、金龙爷、三头鬼王爷。迎神活动的主要过程大致是下庙取水、走马路、齐聚寺洼山大殿、回水上庙等。迎神赛会的目的是祈求神灵保佑当地风调雨顺、国泰民安。整个民俗活动体现了一种生生不息、勇往直前、团结协作的精神。更重要的是九位大神都是忠烈英雄的象征，寄托了广大群众对忠烈的敬仰，表现了衙下一带民风的质朴。

0321 油磨滩花儿会

文献依据：临洮县文化局

起始时间：2002年

流布区域：玉井、衙下、南屏

举办机构：衙下集镇人民政府

级　　别：村级

简　　介：每年的农历五月十九日在洮河沿岸的油磨滩举办一年一度的大型花儿比赛，会场规模大、时间跨度长。五月的油磨滩花香鸟语、莺飞草长、山清水秀、气候宜人，是一年之中的黄金时段，也是人们踏青旅游的最佳时节。每逢会期，人们穿着夏日盛装，手搭凉伞、轻摇彩扇，从四面八方汇聚而来，于青山绿水中搭起一座座白色帐篷，尽情地游山玩水、赛歌对唱、交易商品，忘我地狂欢一天，其情其景，堪称中国民俗文化之一大景观。花儿会不仅县内群众参加，而且也吸引了周边县、市的游人、歌手、客商、专家学者和新闻记者不远千里前来参加，人数最多时可达二、三千之众。花儿艺术人才众多，阵容强大。

0322 玉井镇白塔村深沟沿福神爷祈福庙会

文献依据：临洮县文化局

起始时间：不详

流布区域：玉井镇辖区内

举办机构：玉井镇白塔村村民委员会

级　　别：村级

简　　介：每年农历五月初一至初三举行。

0323 临洮县八里铺镇观音寺民俗文化旅游节

文献依据：临洮县文化局

起始时间：不详

流布区域：八里铺镇孙家大庄村

举办机构：八里铺镇人民政府

级　　别：村级

简　　介：临洮县八里铺镇民俗文化旅游节主要在八里铺镇孙家大庄村的观音庙举行，时间是农历的九月初九。旅游节上请来县秦腔剧团表演节目；其次还有民间的舞蹈表演和武术表演，这些表演都给旅游节增添了欢乐、祥和的气氛。旅游节上还会有一些民间的书法家、书画家到场，现场作画、写字进行表演。旅游节期间也会有一些商贩买卖一些当地的特产、小吃等。旅游节既促进了当地商业的发展，也满足了人们的精神生活。

0324 玉井镇白塔村右营水草大王祈福庙会

文献依据：临洮县文化局

起始时间：不详

流布区域：农历八月十二至十三

举办机构：玉井镇辖区内

级　　别：村级

简　　介：每年农历八月十二至十三日举行。

0325 临洮老子文化节

文献依据：临洮县文化局

起始时间：2007

流布区域：临洮、渭源、陕西、河南等

举办机构：临洮县政府

级　　别：县级

简　　介：2007年，在首届"老子文化节"暨第四届"洮阳之春"文化节活动期间，县上成立了临洮县老子文化研究会，成功举办了临洮县首届老子文化节公祭老子典礼暨老子文化研究会揭牌仪式和《老子文化探索》专刊发行仪式，举办了"貂蝉杯"花儿歌手大奖赛、"歌唱临洮"歌舞表演、临洮籍旅兰诗友诗词选《洮声凤吟》发行仪式暨临洮旅兰诗友书画展、阎仲雄书画展、激情广场演出、秦腔演唱、老子文化书画笔会、老子文化学术报告会、青少年书画展等各项文化活动，为弘扬老子文化，提高临洮文化知名度起到了积极的推动作用。以后每年农历三月二十八日举办老子文化节，在举行公祭老子大典期间，定西市市县领导、周边县市领导、知名人士和群众一起参加，形成祭祀的盛典。

0326 高桥庙会

文献依据：临洮县文化局

起始时间：不详

流布区域：玉井一带

举办机构：玉井镇陈家嘴村村民委员会

级　　别：村级

简　　介：每年农历五月初五举办。

0327 洮河香道文化艺术节

文献依据：临洮县文化局

起始时间：2012年

流布区域：洮阳镇辖区

举办机构：洮阳镇人民政府

级　　别：乡级

简　　介：洮河香道文化艺术节自2012年春节开始举办，会场设在洮阳镇王家咀村源泉庙内，艺术节三天，分别为正月十二、十三、十四。每年艺术节的活动内容丰富多彩，包括广场舞比赛、社火表演、戏曲表演、武术比赛、棋类比赛、书画展览、傩舞表演等，丰富多样的内容吸引众多群众参与，丰富了洮阳镇全镇乃至临洮县全县群众的业余文化生活。

0328 黑爷庙庙会

文献依据：临洮县文化局

起始时间：不详

流布区域：玉井一带

举办机构：苟家坪村村民委员会

级　　别：村级

简　　介：每年农历四月二十八举行。

0329 玉井镇白塔村白塔寺诵经法会

文献依据：临洮县文化局

起始时间：不详

流布区域：玉井镇辖区内

举办机构：玉井镇白塔村村民委员会

级　　别：村级

简　　介：每年农历九月初九举行。

0330 上营乡文化艺术节

文献依据：临洮县文化局

起始时间：1992年

流布区域：上营乡全乡

举办机构：上营乡人民政府

级　　别：乡级

简　　介：艺术节间主要举行表彰大会、文艺演出、专家义诊、篮球赛、拔河比赛、广场舞表演等项目。

0331 达京堡祥云寺庙会

文献依据：临洮县文化局

起始时间：1988年

流布区域：临洮县康家集乡赵家咀村

举办机构：康家集乡人民政府

级　　别：乡级

简　　介：达京堡祥云寺位于甘肃省临洮县东南部山区，现属康家集乡赵家咀村，距县城22公里。祥云古寺始建于东汉年间，除称通古寺，传播佛教文化，香火鼎盛，至三国时，国内战火纷飞，"群山遮不住，唯独此山明"，因地理位置特殊，随筑古堡，名曰"达京堡"，作为烽火台传报军情，迄今"堡子"、"烽火台"隐约可见。后于1927年当地有识之士在寺建校办学传播文化，把每年七月十六日定为孔子祭拜日，内设孔子像一尊，供文儒膜拜。农历正月十四举办祥云寺庙会祈福法会，请戏剧团唱戏、跳秧歌、耍社火，答报神灵祈福，人们摆摊设点，观光旅游，人山人海，蔚为壮观。

0332 八里铺镇高庙村高佛寺庙会

文献依据：临洮县文化局

起始时间：不详

流布区域：八里铺镇高庙村

举办机构：民间自发组织

级　　别：村级

简　　介：八里铺镇高庙村高佛寺庙会，是由群众自发组织的，每年举行两次，第一次时间是农历四月二十五日、二十六日、二十七日，其中二十六的庙会最为盛大，也就是当地俗称的正会；第二次是农历的八月二十六日、二十七日两天。庙会期间村上请来县上的京剧团表演，其次还要请来道士做法，也就是民间俗称的"跳大神"，主要意义是驱妖鬼。祈祷民间平安，风调雨顺，庄稼丰收。八月举行庙会主要是为了庆祝丰收，感谢神灵的馈赠。庙会期间，当地的乡亲们家家户户都要去庙里上香，以此来祈祷神灵的庇佑。周边的乡亲都会拿着土特产品去买卖，庙会既满足了当地及周边老百姓的信仰需求，也丰富了人民群众的精神生活。

（十一）陇南

0333 三月三日小赛
文献依据：陇南市体育局
起始时间：明朝
流布区域：北峪河马街镇及周边县区
举办机构：民间自发组织
级　　别：乡（镇）级
简　　介：属于民间传统节日。

0334 三月二十六大赛
文献依据：陇南市体育局
起始时间：明朝
流布区域：北峪河流域安化镇及周边县区
举办机构：陇南市体育局
级　　别：乡（镇）级
简　　介：属于当地民间传统节日。

0335 七夕乞巧节
文献依据：西和县文化局
起始时间：七月初一前夜—七月初七日
流布区域：陇南西和礼县一带
举办机构：陇南市人民政府
级　　别：市级
简　　介："乞巧"是向神灵讨要智慧的意思，乞是乞讨，巧则是心灵手巧，有巧思妙想，其实质是说有智慧。乞巧是一个流传甚广、历史悠久的古老民俗。自20世纪50年代以来，由于极"左"思潮和现代文明的双重冲击，这一古老民俗在全国已经基本绝迹。西和县位于甘肃省陇南市北端，有着悠久的历史。七千多年的悠久历史形成的深邃厚重的文化积淀，使西和县积累了一大批丰富的文化艺术遗产，乞巧、山歌、春倌、羊皮扇鼓舞、耍社火等民俗文化活动，乡土气息浓郁，地方特色鲜明，传承多年，久盛不衰，正是在这种氛围中，乞巧风俗被完整地保留了下来。中国西和乞巧女儿节从每年农历六月三十晚上开始，一直持续到七月初七晚上，时间长达七天八夜，是持续时间最长的民俗活动之一。整个活动分为坐巧、迎巧、祭巧、拜巧、娱巧、卜巧、送巧七个环节。每一环节均有歌舞相伴，又有几个富有特征性的仪式，因而留存了大量的乞巧唱词、曲谱、舞蹈形式以及与农耕文明相关的崇拜仪式，还有与生活相关的纺织女工、服饰、道具、供果制作等。其活动时间之长、规模之大、参与人数之多、民俗程式保留之完整，在全国绝无仅有。

0336 康县采茶节

文献依据：康县文化局
起始时间：不详
流布区域：康县
举办机构：县委、县政府
级　　别：县级
简　　介：康县是陇上茶叶的发祥地之一，也是我国典型的西部高海拔优质茶叶种植区。举办采茶节，旨在进一步打造特色农业强县、生态旅游名县、绿色食品大县和"中国西北茶叶之都"、"中国茶文化之乡"，弘扬康县茶文化品牌，走以茶兴旅、以旅促茶，融旅游、茶叶产业于一体的地方特色产业发展之路。节会期间举办茶马古道文化研讨会、招商引资项目推介会和大鲵增殖放流等文化经贸活动。

（十二）临夏

0337 康乐社火

文献依据：康乐县文化局
流布区域：莲麓、景古、五户、草滩、胭脂、上湾、八松、苏集、康丰、虎关、流川、附城
起始时间：1370年
举办机构：康乐县文化馆、民间社团
级　　别：县级
简　　介：社火是春节期间民间的自演自娱活动，因地区而别，各具特色。大体有三种类型：景古、五户、莲麓以唱秦腔为主；康丰、附城、苏集以秧歌队、太平鼓、龙灯、耍狮子、跑旱船、踩高跷、耍春牛等以及演唱秦腔和眉户小调；八松乡的烈洼、菜子沟、葱滩纯以扭秧歌、上满场形式表演。新秧歌、演歌剧是中华人民共和国成立后才流行的，以学校为主，也成为社火表演的主要形式之一。社火演出，多在正月初六日，邻近村庄互祝互送，至正月十六日卸妆结束。50年代初期，最为盛行。"文化大革命"时期，以"四旧"被革除达十年之久，1978年后复苏，1984年极盛。从农历正月初十前后开始，由各区县组织的农民社火队汇集市中心，依次排成不同开关的队形，沿主街道边行边舞，敲锣打鼓，雄伟壮观。社火表演可持续到元宵前节前后。

（十三）甘南

0338 香浪节
文献依据：合作市文化局
流布区域：流传于夏河、合作一带的农区、半农半牧区
起始时间：不详
举办机构：合作地区农牧民自发组织
级　　别：市级
简　　介：香浪节是一个历史悠久的节日，流传于夏河、合作一带的农区、半农半牧区的一种群众性自发的游山活动。其形式多种多样，有的以寺院为主，僧俗共同参加祭奠山神活动，较为庄严隆重；有的以部落家族为主，穿插各种藏族传统体育竞赛和娱乐活动，颇为热闹；有的以亲朋好友相约，一起外出游玩多日。香浪节短则几日，多则月余，皆因当地的因人而异。在此期间，人们烹牛宰羊，煮酒熬茶，尽情享用美味可口的传统藏餐。同时举行规模较大的赛马、赛牦牛、大象拔河、摔跤、射箭、打靶、赤脚赛跑、讲故事、打牌、跳绳等文体活动，到了夜晚，人们围着燃起的篝火，男女老少尽情地唱歌、尽情地跳"格尕"，锅庄舞，各族人民一道欢度"香浪节"。

0339 毛兰木大法会
文献依据：合作市文化局
流布区域：合作地区各大寺院
起始时间：不详
举办机构：各大寺院
级　　别：县级
简　　介：毛兰木大法会是以藏族周边地区各大寺院极为盛行的祈愿大法会。自正月初二晚起到正月十六日止，历时十五天，正月法会主要是全体僧人每天的六次大诵经、正月初八的放生、正月十三的晒佛节、正月十四的法舞会、正月十五的酥油花灯会、正月十六的"转香巴"（意为转弥勒）。藏民族具有悠久的历史文化，毛兰木大法会是保留民族传统文化习俗的民族之一。

0340 合作市香巴拉旅游艺术节

文献依据：合作市文化局

流布区域：甘南合作地区

起始时间：不详

举办机构：合作市政府、合作市文体局、合作市旅游局

级　别：市级

简　介：香巴拉旅游艺术节源于藏族民间一年一度的香浪节，即浪山节，相沿至今。现在是融合自然风光、宗教文化、民俗风情、民族文体活动为一体的香巴拉旅游艺术节。随着岁月的流逝，成为甘南各族人民喜爱的传统节日。香巴拉旅游艺术节将旅游与文化、生态有机结合，以旅游为载体，文化为精髓，浓缩了甘南旅游的品牌精髓。宗教文化、民俗风情、生态景观、历史遗址有机结合，构成甘南行色鲜明的旅游形象，是合作市最大的旅游综合性节日。每年盛夏在美丽的当周草原举行，已成为合作市文化旅游品牌节庆。节庆活动有声势浩大的千人马队，有气势恢宏的千人锅庄舞，既有雍容华贵的民族服饰展示；也有绚丽多姿的民族舞蹈表演；还有浓郁厚重的藏戏。还举行规模较大的赛马、赛牦牛、大象拔河、摔跤等文体活动，到了夜晚，人们围着燃起的篝火，男女老少尽情地唱歌、尽情地跳"格尕"，锅庄舞，整个节庆活动恢宏热烈，隆重祥和。

0341 插箭节

文献依据：合作市文化局

流布区域：合作市藏区

起始时间：不详

举办机构：合作市农牧民自发组织

级　别：村级

简　介：插箭节定在每年农历四月十二日。这天藏区每个村庄部落的每家每户需作一根两丈左右的长箭，箭尾拴上三块彩绘的木板。每块木板用红、黄、蓝、绿等色绘成一定的图案，图案分为四层，最上层是日月，日月连着莲花，中间是狮子、海螺、法器、菱形符号等，最下层是起伏的大海。箭的顶端用羊毛穗子拴上松枝，即日清晨，人们骑着马扛着箭去神山敬献，插箭处还要"煨桑"（即在燃烧的柏枝上撒上用炒面调制的料，让浓烟缭绕于天空），放"风马"（印制的小方形图纸，上有奔马驮室的图案），插箭多为村里青壮汉子。箭旗猎猎，松烟弥漫中加之插箭者们的吼声四起，整个山谷沉浸在一种神威之中。

0342 洛萨尔（春节）

文献依据：合作市文化局

流布区域：安多、甘南合作地区

起始时间：不详

举办机构：农牧民自发组织

级　　别：村级

简　　介：洛萨尔（春节），意为藏历新年，甘南地区藏族同胞视农历正月初一为新年，初一、初二拜年，初三祭山神煨桑，初九至十五期间群众集体聚餐饮酒，唱歌跳舞。在节日期间举办多种民俗活动，宗教活动，整个村庄沉浸于喜庆欢乐的海洋中。合作各乡村拜年讲究的是早和老，就是在天亮前要把至亲和近邻中有老人的先拜完，祝福心愿，互道"洛萨尔扎西得勒"（新年吉祥如意）。节日期间还要举行各种活动，如给成年女子"上头"、娶亲结婚、新房落成典礼等。各家邀朋请友，饮酒放歌，载歌载舞，家家户户沉浸在欢乐喜庆之中。

0343 瞻佛节

文献依据：合作市文化局

流布区域：合作市各大寺院

起始时间：不详

举办机构：合作市各大寺院

级　　别：村级

简　　介：晒佛节又叫瞻佛节、亮佛节，是西藏、青海、甘肃、四川、云南等省、区藏族人民的传统宗教节日，大都在藏历二月初、四月中旬或六月中旬举行，具体日期各地不尽相同。届时，各地藏传寺院将寺内珍藏的著称巨幅布画和锦缎织绣佛像取出，或展示于寺院附近晒佛台，或山坡，或巨岩的石壁之上。这些巨幅布画和锦缎织绣佛像，做工精致、色泽鲜艳，艺术价值很高，有的还是国家的国宝。展示出来令群众观瞻。观瞻者成千上万。藏历年一月十三日，寺院举行一年一度的瞻佛节活动，祝愿新年吉祥如意。瞻佛节是藏佛教的一种宗教节庆活动之一，寺院每年举行的各种佛事活动非常严格和讲究，场面宏大庄重、秩序井然，中午时分，瞻佛仪式正式开始，寺院僧人100余人将佛像展开，并默念经文，信教群众2000余人争相祈求吉祥。此后两天，寺院还举行法舞表演和酥油花灯展示活动，祈求五谷丰登、国泰民安、幸福吉祥，一派节日喜庆气氛。

0344 元宵松棚楹联灯会

文献依据：舟曲县广播电影电视局

起始时间：明代

流布区域：舟曲县城关镇

举办机构：民间自发组织

级　　别：县级

简　　介：元宵松棚楹联灯会是有浓郁的舟曲地方色彩的民俗文化活动，是舟曲县整个正月活动的高潮，距今已有五百多年的历史，从正月初八开始，舟曲县城"四街两关"组建各自的灯会组织，划定各家地段，在县城大街小巷搭建灯廊，布置灯联。一般正月十三搭好连环松棚架，篷好松枝，街道焕然一新，全城顿时变成绿色世界。正月十四白天各街挂好灯对，灯对呈长方四棱形（木框架灯，6寸宽，2米高），三面贴对联，里面安装彩灯。挂于松棚梁上的，称匾，宽一尺五。每组灯三件，包括三副对联，两幅横额，分别悬挂在松棚下的街道两边及棚梁。夜幕降临后，人们结队出门，观灯、品诗、吟联、赏画、游览。"家家走桥赏画，处处观灯吟联"。舟曲元宵松棚楹联灯会集中展现了舟曲各民族的独特又深厚的文化，是多元化、综合性的民俗文化艺术，是汉、藏、羌各民族和睦相处的见证。

0345 东山转灯节

文献依据：舟曲县广播电影电视局

起始时间：不详

流布区域：舟曲县东山乡

举办机构：民间

级　　别：村级

简　　介："东山转灯"流传于舟曲县东山乡，又称"转灯踩道"和"迎灯"。从腊月起开始做灯，农民破竹扎灯，糊灯贴花，捆扎火把。正月十四、十五、十六转灯，转灯只限于男子。灯具各异，有手提宫灯、八卦灯及莲花、牛羊、鸡、鱼等象形灯。还有背灯，长约2尺，插纸花，装饰奇妙绝伦。夜幕降临时，转灯人集合整队排号。夜幕降临，鸣放三眼炮、锣鼓唢呐喧天，数百转灯人背起灯笼，手持火把响器，入场踩道。引路者为"道头"，转灯人前后相随，人们随锣鼓节奏，手舞足蹈，边唱边走，走村转庙。入村入寺之后，火把熄灭，灯队穿村而过，家家焚香化马互敬酒致意。转灯人身着长衫，向观灯人说"清吉着"、"平安着"、"顺和着"等祝福吉祥的话，观灯人回送祝福。

0346 坪定跑马节

文献依据：舟曲县广播电影电视局

起始时间：北宋初年

流布区域：舟曲县坪定乡

举办机构：民间自发组织

级　　别：村级

简　　介：坪定跑马节是舟曲县坪定乡民间独特的传统节日，于每年农历三月二十八日举办。每年"跑马节"，坪定乡十多个村寨的汉族群众身穿节日盛装，驱马牵骡，披红挂绿，汇聚陇右雄关"坪定关"，赛马练兵、禳灾祈祥。这一天，坪定乡炮鸣马嘶、锣鼓喧天，万人聚集、山欢水笑，独特的民俗风情堪称陇上民俗文化一朵耀眼的奇葩。

0347 正月十九"迎婆婆"

文献依据：舟曲县广播电影电视局
起始时间：隋朝
流布区域：舟曲县各汉族村寨
举办机构：民间自发组织
级　　别：村级
简　　介："正月十九迎婆婆"是舟曲县元宵活动的高潮，在全县汉族村寨广泛流传，是源于母系氏族社会的一种民俗宗教活动，又称"圣母节"，具有鲜明的地方特色和浓郁的史前文化气息，是舟曲县各族群众最隆重也是正月最后一个年节活动。据传，舟曲"迎婆婆"活动始于隋朝时期。当时经过三国至南北朝300多年的战乱，北方地区人丁稀少，万户萧瑟。隋文帝杨坚统一北方之后，采取了一系列发展生产的措施，并复兴宗教教化安民。当地官民在举行元宵庙会时祭请当地苯教善神"婆婆"、"出巡散福"，形成了每年正月十九"迎婆婆"的定例。舟曲县"迎婆婆"活动在正月十五元宵节前开始准备。大家把木雕的"婆婆轿"精心装扮，挂上香包、绣品、工艺品、彩灯，缀上彩花、明镜，给"婆婆"雕像戴上凤冠，穿上蟒袍、霞帔、绣花鞋。正月十五元宵节前后大家到"婆婆庙"进香，观赏香客敬献的各种工艺品。舟曲县正月十九"迎婆婆"活动源远流长，规模浩大，持续时间长，参与人数多，仪程严格，经久不衰，集民俗、宗教、旅游、文化、娱乐为一体，在舟曲人民的生活中有重大的影响。

舟曲县文化馆多年来采集、整理了大量的正月十九"迎婆婆"活动的音像、文字资料和实物，并大力开展抢救性保护工作，已经将其申报为省级非物质文化遗产保护项目。

0348 天干吉祥节

文献依据：舟曲县广播电影电视局
起始时间：原始社会
流布区域：舟曲县曲告纳乡
举办机构：民间自发组织
级　　别：村级
简　　介：吉祥节是舟曲县曲告纳乡天干沟藏族群众的传统节日，于每年农历七月十五日举行。传说远古的时候，天干沟山清水秀、气候宜人，一派世外桃源风光。有一天突然乌云遮天蔽日、电闪雷鸣，暴雨倾盆而下，夹杂着鹅卵石般的冰雹。顷刻间山洪暴发、泥石流奔涌，一马平川的良田到处是几丈深的壕沟和淤泥，百姓家园被毁，无处安身，接着又发生了瘟疫，民不聊生，苦不堪言。人们到山外的大寺院算卦，得知是妖魔嫉妒此地优美富庶，制造灾难驱赶百姓。当地人就天天煨桑祈祷，终于感动了上天。农历七月十五这一天，上天派一位叫"勒查干扎曼"的大仙下凡降妖救民。大仙施法和妖魔对擂，百姓齐心协力相助，终于除掉了妖孽。当地群众感念神恩，同时为了挽留大仙、庆祝脱离苦海，一呼百应上山采折柏枝、枇杷花，找五彩石以祭祀上天，祈祷吉祥，形成了每年农历七月十五举行吉祥节的习俗。从吉祥节的舞蹈和唱词可以断定：天干吉祥节起源于原始社会，是原始人类在草果和猎物最丰富的七、八月份欢庆丰收时的古老庆祝活动，千万年来一代代言传身教流传至今，是中华民族史前文化的"活化石"，更是一部古朴典雅的人类进化史诗，对研究人类的起源和发展有极其重要的价值。

0349 巴藏朝水节

文献依据：舟曲县广播电影电视局
起始时间：不详
流布区域：舟曲县和迭部县交界
举办机构：民间自发组织
级　　别：村级
简　　介：巴寨"朝水节"是甘肃省舟曲县和迭部县交界地带藏族群众的传统节庆活动，每年农历五月初四至初五在舟曲县巴藏乡巴寨沟举办。巴寨沟是舟曲县重要的旅游风景区之一，高山峡谷地貌，山峻水奇，气候温和，属亚热带大陆性季风气候，分布着种类繁多的亚热带至暖温带动植物种群。每年端午节，舟曲县和迭部等周边县藏族群众自发地汇聚巴寨沟"昂让"雪山，举行规模盛大的"朝水"活动。从"昂让"雪山百米高的悬崖石孔中喷涌而出的一帘瀑布和崖下十几眼清泉被当地群众称为"曲纱"圣水，游客们可根据各自的祝愿择泉而浴。据说端午节这天，天神在"曲纱"圣水中撒有仙药，沐浴和饮用此水，能医治百病，净化身心，消灾避难。目前，这一集山水风光、宗教活动和民俗节日为一体的民俗文化活动愈来愈受到游客的青睐，成为甘南藏族自治州旅游资源开发的新亮点。

0350 博峪采花节

文献依据：舟曲县广播电影电视局
起始时间：原始社会
流布区域：舟曲县博峪乡
举办机构：民间自发组织
级　　别：村级
简　　介：博峪采花节是甘肃省甘南藏族自治州舟曲县博峪乡藏族群众的传统节庆活动，于每年农历五月初四至初五举办。节会形式独特、内容丰富、服饰艳丽，歌谣、舞蹈有明显的藏羌古风，是甘肃省民俗文化和旅游文化的亮点，已经被省政府公布为省级非物质文化遗产。采花节的起源有一个美丽的传说。相传远古时代，博峪人的祖先吃野菜猎物，穿树叶兽皮，疫病频发，生存极其艰难。有一户人家生下六个女儿，个个聪慧能干。最小的姑娘叫达玛，她的眼睛像月亮一样明亮，品德像雪山一样崇高，她教会了人们耕种、织布、染色和做锦带等服饰的本领，遇到灾荒或瘟疫还上山挖野菜让人们充饥度荒，采来百花为乡亲们治病医伤。当地人非常喜欢这位聪明美丽又善良的姑娘。有一年端午节，达玛姑娘上山采药时被狂风暴雨卷下了悬崖，五姐妹和乡亲们上山寻找到时已经不幸遇难。五姐妹和乡亲们十分悲痛，采来洁白无瑕的"达玛花"（枇杷花）插在她身上，将她埋葬在山顶的青松下。青松下长起了一片郁郁葱葱的枇杷林，每年开出五颜六色的"达玛梅朵"。五姐妹和附近村寨的乡亲们为了纪念达玛姑娘，每年五月初五前身穿节日盛装上山采花或踏青，形成了流传至今的"采花节"。博峪采花节活动大致由"抢水插柳"、"上山采花"、"祝福欢庆"三部分构成。

0351 五月端午节龙神赛会

文献依据：临潭县文化局

起始时间：明代

流布区域：洮州

举办机构：临潭县政府

级　　别：县级

简　　介：洮州端午节龙神赛会，是临潭县规模最大、地域辐射面最广的庙会活动之一。这项独特的民俗活动，至今已有六百多年历史，是藏乡风俗与江淮古风完美结合的一种别具一格的民俗文化，极具地方特色，至今方兴未艾。明太祖乙酉洪武二年（1369）八月，朱元璋从统一全国的战略需要出发，表彰和激励有功将士，钦定功臣位次，敕命在江宁府东北的鸡鸣（笼）山建立功臣庙，供奉徐达、常遇春、李文忠、胡大海、康茂才等18人，"死者肖像祀之，生者虚位以待。"后将开国功臣都封为"神"，命全国各地立庙祭祀。明洪武十二年（公元1379年），大将军沐英为了解决军需供应困难，将所带大部江淮军士留当地开荒屯田，遂在洮州定居下来，后世为了纪念祖上开国定鼎勋业，故尊其为人造福之"洮州十八位龙神"。后来，当地人民把他们所崇敬和供奉的"龙神"偶像，集中抬到新城隍庙，供大家瞻仰、祭祀，以庆祝民族光复，缅怀先烈，企冀诸将"生曾为人杰，死必为神灵"，庇佑一方之平安，稼穑之丰收，消灾弭祸。逐渐演变为端午节龙神赛会，肩舁这些偶像大轿，远距离赛跑，其规模宏大，场面壮观，各族人民为之欢呼雀跃。新城端午节龙神赛会，分三天进行。农历五月初四封奉洮州各地的十八位"龙神"，陆续用轿抬到新城城郊，由各自的"接迎会"接待，附近群众鸣炮欢迎，并进行"献羊"仪式。各路"龙神"汇集东门月城后，举行"降香"仪式后，各自抬起神轿竞跑，入城赛跑，当地人叫"跑佛爷"，以最先跑到终点——隍庙大殿入座为胜，传说谁家的"龙轿"跑在最前面，预示那里的庄稼将获得丰收。第二天为"踩街"，各路龙神张起自己的全副銮驾、仪仗，按座次先后下庙到街道缓慢游行，所到之处鞭炮齐鸣，人们焚香叩头，顶礼膜拜，晚上仍回城隍庙安歇。夜里便是"花儿"的海洋，欢腾一天的人们便在隍庙安歇，街道层檐下或大小客店里赛唱花儿，直至翌日（初六）东方发白人们才洗脸吃饭，准备抬"佛爷"上朵山（当地山名）壤雹祛灾，祈求风调雨顺，五谷丰登，祭祀完毕返至西门外，在此才正式进行"扭佛爷"活动，此时整个街道万头攒动，万人空巷，将端午节活动推向高潮。下午三点左右，在隍庙进行"告辞"仪式，由道士作法，念经诚告龙神，不得施行恶风暴雨。祝十八位龙神各回驻地，协力保护洮州地区风调雨顺，国泰民安。同时唱"花儿"、演大戏，以庆祝端午节迎神赛会圆满结束。

0352 碌曲插箭节
文献依据：碌曲县广播电影电视局
流布区域：碌曲县各部落
起始时间：不详
举办机构：各部落
级　　别：村级
简　　介：碌曲插箭节，是碌曲县藏族民族民间流传的古老的由祭祀仪式衍化而成的节日，该节实为祭祀山神，只有成年男子参加，藏族信奉象征性的地方神，属原始多神教的一种信仰，山神藏语称"拉卜则"，它通常为一丛状物，用木杆、木片制作成箭镞或刀状，插成一丛，用栅栏为定，外垒以石块，上缚条形方形经幡，缠以羊毛、羊毛线等物。各地插箭是祭祀本地方山神的一种群众性活动。插箭由部落村庄按俗成方式进行。

0353 郎木寺晒佛节
文献依据：碌曲县广播电影电视局
流布区域：碌曲县
起始时间：藏历正月十三
举办机构：郎木寺人民政府，郎木寺寺院
级　　别：乡（镇）级
简　　介：藏历正月十三，碌曲县藏区群众都有展大佛的风俗。在大雪缤纷的寒冬，成千上万藏族群众集聚在一起转经、念经、辩经、展佛等各式宗教活动。寺庙将寺内珍藏的著称巨幅布画和锦缎织绣佛像取出，或展示于寺庙附近晒佛台，或山坡，或巨岩的石壁之上展示出来令群众观瞻，观瞻者成千上万。这些巨幅布画和锦缎织绣佛像，做工精致、色泽鲜艳，艺术价值很高，有的还是国宝。

0354 碌曲县香浪节暨锅庄舞大赛
文献依据：碌曲县广播电影电视局
流布区域：碌曲县
起始时间：2011年7月
举办机构：碌曲县县委、县政府、旅游局、文体广电局
级　　别：县级
简　　介：2012年7月30日10时，在美丽的碌曲草原上"首届碌曲县锅庄舞大赛暨香浪节"隆重开幕。碌曲县举办锅庄舞大赛暨香浪节活动，是大力实施"旅游兴州"、"文化撑州"战略，全力打造"锅庄舞之乡"品牌，促进碌曲旅游文化大发展、大繁荣的重要举措。锅庄舞大赛共计四天，8月2日颁奖闭幕。锅庄舞大赛暨香浪节活动，充分挖掘博大精深的藏族民俗文化，彰显碌曲地域特色，全面展示碌曲经济社会发展的丰硕成果，进一步扩大了碌曲的知名度和影响力、吸引力，为实现跨越式发展和长治久安提供了强大的精神动力和文化支撑。

0355 碌曲县安多达仓赛赤郎木寺正月十三法舞

文献依据：碌曲县广播电影电视局
流布区域：碌曲县安多达仓赛赤郎木寺
起始时间：正月十三
举办机构：郎木寺寺院
级　　别：村级
简　　介：碌曲安多达仓郎木寺每至正月十三就是跳法舞的日子，红墙黄瓦的寺院门前悬挂着大幅唐卡，院内搭起舞台，上铺红色地毯。台下熙熙攘攘，挤满了游客，等着一睹法舞的风采。舞台前方，放置着用大红纸和高粱秸糊制的三脚架，上有骷髅模型和风、火图饰。此架称"巴凌"，藏语称"朵玛"，待舞蹈结束后，向邪祟抛掷朵玛咒时用。随着铿锵有力的鼓乐声，身着金色盔甲的四大天王出场，立于舞台四隅。布袋僧和六名小童至台前坐定，形成六子戏弥勒造型。他们头戴各式面具，身着五色绣花缎袍，肩披五色缎云肩，胸前披挂骨制璎珞，足着厚底青缎靴，手执法器，为了驱除魔障和人世间的烦恼而尽兴狂舞。具体分为黑帽度母舞献神饮、阿杂日、骷髅面具、地狱主、尸陀林主、牛鹿面神六幕。跳法舞时，要戴着藏传佛教具有象征意义的面具，随着鼓、钹、号等法器的节拍，跳着抑扬进退、疾徐有序的舞蹈。

甘肃省文化资源名录

第二十九卷 节庆、赛事、文化之乡

赛事

（一）兰州
（二）酒泉
（三）嘉峪关
（四）金昌
（五）天水
（六）武威
（七）张掖
（八）白银
（九）平凉
（十）庆阳
（十一）定西
（十二）陇南
（十三）临夏
（十四）甘南

（一）兰州

0001 环青海湖国际公路自行车甘肃段比赛

文献依据：甘肃省体育局
起始时间：2002 年
流布区域：青海、甘肃、宁夏
举办机构：青海、甘肃、宁夏 3 省区人民政府联合主办
级　　别：省级
简　　介：环青海湖国际公路自行车赛简称"环湖赛"，从 2002 年开始举办，每年的 6 至 8 月间在青海省的环青海湖地区和邻近的甘肃省及宁夏回族自治区举行。经国际自行车联盟批准，环湖赛为是亚洲顶级自行车公路多日赛，也是世界上海拔最高的国际性公路自行车赛，环湖赛是中国规模最大、参赛队伍最多、奖金最高的国际公路自行车赛事，继环法自行车、环意大利自行车赛、环西班牙自行车赛等职业巡回赛之后世界第四大公路自行车赛。环湖赛高海拔、长距离、多爬坡的特点，使得比赛尤为精彩，观赏度高，队伍能力强，环湖赛比赛线路设计以碧波浩瀚、鸟翼如云的青海湖为中心，并向周边地区的青海东部农业区、青海西部牧业与荒漠区、青南高原高寒草甸草原区、甘肃河西走廊、宁夏黄河金岸等地区延伸，沿途自然风光雄奇壮美，旖旎迷人。2011 年第十届环青海湖国际公路自行车赛新增的兰州赛段，2017 年甘肃境内共安排 0.5 个终点赛段，两个公路赛段；赛段途经临夏、定西、天水、平凉 4 个市州。甘肃省境内赛段的总距离达到 1346 公里。其中，比赛距离 626 公里，转场距离 720 公里。

0002 甘肃省青年戏曲演员大奖赛

文献依据：甘肃省文化厅
起始时间：1992 年
流布区域：甘肃省
举办机构：甘肃省文化厅
级　　别：省级
简　　介：甘肃省青年戏曲演员大奖赛参赛对象均为全省各专业戏剧院团的在职演员，年龄在 40 岁以下，行当包括生、旦、净、末、丑。参赛演员登台演唱一出折子戏或小戏，时间限制在 20 分钟以内，参赛剧目包括传统剧目和现代戏。大赛旨在弘扬优秀传统艺术，繁荣戏曲艺术事业，选拔和鼓励青年戏曲表演人才脱颖而出。

0003 兰州体育公园假日乒乓球擂台赛

文献依据：兰州市体育局
起始时间：2005 年
流布区域：兰州市
举办机构：兰州市体育局主办，兰州市全民健身指导中心承办

级　　别：市级

简　　介：兰州体育公园假日乒乓球擂台赛是由兰州市全民健身指导中心面向广大群众，常年坚持组织开展的一项制度化群众体育竞赛，深受广大群众的喜爱。擂台赛分男子单打和女子单打两个组别，设月赛、季度赛，每月和每季度的擂主参加年度总决赛。每年的比赛都会吸引兰州市社会各界近千名乒乓球爱好者参加，除了比赛部分，兰州市全民健身指导中心还在比赛现场组织开展全民健身宣传展览等活动，引导广大群众参与体育健身活动。

0004　兰州国际马拉松赛

文献依据：兰州市体育局

起始时间：2011 年

流布区域：兰州市

举办机构：中国田径协会、甘肃省体育局、兰州市人民政府共同主办

级　　别：省级

简　　介：兰州国际马拉松创办于 2011 年，是由中国田径协会、甘肃省体育局、兰州市人民政府共同主办的一项赛事。该赛事是甘肃省、兰州市迄今组织的规模最大、参赛人数最多的国际体育赛事，在国内外产生了广泛影响。兰州国际马拉松赛比赛线路设在兰州多年精心打造的城市名片"黄河风情线"沿线，沿途景色优美，山静水动，风景宜人。参赛者在奔跑过程中可以领略到黄河沿岸特有的自然生态景观，将马拉松挑战自我、超越极限、坚韧不拔、永不放弃的精神与奔腾不息的黄河文化相融合，成为西北地区独具魅力的马拉松赛事。

0005　兰州市青少年校园足球争霸赛

文献依据：兰州市体育局

起始时间：2005 年

流布区域：兰州市

举办机构：兰州市体育局

级　　别：市级

简　　介：兰州市青少年校园足球争霸赛以增强学生体质，培养青少年拼搏进取、团结协作的体育精神为宗旨，通过广泛开展校园足球活动，建立和完善小学、初中、高中和大学四级足球联赛，在青少年学生中普及足球知识和技能，形成校园足球文化，从而培养全面发展、特长突出的青少年足球后备人才。

0006　甘肃省青少年校园足球联赛

文献依据：兰州市体育局

起始时间：2009 年

流布区域：甘肃省
举办机构：甘肃省教育厅、甘肃省体育局
级　　别：省级
简　　介：甘肃省青少年校园足球联赛是甘肃省青少年校园足球发展成果的展示，旨在推动甘肃省青少年校园足球活动健康有序地开展，力求提高甘肃省校园足球联赛水平。通过联赛的举行，使更多的同学感受到足球运动的魅力，并积极参与到这项世界性的运动中来。

0007 兰州安宁区元旦越野赛

文献依据：兰州安宁区体育局
流布区域：兰州安宁区
起始时间：2000年
举办机构：兰州安宁区体育局
级　　别：县级
简　　介：安宁区元旦越野赛，是安宁区全区干部职工，中小学生参加的赛事，是每年元旦举行的鼓励全区人民锻炼身体的赛事。

0008 兰州冬泳赛

文献依据：兰州市体育局
起始时间：1989年
流布区域：兰州市
举办机构：兰州市体育局
级　　别：市级
简　　介：兰州冬泳赛是全国首个黄河冬泳横渡比赛，比赛分黄河横渡赛和黄河漂游表演两个部分。参加漂游的选手从中山桥西侧入水，由西向东至白塔山码头上岸，全程约400米；参加横渡的选手从黄河南岸近水广场入水，由南向北至白塔山码头上岸，全程约500米。借助黄河穿城而过得天独厚的地理条件开展的冬泳比赛活动已成为黄河沿线城市最有影响力的群众体育品牌活动。

0009 兰州市运动会

文献依据：兰州市体育局
起始时间：1958年11月
流布区域：兰州市
举办机构：兰州市体育局
级　　别：市级
简　　介：为迎接全国第一届运动会的召开和准备参加甘肃省第二届运动会，从1958年11月开始，分三个阶段进行举办了兰州市第一届运动会。运动会第三阶段于1959年2月26日开始，历时14天，至3月12日全部结束。参加单位：榆中、皋兰、永登、城关、七里河、安宁、西固、红古、白银三县六区的1464名男女运动员。1971年举办了第二届，1978年举办了第三届，后因历史原因停办。1991年举办了兰州市第四届运动会，以后为兰州市运动会每四年举办一次。

0010 兰州元旦环城赛

文献依据：兰州市体育局

起始时间：1973 年

流布区域：兰州市

举办机构：兰州市体育局

级　　别：市级

简　　介：兰州元旦环城赛时下已成为兰州人展现精神面貌、挑战自我的重要比赛，充分展现了兰州市民积极向上、勇于开拓的精神。比赛起到了丰富群众生活、引领全民健身、提升城市形象的作用。

0011 兰州新区环城赛

文献依据：兰州市体育局

起始时间：2013 年

流布区域：兰州新区

举办机构：兰州新区管委会、市体育局、市教育局

级　　别：县级

简　　介：兰州新区环城赛以全面宣传兰州新区建设、全面提升市民身体素质为宗旨，以突出美丽兰州、大美新区为主题，将赛事热潮与新区建设相结合，展示全民健身事业蓬勃发展的良好形象。兰州新区环城赛的举行进一步增强了兰州城市凝聚力，丰富兰州的城市精神，提升兰州城市形象，为兰州及兰州新区发展提供了不竭动力。

0012 全民健身"六进"活动

文献依据：兰州市体育局

起始时间：2007 年

流布区域：兰州市

举办机构：兰州市体育局主办 兰州市全民健身指导中心承办

级　　别：市级

简　　介：从 2007 年开始，兰州市全民健身指导中心每年坚持在全市范围内积极组织开展全民健身"六进"活动 10—12 场次，内容包括全民健身项目展演，趣味体育比赛，群众体育竞赛，全民健身集锦、健身知识、"创建"工作宣传展览，健身项目指导，全民健身志愿服务等，活动每到一地都受到群众的热烈欢迎和踊跃参与。此项活动有效地带动了群众体育活动的开展，激发了群众体育健身意识，倡导了文明、健康、和谐的生活理念，为广大群众参与全民健身活动搭建了平台，成为千家万户参与体育锻炼的桥梁和纽带。

0013 魅力西固"旅游摄影大赛"

文献依据：兰州西固区旅游局

起始时间：2011 年

流布区域：兰州市

举办机构：兰州西固区政府

级　　别：县级

简　　介：为充分挖掘、深入宣传西固旅游资源和人文风情，西固区委、区政府于 2011

年举办首届魅力西固旅游摄影大赛，参赛主题以关山森林公园、达川三江口为中心，重点宣传推介南山休闲旅游带、河口古民居、新城古水车、黄河梯级旅游带开发项目等特色旅游风景和人文地理。旨在通过摄影展示和媒体宣传，全方位展现西固区旅游资源和旅游文化风貌，宣传推介旅游建设成果，提升旅游景区景点知名度和知晓率，促进旅游业整体营销和发展。

0014 全国黄河三峡龙舟赛

文献依据：永靖县文化局

起始时间：2004 年

流布区域：甘肃省永靖县刘家峡

举办机构：国家体育总局社体中心、中国龙舟协会、甘肃省体育局和甘肃省临夏州政府主办，永靖县委、县政府等单位承办。

级　　别：省级

简　　介：永靖县 2004 年成功举办全国首届黄河三峡龙舟赛，开创了在黄河上开展龙舟竞赛的先河，为中国龙舟运动的发展赋予了新的内容，推动了中国龙舟运动由南向北拓展，也给黄河三峡旅游开发提供了一个新的思路。世界需要了解黄河三峡，黄河三峡需要走向世界。永靖希望通过举办全国性的龙舟赛这个媒介，将得天独厚的旅游资源更好地对外展示，以此吸引国内外更多的"眼球"，使黄河三峡——中国西部休闲水乡享誉全国，走向世界。

0015 西固区山地自行车骑游关山活动

文献依据：西固区旅游局

起始时间：2013 年

流布区域：西固区

举办机构：金沟乡人民政府

级　　别：乡（镇）级

简　　介：为开放西固、发展旅游创造新的机遇，自 2013 年起每年 9 月中旬在金沟乡关山森林公园举办"低碳出行，魅力金沟"自行车骑游关山活动。旨在促进西固区经济与社会、人与自然、城市与农村的协调发展，宣传践行低碳生活、绿色出行，推动金沟乡旅游文化产业的发展，形成以休闲旅游文化为主导的绿色生态产业，有效实现绿色生态、文化旅游、体育竞技等相关产业的大融合。

0016 兰州安宁桃王大赛

文献依据：兰州市农牧局

起始时间：不详

流布区域：兰州市安宁区

举办机构：安宁区城乡统筹发展局、安宁堡街道

级　　别：县级

简　　介：兰州安宁桃王大赛是兰州安宁蟠桃会系列活动之一。大赛首先由街道工作人员对参赛样品进行了第一次筛选，要求单果重在 300 克以上、色泽好、果形端庄、无虫眼、无疤痕。然后由来自甘肃农业大学农学院、甘肃省经济作物技术推广站、兰州市农研中心、省农科院林果花卉所的专家组成大赛专家组。从单果重、色泽、整齐度、光洁度、果形端庄、肉质、风味、香气、果肉颜色、可溶性固形物等十个方面进行评选。每年举办"桃王大赛"，旨在通过鼓励果农种桃热情，从源头发力打造安宁桃乡品牌。

0017 兰州安宁区"万里杯"小学生围棋比赛

文献依据：安宁区体育局
起始时间：2011 年
流布区域：兰州安宁区
举办机构：兰州安宁区体育局
级　　别：县级
简　　介：随着学校"体育、艺术2+1"项目和阳光体育运动的稳步、健康向前推进，学校棋类教学愈显活力。安宁区教委借助每年一度的围棋比赛加速了安宁区围棋运动的发展、推广和普及。经过比赛活动，全区的围棋运动无论在"启智育人"方面，还是在"竞技水平"方面均取得了显著的发展。比赛活动对学校推广普及围棋这项运动起到了很好的宣传作用，对传承围棋这一文化瑰宝，传播围棋艺术有着重要意义。

0018 甘肃省大学生运动会

文献依据：安宁区体育局
起始时间：2008 年
流布区域：甘肃省
举办机构：西北师范大学、安宁区体育局等
级　　别：省级
简　　介：举办甘肃省大学生运动会，是全面贯彻党的教育方针，推动学校体育工作广泛开展，促进全社会更加重视青少年健康成长，激发广大青少年学生积极参加体育锻炼的重要举措，是对甘肃省高校体育工作的一次全面检阅，对于促进甘肃省高校体育乃至全省体育事业健康发展具有重要意义。

0019 兰州国际马拉松体育艺术节展示赛

文献依据：安宁区体育局
起始时间：2010 年
流布区域：兰州市
举办机构：安宁区体育局
级　　别：县级
简　　介：马拉松体育艺术节展示赛，是兰州国际马拉松赛前的一次展演活动，为兰州国际马拉松赛赛前营造氛围和大力宣传兰州国际马拉松赛赛前举办的一次展示活动。马拉松体育艺术节展示活动是赛前的一次很重要的展示之一，它充分体现了当地体育精神风貌，为更好地举办此赛，普及群众体育打下了坚实的基础。

0020 兰州市运动会

文献依据：兰州市安宁区体育局
起始时间：1985 年
流布区域：甘肃省兰州市
举办机构：兰州市体育局
级　　别：市级
简　　介：4 年一届的兰州市运动会是检验兰州市业余训练成果，选拔体育后备人才的重要赛事，县区组的设立，目的就在于此。为了增加参与性，赛事组委会专门设置了大众组的比赛，让热爱体育的普通市民也有了在大赛中一展身手的舞台，从而吸引更多市民参与到体育健身中来。

0021 兰州国际马拉松啦啦操比赛

文献依据：安宁区体育局
起始时间：2010 年

流布区域：兰州市
举办机构：市、区体育局
级　　别：县级
简　　介：兰州国际马拉松啦啦操比赛，是为更好地举办兰州国际马拉松比赛，为营造赛场氛围选拔优秀的展演队伍为兰马赛加油助威举办的。受到市体育局，安宁区政府的高度重视，自兰马赛开始以来每年都根据实际情况定期举办。

0022 兰州安宁区职工运动会

文献依据：安宁区体育局
起始时间：2005 年
流布区域：安宁区
举办机构：安宁区体育局
级　　别：县级
简　　介：为鼓励安宁区全体干部职工锻炼身体，定期在全区范围举办。

0023 兰州安宁区中小学生田径运动会

文献依据：安宁区体育局
起始时间：2000
流布区域：安宁区
举办机构：安宁区体育局、安宁区教育局
级　　别：县级
简　　介：为鼓励中小学生锻炼身体，鼓励中小学开展体育活动，定期举办。

0024 兰州安宁区游泳比赛

文献依据：安宁区体育局
起始时间：2005 年
流布区域：安宁区
举办机构：安宁区体育局
级　　别：县级
简　　介：游泳比赛是安宁区每年根据实际情况举办的大型赛事、聚集了全兰州市游泳爱好者，也大大激励了游泳爱好者们的积极性，增强了广大群众锻炼身体的意识。

0025 兰州安宁区体育进社区活动

文献依据：安宁区体育局
起始时间：2014 年

流布区域：安宁区

举办机构：安宁区体育局

级　　别：县级

简　　介：活动举办的目的是更好地发展体育，使体育走进基层，使老百姓真正地感受到体育带来的乐趣。通过活动大力支持鼓舞基层群众发展体育，提倡"增强人民体质"做贡献。

0026 MBA 黄河漂流赛

文献依据：安宁区体育局

起始时间：2010

流布区域：全国

举办机构：省、市、区体育局

级　　别：省级

简　　介：MBN 黄河漂流赛出发港口在安宁区、该赛事得到了安宁区政府的大力支持已成功举办了几届，是全国知名赛事之一。

0027 兰州安宁区体育三下乡

文献依据：安宁区体育局

起始时间：2000

流布区域：安宁区

举办机构：安宁区体育局

级　　别：县级

简　　介：每年根据实际情况举办，目的是鼓励广大农村的父老乡亲进行体育锻炼举办。

0028 农业种养加·榆中吉尼斯

文献依据：榆中县农牧局

起始时间：2011 年

流布区域：榆中县

举办机构：榆中县农业局

级　　别：县级

简　　介：为了充分展示榆中县"十一五"农业科技成果，激励农业生产经营主体奋发向上、勇于创新的精神，2011 年 3 月 6 日，由县委县政府积极倡导，县农业局、县文广局协办，组织开展了"农业种养加·榆中吉尼斯"评奖活动。此次活动旨在鼓励各类技能型人才到农村创业发展，进一步树立榆中农业品牌形象，全面提升现代农业发展水平。此次评奖活动坚持公平、公正、公开的原则，经过各乡镇的积极推荐，历时三个月，最终评选出了全县最具代表性的种植大户、养殖大户、农机大户、土地流转经营大户、示范专业合作社等"农业种养加·榆中吉尼斯"获奖者 14 人，这 14 人分别是双垄全膜技术推广带头人连搭乡石头沟村村民杨春发、双垄全膜间套种植示范带头人上花岔乡大庆村村民白宗印、兰州高原夏菜种植大户夏官营中河堡村党支部书记王应排、冷凉型蔬菜种植大户新营乡红土坡村村民常仲煜、高原夏菜产销开拓人榆中顺源蔬菜产销专业合作社理事长蒋得辉、现代农业园区建设领头人榆中新民蔬菜专业合作社理事长周其生、马铃薯营销大户榆中洋芋营销协会会长周卫全、养猪大户青城生猪繁育场场长曾发红、养鸡大户榆中丰源养殖公司经理冯国栋、奶牛养殖大户三角城周前奶牛养殖场场长郭华奎、土地流转大户榆中欣源绿色养殖专业合作社理事长张守雄、农机大户连搭乡金家营村村民胡克江、奶业发展创新人榆中宝裕奶牛养殖专业合作社理事长裴万志以及甜玉米种植引领人高崖镇大营村回乡创业大学生杨天龙。活动充分展示了榆中三农工作的蓬勃发展和全县广大农民群众扬眉吐气的精神风貌。活动的成功举办，极大地调动农民群众生产的积极性。

（二）酒泉

0029　酒泉肃州区北大河风情线迷你马拉松比赛

文献依据：肃州区文化局

起始时间：2014 年

流布区域：酒泉市肃州区

举办机构：肃州区人民政府、酒泉市体育局

级　　别：县级

简　　介：肃州区深入开展体育文化活动，鼓励和引导广大群众积极参加体育文化活动，不断提高科学健身意识，养成良好的体育锻炼习惯，在全社会形成了崇尚健身、参与健身、追求健康文明生活方式的良好氛围。希望通过北大河风情线迷你马拉松比赛活动，在肃州区长期坚持做大做精一个品牌，为打造一县（区）一品牌奠定基础。同时，推动全民健身，鼓励居民积极投身健身活动。

0030　玉门市赤金峡漂流比赛

文献依据：玉门市体育局

起始时间：不详

流布区域：酒泉市

举办机构：玉门市体育局

级　　别：县级

简　　介：玉门市赤金峡位于玉门市赤金镇，是玉门市近年来打造的一个 4A 级水利风景区，景区交通便捷，环境怡人，服务设施齐全，是发展健身休闲产业的绝佳之地。近年来，借助景区河道，每年 8 月 8 日由玉门市体育局、甘肃省疏勒河管理局联合举办玉门市赤金峡漂流比赛，历时一天，参赛队员近 400 人。目前已经开发形成"西北第一漂"的品牌赛事。

0031　敦煌市中小学生田径比赛

文献依据：敦煌市体育局

起始时间：1982 年

流布区域：敦煌市

举办机构：敦煌市文化体育和广播影视局、敦煌市教育局

级　　别：市级

简　　介：为全面贯彻党的教育方针，深入开展"我爱敦煌"教育活动，促进全市中小学课外文体活动和业余训练的开展，增强敦煌市青少年儿童的健康意识，提高中小学田径运动水平，增强青少年体质，发现、培养优秀体育后备人才。敦煌市连续固定每年举

办中小学生田径运动会。比赛项目有100米、200米、400米、800米、1500米、3000米、4×400米接力、小学生四项全能等。

0032 中国（敦煌）越野拉力赛

文献依据：敦煌市体育局

起始时间：2013年

流布区域：敦煌市

举办机构：国家体育总局汽摩管理中心

级　　别：省级

简　　介：2013年9月，被誉为"中国版的达喀尔"，由国家体育总局汽车摩托车运动管理中心、中央电视台体育频道和地方政府共同推出的长赛段、高难度、大规模、拥有民族自主知识产权的国际级别赛事——2013中国越野拉力赛在敦煌上演收官之战，60余辆赛车、100多名车手参加了敦煌段2公里超级短道赛，成就了选手们在历史文化名城敦煌一路尽情狂飙、一展精湛车技的梦想。中国越野拉力赛被车手们称为"大野赛"，是目前世界上国内赛程最长、穿越省份最多、比赛环境最艰苦、赛段难度最大的越野拉力赛，被业界誉为"中国版达喀尔"。该项赛事是一个完全由中国人创立、主导的国际A级长距离越野赛事，代表着国内越野赛事的最高水平。

0033 敦煌沙滩排球比赛

文献依据：敦煌市体育局

起始时间：2009年

流布区域：敦煌市

举办机构：国家体育总局排球运动管理中心

级　　别：市级

简　　介：为深入贯彻落实甘肃省委、省政府《关于加快发展旅游业的意见》中提出的"积极培育敦煌沙滩排球等赛事品牌，大力发展体育旅游"的精神要求，酒泉市体育局审时度势，决定打造酒泉的第一品牌赛事——"甘肃·敦煌沙滩排球邀请赛"。2009年在7月15日至19日成功举办了首届甘肃·敦煌沙滩排球邀请赛，2010年7月20日至24日成功举办了甘肃·敦煌第二届"体彩杯"全国沙滩排球邀请赛。两届甘肃·敦煌沙滩排球邀请赛的成功举办，不仅宣传了甘肃，展示了酒泉、敦煌的魅力，还为群众献上了精彩的体育大餐，为贯彻落实全民健身条例，广泛开展全民健身活动，为推动酒泉地区开展沙滩排球活动，为敦煌旅游经济的发展、和谐社会的构建起到了积极的作用。

0034 敦煌青少年三人篮球赛

文献依据：敦煌市体育局

起始时间：2007年

流布区域：敦煌市

举办机构：敦煌市青少年体育俱乐部

级　　别：市级

简　　介：为实施全民健身计划，充分发挥各体育俱乐部的带头作用，丰富中学生暑期业余生活，推动敦煌市青少年篮球运动的广泛开展和技术水平的不断提高，每年7月，全市城乡青少年体育俱乐部各会员单位20多支代表队参加青少年三人篮球比赛。

0035　汉武御·龙窖杯龙舟大赛

文献依据：敦煌市体育局

起始时间：2010年6月

流布区域：敦煌市

举办机构：敦煌市政府

级　　别：市级

简　　介："战鼓动地荡旗风，飞花扑面泻流银。桨如火龙借风驰，舟似离箭架空行"。每年端午节，吃粽子、看龙舟成了敦煌市民们的习俗，党河风情线上鼓声点点，水花四溅，呐喊声此起彼伏。在"展示魅力敦煌，挖掘旅游资源，开展水上运动，打造精品赛事"的宗旨下，敦煌市在党河风情线举办龙舟大赛，充分展示了敦煌独具特色的自然、旅游、文化、体育、人文资源，大力推动了敦煌市水上旅游和健身活动的蓬勃发展。

0036　敦煌市骑骆驼大赛

文献依据：敦煌市体育局

起始时间：2011年

流布区域：敦煌市

举办机构：敦煌市文化体育和广播影视局

级　　别：市级

简　　介：骑骆驼大赛是中国敦煌（国际）葡萄节的活动之一。比赛参赛运动员均由景区内的骆驼经营户组成，比赛共分三组，每组十位选手。从月牙泉边西山口至第一泉石碑处近1000米的赛道上，只见驼手们驾驭有方，骆驼个个争先恐后，比赛引来了众多游人驻足观看。鸣沙山月牙泉的自然优势，为活动进一步营造了气氛和增加了趣味性。

0037　敦煌市职工乒乓球比赛

文献依据：敦煌市体育局

起始时间：1995年

流布区域：敦煌市

举办机构：市文化体育和广播影视局、市总工会

级　　别：市级

简　　介：敦煌市职工乒乓球比赛已成为全市的常规赛事，也是全市乒乓球比赛的最高赛事。

0038 敦煌中小学生长跑跳绳比赛

文献依据：敦煌市体育局

起始时间：1971 年

流布区域：敦煌市

举办机构：敦煌市文化体育和广播影视局、市教育局

级　　别：市级

简　　介：中小学生冬季越野长跑跳绳比赛已办到基层、办到乡镇。在 12 个乡镇设分赛区，每个乡镇的小学全部参赛，形成了校校有人管、校校有人训练、校校参赛的新局面。

0039 敦煌市老年人运动会

文献依据：敦煌市体育局

起始时间：1994 年

流布区域：敦煌市

举办机构：敦煌市老干局、市老龄委、市沙州镇、市文化体育和广播影视局

级　　别：市级

简　　介：全市老年人运动会比赛项目丰富，趣味性和竞技性相结合，深受老年人的喜欢，运动会项目有乒乓球、台球、门球、麻将、牛九、带球跑等项目。

0040 敦煌市中学生篮球赛

文献依据：敦煌市体育局

起始时间：1974 年

流布区域：敦煌市

举办机构：敦煌市文化体育和广播影视局、市教育局

级　　别：市级

简　　介：为了进一步促进学校体育业余训练工作，不断提高敦煌市青少年的身体素质，培养参加体育运动的习惯，发现优秀体育后备人才，从 1974 年开始，敦煌市就举办全市中学生篮球赛，每两年举办一次，每年比赛为期四天，近九十几场比赛。

0041 丝绸之路"喜德盛杯"敦煌国际公路自行车赛

文献依据：敦煌市体育局

起始时间：2010 年

流布区域：敦煌市

举办机构：甘肃省体育局、甘肃省自行车协会

级　　别：省级

简　　介：2013年8月和2014年8月敦煌市连续两年承办了中国·甘肃"喜德盛杯"丝绸之路全国自行车拉力赛，有来自全国各地的120名运动员从兰州出发，上高原，穿草原，过戈壁，最后在敦煌闭幕。全国自行车拉力赛的成功举办，充分展示了敦煌良好的人文地理环境、城市文化、精神风貌，塑造了敦煌国际旅游名城形象，提高了市民关注自行车运动、参与自行车运动的意识，促进了敦煌体育事业的发展。

0042 敦煌市"庆三八"妇女运动会

文献依据：敦煌市体育局

起始时间：1984年

流布区域：敦煌市

举办机构：文化体育和广播影视局、市教育局

级　　别：市级

简　　介：敦煌市庆"三八"女子运动会设有广场舞展演、拔河、4×100米迎面接力赛、连足跑、跳绳、>60米运球往返跑、乒乓球、自行车慢赛、五子棋等9个项目的比赛。有来自8个乡镇妇联和23个城市妇委会的女性共1100人次参加。庆"三八"运动会的举办，为敦煌市女性健康蓬勃、积极向上的精神风貌提供了一个展示平台。

0043 敦煌市沙滩桥牌比赛

文献依据：敦煌市体育局

起始时间：2012年

流布区域：敦煌市

举办机构：国家桥牌协会、敦煌市体育局

级　　别：市级

简　　介：2012年首届"敦煌杯"全国桥牌邀请赛在敦煌举办，共有来自全国130余名桥牌高手参赛。2013年承办了"敦煌杯"全国桥牌公开赛（沙滩双人赛），有来自全国20多个省(区、市)及港澳的桥牌高手参赛，开创了全国首次在沙滩上进行桥牌比赛的先河，独特新颖赢的比赛方式，让参赛运动员们兴奋不已，连连称赞。

0044 肃北农民运动会

文献依据：肃北蒙古族自治县文化局

起始时间：不详

流布区域：肃北蒙古族自治县域内

举办机构：肃北县文化体育局

级　　别：县级

简　　介：肃北农民运动会以"参与、健身、团结、奋进"为宗旨定期举行，每次举行有来自全镇五个农业村近1000余人分别参加拔河、篮球、乒乓球和象棋、扑克等项目的比赛。赛场上，选手们奋力拼抢，场下啦啦队竭力呐喊。一系列活动的开展不仅丰富了农民群众的文化生活，也全面展现了新时期、新农民的新风采。

0045　肃北职工环城赛

文献依据：肃北蒙古族自治县文化局

起始时间：不详

流布区域：肃北县域内

举办机构：肃北县文化体育局

级　　别：县级

简　　介：为丰富全县干部职工的文化生活，营造节日氛围，每年元月定期举办职工环城长跑比赛，来自全县各个单位的长跑爱好者参加比赛。长跑比赛赛程近五公里，从文化体育广场出发，沿东环路、途经牧民定居小区、巴音路、盘旋路、党金路，终点至体育广场。比赛中参赛选手你追我赶，个个精神抖擞，体现出了"团结、奋进、竞争、拼搏"的竞技精神和重在参与的比赛风貌。

0046　肃北县那达慕

文献依据：肃北蒙古族自治县文化局

起始时间：1950年

流布区域：肃北县各乡镇

举办机构：肃北县委、县政府、县庆办、那达慕筹委会、各乡镇

级　　别：县级

简　　介：肃北那达慕紧紧围绕"弘扬民族文化、展示地域风采、加强区域交流、促进经济发展"主题举行，那达慕大会期间的主要活动有卫拉特蒙古族长调交流展演活动、蒙古族服饰大赛、蒙古族明星演唱会、德都蒙古族孟赫嘎拉艺术节、民族特色体育比赛等。肃北县那达慕既充分展示了蒙古族文化的深厚底蕴和无穷魅力，扩大了肃北对外宣传推介的范围；既充分展示了全县各族人民推进跨越发展的精神风貌，又体现了肃北对外开放的新形象；既增进了民族团结、凝聚了力量，进一步激发了各族干部群众的创业热情，又加强了对外交流、增进了友谊，进一步拓展了内引外联、合作发展的平台。肃北县那达慕是团结喜庆、文明和谐的盛会，全方位、多层次开展的文化体育、经贸、旅游等方面的合作与交流，展现了"文明富裕和谐幸福"新肃北的良好形象。

0047 肃北县老年人运动会

文献依据：肃北蒙古族自治县文化局

起始时间：2010 年

流布区域：肃北县域内

举办机构：肃北县文化体育局

级　　别：县级

简　　介：肃北县老年人运动会包括老年人门球比赛、象棋、扑克、麻将等比赛。该活动主要是为了丰富老年人的精神文化生活，给老人一片快乐的天地，激励更多的老人加入到老年活动当中来，积极锻炼，强身健体，自觉行动，发挥余热，进一步推动全县老年体育工作的健康发展，促进全民健身活动作出新的贡献。

0048 肃北职工篮球比赛

文献依据：肃北蒙古族自治县文化局

起始时间：1990

流布区域：肃北县域内

举办机构：肃北县文化体育局

级　　别：县级

简　　介：为了认真贯彻实施全民健身计划，丰富广大职工文化体育生活，增强职工身体素质，推进全民健身运动，全面提高、推动肃北县职工篮球运动水平，在全县营造"团结、和谐、奋进"的良好氛围，定期举办肃北职工篮球比赛。截至 2017 年，已举办二十八届职工篮球比赛，参加范围是乡镇、机关、企事业单位及社会群体。

0049 肃北庆元旦中小学生环城赛

文献依据：肃北蒙古族自治县文化局

起始时间：不详

流布区域：肃北县域内

举办机构：肃北县文化体育局、县教育局

级　　别：县级

简　　介：为了庆祝元旦佳节，全面贯彻落实体育精神，动员全县中小学生积极参加体育锻炼，肃北庆元旦中小学生环城赛于每年 12 月底举办。环城赛分为小学组、初中组和高中组，每个组又分别设男女组，根据年龄段设定不同的赛程进行比赛。该活动促进了学生身心健康，培养了学生刻苦耐劳、顽强拼搏的意志和精神，充分营造了人人参与、个个争先的良好氛围，增进了同学之间的团结和集体荣誉感。环城赛以绿色、健康、快乐的方式迎接新年的到来，展示了全县中小学生朝气蓬勃、积极向上的精神风貌。

0050 肃北县职工乒乓球比赛
文献依据：肃北蒙古族自治县文化局
起始时间：不详
流布区域：肃北县域内
举办机构：肃北县文化体育局
级　　别：县级
简　　介：肃北职工乒乓球比赛参赛者来自肃北党政机关、企事业单位乒乓球爱好者。比赛设立男子单打、男子双打和女子单打、女子双打及青少年组等几个级别，比赛较好地展示了职工较高的乒乓球竞技水平。

0051 肃北县职工排球比赛
文献依据：肃北蒙古族自治县文化局
起始时间：2015 年
流布区域：肃北县域内
举办机构：肃北县文化体育局
级　　别：县级
简　　介：为深入实施《全民健身计划》，在全县掀起"体育惠民、科学健身"的活动热潮。大力推动肃北县排球运动发展，搭建"以球会友，增进友谊，互相交流，共同提高，健康快乐"的活动平台，增强职工素质，在全县营造"团结、和谐、发展"的社会环境，定期举办肃北县职工排球比赛。比赛以单位、社区、企业为单位组队参赛。比赛活动推进了机关文化建设，提高了全县干部职工的凝聚力，弘扬了健康文明生活方式，丰富了机关干部职工活动内容，激发了全县人民群众积极参与全民健身的热情，丰富了群众文体生活。

0052 阿克塞县赛马会
文献依据：阿克塞哈萨克自治县文化局
起始时间：2012 年
流布区域：酒泉市阿克塞哈萨克县
举办机构：阿克塞哈萨克县文化体育和广播影视局
级　　别：县级
简　　介：举办赛马活动是县委、县政府繁荣社会文化、发展民族旅游的重大决策部署，赛马活动增强了民族旅游吸引力，推动了赛事品牌产业化。进一步传承了民族传统体育，促进了自治县文化旅游产业繁荣发展，提高了自治县的影响力。

0053 玉门市"体彩杯"干部职工暨中小学生长跑比赛
文献依据：玉门市体育局
起始时间：不详
流布区域：玉门市
举办机构：玉门市总工会、体育局
级　　别：县级
简　　介：每年元旦、五一举办两次。比赛充分体现了各单位高度重视和各学校体育教学、体育活动的成果及体育教师平日所付出的艰辛，充分展示了玉门市干部职工及中小学生的精神风貌、健壮体魄。促进了中小学生每天一小时校园体育活动的开展。活动对增强青少年体质、促进学生健康成长具有重要意义，更为玉门掀起全民健身系列活动高潮起到了示范作用。

0054 玉门市职工乒乓球赛

文献依据：玉门市体育局
起始时间：不详
流布区域：玉门市
举办机构：玉门市总工会、玉门市体育局
级　　别：县级
简　　介：每年4月、9月举行两次，全市各机关、企事业单位参加。旨在"活跃职工文体活动，推行健康生活方式，激发积极工作热情"。比赛深受大家喜爱，对广大职工养成坚持运动的良好习惯起到了带动作用。

0055 玉门市职工排球赛

文献依据：玉门市体育局
起始时间：不详
流布区域：玉门市
举办机构：玉门市体育局、总工会、玉门市排球协会
级　　别：县级
简　　介：每年九月中旬举办，全市机关、企事业单位男女职工参加。每次参赛队30支左右，400多人次。职工排球赛扎实有效地促进了玉门市体育工作蓬勃发展。

0056 玉门市中小学生乒乓球赛

文献依据：玉门市体育局
起始时间：不详
流布区域：玉门市城乡中小学
举办机构：玉门市教育局、体育局、总工会
级　　别：县级
简　　介：每年四月、九月举办，全市各中小学校组队参加。玉门市中小学生乒乓球赛为喜欢乒乓球运动的学生提供了一个交流学习的平台，让学生充分展现了自己，培养了同学们的集体荣誉感，展示了中小学生勇于拼搏的精神面貌。

0057 玉门市自行车越野赛

文献依据：玉门市体育局
起始时间：不详
流布区域：玉门市
举办机构：玉门市体育局、玉门市自行车协会
级　　别：县级
简　　介：每年举办两次，由玉门市体育局、玉门市自行车协会举办，参加人数达500人次。

0058 玉门市职工拔河比赛

文献依据：玉门市体育局
起始时间：不详
流布区域：玉门市

举办机构：玉门市总工会、体育局

级　　别：县级

简　　介：此项比赛每年举办一次，活动充分体现了职工坚定、团结、拼搏的团队精神。活动进一步增进了职工之间的了解与友谊，增强了大家的凝聚力，充分体现了团结协作、拼搏进取的工作精神以及积极向上的生活态度。

0059 玉门市"中节能太阳能杯"新能源企业职工篮球赛

文献依据：玉门市体育局

起始时间：不详

流布区域：玉门市新能源企业

举办机构：玉门开发区管委会、能源局、体育局

级　　别：县级

简　　介：每年七月至八月举行，由驻玉新能源企业参加，参赛队达20支，参加人数达300人次。通过比赛，增强了员工之间的友谊和团队意识，充分展现了中节能太阳能人"拼搏奉献、求实创新、知难而上、团结协作、雷厉风行、追求卓越"的精神风貌。

0060 敦煌市职工篮球赛

文献依据：敦煌市体育局

起始时间：1986年

流布区域：敦煌市

举办机构：敦煌市文化体育和广播影视局、市总工会

级　　别：市级

简　　介：此项赛事一直连续举办，是酒泉市职工篮球的最高赛事，每年都在4月底、5月初举行，参赛队数30多支，全市高手聚集于此。活动充分展示了职工精湛的球技，也为广大市民带来一场视觉盛宴。

0061 敦煌市中小学生乒乓球赛

文献依据：敦煌市体育局

起始时间：1988年

流布区域：敦煌市

举办机构：敦煌市

级　　别：市级

简　　介：1988年至今，中小学生乒乓球赛每两年举办一次。每年全市城乡学校十多支代表队参加，敦煌市中小学生乒乓球赛不但是青少年乒乓球竞技的展示平台，也是选拔优秀乒乓球运动员的主要途径之一。

0062 金塔县环沙漠森林公园自行车比赛

文献依据：金塔县文化局
起始时间：不详
流布区域：酒泉市
举办机构：酒泉市体育局、金塔县文化体育局
级　　别：县级
简　　介：每年9月金塔县举办，环沙漠森林公园自行车比赛，比赛遵循"平等、团结、拼搏、奋进"的宗旨，本着"隆重、热烈、节俭、务实"的原则，弘扬"更快、更高、更强"的体育精神，倡导低碳环保、绿色健康的生活理念，丰富广大人民群众的体育文化生活，推动全民健身运动广泛开展，实现体育与旅游的深度融合，扩大航天文化和胡杨文化品牌效应，提高金塔对外知名度，促进丝绸之路经济带建设，推动经济社会转型跨越发展。

0063 瓜州县戈壁挑战赛

文献依据：瓜州县文化局
起始时间：2005年5月
流布区域：酒泉瓜州
举办机构：瓜州县委、瓜州县人民政府
级　　别：县级
简　　介："玄奘之路"是由中央电视台于2005年策划发起的以玄奘法师西行求法经历为主题的大型文化考察活动。2005年10月金塔县首次举办"玄奘之路"戈壁挑战赛。挑战路线是玄奘途经瓜州莫贺延碛大沙漠最艰难的路程，起点是锁阳城塔尔寺遗址，终点是白墩子遗址，挑战者在4天3夜时间内徒步负重穿越戈壁、沙漠、盐碱地、灌木丛地貌，全程112公里。挑战赛中，以北京大学、清华大学、复旦大学、中国人民大学、新加坡国立大学等为代表的国内外顶级商学院的EMBA学员约1000余人来到瓜州实地踏勘，此项活动对于感知瓜州悠久的历史文化底蕴，领略瓜州的戈壁风情，加深对瓜州的认识和了解具有重要的意义。中央电视台、北京电视台、旅游卫视、《中国国家地理》、《时尚旅游》、《中国企业家》、《21世纪经济报道》、《北京青年报》、《第一财经》、《中华遗产》等国内最有影响力的新闻媒体深入报道了此项活动，在全国范围产生较大影响。

（三）嘉峪关

0064 嘉峪关铁人三项运动

文献依据：嘉峪关市体育局
起始时间：2004 年
流布区域：嘉峪关市
举办机构：嘉峪关市体育局
级　　别：市级
简　　介：铁人三项运动起源于美国，1974年举办了首届世界锦标赛。20世纪80年代传入中国后便得到了迅速发展。中国最早举办的铁人三项比赛是海南省三亚市。2004年嘉峪关市成功举办了第一届国际铁人三项赛。国际铁人三项赛已经成为嘉峪关市，也是全省唯一的一项国际性体育品牌赛事。

（四）金昌

0065 永昌县体育运动会

文献依据：永昌县体育局
起始时间：1954年8月
流布区域：永昌县
举办机构：永昌县人民政府、永昌县体育局
级　　别：县级
简　　介：永昌县体育运动会从1954年开始，运动会均在永昌县城举行，比赛项目由刚开始的手榴弹、铅球、跳高、跳远发展到篮球、排球、乒乓球、羽毛球、田径、拔河、拔棍、老年门球、武术、象棋等13个项目。全县机关、厂矿、企事业单位、学校、乡镇村社积极支持并踊跃参加运动会，每届参赛运动员均达到300人以上。永昌县体育运动会的召开，既是对县体育运动水平的一次大检阅、大展示、大提高，也是对县群众体育运动的一次大推动、大促进、大普及，也充分展示了全县人民热爱体育事业、振兴永昌经济的风采，推动全县体育向更高层次持续发展。

0066 永昌汽车越野拉力赛

文献依据：永昌县文化局
起始时间：每年公历八月
流布区域：永昌
举办机构：县委、县政府
级　　别：省级
简　　介：每年公历八月份举行永昌汽车越野拉力赛。此赛事是骊靬文化国际旅游节系列活动之一，也是永昌县举办的省级专业汽车越野赛事，不仅有河道赛、戈壁赛，还有场地赛，最大特点是赛期长、规模大、专业程度高、赛事内容丰富，吸引了众多赛车好手前来参赛。比赛旨在发挥体育竞技运动对旅游产业发展的带动作用，扩大永昌汽车运动在全省的影响，促进永昌自驾车旅游、时尚休闲运动旅游的发展。通过越野赛事塑了造永昌骊靬文化旅游品牌，提高了骊靬文化的知名度和影响力。

（五）天水

0067 甘肃天水全国业余山地自行车邀请赛

文献依据：甘肃省体育局
起始时间：2012 年
流布区域：全国 10 多个省区
举办机构：甘肃省体育总会、甘肃省自行车协会、天水市麦积区人民政府联合举办
级　　别：省级
简　　介：邀请赛是天水市依托国家 5A 级景区麦积山，精心打造的本土品牌赛事，共有来自全国 26 个省、市、自治区的 200 多名运动员参赛，具有广泛的影响力，是全国体育旅游精品赛事，对于丰富广大群众文化生活，推动天水体育文化旅游融合发展，提升天水对外知名度和影响力具有十分重要的意义。

0068 天水东路乡镇篮球友谊赛

文献依据：麦积区文化局
起始时间：2012 年
流布区域：伯阳镇、元龙镇、三岔乡和东岔镇等乡镇
举办机构：四乡镇轮流承办
级　　别：乡（镇）级
简　　介：首届比赛由元龙镇承办，共有五支参赛队伍，除东路伯阳镇、元龙镇、三岔乡和东岔镇四乡镇外，还邀请麦积区植保站参加，共两项赛事，篮球比赛和乒乓球比赛，会期三天。

0069 伯阳镇象棋比赛

文献依据：麦积区文化局
起始时间：2006 年
流布区域：伯阳镇
举办机构：伯阳村
级　　别：乡（镇）级
简　　介：天水伯阳镇象棋比赛是春节期间举行的一项传统赛事，从 2006 年开始。象棋比赛最初由虎头、伯阳两村爱好者发起，逐渐吸引为全镇象棋爱好者参与。逐渐呈现出政府鼓励支持、社会企业赞助、选手区域扩广、赛事水平提升的特点。活动资金来源主要由伯阳果业公司赞助，同时设立了象棋比赛组委会，下设裁判组、联络组、后勤保障组。并对比赛中成绩优秀的团体和个人颁发获奖证书。伯阳镇象棋比赛传承了我国

象棋文化，加强了象棋爱好者之间学习与交流，提升伯阳镇象棋赛事水平，丰富了人民群众的文化生活。

0070 天水麦积区东岔镇民间文化艺术活动（书法、剪纸、象棋比赛）

文献依据：麦积区文化局

起始时间：2011 年

流布区域：东岔全镇

举办机构：政府

级　　别：乡（镇）级

简　　介：东岔镇群众首届文化艺术节 2011 年成功举办，参展书法作品 68 幅、油画 11 幅、剪纸 11 幅、十字绣 1 幅、根雕作品 12 个、奇石照片 4 个。东岔镇民间文化艺术活动大力倡导民间艺人发挥聪明才智，积极参加剪纸、根艺、书法等比赛。民间文化活动极大地丰富了群众文化生活。

0071 天水麦积区东岔镇全民运动会

文献依据：麦积区文化局

起始时间：2013 年

流布区域：东岔镇

举办机构：东岔镇镇政府

级　　别：乡（镇）级

简　　介：麦积区东岔镇"迎国庆"第一届农民运动会 2013 年在东岔镇隆重举行。农民运动会的目的是进一步推动东岔镇全民健身运动，强身健体，不断增强农民群众身体素质，在全镇形成凝心聚力、和谐奋进的干事创业精神，推动东岔镇社会经济发展。

0072 清水县中小学生春季田径运动会

文献依据：清水县教育局

起始时间：不详

流布区域：清水县中小学校

举办机构：清水县教育体育局中小学生春季田径运动会组委会

级　　别：县级

简　　介：每年 4 月中旬，清水县隆重举行中小学生春季田径运动会，届时全县中小学、学区共 50 多个代表队参与 25 个比赛项目计 5 天的角逐。运动会由教育体育局组委会承办。城区 11 所中小学校（园）承担开幕式上大型团体操表演排练、演出任务，为运动会营造热烈、祥和喜庆的氛围。运动会展示了全县中小学生强健体魄、良好的运动技能，激励中小学生拼搏精神的团队协作意识。促进全县教育体育事业的健康发展。

0073 清水县庆元旦全民健身干部职工环城长跑比赛

文献依据：清水县教育局

起始时间：不详

流布区域：清水县

举办机构：清水县教育体育局

级　　别：县级

简　　介：在每年元旦来临之际，为全面展示全县广大干部职工的良好精神风貌，进一步丰富全县广大干部职工的节日文体生活，县教育体育局举办庆元旦全民健身干部职工环城长跑比赛，全程5000米，全县各行业2000多名干部职工参赛，长跑比赛共分男子中年、青年和女子中年、青年等四个组别，为各组分别设立前三名和一、二、三等奖。

0074 清水农民运动会

文献依据：清水县教育局

起始时间：不详

流布区域：清水县黄门乡、山门镇等乡镇

举办机构：有关乡镇政府

级　　别：3

简　　介：为活跃乡镇人民群众的文化娱乐生活，清水县黄门乡、山门镇、草川铺乡等乡镇政府在多渠道增加农民收入的同时，积极动员广大群众参与全民健身，不断提高人民身体健康水平，每年春夏之交，定期举办农民运动会，设立篮球、乒乓球、拔河、中国象棋、跳绳、跳棋、4×100米负重接力赛、二人三足跑、滚轮胎、踢毽子等10多个项目的比赛，历时近一周，运动会综合性、趣味性、竞争性于一体，全乡镇所在各单位自发组织队员参加比赛。运动会加强了交流，促进了沟通，增进了友谊，推进了各行业的发展，营造了良好的社会气氛。

0075 清水县庆春节乒乓球比赛

文献依据：清水县教育局

起始时间：不详

流布区域：清水县

举办机构：清水县教育体育局（业余体校）

级　　别：县级

简　　介：为了欢度新春佳节暨"元宵节"，清水县教育体育局联合电力局等单位在每年春节期间，举办干部职工"庆元宵"乒乓球比赛。先后举办了"电力杯"乒乓球比赛、"国税杯"乒乓球比赛等，乒乓球比赛有力地促进了广大群众春节文体生活。

0076 清水县庆元宵干部职工象棋比赛

文献依据：清水县教育局

起始时间：不详

流布区域：清水县

举办机构：清水县教育体育局

级　　别：县级

简　　介：为活跃干部职工节日文体娱乐生活，营造欢乐喜庆、祥和的节日氛围，每年元宵节前，由县委宣传部组织，县教体局等单位主办，职合相关单位举办庆元宵干部职工象棋比赛。目前，庆元宵象棋比赛成为清水县庆新春系列活动之一。

0077 清水县男子篮球赛

文献依据：清水县教育局

起始时间：不详

流布区域：清水县

举办机构：县委宣传部（县总工会等）

级　　别：县级

简　　介：为丰富干部职工文体生活，增进交流和沟通，促进各行事业的发展，在元旦等节庆期间，由县委宣传部牵头，县总工会、县教体局主办、承办，定期或不定期举办干部职工男子篮球赛，活跃节日气氛，增进友谊。

0078 天门山春游会武术邀请赛

文献依据：甘谷县体育局

流布区域：天水地区

起始时间：不详

举办机构：甘谷县体育发展中心武术协会

级　　别：3

简　　介：甘谷县天门山春游会武术邀请赛，每年农历三月二十七日至二十八日在姜维武术培训基地举行，届时邀请天水地区的武术爱好者和武术拳师100余人进行交流展演，并对优秀表演者进行奖励。

0079 甘谷县庆元旦自行车越野比赛

文献依据：甘谷县体育局

流布区域：甘谷及周边县区

起始时间：不详

举办机构：甘谷县体育发展中心自行车协会

级　　别：3

简　　介：甘谷县庆元旦自行车越野比赛，每年1月1日邀请甘谷周边县区自行车爱好者百余人参赛，在冀城广场举办开幕式及作为比赛起点，沿麦甘公路至麦积区胡家大庄返回起点，共计20公里，比赛为竞速赛，比赛完成后给优秀队员和优秀代表队颁发奖品及证书。

0080 甘谷县老人节登山比赛

文献依据：甘谷县体育局

流布区域：甘谷县城

起始时间：不详

举办机构：甘谷县老龄办、民政局、老干局、体育发展中心

级　　别：3

简　　介：每年农历九月九，在天门山举办老年人登山活动，并举行简单登山开赛仪式。每年有城乡300多名老人积极参与活动，本活动遇雨顺延。

0081 甘谷县庆新春武术健身操大汇演

文献依据：甘谷县体育局

流布区域：天水地区

起始时间：不详

举办机构：甘谷县体育发展中心武术协会

级　　别：3

简　　介：甘谷县庆新春武术健身操大汇演，每年正月十一日至十三日在文化广场举办，来自县城15支健身队和邀请天水地区100余名武术运动员和武术爱好者参加汇演，并给优秀运动员颁发证书。

0082 陇右地区羽毛球邀请赛

文献依据：甘谷县体育局

流布区域：陇东南地区

起始时间：不详

举办机构：甘谷县体育发展中心羽毛球协会

级　　别：县级

简　　介：陇右地区羽毛球邀请赛每年发函邀请定西、陇南、天水等地区的百余人羽毛球爱好者前来甘谷县冀城广场参加比赛，增进友谊，促进陇右地区羽毛球运动再上新台阶。

0083 甘谷县庆五一干部职工乒乓球邀请赛

文献依据：甘谷县体育局

流布区域：天水地区

起始时间：不详

举办机构：甘谷县教育体育局、体育发展中心、总工会

级　　别：县级

简　　介：甘谷县庆五一干部职工乒乓球邀请赛，每年5月1日至3日在甘谷县总工会举办，比赛分团体赛和个人赛，团体奖励前3名，个人奖励前6名。

0084　甘谷县大像山春游会武术邀请赛

文献依据：甘谷县体育局

流布区域：天水地区

起始时间：不详

举办机构：甘谷县体育发展中心武术协会

级　　别：县级

简　　介：甘谷县大象山春游会武术邀请赛，每年农历四月初七至八日，在大像山脚下邀请来自天水地区200名左右武术爱好者和武术拳师前来参赛。

0085　秦安县首届"重邦·尚城"杯象棋比赛

文献依据：秦安县社会院

起始时间：2014年

流布区域：秦安县

举办机构：县文广局、教体局主办，县文化馆、县象棋协会承办

级　　别：县级

简　　介：秦安县象棋协会成立仪式暨贺新春首届"重邦·尚城"杯象棋比赛2014年2月9日在县文化馆举行。本次比赛由县文广局、教体局主办，县文化馆、县象棋协会承办。比赛采用9轮电脑积分编排制，赛时采用每人45分钟包干制进行。

0086　秦安县农民运动会

文献依据：秦安县社会院

起始时间：2009年1月4日至8日

流布区域：秦安县

举办机构：秦安县委、县政府主办，县委宣传部、县农村工作办公室、县教育体育局承办

级　　别：县级

简　　介：秦安县首届农民运动会2009年1月4日至8日隆重举行。秦安县农民运动会两年一届，以乡镇为单位参加，共设田径、篮球、拔河、武术、乒乓球和象棋六个项目。田径项目有60米跑、铅球、二人三足跑、你追我赶运粮忙、集体奔小康接力跑、大力士拉车、自行车慢赛。武术比赛项目有长器械、短器械、拳术、太极拳、太极剑。运动会检阅了全县广大农民开展体育运动的新成就，充分展示了广大农民在推进新农村建设中的新风貌。

0087 秦安县"七匹狼"杯足球比赛

文献依据：秦安县社会院
起始时间：2010 年
流布区域：秦安县
举办机构：秦安县委宣传部主办，县足球协会承办
级　　别：县级
简　　介：由秦安县委宣传部主办，县足球协会承办的首届"七匹狼"杯足球赛于 2010 年隆重举行。秦安县"七匹狼"杯足球比赛一年一届。比赛本着"更快、更高、更强"和"团结、友谊、进步"的精神，模范遵守运动员守则，团结协作，强调风格，注重水平；裁判员本着公开、公平、公正的原则，恪尽职守，严于律己，严肃赛风，严格赛纪。该比赛丰富了全县业余文化生活，推动了全县足球事业的发展。

（六）武威

0088 武威市运动会

文献依据：武威市体育局
起始时间：2006年09月
流布区域：甘肃武威
举办机构：武威市人民政府、武威市体育局
级　　别：市级
简　　介：武威市第一届运动会于2006年9月在武威市体育场举行，体育运动会是人民生活中的一件大事，也是对市体育成就的一次大检阅。运动会以体现广泛的参与性和比赛项目的娱乐性为宗旨，全面促进全市竞技体育和群众体育的协调发展。

0089 武威市市直机关职工运动会

文献依据：武威市体育局
起始时间：2009年9月16日
流布区域：武威
举办机构：武威市直属机关工作委员会、武威市体育局、武威市总工会、武威市妇联
级　　别：市级
简　　介：为了丰富机关职工的体育文化生活，进一步增强职工体质，激发职工情趣，磨炼职工意志，更好地促进武威市群众体育工作又好又快发展和经济社会的不断进步，2009年开始举办武威市市直机关职工运动会。参加单位有市直各部门、各系统(市委办、市政府办、教育系统、政法系统、卫生系统、文化系统、水利系统、交通系统、建设系统、通信系统、宣传口、乡企系统；中小企业局；工商系统、国税系统、地税系统)单位。竞赛项目有男子篮球、拔河、广播操、跳绳等集体项目和乒乓球（男、女）、羽毛球（男、女）、象棋（男、女）等个人项目。

0090 武威市凉州区民间文艺大赛

文献依据：凉州区文化局
起始时间：2008年
流布区域：凉州区城乡
举办机构：区委宣传部、区文体局
级　　别：县级
简　　介：武威市凉州区民间文艺大赛，每届大赛都从当年4月份开始筹划，自5月下旬开始，全区38个乡镇、7个街道及教育、水务、工商等系统积极参与，每年都有2000多名基层业余文艺骨干和民间艺人参加大赛，每届大赛由各乡镇、街道及系统选送的节目达到 1200 多个，每年观众达 14 万多人次。凉州民间文艺大赛以"展示凉州地方特色，弘扬凉州传统文化"为主题，除凉州贤孝、凉州攻鼓子、凉州木偶剧、皮影戏等传统民间文艺节目外，更多的是机关干部和农民自编自演的歌舞等节目，主题鲜明，内容健康，雅俗共赏，深受群众喜爱。

0091 民勤县端阳节赛诗会

文献依据：民勤县文化局
起始时间：2013 年
流布区域：民勤县
举办机构：中共民勤县委宣传部
级　　别：县级
简　　介：民勤县继承赛诗的历史传统，于 2013 年举办了"首届端阳节赛诗会"，共有 100 多人报名参赛，编印了《传世必读诗歌 200 首》手册，经过初赛、决赛，分经典诗歌背诵朗诵比赛、原创自吟诗歌比赛，取得了圆满成功。赛诗会激发了人们热爱诗歌、吟诵诗歌、创作诗歌的热情。民勤县已将这一赛事作为一个传统，坚持每年举办一次，打造成了特色品牌文化赛事。

0092 天祝县八一赛马大会

文献依据：天祝藏族自治县文化局
起始时间：不详
流布区域：天祝县
举办机构：天祝县文化体育局
级　　别：县级
简　　介：天祝县八一赛马会内容丰富，充分体现了天祝藏族部落从原古起认识世界和改造自然过程中显示出来的睿智，同时也反映了天祝藏族人独有的价值体系和娱乐方式，体现了他们热爱生活、热爱运动的风格。赛马发展到今天，整合了天祝藏族从古至今演变的全部风貌与文化内涵。一方面它代表天祝藏族人整体上的价值方向，勾勒出一套体系完整、形式独立的天祝地方本土的民俗文化活动，另一方面它代表一种文化姿态与其现实生活水乳相交形成的一套别具一格的文化信仰与理念体系。天祝县八一赛马会是天祝藏区传统的民族盛会。传说中天祝赛马会是天祝人民为了纪念古代在抵御外部族的战斗中为部落的生存而光荣献身的十三位华锐（意为英雄部落）精英，于是在每年的八月一日要举行盛大的赛马会，并在开幕式上鸣炮十三响，以示对这十三位民族英雄最崇高而隆重的祭奠。

（七）张掖

0093 张掖国际露营节

文献依据：甘州区体育局
起始时间：2000 年
流布区域：河西地区
举办机构：甘州区人民政府
级　　别：市级
简　　介：张掖国际露营节于 2000 年开始，露营节活动内容和规模不断丰富、扩大。2013 年张掖国际露营节经国家体育总局批准，甘州区人民政府主办，中华户外网和甘州区体育局承办，张掖滨河新区暨国家湿地公园管委会、张掖国家湿地公园、张掖国家沙漠体育公园和张掖平山湖地质公园协办，甘肃丝路春食品工业有限责任公司冠名赞助的集专业与旅游为一体的大型户外活动，2013 年张掖国际露营节邀请长三角、珠三角等主要省份 30 家俱乐部和甘肃省内外俱乐部的户外爱好者 2000 多人参加，覆盖全国 15 个以上省份主流客源地；露营节期间，设计了专业赛事、休闲赛事、体验活动和汽车越野体验赛等赛事活动，其中有张掖国际户外全能挑战赛和张掖国际山地自行车公开赛等两个高水准的体育品牌赛事；以沙漠拔河赛、沙漠徒步挑战赛（团队赛）、户外美食烹饪大赛为代表的大众体验赛事；以简单生活 Show、大儿童的狂欢节（泼水 PK）、沙滩足球、沙漠越野体验、为爱走丹霞（秀恩爱）摄影、美文大赛、微博与微信创作大赛、全国驴友节目汇演、篝火狂欢、国际山居电影（AIMF）赏析为代表的若干体验活动；由多家汽车越野俱乐部联合招募全国越野车自驾游爱好者和若干高水平外籍选手开展的汽车越野体验赛。同时邀请国际户外相关组织或政府官员观摩活动，是西部近年最具影响力的露营活动。中国网络旅游媒体联盟、华东旅游媒体记者联盟、中国旅游创业家联盟、CCTV-5、新华网、凤凰网、新浪网、搜狐网、腾讯、雅虎、网易、甘肃日报、北京电视台、河北卫视等上百家新闻媒体对活动展开全面、实时、立体报道，为进一步彰显张掖生态旅游的魅力，提升张掖对外开放影响力起到了明显的推动作用。

0094 张掖·中国汽车拉力锦标赛

文献依据：甘州区体育局

起始时间：2011 年

流布区域：河西地区

举办机构：国家体育总局汽车摩托车运动管理中心、甘肃省体育局、张掖市人民政府主办

级　　别：省级

简　　介：从 2011 年开始，中国汽车拉力锦标赛在张掖市甘州区境内每年举办一届，每年 6-7 月份举行。赛事以"激情拉力、活力张掖"为主题，以打造中国西部"湿地之城、汽车之都"休闲旅游胜地为目标，为扩大张掖地理、生态、文化和商业的对外宣传搭建了最广阔、最强势的宣传平台。张掖·中国汽车拉力锦标赛的连续成功举办，不仅展示了甘州人民热情好客、开放包容、敢于争先、敢于胜利、敢于超越自我的良好精神风貌，而且达到了借助赛事宣传造势、聚集人气、促进经济社会发展的目的，在宣传推介甘州旅游文化资源、提升甘州知名度和影响力、推动甘州经济社会率先转型跨越发展产生了重大而深远的影响，赢得社会各界的一致好评，受到国家体育总局和中汽联的高度评价，甘州区政府也因此获得第六届中国赛车风云榜赛事"卓越组织者"奖。

张掖·中国汽车拉力锦标赛（CRC）是经国家体育总局批准，由国家体育总局汽车摩托车运动管理中心、甘肃省体育局和张掖市人民政府共同主办，中国汽车运动联合会、甘州区人民政府、甘肃省汽车摩托车运动协会、北京摩托运动发展公司承办，甘肃丝路春食品工业有限责任公司冠名赞助的全国性的重大赛事活动。赛事期间新华社、中央电视台、《人民日报》、中新社、《中国体育报》、《汽车导报》、新浪网、搜狐网以及地方报纸、电视台、网站等百余家新闻媒体，以强大的阵容对赛事和甘州展开全面、实时、立体的宣传报道。

0095 中国张掖祁连山超百公里山地户外挑战赛

文献依据：张掖市体育局

起始时间：2014 年

流布区域：张掖

举办机构：张掖市人民政府

级　　别：市级

简　　介：超百公里山地户外挑战赛是全球近年来成长最迅速的体育赛事之一，"体验自然，挑战自我"的赛事理念吸引了无数跑步爱好者。该项赛事要求选手在规定的时间内完成距离超过 100 公里，累计海拔爬升超过数千米。对参赛选手而言，超百公里赛比马拉松和铁人三项更具挑战性，因而该赛事也被视为"平凡人的非凡赛事"。但由于此前国内没有高水准超百公里赛，众多国内优秀山地耐力跑步爱好者只能辗转参加国际赛事。拥有中国地貌景观大观园美誉的甘肃省张掖市，在其 4.2 万平方公里范围内分布着丹霞、雪山、草甸、森林、峡谷、沙漠、湿地等丰富多彩的自然地貌。这些美不胜收的原生态自然风光为超百公里赛事提供了最佳的赛事线路环境。中国张掖祁连山超百公里山地户外挑战赛从张掖市临泽县七彩丹霞景区出发，途经高山峡谷、祁连溪流、草原雪山、松林沟壑，最终抵达肃南裕固族自治县，全程长 102 公里，最高海拔 3909 米，累计爬升 5000 米，赛事分为 100 公里组、50 公里组和 10 公里体验组 3 个组别。挑战赛途径线路生动、直观、全景式地展示了张掖最有代表性的地质景观特色，因而也被众多参赛者誉为"中国最美百公里"。

0096 大美张掖·全国知名书法家作品展

文献依据：张掖市文物局

起始时间：2013 年

流布区域：张掖市

举办机构：甘肃省张掖市委、市政府和市委宣传部主办，张掖市文广新局、张掖市宣传文化中心承办

级　　别：市级

简　　介："大美张掖·首届全国知名书法家作品展"旨在宣传和弘扬地域文化，推动张掖文化旅游产业的可持续发展。征集作品内容注重展现张掖市壮美山水和历史文化，因其灵活的征集方式和不拘一格的审核理念，使入选作品涵盖楷、行、隶、草、篆等书法艺术形式，既展示了中华书法传统笔墨的意蕴，又体现了现代艺术表现手法的审美旨意，反映了当代中国书届的创作风貌，为广大市民呈现了一场水墨淋漓、气象万千、底蕴深远的书法盛宴。

0097 清华大学 EMBA "行知中国"——自然篇张掖挑战赛

文献依据：张掖市体育局

起始时间：2014 年 6 月

流布区域：张掖

举办机构：清华大学经济管理学院 EMBA 教育中心、甘肃省委宣传部、张掖市人民政府

级　　别：市级

简　　介：清华大学 EMBA "行知中国"-自然篇张掖挑战赛开营仪式在肃南县康乐乡万佛峡举行，清华大学经管学院 EMBA 学院学生、教师 260 余人在 3 天内完成全程约 65 公里的徒步穿越挑战活动。张掖挑战赛是清华 EMBA 在户外活动方面的一件大事，活动在以天地为课堂，以徒步为方式，以身体为教具，以自我为教师的特殊课堂上，开展一场特殊的精神对话，与那些生命定格在丝绸之路历史文化长卷中的古人们探讨生命的意义、存在的价值，去思索当代企业家所需要具备的精神。

0098 甘州区三人篮球比赛

文献依据：甘州区体育局

起始时间：2003 年

流布区域：河西地区

举办机构：甘州区体育局

级　　别：县级

简　　介：甘州区三人篮球比赛是由甘州区体育局主办、甘州区教育局、甘州区广场管理办公室协办、相关企业提供赞助支持的篮球单项体育比赛。比赛于每年"五一"节假日期间在中心广场隆重举行，来自张掖社会各界人士参加的约 100 支球队参加比赛，组别设成人、高中、初中、小学男子、女子组，通过三天一百多场角逐分别赛出各个组别的优胜者进行奖励。此项赛事最初是在 2003 年 6 月 29 日举办的，当时由省上机关单位倡议发起，由甘州区体育局和区广电局承办了第一次三人篮球赛。当时分高中、初中、成年和女子四个组别，共有 28 个队共 100 多人参加了比赛，比赛效果良好。随后又举办了 2004 年三人篮球赛，2005 年 "黄河啤酒杯" 三人篮球赛，2006 年 "迎十一运" 百队三人篮球争霸赛。2007 年 "新乐房地产杯" 三人篮球争霸赛和 2008 年 "联通杯" 三人篮球争霸赛。此后应广大篮球爱好者要求，每年均坚持开展了此项活动，比赛采取社会各界人士自由组队参加的办法进行。连续多年举办此项赛事得到了社会各界的一致

好评，赢得了广大体育爱好者的认可。而且，随着赛事逐年深入，参赛人数也在逐年增加，影响已辐射到了周边各县区。前来观看比赛的群众达数万人，赛事已成为具有广泛影响和深厚群众基础的地方传统性体育赛事，并带动了相关企业宣传，促进了与经济和文化旅游的融合发展，对当地群众体育尤其是传统体育的发展和创建张掖国家公共文化服务体系都起到了推动和促进作用。

0099 张掖湿地万人徒步穿越赛

文献依据：甘州区体育局

起始时间：2009 年

流布区域：河西地区

举办机构：甘州区人民政府

级　　别：县级

简　　介：张掖黑河湿地万人徒步穿越赛自 2009 年开始举办，由甘州区政府主办。比赛于每年 8—10 月间在张掖国家湿地公园隆重举行。活动以"每天锻炼一小时，健康工作五十年，幸福生活一辈子"为主题，倡导"每天锻炼一小时、天天都是健身日"的理念，甘州区委、区政府每年组织由张掖工业园区、城区乡镇、街道办事处、区属各部门、单位干部职工、区直属各学校学生、驻甘州市直属机关干部职工，活动约有 1 万多人组成约 150 个方队参加完成全程约 8.3 公里健步走比赛。活动规模大，参与人数多，对引导广大干部群众增强体育健身意识，营造浓厚的全民健身氛围，彰显"一山一水一古城、宜居宜游金张掖"的独特魅力，集中展示甘州生态资源优势，激发广大群众热爱甘州、建设甘州的创业热情，促进全市经济社会又好又快发展提供强大的精神动力。张掖黑河湿地万人徒步穿越赛经过多年来成功举办激起了社会各界的强烈反响，赢得了社会各界的一致好评。

0100 甘肃省山丹县军马场八一赛马会

文献依据：山丹县文化局

起始时间：1949 年 9 月

流布区域：甘肃省山丹县

举办机构：甘肃省山丹县军马场

级　　别：县级

简　　介：山丹军马场位于河西走廊东端的祁连山和胭脂山（今大黄山）之间，总面积 329.54 万亩，素有"世界第一大皇家马场"、"丝路绿宝石"、"全国最美的六大草原之一"等美誉。山丹马场旅游资源丰富，尤其是雪山、湖泊、森林、草原、河流一应俱全的自然景观和独特的"军马文化"为那里披上神秘的色彩。尤其是近几年，随着马场对旅游资源的不断整合开发，旅游业发展势头良好，每年的赛马大会已经成了当地一项极具特色的旅游产品，每年可吸引数万游客。

0101 甘肃省山丹县焉支山民歌大赛

文献依据：山丹县文化局

起始时间：2014 年 6 月

流布区域：甘肃省

举办机构：甘肃省文化馆、中共山丹县委、山丹县人民政府

级　　别：县级

简　　介：焉支山是西北历史文化名山，匈奴古歌"失我焉支山，使我妇女无颜色"传唱至今。为挖掘传承优秀的西北民歌艺术，宣传焉支山深厚的文化底蕴和壮美的自然风光，促进山丹文化旅游事业发展，在甘肃省第四届"敦煌行·丝绸之路国际旅游节"举办之际，由甘肃省文化馆、中共山丹县委、山丹县人民政府于2014年6月16日在山丹县焉支山景区扁子滩成功举办了以"走进五彩山丹，唱响西北民歌"为主题的第五届焉支山旅游文化艺术节暨首届甘肃省焉支山民歌大赛颁奖文艺演出。此后，甘肃省焉支山民歌大赛于每年6月-8月间择时举办。甘肃省焉支山民歌大赛已成为挖掘传承优秀的西北民歌艺术，宣传焉支山深厚的文化底蕴和壮美的自然风光，促进山丹文化旅游事业发展的一张独具特色的文化名片。

0102 全国群众登山健身大会（民乐站）

文献依据：民乐县文化局
起始时间：2012年7月
流布区域：全国各地区
举办机构：民乐县人民政府
级　　别：县级
简　　介：自2009年以来，民乐县每年7月举办全县群众登山大会，每年参与群众6万人次以上。2012年7月此活动被批准为全国群众登山健身大会（民乐站），此后每年举办一届全国性的体育赛事。此活动秉承"科学、文明、安全、环保"的原则，以"穿越扁都口，亲近祁连山"为主题，诚邀全国各地的登山运动员、登山爱好者及国家、省、市领导、嘉宾和民乐县干部群众参加。活动当日约10万人相约扁都口，参加徒步攀登祁连山、山顶寻宝、拔河比赛、百发百中、摸石头过河、障碍运球接力等比赛项目。健身大会充分展示了民乐悠久历史文化、优美自然景观和良好的体育基础，促进了经济社会、文化体育与生态旅游的融合发展，得到了社会各界的广泛赞誉。

0103 民乐县庆"五一"、"五四"职工运动会

文献依据：民乐县文化局
起始时间：2010年
流布区域：民乐县境内
举办机构：民乐县人民政府
级　　别：县级
简　　介：职工运动会主要比赛项目，集体项目有篮球比赛、定点投篮比赛、两人三腿跑接力赛、"赶猪"比赛。个人项目有象棋比赛、跳棋比赛、掷飞镖比赛、踢毽子比赛、跳绳比赛等。运动会愉悦了心情，缓解了工作压力，促进了干部职工之间的沟通和交流，增强了文化系统干部职工的凝聚力、向心力，增强了干部职工体质。

0104 临泽县农民运动会

文献依据：临泽县文化局

起始时间：2012 年

流布区域：临泽县

举办机构：县农委、县教科局主办，县体育运动中心、体育总会承办，县乒乓球运动协会、县羽毛球运动协会等协办

级　　别：县级

简　　介：农民运动会设置男子篮球，男、女乒乓球，男、女羽毛球，中国象棋，跳棋，拔河等项目。农民运动会大力弘扬和积极倡导现代健身理念，广泛组织引导基层干部群众积极参与全民健身活动，进一步加强了体育基础设施建设，不断完善了全民健身服务体系，充实了农民的精神文化，陶冶了道德情操。

0105 临泽县职工运动会

文献依据：临泽县文化局

起始时间：2011 年

流布区域：临泽县

举办机构：县总工会、县教科局、县文广新局主办，县体育运动中心、县体育总会承办，县乒乓球运动协会、县羽毛球运动协会等协办

级　　别：县级

简　　介：职工运动会以团结、协作、创新、拼搏为主题，设机关组、乡镇组、学校组、企业组四个组别进行比赛。运动会大体设置篮球、乒乓球、羽毛球、象棋、围棋 5 个大项 7 个单项，乒乓球、羽毛球分别设置了男、女 2 个单项。

0106 肃南县城区职工运动会

文献依据：肃南裕固族自治县体育局

起始时间：1990 年

流布区域：肃南县红湾寺镇

举办机构：肃南县体育运动中心

级　　别：县级

简　　介：自 1990 年开始，每年一届，每年五一劳动节前后举办，参赛人员主要为省市驻肃单位、县直各部门单位、学校、企业、红湾镇居民。

0107 肃南少数民族传统体育运动会

文献依据：肃南裕固族自治县体育局

起始时间：1993 年 8 月

流布区域：肃南裕固族自治县境内

举办机构：肃南县体育运动中心

级　　别：县级

简　　介：肃南县是全国唯一、甘肃独有的裕固族自治县，地处祁连山北麓，河西走廊中部，境内有独特的裕固风情、优美的自然风光、神奇的丹霞地貌和众多革命遗迹等。运动会为期3天，设赛马、摔跤、押架、射弩等竞赛项目，来自全县8个乡镇的120多名运动员参加比赛。140多匹马参加角逐。运动会期间，除举行大型开闭幕式活动外，还举行裕固族原生态歌舞演出、赛马表演、露营大会趣味运动及烧烤美食、篝火晚会等活动。来自全国各地的游客和全县各族人民共10000多人参加草原盛会。

0108 裕固族原生态民歌大赛

文献依据：肃南裕固族自治县体育局

起始时间：2012年

流布区域：肃南县全县境内

举办机构：肃南县文化馆

级　　别：县级

简　　介：裕固族民歌是裕固族人民日常生产生活的反映和思想情感的表达方式，对人们的道德有劝解作用，可以感化人们的心灵，增进亲戚和邻里之间的和睦友好关系。同时，对于了解和研究裕固族的历史具有非常重要的价值，因为它们本身就是裕固族历史的真实反映和再现。大赛每两年举行一次，参加人员逐渐增多，影响逐渐增大。

0109 肃南县少数民族传统体育运动会

文献依据：肃南裕固族自治县体育局

起始时间：不详

流布区域：肃南县

举办机构：肃南县体育运动中心

级　　别：县级

简　　介：根据祁连玉石文化旅游博览会主体活动要求，为进一步丰富节会活动内容，营造浓厚的体育文化氛围，弘扬民族传统体育，促进县体育健身活动深入开展，肃南裕固族自治县成功举办了肃南县少数民族传统体育运动会，运动会主要设少数民族传统比赛项目，分别为赛马（走马1000米、2000米；奔马1000米、3000米）、押加（男子76公斤级、85公斤级、95公斤级；女子：61公斤级、68公斤级）、射击、摔跤（男子：74公斤级、87公斤级、87公斤以上级）等。运动会的开展，是建设和谐社会的一项战略工程，体育所蕴含的"勇争第一，永不服输"的精神，已经成为肃南人民创业精神的重要组成部分，成为激励全县人民热爱肃南、建设肃南、振兴肃南的不竭动力。运动会也充分展示了自治县各族干部群众改革创新、团结奋进、顽强拼搏的精神风貌，促进了全民健身活动广泛开展和少数民族传统体育竞技水平的不断提高。

0110 肃南县元旦环城赛

文献依据：肃南裕固族自治县体育局

起始时间：不详
流布区域：肃南县红湾寺镇
举办机构：肃南县体育运动中心
级　　别：县级
简　　介：每年一届，时间在每年元旦前后，参赛人员为省市驻肃单位、学校、企业、红湾镇居民。元旦环城赛作为肃南县一项传统群众性体育活动，已举办多届。环城赛的成功举办不仅有力推动了肃南县全民健身活动的深入开展，而且充分展示了肃南人民同心同德、昂扬奋发的精神风貌。

（八）白银

0111 白银"金凤凰"少儿艺术大赛

文献依据：白银区文化局

起始时间：2003年9月26日

流布区域：白银市

举办机构：白银市委、市人民政府主办，白银区委、区人民政府承办

级　　别：市级

简　　介：白银"金凤凰"少儿艺术大赛作为白银群众公共文化建设的组成部分，2003年首次举办。大赛对于关爱未成年人成长，提高少年儿童素质，造就全面发展的接班人，有着深远的意义。活动深受家长和孩子们的欢迎，得到了甘肃省14个市州社会各界的广泛认同与好评，产生了良好的社会效果，已经成为白银的一个重要文化品牌。

0112 平川区残疾人趣味运动会

文献依据：平川区文化局

起始时间：2009年

流布区域：平川区

举办机构：平川区残联、区体育中心、区兴平路街道

级　　别：县级

简　　介：平川区于2009年开始举办以"全民健身，特奥同行"为主题的残疾人趣味运动会。参加运动会的运动员分别来自育才社区、陶瓷社区、新建社区、兴平社区，年龄在9-55岁之间，运动会体现了全民健身、特奥同行的宣传理念。运动会得到了省、市残联和平川区委、区政府的高度重视。运动会的竞赛项目有百米接力赛、赶篮球、夹篮球、两人三足、定点投篮、个人运球、足球射门、打保龄球。

0113 白银·平川象棋友谊交流赛

文献依据：平川区文化局

起始时间：2012年

流布区域：白银

举办机构：平川区体育总会象棋协会

级　　别：县级

简　　介：2012年6月10日—11日，平川区在春茂大酒店八楼会议室举办了白银平川象棋友谊交流赛。比赛由平川区体育总会象棋协会牵头组织，邀请白银市最优秀象棋选手来平川区交流指导。比赛中白银市象棋协会主席邹涛表演了一对三盲棋，由甘肃省

象棋个人赛冠军任仲敏表演了一对十的车轮战，最后进行了白银选手与平川选手的5轮对抗赛。本次比赛发扬"以棋会友，增进友谊"的精神，还邀请了平川象棋爱好者100多人到现场参观交流。比赛给全区的象棋爱好者提供了一次交流感情、展示棋技的平台，同时也推动了平川区象棋事业的发展。

0114 平川区校园足球小学联赛

文献依据：平川区文化局

起始时间：2011年

流布区域：平川区

举办机构：平川区体育中心

级　　别：县级

简　　介：平川区小学生校园足球联赛自2011年开始，每年举办，比赛历时3天，有来自育才小学、乐雅小学和电厂学校的60名队员参加。举办小学生校园足球联赛为广大小学生参加文明、健康、活泼的体育活动搭建了舞台，让更多的孩子们接触足球，为平川区培养更多特长突出的青少年足球后备人才做出了积极贡献。

0115 平川区庆"三八"职工运动会

文献依据：平川区文化局

起始时间：2011年

流布区域：平川区

举办机构：平川区妇联、体育中心

级　　别：县级

简　　介：2011年"三八"国际妇女节前夕，平川区妇联、体育中心开展了一系列丰富多彩、形式多样的文体娱乐活动。活动主要有拔河、端乒乓球接力赛、跳绳、自行车慢赛。活动精彩，比赛激烈，大家团结协作，努力拼博，呐喊声、助威声此起彼伏，把活动一次次推向高潮。

0116 平川区"庆五一"全民健身职工万米长跑赛

文献依据：平川区文化局

起始时间：2010年

流布区域：平川区

举办机构：平川区总工会、平川区体育中心

级　　别：县级

简　　介：为了贯彻落实《全民健身条例》，营造浓厚的全民健身氛围，平川区每年都举办数次群众体育活动，尤其是职工万米长跑比赛影响最为广泛。按照"勤俭、规范、严谨、高效"的原则，精心组织全民健身职工长跑赛，自2010年全区职工万米长跑赛举办以来，每年参加长跑比赛的人数都在增加。比赛分为中老年男子组、中老年女子组、青年男子组、青年女子组四个组别。随着发令枪响，一个个矫健的身姿冲出起跑线，长跑线路上形成了一道充满活力、激情四溢的风景线。在一万米的赛程中，参赛选手发扬顽强拼搏的精神，一路你追我赶，挑战自我，充分展示出奋发向上、勇攀高峰的精神风貌，取得了运动成绩和精神文明双丰收，奏响了"中国梦·劳动美"的时代主题，谱写了"全民健身，你我同行"的主旋律。通过历届比赛的举行，平川区职工万米长跑比赛已发展成为全区的大型品牌赛事。

0117 平川区"春茂杯"职工篮球比赛

文献依据：平川区文化局

起始时间：2008年

流布区域：平川区

举办机构：平川区体育中心

级　　别：县级

简　　介：为推动全区职工体育活动和全民健身运动的深入开展，展示广大干部职工精诚团结、顽强拼搏的精神风貌，按照区委、区政府的安排，在春茂房地产开发有限公司的大力支持下，平川区举办"春茂杯"职工篮球比赛。职工篮球比赛两年一届，为全区篮球爱好者搭建相互学习沟通的平台，让大家通过比赛，交流感情，增进友谊，进一步掀起了全民健身的热潮。举办比赛，既能丰富干部职工精神文化生活，也是树立和落实科学发展观、增强干部职工体质、实现人的全面发展的实际举措。

0118 平川区职工乒乓球赛

文献依据：平川区文化局

起始时间：2010年

流布区域：平川区

举办机构：平川区体育中心、平川区总工会

级　　别：县级

简　　介：比赛有来自全区各条战线的代表队参加。比赛项目有男子团体、女子团体、男子单打、女子单打。每年参加的人数都有增加。比赛中，涌现出了一批技术性极好的选手，在比赛中发挥出了自己的真实水平，发扬了努力拼搏、奋勇争先的精神，赛出了风格、赛出了水平，表现出了良好的体育道德精神。

0119 平川区中小学生乒乓球比赛

文献依据：平川区文化局

起始时间：2012年

流布区域：平川区

举办机构：平川区体育中心

级　　别：县级

简　　介：首届平川区中小学生乒乓球比赛于2012年5月18日上午在煤校网球馆拉开序幕。本次比赛设初中组男子单打、女子单打、男子团体、女子团体；小学组男子单打、女子单打、男子团体、女子团体，有15支代表队共105名运动员参赛，规模较大，赛事集中，从5月18日开始，历时3天，共进行了284场激烈角逐。通过比赛，为全区中小学生乒乓球爱好者搭建相互学习沟通的平台，既激发了广大中小学生参与国球运动的热情，也增进了他们的竞技水平，为平川区选拔参加"向阳杯"全国少儿乒乓球比赛的优秀代表队奠定了基础。

0120 平川区区直机关干部职工拔河比赛

文献依据：平川区文化局

起始时间：2012年

流布区域：平川区

举办机构：平川区体育中心

级　　别：县级

简　　介：平川区区直机关干部职工拔河比赛共有来自28个部门单位的22支代表队参赛，参赛队员近400人。拔河比赛不仅提高了干部职工身体素质，展现了体育运动合作共赢精神，促进了全民健身运动开展。同时，也增强了广大干部职工的集体荣誉感，真正把在比赛中激发出勇于争先的决心、克服困难的信心、顽强拼搏的作风、顾全大局的意识、团结协作的精神迅速投入到巩固提升平川区城市地位的工作实践中。

0121 会宁县"迎省运"初中学生篮球赛

文献依据：会宁县体育局

起始时间：2014年

流布区域：全县范围

举办机构：会宁县体育局

级　　别：县级

简　　介：2014年在县体育馆举行了"迎省运"初中学生篮球赛，本次篮球赛共有14支队伍参加。

0122 会宁县"体彩杯"初中学生篮球赛

文献依据：会宁县体育局

起始时间：2012年

流布区域：全县范围

举办机构：会宁县体育局

级　　别：县级

简　　介：2012年在体育馆举行了全县初中学生篮球赛，共有12支队伍150人参加了比赛。

0123 甘肃省第十三届运动会跆拳道比赛

文献依据：会宁县体育局

起始时间：2014年

流布区域：全县范围

举办机构：甘肃省体育局

级　　别：省级

简　　介：2014年在县体育馆举行，比赛共有来自全省的15支队参加，比赛共三天。

0124 甘肃省少年篮球赛

文献依据：会宁县体育局

起始时间：2009 年

流布区域：会宁县体育局

举办机构：甘肃省体育局

级　　别：省级

简　　介：2009 年在会宁县体育馆举行甘肃省少年篮球赛，本次比赛有 15 支球队、160 名运动员参加了本次比赛。

0125 会宁县高中生篮球赛

文献依据：会宁县体育局

起始时间：2010 年

流布区域：会宁县

举办机构：会宁县体育局

级　　别：县级

简　　介：为了发展"阳光体育"事业，增强广大学生的身体素质，丰富学生课外业余生活，培养积极健康的生活态度。2010 在县体育馆举行全县高中生篮球赛。

0126 会宁县第二届老年人运动会

文献依据：会宁县体育局

起始时间：2013 年

流布区域：全县范围

举办机构：会宁县体育局

级　　别：县级

简　　介：本次运动会共有全县 200 多名老年人参加了本次比赛，进行了象棋、跳棋、跳绳、乒乓球等项目的比赛。第二届老年人运动会为老年人健身体育事业的发展和壮大，为体育强县无形中增添了亮点。

0127 会宁县"丰收杯"农民运动会

文献依据：会宁县体育局

起始时间：2010 年

流布区域：全县范围

举办机构：会宁县委、县政府主办，县文体影视局承办

级　　别：县级

简　　介：2010 年为首届，后确定为两年一届。会宁县"丰收杯"农民运动会充分展示了全县广大农民群众的良好精神风貌，进一步繁荣了农村体育事业，激励了广大农民以饱满的热情和昂扬的斗志投身于社会主义新农村建设，努力推动全县精神文明建设和经济社会和谐发展。

0128 甘肃省"秀水苑杯"青少年篮球锦标赛

文献依据：会宁县体育局

起始时间：2013 年

流布区域：全县范围

举办机构：甘肃省体育局

级　　别：省级

简　　介：比赛由甘肃省体育局主办，会宁体育局承办，来自全省的 15 支球队 300 人参加本次比赛。

0129　会宁县"文明杯"职工运动会

文献依据：会宁县体育局

起始时间：2012 年

流布区域：全县范围

举办机构：会宁县体育局

级　　别：县级

简　　介：比赛共有全县 21 个系统 700 多名运动员参加比赛。该活动促进了干部职工之间的交流，提升了凝聚力，赛出了水平，赛出了风格，丰富了干部的文体生活，增强了干部的身体素质，取得了体育竞技和文明建设的双丰收。通过运动会的举办，极大提高了全县竞技体育水平，有力地推动了群众体育健康、快速的发展。

0130　中国靖远汽车场地越野车王争霸赛

文献依据：靖远县文化局

起始时间：2014 年 9 月 19 日—21 日

流布区域：靖远

举办机构：甘肃省靖远县文化体育和广播影视局主办，靖远腾飞国际越野赛车有限公司承办

级　　别：县级

简　　介：2014·中国靖远汽车场地越野车王争霸赛于 2014 年 9 月 19 日至 21 日在白银市靖远县举行。赛事邀请了中国第一代职业赛车手、达喀尔拉力赛资深参赛车手卢宁军担任比赛的形象代言及赛事仲裁委员会主席。本次赛事是靖远首次举办的高级别越野车赛事。比赛在靖远腾飞国际越野赛车场举办。该赛车场依山势而建，赛道障碍设计多样化，有碎石路、Z 字路、炮弹坑、硬石山等 30 多处障碍场地，是目前国内同类项目中赛道难度最大的赛车场。赛事分为专业组和量产组两个组别，包括黄凤革、马淼、乔旭等国内场地越野赛冠军车手在内的 15 支车队，61 辆赛车参加了赛事，争夺 10 万元的冠军奖金和车王荣誉奖盘。

（九）平凉

0131 泾川县全民健身操比赛

文献依据：泾川县文化局
起始时间：2012年
流布区域：泾川县
举办机构：泾川县文广局
级　　别：县级
简　　介：全民健身操比赛每年8月中旬在县中心广场举行，是专门为全县中老年人及广场舞爱好者举办的一项比赛，吸引了众多的健身操爱好者、广场舞团体参加，比赛集竞技性、健身性为一体，深受全县人民的喜爱，起到了大力推广健身操运动的作用。

0132 泾川县元宵节象棋比赛

文献依据：泾川县文化局
起始时间：2000年
流布区域：泾川县
举办机构：泾川县文广局
级　　别：县级
简　　介：泾川县元宵节象棋比赛，开始于2000年，每年元宵节举行。赛事已成为全县象棋竞技的最高水平比赛，参赛人数逐年增多，影响逐年扩大。

0133 泾川县全民运动会

文献依据：泾川县文化局
起始时间：1978年
流布区域：泾川县
举办机构：泾川县文广局
级　　别：县级
简　　介：泾川县全民运动会是全县范围内举办次数最多年代最早的运动会，大会涉及多个项目，参与单位涉及全县多个单位、团体及个人，近年来增加了趣味性比赛项目，使大会更加丰富多彩，深受喜爱。

0134 泾川县中学生田径运动会

文献依据：泾川县文化局
起始时间：1985年
流布区域：泾川县
举办机构：泾川县文广局
级　　别：县级
简　　介：泾川县中学生田径运动会始办于1985年，参与者面向全县初中、高中学生，为培养全县体育人才、增强青少年体质起到了巨大的作用。

0135 泾川县"四人制"足球赛

文献依据：泾川县文化局
起始时间：2012年
流布区域：泾川县
举办机构：泾川县文广局
级　　别：县级
简　　介："四人制"足球赛于2012年开

始举办的一项重大体育赛事，每年六月至七月举行，比赛地点为泾川县体育公园。

0136 泾川县钓鱼比赛

文献依据：泾川县文化局
起始时间：2013年
流布区域：泾川县及周边县市
举办机构：泾川县文广局
级　　别：县级
简　　介：钓鱼比赛是泾川县近年来举办的一项重大体育赛事，吸引了平凉、庆阳、天水等地区及陕西、宁夏等地的钓鱼爱好者前来参与，影响力逐年增加，参赛人数逐年增多。泾川县以垂钓基地为基础，全面打造休闲垂钓养生旅游品牌。

0137 泾川县"体彩杯"篮球运动会

文献依据：泾川县文化局
起始时间：1978年
流布区域：泾川县
举办机构：泾川县文广局
级　　别：县级
简　　介："体彩杯"篮球运动会是泾川县县历史最悠久的体育赛事之一，每年分春秋两季进行，参与范围已从各行政事业单位扩展至各乡镇、企业及民间团体，为全县选拔了大量的体育人才。

0138 泾川县"体彩杯"登山比赛

文献依据：泾川县文化局
起始时间：2012年
流布区域：泾川县
举办机构：泾川县文广局
级　　别：县级
简　　介：每年一月一日在泾川县王母宫山举行，共设团体奖6个，优秀组织奖6个，个人奖90个。活动宗旨是打造团队精神，鼓励大家在推进县域经济发展和建设中发扬积极向上的登山精神，团结一心、拼搏进取、奋勇争先。

0139 泾川县"俱乐部杯"羽毛球比赛

文献依据：泾川县文化局
起始时间：2014年
流布区域：泾川县
举办机构：泾川县文广局
级　　别：县级
简　　介："俱乐部杯"羽毛球比赛是泾川县一项重大的体育赛事，羽毛球运动群众基础广泛，赛事一经举办吸引了大量的羽毛球爱好者参与，受到了各界的一致好评。

0140 华亭县"中国体育彩票杯"放风筝比赛

文献依据：华亭县文化局
起始时间：2002年
流布区域：华亭县
举办机构：华亭县体育中心
级　　别：县级
简　　介：华亭县体育中心自成立以来，每两年会在县人民广场举办一次"中国体育彩票杯"放风筝比赛。此项活动运动员资格不限，以单个风筝为单位参赛，采取现场报名，现场评奖的办法进行比赛。举办风筝大赛，旨在传承和弘扬民族文化，重在展示全县广大干部群众自信乐观、文明健康、和谐奋进的良好精神风貌，以文化展示、文化引导、文化育人的方式倡树社会主义新风尚，鼓舞和激励全县广大干部群众以昂扬向上的精神面貌，奋发进取的实际行动，深入推进"统筹城乡发展"建设，全力打造"生态文化山城，绿色能源之都"。同时该活动又是深入贯彻落实《全民健身条例》，推动全民健身活动深入广泛开展的实际举措。

0141 华亭县中小学生篮球运动会

文献依据：华亭县文化局

起始时间：2002 年

流布区域：华亭县

举办机构：华亭县教育局和体育中心

级　　别：县级

简　　介：华亭县中小学生篮球运动会每年在县皇甫学校或县灯光球场联合举办。运动会旨在检阅全县中小学生体育教学和业余训练成果，全面贯彻落实阳光体育一小时进校园工程，不断推进素质教育，促进学生德、智、体全面发展。

0142 华亭县中小学生篮球运动会庆元旦职工登山比赛

文献依据：华亭县文化局

起始时间：2002 年

流布区域：华亭县

举办机构：华亭县体育中心

级　　别：县级

简　　介：庆元旦职工登山比赛由自全县各乡镇人民政府，东华街道办事处、工业园区管委会，县直各部门，省、市驻华各单位、社会团体及个人参加。比赛中全体运动员发扬了团结协作、顽强拼搏、争创一流的精神，同时参赛队伍多、范围广、特色鲜明是此活动的亮点，活动的举办不仅增添了喜庆祥和的节日氛围，而且给全县人民送去了健康和快乐，也进一步丰富活跃了城乡群众的业余文化生活，为节日增添了新的活力。

0143 华亭县足球邀请赛

文献依据：华亭县文化局

起始时间：2002 年

流布区域：华亭县

举办机构：华亭县体育中心

级　　别：县级

简　　介：华亭县足球邀请赛由来自全县县直各部门、驻华亭各企事业单位，以及社会团体参加。活动中各代表队和运动员表现出了不畏艰难、顽强拼搏的斗志和团结协作、友爱互助的精神，赛出了风格，赛出了友谊，赛出了水平，展现出了良好的体育道德风尚。足球邀请赛是一次增进了解、相互交流、凝心聚力的体育盛会，更是一项活跃全县人民群众文化体育生活的重要举措，达到了"热烈、文明、祥和"的预期目的，实现了体育竞技与精神文明的双丰收。

0144 华亭县庆元旦环城健身跑活动

文献依据：华亭县文化局

起始时间：2002年

流布区域：华亭县

举办机构：华亭县委宣传部、华亭县文体广电局主办，华亭县体育中心承办

级　　别：县级

简　　介：华亭县庆元旦环城健身跑活动由来自全县各乡镇、东华街道办事处，工业园区党（工）委、政府，县直各部门，省、市驻华亭各单位参加。此项活动促进了全民健身活动的深入开展，掀起了冬季健身锻炼的热潮，全面提高了全县人民的身体素质。

0145 华亭县庆元宵职工拔河比赛

文献依据：华亭县文化局

起始时间：2002年

流布区域：华亭县

举办机构：华亭县体育中心

级　　别：县级

简　　介：华亭县庆元宵职工拔河比赛由来自全县各乡镇、东华街道办事处，工业园区党（工）委、政府，县直各部门，省、市驻华亭各单位参加。两千多年来，元宵节一直被群众作为民间习俗的一个重大传统节日，在元宵节开展各种丰富多彩的民俗活动，作为庆贺新春的延续。该活动以拔河来交流感情，增添喜气，焕发锐气，送达祝福；以拔河彰显勤劳勇敢、自强不息和开拓进取的精神，激发全县广大干部群众在新的一年里满怀激情，共同谱写和谐华亭、魅力华亭的新篇章。

0146 华亭县庆五一"工会杯"职工篮球运动会

文献依据：华亭县文化局

起始时间：2002年

流布区域：华亭县

举办机构：华亭县总工会、华亭县体育中心

级　　别：县级

简　　介：华亭县庆五一"工会杯"职工篮球运动会由来自全县各乡镇、东华街道办事处，工业园区，县直各部门，省、市驻华各单位以及个体、企事业单位和人民团体参加。比赛期间运动员不畏强手、顽强拼搏，赛出了风格，赛出了友谊，赛出了水平，展现出了全县干部职工良好的体育道德风尚和精神

面貌。活动不仅丰富和活跃了全县人民群众文化体育生活，而且对于推动全县全民健身活动深入广泛开展有着积极的影响作用。

0147 庄浪县五一全民篮球运动会

文献依据：庄浪县体育局
起始时间：1990年
流布区域：庄浪县
举办机构：庄浪县委、县政府
级　　别：县级
简　　介：庄浪，素有悠久文化体育传统，是全国文化模范县、全省体育工作先进县之一，素有"体育之乡"的美誉，篮球运动基础好，深受广大群众喜爱。篮球赛共有来自全县各行各业的代表队参加，全民篮球赛，旨在活跃城乡群众文化生活、推动全民健身运动进一步建康蓬勃发展，充分展示全县广大干部群众适应新常态，展示新作为的精神风貌，为全县经济社会发展创造了良好的社会环境。

0148 静宁县全民运动会

文献依据：静宁县文化局
起始时间：1980年10月
流布区域：平凉市静宁县
举办机构：静宁县委、县政府
级　　别：县级
简　　介：近年来，静宁县按照体育事业与经济社会协调发展的要求，认真贯彻《全民健身计划纲要》，不断加强文化体育基础设施建设，逐步完善文化体育活动组织网络体系，组织开展了丰富多彩的体育健身活动和竞技比赛，极大地丰富了全县人民的业余生活，提高了群众整体素质，营造了良好的社会氛围。静宁县全民运动会共分篮球、拔河、乒乓球、羽毛球等四个比赛项目。1980年举办以来，得到了历届县委、政府的高度重视和社会各界人士的广泛支持。

0149 静宁县赛园赛果大会

文献依据：静宁县文化局
起始时间：2011年10月
流布区域：平凉市静宁县
举办机构：静宁县委、县政府
级　　别：县级
简　　介：赛园赛果大会是静宁县每年举办的果品展览盛会。赛园活动分为乡镇初赛和县级复赛两个阶段，各乡镇根据本乡镇果园发展现状，成立乡镇赛园领导小组和评奖小组，制定赛园活动实施方案，在9月中旬前完成乡镇初赛，并以初赛结果为依据确定决赛阶段乡镇参赛果园。通过此活动表彰奖励果园管理先进集体与个人，支持苹果产业发展的先进单位和优秀企业，引导和激励各乡镇、各涉果企业、各农民经济合作组织及广大果农学习先进，建精品园，育精品果。活动全面提升了全县果园标准化管理水平，推进全县特色产业转型升级，促进果品提质增效，加快了全面建设小康社会进程。

0150 静宁县中学生运动会

文献依据：静宁县文化局
起始时间：2000年5月
流布区域：静宁县
举办机构：静宁县委、县政府
级　　别：县级
简　　介：静宁县认真贯彻落实党和国家的教育方针，大力实施素质教育，全面推行"阳光体育运动"，坚持每年举办一届中学生运动会，全面推动学校体育工作蓬勃开展，激励广大青少年学生热爱体育运动，加强体育锻炼，有力地促进了学生德、智、体、美、劳全面发展。

（十）庆阳

0151 西峰区首届农民运动会

文献依据：西峰区体育局
起始时间：2013年5月16日-18日
流布区域：西峰区人民政府
举办机构：西峰区人民政府、西峰区委农村工作部、西峰区团委、西峰区农牧局、西峰区体管中心
级　　别：县级
简　　介：西峰区首届农民运动会由西峰区政府主办，区农村工作部、团区委、区农牧局、区体育管理服务中心承办。来自全区7个乡镇及西街办代表队的2000多名运动员斗志昂扬，齐聚市体育场，团结一心、奋勇拼搏，充分展示了农民的风采和活力。

0152 第二届全国红色运动会

文献依据：西峰区体育局
起始时间：2011年6月26—6月28
流布区域：甘肃省庆阳市
举办机构：国家体育总局、甘肃省人民政府
级　　别：省级
简　　介：为将红色精神代代相传，大力推动全民健身运动，广泛开展群众喜闻乐见的运动项目，第二届全国红色运动会于2011年6月26日至28日在革命老区甘肃庆阳举行。红色运动会是把在党的领导下，从革命战争到改革开放各个历史时期的革命实践，以及涌现出的英雄人物和感人事迹作为红色文化元素，融入体育竞赛的组织形式之中，具有传承、弘扬红色文化和爱国主义教育意义的群众性体育运动，也是经典的红色体育盛会。红色运动会将红色文化与体育文化融为一体，以丰富、独特的比赛项目为基础，在较量中展示战争年代革命老区军民鱼水之情的新兴群众体育品牌赛事，它充分利用体育赛事的形式和规则，生动地展示战争年代革命老区的感人事迹，是我国不多的原创运动项目之一。红色运动会在健身和教育的同时，和其他原创项目一道极富运动创意性，对我国休闲健身运动、体育体验旅游、红色教育旅游、地方产业升级都起到了一定促进作用。对于加强爱国主义教育、增强人民体质、促进当地经济发展具有积极意义。

0153 西峰区妇女运动会

文献依据：西峰区体育局

起始时间：2014 年 6 月 28 日
流布区域：各乡镇、街办以及区直各部门
举办机构：西峰区妇联、西峰区总工会、西峰区体管中心
级　　别：县级
简　　介：为了深入贯彻落实中央、省、市《全民健身条例》和《全民健身计划（2011-2015 年）》精神，广泛开展群众体育活动，丰富广大妇女文体生活，提高身体素质，更好地展示巾帼风采，为建设美丽文明、和谐幸福新西峰凝聚正能量。区妇联、区总工会、区体育管理服务中心于 2014 年 6 月 28 日在庆阳市体育场举办了全区妇女运动会。运动会是一次"文明、团结、精彩"具有广泛社会影响力的体育盛会，对引导广大女职工树立运动、活力、健康、向上的生活方式，倡导健身新风尚，培育健身新理念具有重要意义。

0154　西峰区第五届中小学生运动会

文献依据：西峰区体育局
起始时间：2014 年 5 月 6 日—12 日
流布区域：庆阳体育场
举办机构：西峰区教育体育局、西峰区体管中心、庆阳第四中学
级　　别：县级
简　　介：西峰区第五届中小学生运动会于 2014 年 5 月 6 日 -12 日在庆阳体育场举行。本次运动会规模大，人数多，有 30 个代表队 529 名运动员在 5 个大项 12 个组别（田径、高中男女篮球、排球、小学男女跳绳、踢毽子）79 个单项经过了六天紧张的角逐，有 4 名运动员达国家二级运动员标准，19 人 23 次破区纪录。

0155　华池县中学生运动会

文献依据：华池县文化局
起始时间：五月中旬
流布区域：华池县
举办机构：华池县人民政府
级　　别：县级
简　　介：华池县中学生运动会从 1996 年开始举办，往后每隔三年举办一届，举办时间大概是每年的十月份，运动会是一次展示学校体育风采和精神文明素养的盛会，全面展现了全县中学生蓬勃向上的时代风采。也是广大中学生相互交流的平台。有利于中学生提高运动能力，养成良好的行为习惯和积极乐观的生活态度，形成健康的生活方式。

0156　华池县钓鱼比赛

文献依据：华池县文化局
起始时间：不详
流布区域：华池县
举办机构：华池县人民政府
级　　别：县级
简　　介：为了提高全民的活动积极性，特举办了钓鱼比赛活动，活动大概在每年的 7 月份举办，每次活动都会吸引众多的钓鱼爱好者来观摩及参加比赛。这项活动的开展，不但锻炼了人们的身体，提供了人们在上班之余锻炼身体的机会，同时也提高了大家的团结意识。

0157　合水县广场舞比赛

文献依据：合水县文化局
起始时间：2011 年

流布区域：合水县境内
举办机构：合水县文化馆
级　　别：县级
简　　介：从 2011 年开始，每年九月至十月期间举办，县域内各广场舞队均可参赛，人数限 30 人以上，年龄不限。每届参加表演的团队在 15 个左右，参赛队员在 700-1000 人之间。活动很好地调动了全县群众进行广场舞锻炼的积极性，促进了全县文化体育事业的健康发展。

0158 甘肃省环县道情皮影戏擂台赛

文献依据：环县文化局
起始时间：2012 年
流布区域：环县
举办机构：中共环县委宣传部、环县文化广播影视局
级　　别：县级
简　　介：环县是中国皮影之乡，道情皮影是环县最具特色的民俗民间文化艺术。上世纪 50 年代，曾 3 次进京演出，受到了毛泽东、周恩来等党和国家领导人的热情接见；1961 年，甘肃省委、省政府决定以环县道情为基础创立"陇剧"，填补了甘肃省戏曲艺术的空白；1987 年，首次走出国门，在意大利成功交流展演，被誉为"来自东方魔术般的艺术"。近年来，环县县委、县政府坚持以科学发展观为指导，深度挖掘独具历史和地域特色的文化资源优势，全面启动实施道情皮影产业的传承、保护和开发工作，成立了专门工作机构，建立了道情皮影博物馆和皮影文化产业城，成功举办了三届道情皮影艺术节，特别是 2011 年，环县道情皮影正式入选世界非物质文化遗产代表作名录。道情皮影擂台赛主要是为各位皮影艺人搭建一个切磋技艺、相互交流的平台，通过同台竞技，进一步增强信心，提高演艺水平。擂台赛对剧目进行全程录制，整理出版，在北京、上海等城市设立销售窗口及演出基地，通过比赛将皮影、香包、刺绣等民俗文化产品推向市场，扩大社会影响力，使道情皮影从过去的走乡串户真正向城市迈进，让越来越多的观众认识、了解、接受这门古老艺术，从而推动全县道情皮影保护传承事业再上新台阶，使这门艺术更加发扬光大。环县首届道情皮影擂台赛于 2012 年 12 月 26 日隆重开幕，12 月 27 日至 2013 年 3 月 12 日各戏班进行排练、剧目整理等工作，3 月 13 日（农历二月初二）至 4 月 6 日（农历二月二十六）正式比赛。共有 15 个表演水平较高的皮影戏班参赛，每个戏班演出《罗通扫北》、《白蛇传》、《裙边扫雪》、《玉山聚将》、《蛟龙驹》第三本等 5 场本戏，共演出 75 场。比赛历时 26 天，每天演出 3 场，每场 2 小时。大赛设一等奖 1 名，奖金 30000 元，二等奖 2 名，各发奖金 20000 元，三等奖 3 名，各发奖金 10000 元，优秀奖 9 名，各发奖金 2000 元。

（十一）定西

0159 全国甲级男女篮球邀请赛

文献依据：通渭县文化局

起始时间：1993 年

流布区域：通渭县

举办机构：甘肃省篮球协会主办，通渭县委、县政府、通渭县体育运动中心承办。

级　　别：国家级

简　　介：通渭县于 1993 年 7 月 2 至 4 日在县灯光球场举办了全国甲级男篮邀请赛，参赛队河北、济南、前卫、黑龙江。2002 年 7 月 28 至 29 日在县灯光球场举办了全国甲级女篮邀请赛，参赛队河南、上海、四川、黑龙江。2003 年 8 月 4 至 6 日在县灯光球场举办了全国甲级男篮邀请赛，参赛队八一、济南、辽宁、沈阳。2003 年 8 月 24 日在县灯光球场举办了全国甲级女篮邀请赛，参赛队山东、济南、湖北、重庆。2012 年 8 月 13 至 14 日在县体育馆举办了全国甲级女篮邀请赛暨开馆仪式。全国甲级女篮邀请赛由参赛队有沈阳部队、广东、河南、黑龙江。整个比赛扣人心弦、高潮迭起，4000 多名观众现场感受了甲 A 队员的风采。举办全国甲级男女篮邀请赛的目的是进一步提高全县篮球运动水平。

0160 陇西县声乐大赛

文献依据：陇西县文化局

起始时间：2007 年 8 月

流布区域：陇西县

举办机构：陇西县文化馆

级　　别：县级

简　　介：陇西县声乐大赛是陇西优秀的传统群众文化活动赛事之一。大赛由于参与人数多，比赛项目齐全，极大地调动了群众参与文化活动的积极性，推动了业余文艺普及教育，充分展示了全县群众文化活动的较高水平，活动自举办以来深受社会各界广泛好评。

0161 陇西县舞蹈大赛

文献依据：陇西县文化局

起始时间：2006 年

流布区域：陇西县

举办机构：陇西县文化馆

级　　别：县级

简　　介：陇西县舞蹈大赛是陇西县传统文化活动之一，是面向基层开展美育工作的重要平台。活动内容丰富，富有地方特色，深受基层群众欢迎。

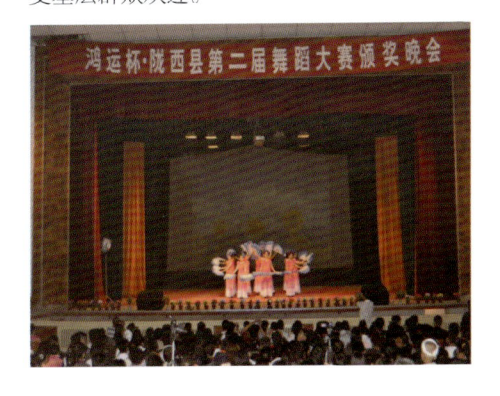

0162 陇西县全民健身运动会

文献依据：陇西县体育局

起始时间：2012 年

流布区域：陇西县

举办机构：县委宣传部、县教育体育局、县总工会、县体育运动中心

级　　别：县级

简　　介：大会和运动会紧扣"强身健体、和谐共进、快乐生活"的宗旨，举办篮球、乒乓球、羽毛球、全民健身展示、第九套广播体操比赛等活动。

0163 陇西县器乐大赛

文献依据：陇西县文化局

起始时间：2007 年

流布区域：陇西县

举办机构：陇西县文化馆

级　　别：县级

简　　介：陇西县器乐大赛极大地调动了群众参与文化活动的积极性，推动了陇西在文艺方面的普及教育，举办以来深受社会各界广泛好评，是陇西优秀的传统群众文化活动赛事之一。

0164 漳县全国攀岩精英赛

文献依据：漳县文化局

起始时间：2006 年 8 月

流布区域：漳县及周边几县

举办机构：漳县县政府

级　　别：省级

简　　介：漳县全国攀岩精英赛是全国攀岩运动的重要赛事，也是甘肃省致力推出的体育品牌赛事之一。大赛把体育与文化、旅游相结合，以国家级高水平体育赛事为载体，弘扬甘肃漳县悠久的历史文化和挖掘丰富的自然资源，培养挑战自我、不畏艰难的拼搏精神，推动全省生态旅游和全民健身运动的健康发展。

0165 渭源县秦祁乡春节农民篮球运动会

文献依据：渭源县文化局

起始时间：2002 年

流布区域：秦祁乡

举办机构：秦祁乡人民政府

级　　别：乡（镇）级

简　　介：秦祁乡春节农民篮球运动会开始于2002年，由秦祁乡人民政府组织，糜川村协办，全乡各村农民参与，是全乡的一项重要赛事，是农民朋友的节日。

0166 临洮县漫洼乡农民文化体育节

文献依据：临洮县文化局
起始时间：2011 年
流布区域：临洮县漫洼乡
举办机构：临洮县漫洼乡文化广播站
级　　别：乡（镇）级
简　　介：漫洼乡农民文化体育节开办于2011年，每年农历六月六通过集中举办秦腔表演、红色电影展播、书法交流等文化活动，组织开展篮球比赛、男女混合拔河赛、象棋比赛等体育比赛。同时结合精神文明建设工作，表彰奖励全乡涌现出来的五好文明家庭、好媳妇、好婆婆等。农民文化体育节全面弘扬漫洼乡群众文化，展示漫洼风采，展现漫洼人民良好的精神风貌。

（十二）陇南

0167 陇南市全民健身日系列展示活动

文献依据：陇南市体育局
起始时间：2010年
流布区域：陇南市八县一区
举办机构：陇南市体育局
级　　别：县级
简　　介：陇南市全民健身日系列展示活动对促进陇南市全民健身活动广泛深入开展，全社会崇尚健身、参与健身、追求健康文明生活方式营造了良好环境和浓厚氛围。活动为激发群众健身热情，鼓励和引导广大人民群众积极参加体育锻炼，不断提高科学健身意识，养成良好的体育锻炼习惯，加快建设幸福美好新陇南做出了积极贡献。

0168 甘肃陇南全国业余围棋象棋邀请赛

文献依据：陇南市体育局
起始时间：2012年
流布区域：陇南市八县一区及全国各地
举办机构：陇南市体育局
级　　别：市级
简　　介：甘肃陇南全国业余围棋象棋邀请赛于2012年开始举办，已得到国家棋牌中心的批准。本赛事从2014年开始，参赛中获得前三名的棋手，可授予六段段位。举办规模和参赛人数逐年扩大，现已发展成为全国性赛事。

0169 陇南市"金徽杯"职工篮球赛

文献依据：陇南市体育局
起始时间：2009年
流布区域：陇南市8县1区
举办机构：陇南市体育局
级　　别：市级
简　　介：篮球赛旨在通过组织开展群众性的文体活动，凝聚人心，鼓舞士气，加快陇南科学发展。

0170 陇南市运动会

文献依据：陇南市体育局
起始时间：1954年5月
流布区域：陇南市八县一区
举办机构：陇南市体育局
级　　别：市级
简　　介：陇南8县1区轮流主办，是陇南市的一次体育盛会，对检验各县区体育竞技水平和推动全民健身活动的开展、促进县区的友好交流具有重要意义。

0171 武都区三八妇女节健身操比赛

文献依据：武都区文化局

起始时间：2005 年

流布区域：武都区

举办机构：武都区文体局，武都区妇联

级　　别：县级

简　　介：为庆祝三八国际劳动妇女节，展示新时期女性风貌，激发妇女参与体育锻炼的热情，在每年的三月八日，武都区文体局和区妇联联合举办健身操比赛。比赛中，伴随轻快、动感的音乐节奏尽情展示妇女积极向上、崇尚健康、朝气蓬勃的精神风貌。活动既提高了大家对妇女工作重要性的认识，又营造了浓郁的节日气氛。

0172 武都区全民健身比赛

文献依据：武都区文化局

起始时间：2009 年

流布区域：武都区

举办机构：武都区文体局

级　　别：县级

简　　介：八月八日是国务院批准设立的"全民健身日"，为了满足广大人民群众日益增长的体育需求，养成良好的锻炼习惯，武都区文体局特在八月八日这一天举行"全民健身大赛"，让广大人民群众充分享受体育发展的成果，为推动当地经济社会发展，提供了精神动力。

0173 武都区元旦万人环城赛

文献依据：武都区文化局

起始时间：2007 年

流布区域：武都区

举办机构：武都区委区政府

级　　别：县级

简　　介：元旦万人环城赛是大规模的群众体育健身活动。时间选在一月一日是有一元复始，万象更新的意思。比赛分健身、竞赛两个组，参赛多为各行业在职职工，在校学生，组织规模大，参赛人数多。

0174 徽县庆新春职工拔河比赛

文献依据：徽县文化局

起始时间：1977 年

流布区域：徽县辖区

举办机构：徽县文化体育局少儿体校

级　　别：县级

简　　介：1977年起，徽县每年都举行职工体育比赛。徽县举办"庆新春"职工拔河比赛丰富了节日期间广大群众的文化生活，营造了欢乐喜庆、祥和文明的节日氛围。

0175　徽县环泰湖越野赛

文献依据：徽县文化局

起始时间：1972年

流布区域：徽县辖区

举办机构：徽县文化体育局少儿体校

级　　别：县级

简　　介：来自全县热爱长跑运动的干部职工参加比赛，用自己喜爱的方式庆祝新春佳节。在比赛现场，虽然清晨寒气袭人，但是所有参赛运动员都精神焕发，脸上挂着轻松的笑容。

0176　徽县"和谐竞智"象棋围棋比赛

文献依据：徽县文化局

起始时间：1977年

流布区域：徽县辖区

举办机构：徽县文化体育局少儿体校

级　　别：县级

简　　介：徽县文体局等相关单位及时协调比赛场地、制订比赛办法、落实比赛器具，文体局在春节前就向全县各乡镇、农村、县直各单位和驻徽单位发文，组织各单位和社会上的棋类爱好者报名参赛。赛场上鸦雀无声，裁判专注，选手郑重，气氛看似平静实则紧张，选手凝目苦思，谨慎落子，无声的厮杀看得人紧张万分。象棋、围棋比赛的开赛是检验徽县棋类进步程度的一次盛会，通过比赛进一步推动棋类项目在徽县的发展，

0177　西和县中学生篮球比赛

文献依据：西和县体育局

起始时间：不详

流布区域：西和县

举办机构：西和县体育局

级　　别：县级

简　　介：每年9月24日至28日，西和县举办"庆国庆"中学生篮球比赛，全县的所有高中和初中参加。篮球比赛以球会友、以球联谊，赛出了风格，赛出了水平，为全县各学校篮球爱好者提供了更多的学习交流机会，丰富了学生的业余文化生活，检阅了全县学生篮球运动竞技水平，充分展现了全县学生良好的精神面貌和优秀素质。活动对继续推进学校阳光体育运动，提升校园篮球竞技水平，全面提高广大中小学生的体质和体能，推进全县学校体育工作再上新台阶起到积极作用。

0178　西和县小学生乒乓球比赛

文献依据：西和县体育局

起始时间：不详

流布区域：西和县

举办机构：西和县体育局

级　　别：县级

简　　介：西和县小学生乒乓球比赛是全县为了庆祝"六一儿童节"举办的小学生乒乓球比赛，时间为每年5月24日至30日左右，全县的中小学参加，比赛的举办使乒乓球运动更加普及，提高了全县小学生的乒乓球水平。

0179 西和县中学生田径运动会

文献依据：西和县体育局

起始时间：不详

流布区域：西和县

举办机构：西和县体育局

级　　别：县级

简　　介：西和县中学生田径运动会是西和县每年5月10日左右举行的一项赛事，全县的所有高中和初中都参加，是对学校体育的一次检阅，是对全县田径运动水平的一次检验。运动会的成功举办，在全县范围内掀起了青少年热爱体育运动的热潮，对全县中小学生素质教育提升和学生身体素质提高起到了积极推动作用。

0180 文县"阴平杯"农民运动会

文献依据：文县体育局

起始时间：1996年

流布区域：县区

举办机构：文县文体局

级　　别：县级

简　　介：文县"阴平杯"农民运动会是纪念农民丰收的节日。1996年9月第一届运动会成功举办。每两年举办一次，每次参加代表队有20个。参加运动员有5000余人。开展的项目有篮球、象棋、拔河。

0181 文县琵琶弹唱大奖赛

文献依据：文县文化局

起始时间：不详

流布区域：文县的部分乡镇

举办机构：文县县政府

级　　别：县级

简　　介：来自全县各乡镇的琵琶弹唱队同台竞技，每个参赛队都倾注了满腔的热情，用飞花烂漫的琵琶弹奏，铿锵律动的歌声，歌唱着祖国，歌唱着共产党，歌唱着幸福甜蜜的生活。文县琵琶弹唱大奖赛是弘扬民间优秀文化，推进文化大繁荣、大发展的重大举措，更是建设文旅强县，加强社会主义精神文明建设、构建和谐社会的具体体现。活动充分展示全县两个文明建设取得的丰硕成果和广大人民群众昂扬向上的精神风貌，进一步推动了民族民间文化活动和文化事业的蓬勃发展。

0182 文县体彩杯乒乓球、羽毛球赛

文献依据：文县文化局

起始时间：不详

流布区域：全县

举办机构：文县文化体育局

级　　别：县级

简　　介：在每年的 10 月左右举办一次全县范围的乒乓球和羽毛球比赛，为文县发现乒乓球和羽毛球人才以及广大乒羽爱好者提供了一个相互交流、切磋球技的平台，拉近了广大乒羽爱好者之间的感情，推动了文县全民健身运动的有力开展，促进了全县体育事业健康发展。

0183 文县广场舞大赛

文献依据：文县文化局

起始时间：不详

流布区域：全县

举办机构：文县文化体育局

级　　别：县级

简　　介：广场舞蹈是一种舞蹈形式，它不受场地、舞种等限制，多是群众自发组织，以娱乐性、集体舞等特征受到广大群众的欢迎。所以全县在每年的 8 月，借助全民健身日在全县举办文县广场舞大赛。

（十三）临夏

0184 临夏市庆元旦万人健身长跑暨环大夏河公路越野赛

文献依据：临夏市体育局
起始时间：2000年1月1日
流布区域：临夏市
举办机构：临夏市人民政府
级　　别：市级
简　　介：临夏州市庆"元旦"万人环大夏河长跑比赛是于2012年年底从临夏州庆"元旦"环城赛演变而来。由于城市建设发展，机动车辆增加，环城赛存在安全隐患，因此2012年将元旦环城赛改为临夏州市庆"元旦"万人环大夏河长跑比赛，设竞赛组和健身组两大类，竞赛组分为青年组、少年组和职工老年组，有临夏州的七县一市的各初中、高中和职工参加。越野赛进一步提振了全州全面建成小康社会的决心和信心，激发和调动全州广大干部群众热爱临夏、建设临夏、奉献临夏的积极性，不断凝聚形成了全州各族人民建设幸福美好新临夏的强大精神动力和工作合力。

0185 临夏市中小学生运动会

文献依据：临夏市体育局
起始时间：1983年4月
流布区域：临夏市
举办机构：临夏市人民政府主办市体育局、市教育局、市一中承办
级　　别：市级
简　　介：1983年首办，一直延续至今。运动会由运动会参加队伍为全市中小学学生参加，其中聘请州体育局，州体校裁判人员50名。各学校学生观众和群众等共约3000人参加。开幕式由新华小学教育集团等7所学校的约2000名学生表演7个团体节目，时间约40分钟，开幕后进行比赛，共设田径3个大项目48个小项目。运动会的成功举办，是树立全面教育质量观，推进素质教育，促进学校均衡协调发展的成果展现，是"阳光体育"、"每天锻炼一小时"的衡量和检验，是"我运动、我健康、我快乐"体育精神的诠释，运动会进一步增强了学生体质，培养了学生团结协作的精神，对发掘体育人才起到积极的推动作用。

0186 中国·临夏超级六项山地户外挑战赛（康乐段）

文献依据：康乐县文化局
起始时间：2013年8月
流布区域：八松、鸣麓、上湾、草滩、景古、五户、莲麓
举办机构：国家体育总局、省体育局、临夏州政府
级　　别：国家级
简　　介：中国临夏超级六项山地户外挑战赛在康乐是目前我国连续比赛距离最长、单日比赛强度最大、最艰苦的挑战赛，比赛路线奇秀险峻，康乐县依托民族民俗、宗教历史、绿色生态的资源，进行山地自行车、莲花山攀登户外赛事。此赛事是康乐县通过发挥特色优势、加快旅游产业发展、争创体育体验旅游、提高对外知名度而打造的一个赛事平台，旨在实现体育与旅游的深度融合，促进康乐的发展。

0187 康乐县摩托河滩拉力赛

文献依据：康乐县文化局
起始时间：2004年5月
流布区域：康乐县、临洮县、和政县
举办机构：康乐县汽摩协会
级　　别：县级
简　　介：康乐县历来十分重视群众性文化体育活动的开展。《中共中央关于深化文化体制改革推动社会主义文化大发展大繁荣若干重大问题的决定》出台后，县上重点开展的一系列文体活动不但丰富了广大人民群众的文化体育生活，而且营造了全民健身的良好文化氛围。越野摩托车河滩拉力赛就是该县一系列文体活动中的"重头戏"。以"速度、梦想、征服、挑战"为目标的摩托车运动正符合康乐儿女不畏艰险、勇于攀登的性格，受到了广大青年人的厚爱。为使摩托车运动成规模、上水平，于2004年成立了汽摩运动协会极限越野俱乐部，并成功举办了九届准专业级摩托车拉力赛，使之成为黄河中上游地区唯一的摩托车越野拉力赛事，其水平日趋提高，影响不断扩大。越野摩托车河滩拉力赛赛事分6个赛段，比赛里程达260公里。比赛分国产、进口两个组。按参赛车手各赛段起点至终点的行车时间打分，总成绩为参赛车手各赛段计时成绩综合。

0188 2014年第十三届环青海湖国际公路自行车赛（康乐段）

文献依据：康乐县文化局
时　　间：2014年7月13日
流布区域：八松、苏集、康丰、虎关
举办机构：国家体育总局、广电总局、青海、甘肃、宁夏人民政府、体育局
级　　别：国家级
简　　介：第十三届环青海湖国际公路自行车赛第8赛段于2014年7月13日上午9时自青海省循化县开始，由达里加山进入临夏

州，途经临夏县、临夏市、和政县、康乐县至临洮县（临夏州境内约160公里）。在康乐县境内赛程约44公里，八松段11.4公里，苏集段9.2公里，康丰段11公里，虎关段12.6公里。经过5个多小时的争夺，来自乌克兰科尔斯队选手拉格库提获得赛段冠军，乌克兰阿莫尔维塔队选手弗拉迪米尔、意大利内力索拓得队选手赛缪尔分别居二、三名。

0189 永靖县中华龙舟大赛

文献依据：永靖县体育局
起始时间：2013年7月13日－7月14日
流布区域：甘肃永靖
举办机构：永靖县人民政府
级　别：国家级
简　介：中华龙舟大赛是国内赛事级别最高、竞技水平最高的顶级龙舟赛事，在甘肃永靖举办的龙舟大赛是2013中华龙舟大赛的第五站，也是该项赛事中唯一一个在黄河水域比赛的赛站。此次大赛由国家体育总局社会体育指导中心、中央电视台体育频道、中国龙舟协会、甘肃省体育局、临夏州人民政府主办，中视体育娱乐有限公司、临夏州体育局、永靖县人民政府承办，刘家峡水电厂、刘化集团公司、甘肃电投炳灵水电开发有限责任公司协办，邀请了18支国内著名龙舟队，其中有男队14支、女队4支，除甘肃永靖龙舟队外，其余17支龙舟队都是第一次参加在黄河流域举行的中华龙舟大赛。

0190 第七届中国原生民歌大赛

文献依据：和政县文化局
起始时间：2014年6月26日
流布区域：全国
举办机构：文化部
级　别：国家级
简　介：由文化部主办，文化部民族民间文艺发展中心、甘肃省委宣传部、甘肃省文化厅等单位承办的第七届中国原生民歌大赛，于2014年6月26日至29日在甘肃省临夏回族自治州和政县举行。中国原生民歌大赛自2002年以来已连续举办多届，为发掘优秀民间艺术人才，弘扬优秀民族传统音乐文化，促进我国非物质文化遗产保护起到了积极的作用。本届大赛共有来自31个省区市、48个院校、涵盖32个民族的1098人报名参赛。根据原生民歌的特性，大赛分为独唱组和重唱组、多人组合组、院校组、民歌改编组4个组别，大赛产生4组金奖、8组银奖、12组铜奖、30组优秀演唱奖及若干优秀组织奖。

0191 "保安族夺腰刀"少数民族传统体育表演项目

文献依据：积石山县体育局
起始时间：1981年9月
流布区域：积石山县
举办机构：积石山县宣传部、积石山县体育局
级　　别：县级
简　　介：夺腰刀在保安族是独具特色体育项目，这项运动融竞争性、对抗性、激烈性和趣味性于一体。夺腰刀的整个过程中主要体现勇猛和机智，因而常伴有摔、拧、拌、擒、摸、打跟头、翻巴郎、滚蛋蛋等动作，而且要求这些动作十分协调顺畅。该运动主要有比试刀、挑选对手、藏刀、窥测刀、夺刀五部分组成，是保安族特有的传统体育运动项目。

（十四）甘南

0192 合作市大象拔河比赛
文献依据：合作市文化局
起始时间：不详
流布区域：甘南藏区
举办机构：乡镇组织
级　　别：乡（镇）级
简　　介：押架俗称"浪青沙西合"，意即大象拔河，还有叫"朗青杀响"的。藏族习俗崇尚大象力大无穷，所以把这种模拟大象刨土的动作叫大象拔河。大象拔河比赛是甘南合作的体育比赛项目，每逢插箭、浪山等节庆活动，群众都要比赛此项目，比赛前先在地上划两道平行线做河界，比赛通常由两人进行。在一条长约4米的绳子或布带的两头打结，双方各自从裆间穿过，经过腹部套在脖子上，两人以背相对，各站在河界一边。该项目1981年被列入甘南州民族运动会比赛项目；1989年的第二届甘肃省少数民族传统体育运动会上该项目被定为正式比赛项目；在全国第三届（1987年）、第四届（1991年）少数民族传统体育项目运动会上该项目列为表演项目，并获得优秀表演奖；1999年第六届全国少数民族体育运动会上该项目被定为运动会的竞赛项目，目前该项目已成为全国民族赛事的一部分，是甘南藏区人们喜爱的一项民族体育活动。

0193 合作市举皮袋比赛
文献依据：合作市文化局
起始时间：不详
流布区域：甘南藏区
举办机构：乡镇组织
级　　别：乡（镇）级
简　　介：举皮袋比赛在甘南地区有着悠久的历史，是合作地区农牧民群众最为喜爱的民族运动项目之一。在每年的春节、香浪节等重大节日活动期间进行举皮袋这一传统的体育比赛。比赛前，用一皮袋装上沙石，一般重量为100—150公斤不等，用绳子捆扎为方形或圆形，比赛时，谁在三次试举中把皮袋举起并放在肩上则判为获胜。

0194 合作市赛马比赛
文献依据：合作市文化局
起始时间：不详

流布区域：甘南藏区

举办机构：乡镇组织

级　　别：乡（镇）级

简　　介：赛马活动在合作地区有着悠久的历史，是甘南地区农牧民群众最为喜爱的民族运动项目之一。在每年的春节、香浪节等重大节日活动期间进行赛马这一传统的体育比赛，赛马时，赛马选手身着节日的盛装，牵着自己的骏马，给参赛马匹扎上各色彩带，比赛激烈精彩，人们呐喊助威，场面十分热烈。获胜者在观众的欢呼声中由长者牵马绕场一周，接受人们的祝贺、哈达和鲜花等物品。

0195　木桶背水比赛

文献依据：合作市文化局

起始时间：不详

流布区域：甘南藏区

举办机构：乡镇组织

级　　别：乡（镇）级

简　　介：木桶背水比赛在甘南地区有着悠久的历史，是合作地区农牧民群众最为喜爱的民族运动项目之一。在每年的春节、香浪节等重大节日活动期间进行木桶背水这一传统的体育比赛。比赛前，选用几个大小相同的木桶装满水，一般重量为80—100斤不等，比赛时，在同一起跑线上，四五个参赛选手背起水桶前进，谁在最短的时间内到达目的地，且所剩水多者为第一名，依次类推。

0196　卓尼县赛马比赛

文献依据：卓尼县文化局

起始时间：不详

流布区域：卓尼县

举办机构：当地群众举办

级　　别：乡（镇）级

简　　介：赛马活动在卓尼县进境内传统活动之一，定居此地的藏族人民因长期过着游牧生活，牧马骑乘，为生活必需。久而久之牧区就有了赛马习俗。在传统节日、宗教活动等大型集会中，都少不了赛马活动。赛马活动有赛跑和竞走两项内容，竞走主要比马走得美及骑手的姿势、马具等。跑马主要比马匹的速度和耐力及骑手的驾驶技术，规定赛程，以先到终点为胜。赛马时给参赛马匹扎上各色彩带，比赛激烈精彩，人们呐喊助威，场面十分热烈。获胜者在欢呼声中由长者牵马绕场一周，接受人们的祝贺、哈达和鲜花等物品。赛马比赛在藏族民间体育活动中无疑是最大的比赛项目，而且这项比赛在不断传承中，参赛的民族与人员不断增多。这项比赛不仅具有很高的健身价值，而且对各民族文化交流与和谐相处起着良好的作用。

0197 卓尼县篮球赛

文献依据：卓尼县文化局

起始时间：不详

流布区域：卓尼县

举办机构：卓尼县委、县人民政府

级　　别：县级

简　　介：篮球比赛是全县最大的一项体育赛事项目，以每年八月份为比赛时间。参加球队以各乡镇和县直各部门为单位。篮球赛规模大，参加比赛的队员及观赛群众人数达三万人次。通过开展篮球比赛，进一步提高了全县广大群众健身锻炼的积极性，同时为民族团结与建设和谐社会起到了良好的作用。

0198 洮州"万人拔河"赛

文献依据：临潭县广播电影电视局

起始时间：明洪武年间

流布区域：洮州一带

举办机构：临潭县农民文化宫

级　　别：县级

简　　介：临潭县城的元宵"万人拔河"赛（扯绳）已有六百多年的悠久历史了。"拔河"又称"扯绳"，源于古代水乡拉纤和火军操练活动。后来被作为军中游戏用于训练兵卒体力。历史上，临潭不仅是"茶马互市"的商界重地，而且也是边赛(建议加"军事")重镇。唐时，就有重兵驻扎于此，《洮州厅志》记载，旧城附近的"将台"和"营盘梁"等地名，经考证是明洪武十二年西征将军沐英在这里驻军、点将和练兵的遗址。由此可见，临潭旧城的"万人拔河"是从古代军营中逐渐沿袭和传承下来的。将临潭独特的元宵节"万人拔河"活动与民间传统文化活动结合起来，展示临潭各族人民团结、向上的精神风貌和浓郁的洮州民俗风情，促进文化、体育、旅游事业的全面、协调、可持续发展，更好地发挥文化、体育、旅游在社会主义物质文明、政治文明和精神文明建设方面的独特作用。活动吸引更多的游客前来临潭观光旅游，休闲度假，商贸考查，投资兴业，进一步推动全县旅游业的跨越式发展。

0199 "冶力关杯"公开拔河赛

文献依据：临潭县文化局

起始时间：2009年

流布区域：洮州

举办机构：甘肃省体育局

级　　别：省级

简　　介：2008年，临潭县以悠久的拔河传统、灿烂的拔河文化、丰富的拔河内涵以及广泛的大众参与性而获得了首个"全国拔河之乡"的殊荣。2009年成功举办了甘肃临潭－冶力关中国拔河公开赛暨首届洮洲拔河节。2011"冶力关杯"中国拔河公开赛暨第三届甘肃－临潭－洮洲拔河节开幕式上，临潭县再获殊荣。这一赛事不仅是中国拔河协会2011年工作的重中之重，更是得到世界拔河界的广泛关注。"冶力关杯"中国拔河公开赛不仅成为中国西部地区体育赛事活动中一个闪耀的亮点、一朵靓丽的奇葩，而且服务我国西部地区经济和旅游的事业发展，为提高西部地区大众健康水平，促进西部民生工程建设做出应有的贡献。

0200 碌曲县赛马节

文献依据：碌曲县广播电影电视局
起始时间：不详
流布区域：拉仁关乡、尕海乡、玛艾镇、双岔
举办机构：各乡镇农牧民自行组织
级　　别：乡（镇）级
简　　介：传说藏族英雄史诗《格萨尔》中的雄狮大王格萨尔，13岁时在桑科达久滩赛马夺冠，登基称王，从此草原有了赛马节。每年农历六月十五日，举行赛马会，来自甘青川各地的观光游客云集，帐篷如云，万头攒动，煞是热闹。赛马常以主题的形式在节日中显现，而且，更为重要的是，建立在对马的浓郁感情基础之上的藏族人民，创造了独具民族特色的赛马文化。

0201 玛曲县格萨尔赛马大会

文献依据：玛曲县文化局
起始时间：2004年8月
流布区域：中国西部地区
举办机构：玛曲县委、县政府
级　　别：县级
简　　介：玛曲举办赛马活动的历史悠久，自2004年以来，玛曲以格萨尔赛马大会为平台，每年举办赛马大会，着力打造"天下黄河第一弯、格萨尔发祥地、世界最美湿地草原、中国赛马之乡、藏民歌弹唱故里"五大旅游文化品牌，传承和弘扬民族文化，加强了与社会各界的文化交流、经贸往来和睦邻友好关系。玛曲也是藏族史诗英雄格萨尔王的发祥地，少年格萨尔曾经在这里凭借东方神骥——河曲马，一举赛马称王，留下了许多耳熟能详的美丽传说，玛曲是中国四大名马之一河曲马的故乡，传统的赛马竞技文化经久弥香，2010年被国家体育总局、中国马术协会授予"中国赛马之乡"称号。玛曲格萨尔赛马大会是集中比赛、观赏、娱乐为一体的传统体育赛事。目前已成为中国西部地区规模最大、参赛团队最多、奖金最高的民族传统体育赛事，被誉为"草原奥运会"。玛曲赛马大会已成为外界了解甘南、了解玛曲的窗口，成为玛曲民众与国内外朋友加深友谊、深化交流、共谋发展的桥梁和纽带，展现生态玛曲、和谐玛曲、幸福玛曲的新形

象的窗口。每年比赛期间，玛曲县牛角琴公司演职人员和当地民众还相继表演集体舞弹唱、组合唱、弹唱联唱、集体锅庄等独具玛曲特色的歌舞节目，河曲马场马球队展示了马球比赛和骑马捡哈达等，受到民众喜爱。大会尽情展现西部少数民族独特风情，并不断传承格萨尔文化。

甘肃省文化资源名录

第二十九卷 节庆、赛事、文化之乡

文化之乡

（一）传统村落
（二）文化户
（三）文化名城
（四）文化名村
（五）文化名街
（六）文化名镇
（七）文化艺术之乡

甘肃省文化资源名录 第二十九卷 节庆、赛事、文化之乡

文化之乡

文化之乡主要是指文化底蕴深厚，地域特色鲜明，文化艺术资源留存丰富，传承创新突出，对促进地方经济文化发展具有重要作用的县（市）、乡镇、村落和家庭，包括传统村落、文化户、文化名城、文化名村、文化名街、文化名镇、文化艺术之乡七个分类。

文化之乡部分注重收录甘肃省内被正式命名，有文化（艺术）内涵，有历史价值，对当地群众文化生活及经济社会发展产生积极影响，受到保护且具有开发利用价值的文化资源。

（一）传统村落

本卷传统村落是指民国以前建村，建筑环境、建筑风貌、村落选址未有大的变动，具有独特民俗民风，虽历史久远，但至今仍为人们服务的村落。传统村落不仅有美学价值，而且对完善新农村规划、提高城市建设水平都有借鉴作用。本部分以国务院或相关部委、行业部门以及甘肃地方政府认定公布的名单为准。

0001　兰州市西固区河口镇河口村

批准时间：2012-12-17

批准单位：住建部、文化部、财政部等

所属地区：兰州市西固区

代表人物及骨干队伍：河口村委会

简　　介：河口镇河口村位于庄浪河与黄河交汇处，村庄沿河而建，风景优美。河口村人文资源丰富，现存有古民居40处，200多间，祠堂两座，存有古码头遗址1处，古城池庄河堡遗址等。河口民俗文化丰富，地域特色明显，是兰州文化的发源地之一。2013年，获甘肃省历史文化名村称号。同年，河口村恢复历史文化街区项目列入兰州市华夏文明传承保护创新区项目，村上集资300万元恢复性整修了道路、古码头和黄河堤岸，西固区政府投资300万元修缮了濒危古民居。2012年12月被评为首批中国传统村落。

0002　兰州市永登县连城镇连城村

批准时间：2012-12-17

批准单位：住建部、文化部、财政部等

所属地区：兰州市永登县

代表人物及骨干队伍：以连城鲁土司衙门博物馆专业人员为基础的队伍

简　　介：连城村位于永登县连城镇大通河畔，历史上是连城鲁土司的政权驻地，至今保留有完整的鲁土司衙门旧址和连城古城的格局，现在为连城镇人民政府所在地，连城古村为甘青地区多民族文化交融之地，历史上既是军事重镇，又是商贸、文化、宗教集镇。连城古村依山傍水，其核心为鲁土司衙门旧址，为全国重点文物保护单位，建筑恢宏。在村落中还有显教寺、雷坛以及众多的寺院庙宇和大量的古民居。2012年12月被评为首批中国传统村落。

0003　兰州市榆中县青城镇城河村

批准时间：2012-12-17

批准单位：住建部、文化部、财政部等

所属地区：兰州市榆中县

代表人物及骨干队伍：城河村委会

简　　介：城河村位于榆中县青城镇，处于黄河上游谷地，西距兰州市110公里，北距白银市30公里，南距榆中县城90公里，省道"白榆公路"穿境而过。城河村村域南北向呈带状延伸，土地面积1000多亩，其中耕地900多亩，占全村总土地面积的90%，人均耕地仅0.5亩，耕地面积较少，人地矛盾突出，主要经济以温室大棚较多，反季节的蔬菜已成为了城河村的支柱产业。城河村系宋仁宗宝元年间（公元1038-1039年）秦州刺使狄青平叛巡边时所建城池的护城河而得名。其现存的主要建筑有省级文物保护单位高家祠堂以及县级文物保护单位青城书院、城隍庙、罗家大院和45处古民居四合院。主要的非物质文化遗产有青城小调、铁芯子（抬子）、道台狮子、英雄武鼓、剪纸、刺绣、水烟制作工艺、陈醋制作工艺、船馍馍制作工艺、酸烂肉等，其中青城小调、水烟制作工艺、道台狮子列入甘肃省级非物质文化遗产名录。2012年12月被评为首批中国传统村落。

0004　白银市景泰县寺滩乡永泰村

批准时间：2012-12-17
批准单位：住建部、文化部、财政部等
所属地区：白银市景泰县
代表人物及骨干队伍：永泰村委会
简　　介：寺滩乡永泰村以其境内距今400多年的永泰古城而闻名。永泰古城东西520米、南北460米，平面呈椭圆形，城墙底宽12米、顶部残宽1-3米、高12米。因城平面形似乌龟，故又称"龟城"。该城门向南开，城周有护城河，城墙外侧有瓮城1处、月城3个、马面12个。城墙除西北、东南有3个豁口外保存比较完整。古城内原有古建筑于20世纪60年代被拆除。城内现有古民宅320平方米；民国九年（公元1920年）建成的"永泰小学"分前后两院，占地面积7.5亩，为民国时期典型的哥特式建筑；城内"五眼井"为雍正二年陕甘总督岳钟琪为补龟城五脏六腑所建。系将水磨沟地下水用暗渠引入城内，在城门对应的正街，挖坎儿井五个将水导入城西北角的"甘露池"，再由暗渠流入城外护城河。城西南水磨沟沟口、官草沟沟口和东南约4公里的山上各有烽火台1座。城北每隔1.5公里有烽火台1座向北连于20公里外的明长城上。古城历经400年之久，文化内涵丰富且城墙保存比较完整。1993年经甘肃省人民政府公布为省级文物保护单位；2006由甘肃省建设厅、甘肃省文物局批准为甘肃省第一批历史文化名村；2006年由国务院公布为全国重点文物保护单位；2012年12月被评为首批中国传统村落。

0005　天水市麦积区麦积镇街亭村

批准时间：2012-12-17

批准单位：住建部、文化部、财政部等
所属地区：天水市麦积区
代表人物及骨干队伍：刘占山、张小红、卜文辉、王玉顺、王毛生、王晓红、穆云儿
简　　介：街子古镇位于麦积区麦积镇北，即今街亭村，村域面积约4.6平方公里。古镇地处西秦岭北麓观音山下东柯河尽头南北支流交汇的三角洲上，周围群峰环拱，景色绮丽。古镇早在新石器时代晚期，就有人类生活栖息的遗迹，夏、商、周三代属雍州。古镇始建年代已无确考，但应早于北魏，大约在春秋战国时期。先秦时设亭，称街子，属邽县，汉景帝时期为上邽县县治所在地，汉代街子县衙就设在古镇南川，"九股松"就长在衙址内。古镇在唐代发展到鼎盛，修筑了城墙及城门楼阁，已形成了相当规模的集镇。古镇主要格局形成于明清两代，民国得以延续，用"十"字形主街将镇内划分，整体布局井然有序，四方互通，体现了中国传统城市设计理念。现十字街两侧的土木结构的商栈店铺、民居，主要为明清至民国时期建筑，大街小巷相互贯穿，院落错落，店铺栉比，许多小巷通向纵深的民居院落，且保存基本完整。2012年12月被评为首批中国传统村落。

0006　天水市麦积区新阳镇胡家大庄村

批准时间：2012-12-17
批准单位：住建部、文化部、财政部等
所属地区：天水市麦积区
代表人物及骨干队伍：郭海明、胡云、胡福茂、胡贡兴、胡杰、胡明福、胡智远
简　　介：胡家大庄村地处天水市麦积区西北部的新阳镇，南对凤凰山，东北渭河环绕，西依牛乳山，坐落于麦甘、新凤公路交汇处，坐西向东，交通便利，村域面积约4.3平方公里。胡家大庄胡氏祖先于明洪武年定居新阳镇，建庄于河川龙王庙一带，约273年后，因关门沟连年洪水成灾，村民难以安居。于崇祯八年即1636年，经胡氏家族商议疏散搬迁，除一部分迁往温家集、温家坪等5处外，大部分搬迁至胡家大庄现址，在总门北侧，建庄造宅，至清乾隆三十三年，建成以总门、西门、东门为出入口，有排水、防御功能的村堡式村庄。村庄布局合理，格局为两纵五横，村内路网整齐有序、四通八达，保存有大量较为完整的明清风貌古建筑。村域环境优美，至今仍保持传统村落格局。随着社会的不断进步，现已扩建为六纵六横，分南、北、中3个居民区，现有居民760户3880人，产业以果品、劳务、养殖为主。2012年12月被评为首批中国传统村落。

0007　陇南市文县石鸡坝乡哈南村

批准时间：2012-12-17
批准单位：住建部、文化部、财政部等
所属地区：陇南市文县
代表人物及骨干队伍：哈南村委会
简　　介：文县石鸡坝乡哈南村又叫哈南寨，坐落在离文县城30多公里的白水江上游南岸，与九寨沟同一方向。远在新石器时代，哈南村就有人类繁衍生息，迄今约有4000多年的历史，属文县四大边寨之一。历史积淀深厚，建筑风格独特，文物资源富集，民俗文化丰富多彩。唐宋以来，官方在此设屯置寨，部兵戍守，是抵抗吐蕃入关的重要隘口。明代建有规模较大的王镇寨。村内有3街9巷13座古楼子，有西京观、南佛寺等古建筑。2012年12月，哈南村被住建部、文化部、财政部列入首批中国传统村落名录，全市仅此一村。

0008 天水市清水县贾川乡梅江村

批准时间：2013-08-26

批准单位：住建部、文化部、财政部

所属地区：天水市清水县

代表人物及骨干队伍：梅江村委会

简　　介：清水县贾川乡梅江村村落形成于元代以前，村域面积1.6平方公里，村庄占地240亩。古民居属清中期古建筑，位于贾川乡梅江村三组，距贾川乡政府5公里。该建筑为清代中期朱姓进士故居，现居住村民24人。6处古建筑面积300多平方米，坐北朝南，整体形制与建筑是典型的四合院组合，村落至今保存有6棵明中期古槐树。古建筑为清中期建筑风格，共23间，悬梁土木结构，唯一古朴、粗柱宽廊、直棂隔窗，雕刻精美，有书房、客厅，花石铺地，花木葱郁，端庄大方，气息不凡。2013年入围第二批中国传统村落名单。

0009 陇南市文县铁楼乡入贡山村

批准时间：2013-08-26

批准单位：住建部、文化部、财政部等

所属地区：陇南市文县

代表人物及骨干队伍：入贡山村委会

简　　介：入贡山村位于白水江之南的白马河北岸半山坡上，隶属文县铁楼乡，全村81户，320人全部为白马人。相传，古时候谁要入住此山，就要先给头人进贡，入贡山也由此得名。入贡山村可以说是民族文化保存最多、最全的村寨之一。和所有少数民族一样，入贡山的白马人也是能歌善舞，其中最有名的要数傩舞"池哥昼"。"池哥昼"又称"鬼面子"，因表演时头戴面具，亦称"白马面具舞"。"池哥昼"是陇南白马语的音译，"池哥"意为面具，"昼"为歌舞，这是至今还遗存在白马人生活中古老且具有原始风貌的群体祭祀舞蹈。每逢春节，文县铁楼乡白马河畔的村村寨寨都要跳起池哥昼，驱邪消灾，企盼新的一年吉祥和顺。整个场面古朴豪放、庄重热烈，既富有神秘气氛，又充满了浓厚的娱乐色彩。2007年，池哥昼被列入第一批国家级非物质文化遗产名录。白马人来客必敬酒，敬酒必唱歌。白马人的敬酒歌有两种类型：一种是勒中的敬酒歌，白马人称为"酒曲"。另一类是后人创作和即兴创作的敬酒歌，白马人称为"酒歌"。酒歌大致分为三种：第一种是给池哥、池母敬酒的歌；第二种是给尊敬的长辈和尊贵的客人敬酒的歌，白马人称"朝呆"；最后一种是给平辈客人敬酒唱的歌，白马人称"朝喜"。2013年8月被评为第二批中国传统村落。

0010 陇南市文县铁楼乡案板地村

批准时间：2013-08-26

批准单位：住建部、文化部、财政部等

所属地区：陇南市文县

代表人物及骨干队伍：案板地村委会

简　　介：铁楼乡案板地村位于白水江之南的白马峪河流域，村子三面环山。远望案板地村，在绿树掩映中只见一片片青瓦土墙，整个村庄宁静悠远。因为森林覆盖面广，也让这里成了大熊猫、金丝猴、锦鸡等珍稀动物的栖息地。村中有历史久远的槐树、杜仲、皂夹树等古树。根据案板地人传说，他们是原住四川江油的白马人，东汉末三国时期为躲避战争祸害到这里繁衍生息。案板地的白马人好歌唱，民间歌曲题材广泛，演唱形式多样，歌词口语化，造就了白马人无人不歌、无处不歌、无事不歌、无情不歌。白马人的土琵琶弹唱更是一绝，据当地传说，汉代白马人就有了琵琶。琵琶是用上好的椴木制作，发音清澈透亮，装有3根弦，其中外面的一根叫"子弦"，里面的两根称"嘟弦"。琵琶小曲旋律优美动人，有几十种之多。村旁不远处有百丈悬崖，悬崖高处有一石洞，清溪从洞中飞流直下，蔚为壮观。石洞正中有云瀑寺，建于清朝乾隆年间。云瀑寺的一副楹联写道：洞外有奇观千丈悬崖垂白练，山中无俗事一天星斗送青烟，道出了自古以来案板地人悠然自得的生活状态。2013年8月被评为第二批中国传统村落。

0011 陇南市文县铁楼乡草河坝村

批准时间：2013-08-26
批准单位：住建部、文化部、财政部等
所属地区：陇南市文县
代表人物及骨干队伍：草河坝村委会
简　　介：铁楼乡草河坝村位于白水江之南的白马峪河流域中段河谷地带，白马河从村中流过。据史书记载，西汉水、白龙江流域及涪水上游，是古氐原始分布所在。古代氐族在此部落众多，有十多个，以白马氐为最大。千年的历史滋养出了草河坝丰富多彩的文化，这一点从白马人绚丽奇特的服饰就可看出一二。白马人的头饰、发饰、胸饰、衣饰、腰饰直至脚饰都极其精致讲究，从上到下构成了既完整又和谐的统一体，又集中体现了白马人乐观开朗的民族性格。草河坝村至今还保留着独特的传统民俗活动，其中最重要的一项就是烤街火。烤街火从腊月初八开始，每天晚上全寨男女老少齐出动，大家一起凑柴、烤火、唱歌、讲故事、跳火圈舞……这样的热闹场面一直要持续到正月十七才结束。草河坝村的民居建筑颇具特色，家家户户门前立木头架子，打土墙或用石块砌墙，房顶盖瓦，楼上铺木板，有的楼前门面用木板装修或编竹笆用泥糊，有的楼前门面不遮拦。楼下住人，楼上堆放杂物、粮食，这样的建筑风格也常见于其他白马藏族村。在草河坝村后的山冈上有一座白马爷庙，相传三国时期，蜀王刘备征霸西蜀，当时居于平武、南坪、文县的氐族白马部落派大将嗒西嗒嘎与蜀军逐鹿于川西北江油一带，由于敌众我寡，嗒西嗒嘎最终战败阵亡。到了魏晋时期，白马族人为了纪念嗒西嗒嘎，白马部落逐地修庙画像用于祭祀。2013年8月被评为第二批中国传统村落。

0012 甘南藏族自治州卓尼县尼巴乡尼巴村

批准时间：2013-08-26
批准单位：住建部、文化部、财政部等
所属地区：甘南藏族自治州卓尼县
代表人物及骨干队伍：尼巴村委会
简　　介：甘南藏族自治州卓尼县尼巴乡尼巴村地处车巴河中游的尼巴乡，距卓尼县人民政府驻地80公里，海拔2930米，与迭部县、碌曲县和四川省若尔盖县接壤，距麻路镇30公里，江迭路从村口经过，车巴河穿村而过。尼巴村地势平坦，田园风光美丽，是以牧业为主的纯藏族聚居区，其中牧业占80%，经商占10%，药材和野生菌占10%。在全乡4个行政村中，牧民生活水平、家庭经济收入和牲畜存栏数居首位。"尼巴"为藏语译音，意为"阳坡"。远望尼巴村，村寨的房屋建筑格式类同，错落有致，鳞次栉比，古色古香。从低到高，层层叠加，户户相连，组合成一个严密壮观的防御整体。一看那坚固的结构和雄傲的阵势，就明白是战乱年代防盗防匪、抵御入侵的需要。特别是蓝天白云下，家家户户房顶上搭晒青稞的架杆密如蛛网，纵横交错，更给山寨增添了神圣神秘的色彩。尼巴村的村民均为藏族，全民信仰藏传佛教，保留着浓郁的宗教气息。河边一座白塔，是村里人进行宗教活动的地方。尼巴藏寨最远的历史据说可追溯至两百年前，当地牧民由当时的戍边将士定居演变而来。进入21世纪以来，这个百年村寨最鲜明的变化是由于文化知识的普及，一部分人已经走出传统牧业生活，越来越多地从事起交通运输和商贸活动。尼巴村的新一代，正以各种新颖的方式，紧跟着时尚，实现着各自的人生价值。2013年8月被评为第二批中国传统村落。这是甘南州截至目前唯一被列入中国传统村落名录的村落。

0013 临夏回族自治州临夏市城郊镇木场村

批准时间：2013-08-26

批准单位：住建部、文化部、财政部等

所属地区：临夏回族自治州临夏市

代表人物及骨干队伍：木场村委会

简　　介：临夏市城郊镇的木场村因为有八坊十三巷而出名。唐朝时，大食(今沙特阿拉伯)、波斯等国商人及宗教人士来往河州(临夏古称)一带经商、传教，逐步修建了多座清真寺及其教坊，形成了一个"围寺而居、围坊而商"的穆斯林聚居区，故得名"八坊"，含有"教坊"和"番坊"之意。盛世大唐，这里宗教兴盛、商业繁荣的场景亦可以想见。八坊十三巷是典型的回族聚居区，由大寺坊、祁寺坊、西寺坊、北寺坊、铁家寺坊、前河沿寺坊、老王寺坊、新王寺坊等八坊；大旮巷、小南巷、坝口巷、北巷、沙尕楞巷、专员巷、大南巷、仁义巷、细巷、拥政路、铁家寺巷、王寺街等十三巷组成。八坊的古建筑是回族前人在长期的生产生活过程中逐渐形成的，伊斯兰文化特色较为浓郁，各式清真寺融中国古典建筑风格和阿拉伯特色于一体，庄严肃穆，秀丽壮观。现存穆斯林居住的院落、清真寺等建筑气势宏伟，有裙楼、阁楼、砖雕、木刻等特色工艺。

八坊十三巷的街巷结构最早形成于清初，许多建筑年代久远，具有临夏传统建筑的典型特征，街区内有大量典型的老胡同和四合院。这些古老民居，以大旮巷80号最为特色。这处民居始建于1930年，俗称"大公馆"，是地方军阀马安良之子"三少军"马廷勷私邸。"大公馆"占地3.5亩，建筑面积513平方米，坐北朝南，修有三间堂屋，堂屋两侧有阁楼，院内东西两侧分别建有厢房三间，南侧修有过厅，还建有偏院、车马院。整个院落气势宏伟，有砖雕、木刻，雕工细腻，飞椽画栋，门庭高深，可谓八坊民俗民居中的典范。置身其中，犹如一幅在人们眼中徐徐展开的画卷，细细欣赏，方能领略其中清雅韵致。2013年8月木场村被评为第二批中国传统村落。

0014 白银市景泰县中泉镇三合村

批准时间：2014-11-17

批准单位：住建部、文化部、财政部等

所属地区：白银市景泰县

代表人物及骨干队伍：三合村委会

简　　介：中泉镇三合村，当地人都叫西番窑，是因古代少数民族在村边砂岩上开凿窑洞居住而得名。宋代以后人们把青海、甘肃居住的少数民族称为西番。这些石窟全部用金属器具精心凿刻而成，沿断崖面呈东西走向，窑口高低不齐。西番窑正面大小洞口112孔，洞内面积3430平方米，其中最大的洞内面积600平方米，最小的才3平方米。窑洞始建于宋代，经后来居住的人陆续开凿，才有了现代的规模。2014年11月，通过文物工作者考古挖掘，成功申报并被评为第三批中国传统村落。这些窑洞被历史文物专家称为21世纪甘肃考古工作的一大发现。西番窑的窑洞内部似一座座迷宫，又像一幢幢三层小楼。十几眼窑洞相对独立，却又有暗道相通。复杂的结构中隐藏着合理的布局和齐全的功能。遇到天灾人祸的特殊时期，人和牲畜可以全部容纳，在里面居住一两个月不成问题，曾在历史上多次发挥了重要的防御保护作用。1936 年，红四方面军强渡黄河之后，这些窑洞曾作为红军某部机关和医疗队队部驻地。现在的西番窑具备基本的防灾安全保障、基本的保护管理机制、基本的传统村落保护发展综合能力。以三合村整体格局和历史环境风貌的保护和利用为核心，以保护西番窑的真实性、完整性、延续性为目标，使三合村成为自然、现代与历史和谐共生的历史文化名村和优秀传统村落。

0015 白银市景泰县寺滩乡宽沟村

批准时间：2014-11-17
批准单位：住建部、文化部、财政部等
所属地区：白银市景泰县
代表人物及骨干队伍：宽沟村委会
简　　介：寺滩乡宽沟村地处寿鹿山北麓，距离乡政府 25 公里，有 5 个自然村，9 个村民小组，377 户 1607 人，耕地 12836 亩，退耕还林 15000 亩。宽沟村属于干旱山区，海拔 2300 米以上，十年九旱，靠天吃饭，农作物主要以旱地扁豆、豌豆、小麦、胡麻等为主。乾隆二十二年，县丞移驻红水城，始为皋兰县红水分县，道光年间县丞又移驻宽沟，仍称为红水分县。清咸丰年间，建宽沟堡、宽山书院。村内宽沟城遗址于 1988 年被景泰县人民政府公布为县级文物保护单位。2014 年 11 月，被国家住建部、文物局等七部委联合公布为第三批中国传统村落。

0016 庆阳市正宁县永和镇罗川村

批准时间：2016-12-09
批准单位：住建部、文化部、财政部等
所属地区：庆阳市正宁县
代表人物及骨干队伍：罗川村委会
简　　介：庆阳市正宁县永和镇罗川村是正宁县的古县城，原称城关是因为处于罗川城的城关而取名，今改称罗川村（城关村）。据历史记载，正宁在历史上曾六易其名：西汉置阳周县，东汉归称泥阳（治在今宁县），北魏重置阳周县，隋开皇十八年（598 年）因"罗水出于川"改为罗川县；唐天宝元年（742 年），唐玄宗遂将罗川改名为真宁县；清雍正元年（1723 年）因避世宗"胤禛"讳，更名为正宁县。此间，正宁县治皆在罗川，民国 18 年（1929 年）县治迁往山河，至此罗川县治时间长达 1509 年。罗川文物古迹众多，琴山、泰山、药王山、北华山四座名山耸立四周。铁旗杆、赵氏牌坊、赵氏祠堂、罗川碑廊最为著名。罗川村内的古民居有 13 处，而门牌号为"城关村 180"号的路氏民居极具代表性，它是庆阳市目前保存现状较好的古民居之一。该民居位于正宁县罗川古城街道南侧，占地面积 500 平方米，为四合院式民居。整组建筑坐东朝西，从建筑结构看，应为清代晚期建筑。史传罗川"八景"为：琴峰古洞、罗山兔穴、泰山拱翠、温泉夜月、云寂孤峰、五掌山形、支当古渡、灵湫乔松。正宁文庙位于罗川村正宁二中院内。初建于元代至正年间（1325-1368 年），明洪武二年（1369 年）知县郭均重修，明末毁于兵燹，清顺治年间（1643-1661 年）重修，康熙、雍正、乾隆年间曾进行维修，庙前保留汉柏一棵。文庙大殿坐南朝北，面阔五间，长 16.5 米，进深 8.5 米，高 6.2 米，占地面积约 200 平方米。歇山顶两端有吻纹，柱头斗拱为双抄下昂，甚长；斗拱形体粗壮，柱头有卷刹。2003 年公布为市级文物保护单位。2006 年 7 月，正宁永和镇罗川村被评为首批甘肃省历史文化名村。2016 年 12 月，被评为第四批中国传统村落。

0017 平凉市静宁县界石铺镇继红村

批准时间：2008-07-01

批准单位：甘肃省人民政府

所属地区：平凉市静宁县

代表人物及骨干队伍：毛泽东、周恩来、张闻天、王稼祥、博古等中央领导曾在继红村宿营扎寨，留下了许多珍贵的历史资料。

简　　介：界石铺镇继红村因红军长征旧址而闻名，旧址由红军楼和张家大院两部分构成。红军楼原是名为"庆圣楼"的戏楼，建于光绪十三年，现位于界石铺红军长征纪念馆东侧。张家大院始建于1927年，现为界石铺红军长征纪念馆，位于甘肃省静宁县界石铺镇继红村。这里曾是中国工农红军长征两次途经和三大主力胜利会师的地区之一。毛泽东、周恩来、张闻天、王稼祥、博古等中央领导曾在这里宿营扎寨，召开干部群众大会，留下了许多珍贵的历史资料。1996年前后，群众自愿集资，县委、县政府拨款共同修建了纪念馆。该纪念馆占地面积35亩，建筑面积5200平方米，设有3个展室14个展柜。馆内陈列毛泽东、周恩来、朱德、邓小平、王稼祥、张闻天、博古等中央领导同志长征时的珍贵图片资料40余件，"平型关大战要图"等实物16件，还陈列有毛泽东当年用过的电话机、铜灯、火盆和房东家的织布机、纺线机、古式梳妆台以及肖华在长征中用过的办公桌等。位于继红村的界石铺红军长征纪念馆现为全省爱国主义教育基地、中共党史教育基地、国防教育基地和全国30条红色精品旅游路线中的知名红色旅游景区。继红村是一个具有七十多年光荣革命传统的红色革命老区村，是革命烈士的故乡、重要的革命与战争纪念地，是甘肃省知名红色革命旅游景区，具有极为深刻的红色文化内涵。

0018 天水市甘谷县大像山镇黄家村

批准时间：2012-06-12

批准单位：甘谷县住房和城乡建设局

所属地区：天水市甘谷县

代表人物及骨干队伍：董娇建、李永楠

简　　介：甘谷县大像山镇黄家村南500米的丹泥山半山腰有马务寺石窟，山下有寺庙一处名金仙寺，位于316国道南，交通便利，每逢重大节日，方圆百里的百姓都会到这里朝拜，祈福求平安。马务寺石窟坐南向北，窟龛形制系平面近方形。现存洞窟13处，其中13窟（玉皇洞：高3.5米，宽3米，进深4.4米）和14窟（观音洞：高3米，宽2.5米，进深2.5米）两洞为明代所凿。玉皇洞东壁上绘有壁画一幅，据《甘谷县志》记载：山下原有寺庙一处（金仙寺），创建于明洪武四年（1371年），坐南朝北，依洞形制及窟内壁画，县志记载等推断，石窟开凿年代应为明代，该石窟对研究明清壁画艺术价值等具有重要价值。

0019 天水市甘谷县大像山镇二十铺村

批准时间：2012-06-06

批准单位：甘谷县住房和城乡建设局

所属地区：天水市甘谷县

代表人物及骨干队伍：卢许

简　　介：大像山镇二十铺村位于G316国道边，交通便利，村内有陇上名刹华盖寺，华盖寺以华盖洞为中心，东南至喇嘛顶，西至西沟，北至天定高速，建设地带为外延200米以内，石窟依山沿崖开凿在悬崖上，有大小石窟25个，现存塑像30余尊，最高第一窟距地面66米，窟深5.2米，宽2.1米，高1.9米，内有释迦牟尼塑像和壁画，其余窟内有千手千眼佛、无量祖师、伏羲等像，多系清代作品。该寺创建于元代，清时重修。

华盖寺现今常住僧众二十多人，作为甘谷的佛教中心，在全国佛教界具有一定的声誉和地位。为庄严国土、利乐有情，寺院每年四月初八、七月十五都会举行盛大的佛事活动。多年来在佛教协会会长本逢大法师的带领之下，多次举办慈善活动，捐助学习用品、衣服等，帮助边远山区的贫困学生和当地群众，为社会主义精神文明建设做出贡献，被县政府评为全县宗教工作先进集体。

0020 天水市甘谷县渭阳乡蔡家寺村

批准时间：2013-06-06

批准单位：天水市住房和城乡建设局

所属地区：天水市甘谷县

代表人物及骨干队伍：李记平

简　　介：甘谷县渭阳乡蔡家寺村位于甘谷县城东北方向，村内有蔡家寺，位于渭河北崖，距县城10公里，寺院北依巍巍黄山，南临滔滔渭水，山下陇海铁路横贯东西。据清乾隆三十四年《伏羌县志》载，蔡家寺创建于元顺帝至正年间（公元1341-1369年），距今近七百年历史。明万历十五年（公元1578年）重建大雄宝殿，清康熙三十七年（公元1689年）再次修缮。蔡家寺依山而建，坐北朝南。从山脚至半山腰，阶梯而上，营造有序，疏朗自然。山门为明次三间，采用单翘无昂五踩斗拱。财神殿为楼阁式建筑。此外，还有三国殿、菩萨殿、文昌阁、大雄宝殿、祖师殿、伽蓝殿、讲经堂等。寺内大小建筑30余处，均为清代所建。与甘谷其他古建不同的是全部建筑均采用悬山顶式建造，清代风格明显。蔡家寺建筑规模宏大，结构布局紧凑合理，气势庄严雄伟。蔡家寺整体建筑共分三层，由山下拾级而上，每到一层，便可游览不同的殿宇建筑，也有不同的感受。一个层次，如同一个境界。登之弥高，境界弥高，感受亦不同。当登上最高层时，便觉视野迥然开阔，平视白云飞鸟，俯瞰渭水波涛，心游物外，目极八方，给人顿以脱凡去尘之感。

0021 天水市甘谷县大石乡贯寺村

批准时间：2012-06-06

批准单位：甘谷县住房和城乡建设局

所属地区：天水市甘谷县

代表人物及骨干队伍：贯寺村委会

简　　介：甘谷县大石乡贯寺村位于甘谷县大石镇东面甘礼公路旁，南面与河南村隔河沟相望，北为山区与武山村接壤，村的西面是牛川村，村的东面是火石山村，南面有一河流清溪河从西向东流过，整体上是以河流为走向带状发展起来的村庄。贯寺村以贯寺砖牌坊著称，贯寺砖牌坊始建于1928年，为贯子川李善积家的贞节祠，祠院占地面积342平方米，坐北朝南，前为牌坊，后为祠堂，东西为厢房。牌坊为二级三间砖结构牌楼式建筑，宽13米，高11米。整个祠院工艺精细，风格古朴，是县内唯一的砖石结构古建筑，为县级文物保护单位。牌坊系古代的一种建筑形制，形状像牌楼，旧时用来宣扬封建礼教所谓忠孝节义的人物，具有一定的文化价值。

0022 天水市甘谷县八里湾乡张家坪村

批准时间：2013-06-07
批准单位：甘谷县住房和城乡建设局
所属地区：天水市甘谷县
代表人物及骨干队伍：裴春圃

简　　介：张家坪村在八里湾乡东北，距乡政府5公里远，全村280户4109人，村庄占地面积210亩。明朝洪武二十年，张玉景钦此为女状元，并为全村人修建瓦房，故取名"瓦房村"。该村以灵龟山为依托，依山而建，全村多为瓦房，一条通乡公路贯穿全村，公路旁边有菩萨寺1处，女状元张玉景庙宇在菩萨寺隔壁，周围绿树环绕，山峦起伏，风景美丽。该庙宇建筑为木质结构，建筑面积35平方米，房屋以松木为主，顶部盖青瓦，墙由砖块修建而成。庙宇取名"望陵阁"，出土文物有石佛一尊，石斧一柄，石灯两座，现保存完整。庙宇地址在张家坪村灵龟山菩提寺外侧，与菩提寺隔墙为邻，状元坟墓在庙宇上方150米处，张玉景是我国历史上唯一的一位女状元。

0023 天水市甘谷县新兴镇永安村

批准时间：2013-06-07
批准单位：甘谷县住房和城乡建设局
所属地区：天水市甘谷县
代表人物及骨干队伍：牛全成

简　　介：永安村（俗称土桥村），位于甘谷县新兴镇姚庄道北，距离县城5公里，距离新兴镇街上1.5公里。村域内甘通公路穿境而过，交通位置优越，区位优势明显。现有村民6000多人，15个村民小组，为全县第二大行政村，是闻名陇右的传统砖瓦村，从事砖瓦生产的家庭400多户。该地也是"甘谷脊兽"加工基地。脊兽在古代既是权力的象征，又是驱邪祈福的镇宅之宝，常见于殿宇、寺庙及民居建筑。在甘谷各类建筑中，脊兽使用很普遍，寺庙建筑全部砌脊瓦兽，居民中，上层家庭也普遍在影壁、博凤头、廊心墙等部位使用。甘谷脊兽图案题材广泛，有人物、花卉、动物、博古等，人物有佛、道、儒经典故事中人物形象，花卉有莲花、梅花、牡丹、菊花，动物有龙、鹿、鹤、凤、马、麒麟、蝙蝠等等吉祥之物，博古有博古架和文房四宝。近年来，他们又引进琉璃烧制技术、烧制琉璃脊兽，赋予传统脊兽以新的色彩，大大拓展了脊兽的表现内容，其作品遍布西北名山寺院及旅游区，在全国各级展评活动中屡获大奖。"砖瓦名三陇，脊兽誉九州"。2005年甘谷脊兽被列入首批省级非物质文化遗产保护名录。

0024 天水市甘谷县六峰镇觉皇寺村

批准时间：2013-06-07
批准单位：甘谷县住房和城乡建设局
所属地区：天水市甘谷县
代表人物及骨干队伍：漆金巧

简　　介：觉皇寺村位于天水市甘谷县六峰镇东部五公里川区，辖11个村，5个自然村。境内有觉皇寺一座，觉皇寺原名兴国寺，据《伏羌县志》记载："兴国寺明洪武年建。"距今已有600余年。觉皇寺有两样东西值得游人流连细品，观瞻膜拜。第一件当属寺内的国槐，人们戏称它是"老槐抱新孩"。相传唐王李世民巡视西域，途经冀城，曾在此住宿一夜，并亲手栽植了此槐。古槐至今已逾千年，枝繁叶茂，树径需五人环抱。天水市国槐古树分布广泛，觉皇寺国槐为发现最大之株，树龄约有1000年，成为全市古国槐中的佼佼者。远远望去，在唐槐树荫掩映下的觉皇寺，显得十分幽静。第二件就是钵。钵，又称钵多罗、钵和罗等，是僧尼常持道具之一，一般作为食器。觉皇寺里面保存着一个黑钵。清代有一位称皇经王爷者，道号爽灵道人，名叫王永灵的人，曾用此钵云走四方，行善化缘，最后在寺内坐化。被称为皇经王爷的王永灵所使用的这个钵成莲花形状，通体黑色，据说是用一根葡萄根制作的。寺院同时还保留王永灵使用过的行囊、扇子等遗物，另外寺院内还存有清代的几部经书。槐、钵器这两样东西历来被认为是觉皇寺的镇寺宝物，也是觉皇寺值得骄傲的根本。山因水灵，寺院因为有了奇异珍宝而身价陡增。如同南郭寺的春秋古柏、玉泉观的四面道流碑一样，觉皇寺的唐代古槐、皇经王爷的钵器，是这所寺院的命脉和灵魂，也是觉皇寺声名远播、历久而更让人迷恋的因由。

0025　天水市甘谷县六峰镇姜家庄村

批准时间：2013-06-07

批准单位：甘谷县住房和城乡建设局

所属地区：天水市甘谷县

代表人物及骨干队伍：谢霖

简　　介：姜家庄村位于甘谷县六峰镇，东接六峰村，西邻苍耳王村，南倚将军岭，北邻渭河，交通便利，与甘北公路和东川公路相邻。村内主要巷道，公路全部水泥硬化，干净整齐，树木林立，空气新鲜，环境优美，且依山傍水，是个宜居之地。姜维纪念馆位于姜家庄村以南，背倚将军岭，占地4500平方米，分前后院。前院山门两旁设有厢房4间，分别是接待室、馆长室、阅览室等。前院沿台阶而上进入后院，后院主要是姜维大殿，面积为360平方米，大殿门窗是由木雕手艺制作而成，精雕细琢，巧奇夺工，院内左侧立中央军委原总参谋长杨成武将军题"姜维故里"碑，现保存十分完整。姜维"但有远志，不在当归"，九伐中原，誓死统一的爱国主义精神时刻激励着广大干部群众及军警官兵，倡导爱国之风，结"两拥"硕果，被团县委命名为青少年爱国主义教育基地，被天水市人民政府命名为全民爱国主义教育基地。

0026 天水市秦安县陇城镇娲皇村

批准时间：2013-01-27

批准单位：天水市住建设局、天水市文化广播影视新闻出版局

所属地区：天水市秦安县

代表人物及骨干队伍：娲皇村委会

简　　介：娲皇村地处中国历史文化名镇——陇城镇中心，主要分布在古略阳城内明清街两侧及城外。古略阳城呈八卦形，建造于汉代，阴阳对称。由于清水河冲毁，阳极已经荡然无存，暂存的半个城内主要是明清时代建造的商贸、楼阁等共计120余间，建筑面积为5125平方米，形成一条具有鲜明明清时代特色的商业街。由于明清古建筑一条街是全市保存最完整的明清古建筑群和古城遗址，娲皇村也因此成为第一批被列入天水传统村落名录的村庄。娲皇村除了女娲祠和明清古建筑一条街，村内保存的古遗址、古建筑有：龙泉井、女娲祠、古街道、古城墙、古商铺、古民居、古槐树、古器皿和传统饮食等，其传承的传统手工艺制作有：仿古雕刻、马尾荷包、蒸大馍、打锅盔、剪窗花等已经流传有千年之久。按照《陇城镇历史文化名镇管理规定》，娲皇村划定的重点历史文化保护范围就是明清古建筑一条街，并力争把明清街打造成为陇城镇乃至全县的一张靓丽的旅游名片。

（二）文化户

本卷文化户特指由甘肃地方政府认定的具有一定社会认可度、完全或不完全从事文化产业活动且自身具有文化传承的个人或家庭，包括文化大院。

0027 天水市秦州区皂郊镇贾家寺村文化大院

批准时间：2010-11-01

批准单位：甘肃省文化厅

所属地区：天水市秦州区

代表人物及骨干队伍：秦州小曲表演队

简　　介：皂郊镇位于天水市南部，距市区仅有15公里。贾家寺村位于316国道沿线，是皂郊镇的南大门，交通便利。现有人口956人，203户，耕地面积1637亩，村内的涌泉寺周围古树环绕，景色宜人。贾家寺村，民风淳朴，历来就热爱文化活动，农忙务农，农闲时间自发组织开展广场舞、小曲表演等多种娱乐活动。2004年成立秦州小曲表演队，在本村以及周边村婚丧嫁娶、祭祀庙会、逢年过节自娱自乐，传承非遗文化的同时，积极参与天水市伏羲文化节、春节文艺演出等大型文化活动，文化氛围深厚。2006年荣获中国天水伏羲文化旅游节优秀表演奖，2008年在天水市首届春腔（小曲）票友大奖赛中荣获优秀组织奖，2014被天水市秦州区文广局评为非遗文化开展活动优秀民间表演团队。2010年贾家寺村文化大院被甘肃省文化厅评为先进农民文化大院。

0028 天水市张家川县恭门镇付川村文化大院

批准时间：2010-11-04

批准单位：甘肃省文化厅

所属地区：天水市张家川县

代表人物及骨干队伍：杨国强、王进忠、付玉芳、付应周、王玉科、黄慧萍、付岗艳

简　　介：恭门镇付川村位于恭门镇东部，距城中心6.3公里，是一个传统农业大村。该村交通便利，通信快捷，有线电视覆盖全村，群众致富信心十足。2009年天平铁路的开工建设，彻底改变了张家川县几千年无铁路的历史，对付川村的发展起决定性的作用。全村总面积3.2平方公里，有8个村民小组，425户农户。该村有深厚的文化底蕴，村民自发组建了民间自乐班。2009年付川小曲被列为市级非物质文化遗产保护项目。2010年11月该院被甘肃省文化厅评为省级文化大院。

0029 平凉市崇信县锦屏镇占胜文化大院

批准时间：2010-10-01

批准单位：甘肃省文化厅

所属地区：平凉市崇信县

代表人物及骨干队伍：张占胜（占胜自乐班）

简　　介：占胜文化大院创办人张占胜，甘肃省崇信县锦屏镇东街村人，自幼喜爱民间文化，跟随父亲张树清学习板胡、二胡演奏技艺，学唱秦腔、民歌、弦子腔等地方曲艺，曾荣获平凉民间文化能人和平凉农村文化带头人荣誉称号，被平凉电视台《泾水艺苑》、《走进百姓》栏目采访，2010年被省文化厅授予"先进农民文化大院"荣誉称号，2012年被平凉市职称改革领导小组办公室、市文化广播影视新闻出版局评为"中级曲艺艺术师"职称。1984年创建占胜自乐班至今，演出队伍不断壮大，参与人数50多人，投资10多万元购置文武演奏乐器数十件，购置灯光舞台音响设备一套。常年开展文化交流活动，利用农闲时节或茶余饭后在自家院落聚集群众，演唱陇东民歌、弦子腔、秦腔等地方传统节目，满足群众精神文化需求。每逢节日庆典、庙会或农村婚丧嫁娶、满月寿辰应邀助兴演出，每年参与下乡演出场次100余场，极大地丰富了城乡群众文化生活，同时带动当地文化产业蓬勃发展。还计划投资修建一栋三层仿古建筑及陇东民居窑洞，内设有文化活动区、民俗展览区、文化体验区等功能区域，丰富村民文化生活，提升村民精神素养，增强村级文化内涵，满足群众日益增长的精神文化需求。

0030 酒泉玉门市柳河镇蘑菇滩村文化大院

批准时间：2012-12-20

批准单位：酒泉市文化广播影视新闻出版局

所属地区：酒泉玉门市

代表人物及骨干队伍：柳河镇秦剧团

简　　介：柳河镇秦剧团设在蘑菇滩村，是一个群众自发组织的民间团体，该剧团成立于新中国成立前，历经解放战争时期、"文革"时期和改革开放时期，在特定历史时期做出了应有的贡献。经多次变更，于2009年正式命名为柳河秦剧团，也就是在这个时候，柳河镇以秦剧团为主体建立了柳河镇文化大院。剧团拥有多个演出场地，其中于2009年修建了占地面积2000平方米的柳河剧院及广场。2011年正式挂牌命名为"柳河秦剧社"。在柳河镇党委、政府的支持和鼓励下先后两次购买了道具和服装。目前，柳河镇秦剧社拥有齐全的服装、乐器、道具等设施，共有12余万元的固定资产。剧团现有40多人，每年为周边地区的农民演出多达60余场次，每次演出时都会有近千人前来观看。

0031 酒泉玉门市下西号乡川北镇村文化大院

批准时间：2012-12-20

批准单位：酒泉市文化广播影视新闻出版局

所属地区：酒泉玉门市

代表人物及骨干队伍：川北镇村文化能人

简　　介：玉门市下西号乡川北镇村文化大院现有红色收藏、手工艺、根雕、奇石、摄影、书画、梅花鹿特色产品等共3000余件。全乡在册的乡土文化能人共有300多名，特长涉及6个领域，形成一个良好的文化产业发展氛围。该乡打造了覆盖全乡群众文化活动"三大平台"，即"魅力乡村大舞台"、"书香乡村大讲堂"、"绚烂乡村大展台"。三大文化品牌的精彩亮相不仅使全乡文化软实力进一步增强，也激发了群众共同参与的热情。开设"书香乡村大讲堂"，举办"农耕文化节"，在文化大院共举办群众性舞台节目4场次，开展各类培训6场次，共接待参观人员2000多人次，借阅图书224册。文化大院还辐射带动了"农家乐"的兴起，"昌盛人家"餐馆业因为农家大院的建成呈现出了良好的发展趋势，不仅促进了全乡蔬菜、畜牧业等的发展，也为群众提供了就业岗位，推动和提高了民间手工艺品和地方土特产业的发展。同时，以文化助推服务业发展，促进文化与旅游相结合，以旅游扩大文化的传播和消费。目前，正在积极与旅行社进行接洽，使游客能驻足文化大院进行参观购物，以旅游带动餐饮业的发展，以旅游业积极培育字画、工艺美术等文化消费品市场，实现文化、旅游有机融合。

0032 兰州市榆中县三角城乡高墩营村先进农民文化大院

批准时间：2010-11-01

批准单位：甘肃省文化厅

所属地区：榆中县三角城乡

代表人物及骨干队伍：钱其峰

简　　介：高墩营村农民文化大院内有80多平方米的图书阅览室，藏书达到5000册以上，有标准篮球场1个，50平方米乒乓球室1个，农民科技培训大厅占地300平方米，可同时容纳260人，有多媒体教学设备。培训大厅的建成投入使用为高墩营村举办科技培训提供了场所。高墩营大戏台坐落在学校操场内，为举办大型活动提供了场所。建有面积为6000平方米的科技文化广场一座，广场内配备了各类健身器材，休息廊亭，有多条健身路径，是人们休闲、娱乐、健身的好去处。2010年11月高墩营村被甘肃省文化厅评为先进农民文化大院。高墩营村党支部、村委会为进一步活跃全村村民的文化生活，加快社会主义新农村文化建设，在文化大院建设和发展中，坚持走改革创新之路，健全工作机制，完善管理制度，围绕广大群众求知、求富、求健康、求和谐的需求，不断深化文化大院管理和服务功能，努力把文化大院创建成"四新"（倡导新风尚、培育新农民、争创新农家、建设新农村）活动的基地，造福于群众的乐园。以此为平台，在农闲之余为村民提供文化大餐，丰富农民文化生活，提高村民素质，培养新型农民，促进高墩营村各项事业积极健康发展，推动社会主义新农村建设。

0033 庆阳市合水县民俗文化公司张巧能

批准时间：2005年

批准单位：甘肃省民间工艺协会

所属地区：庆阳市合水县

代表人物及骨干队伍：张巧能

简　　介：张巧能，女，汉族，1964年7月出生。合水县西华池镇人，合水县民俗文化公司员工，曾多次参加庆阳市香包节的大型参赛作品绣制，为家乡争取多项荣誉，2003年参与绣制的《群象图》获香包节"金奖"，2005年绣制的《瑞鹤图》获博览会"金奖"。被评为"甘肃省民间工艺大师"。

0034 庆阳市合水县城乡就业服务局邵霞

批准时间：2011-06-03

批准单位：甘肃省民间文艺家协会

所属地区：庆阳市合水县

代表人物及骨干队伍：邵霞

简　　介：邵霞，女，汉族，1973年9月出生于甘肃省合水县，高中文化程度，家住合水县政协家属院，现在合水县城乡就业服务局工作。甘肃省民间艺术家、庆阳市民间工艺美术大师、合水县民间艺术家协会会员。代表作品刺绣类有《百象图》、《梅兰竹菊》四条屏、《芦花双雁》四条屏、《牡丹》四条屏、《梅花》四条屏、《松鹤延年》四条屏、《枫叶杜鹃》、《枇杷秀玉》、《鸳鸯戏牡丹》等八十多件。2006年，《芦花双雁》获第五届中国庆阳端午香包民俗文化节刺绣类金奖,《松鹤延年》、《福寿花卉》获优秀奖;2007年《春满乾坤》获中国庆阳端午香包民俗文化产业博览会刺绣类铜奖;2006年7月被庆阳市民间工艺美术协会授予"庆阳市民间工艺美术大师"称号。2011年6月被甘肃省民间文艺家协会授予"甘肃省民间艺术家"称号。她的作品在继承古老的民间艺术传统基础上又有创新,构图奇特而新颖,造型美观而神奇,针法多变,线条流畅,内涵深厚,寓意深刻,有着强烈的艺术生命力,不仅是陇东人民气质的反映,更是嫁娶必不可少的妆饰精品,而且具有浓郁的合水乡土气息。作品多次在庆阳香包民俗文化节上展销,深受中外宾客的喜爱,成为刺绣爱好者收藏或馈赠亲友的佳品。

0035 庆阳市合水县民俗文化公司王雪珍

批准时间:2003年
批准单位:甘肃省民间工艺协会
所属地区:庆阳市合水县
代表人物及骨干队伍:王雪珍
简　　介:王雪珍,女,汉族,1968年8月出生,合水县民俗文化公司员工。曾多次参加市、县级举办的刺绣培训班,自幼酷爱"针工",传承了老一辈人的刺绣技巧,并通过各种渠道,学习研究苏绣、湘绣的特点,并运用于实践中,其绣制的作品内涵丰富,针法娴熟,作品中《五个麻雀》、《芦雁图》、《八骏图》等成为市、县级培训样板绣品,作品连续三届在香包节上被评为"金奖"。2003年被命名为"省级民间工艺美术大师"称号。

0036 庆阳市合水县太莪乡史海能

批准时间:2011-06-03
批准单位:甘肃省民间工艺协会
所属地区:庆阳市合水县
代表人物及骨干队伍:史海能
简　　介:史海能,女,汉族,高中文化程度,生于1978年2月4日,甘肃省合水县太莪乡北掌大队安集自然村人,现居住于合水县城合水一中对面。系合水县民俗文化产业协会会员,2011年被命名为甘肃省民间工艺美术大师。自幼受奶奶及母亲的影响学习做针线活,在2002第一届中国·庆阳香包节的筹备工作中参与绣制了合水县参展的主题作品《百象图》,从此便常年给县文化馆、合水县民俗文化总公司做活,主要从事刺绣、香包、肚兜、绣花拖鞋等种类的作品制作。其香包代表作有《九龙治水》、《琴棋书画》、《福娃》等;刺绣代表作有《松鹤延年》、《四级梅花》、《红枫叶》、《牡丹图》、《鸳鸯》等,部分作品在历届香包节展出中获奖。

0037 兰州市西固区陈守文

批准时间:2011-11-25
批准单位:兰州市文明办
所属地区:兰州市西固区
代表人物及骨干队伍:陈守文
简　　介:陈守文,字云山,1932年生,西固区柳泉乡人。1951年参加工作,历任公社主任、党委书记、区党校常务副校长等职。为兰州聚文社会员,敦煌艺术研究会会员,西固区老年书画协会主席,柳泉乡书画协会会长。其书法篆刻作品多次参加省市区及全国书画展,获金银奖。1998年荣获"兰州市首届农民艺术家"称号,2016年荣获"兰州好人"称号。陈守文是柳泉乡文化建设带头人,退休不退岗,忙于乡村文化,修建碑林增强地方文化底蕴,传承非遗文化启发后辈,撰写日志和地方历史文献资料多部,被称为"社火专家"、"铁芯子专家",为农村文化建设做出了贡献。

0038 兰州市永登县城关镇硬狮子文化中心户

批准时间：2012-04-18

批准单位：兰州市文化馆

所属地区：兰州市永登县

代表人物及骨干队伍：冯德培

简　　介：硬狮子文化中心户位于永登县城关镇南街村生产巷166号，代表性传承人冯德培。这是一处非物质文化遗产，有庄浪河奇石、根雕、仿古兵器等，且进行武术培训、硬狮子表演传承的文化大院。2009年硬狮子舞这项独门技艺在兰州市区水车园表演，进入了一家北京公司的视线，当年，这家公司把硬狮子舞请到了北京，在中华世纪坛演出场地热闹上演。永登县近年来加大了该县非遗物质文化保护工作的力度，使这个项目得到了进一步发展和完善。

0039 兰州市榆中县韦营乡文明和谐家庭骆天佑家

批准时间：2013-10-12

批准单位：榆中县文明办

所属地区：兰州市榆中县

代表人物及骨干队伍：骆天佑

简　　介：骆天佑是韦营乡李家坪村村委会主任，多年来引导大家搞舍饲养羊、商品洋芋种植，带领农户找出路、谋发展。妻子杨彩梅在家务农，儿子大学毕业在定西电信单位上班，女儿在外地工作。该家庭模范遵守美德家庭行为公约，带领大家积极参加各项社会有益活动，家庭和谐，夫妻恩爱。家庭成员具有较强的美德意识、法律意识及自警意识，崇尚美德、爱国守法、尊老爱幼、团结邻里、互助街坊，热心公益，在村中有较高的群众威信；崇尚科学，努力学习，爱岗敬业，家庭学习氛围浓厚，具有积极向上的生活情趣，带头移风易俗，婚丧嫁娶，凡事节俭，家风良好，在全乡深受大家的好评，是全乡群众及邻居的学习榜样。

0040 兰州市榆中县三角城乡"十星级"文明户孙兴国家

批准时间：2009年

批准单位：榆中县文明办

所属地区：兰州市榆中县

代表人物及骨干队伍：孙兴国

简　　介：三角城乡大兴营村孙兴国家，是2009年榆中县委县政府颁发的十星级家庭。提起孙兴国夫妇，认识他们的群众都会流露出羡慕的眼神。因为他们有一个美满幸福的大家庭。这个大家庭和谐幸福，孝敬老人，各人思想较为进步。孙兴国妻子积极带动本社妇女种植高原夏菜，主动积极帮助同龄妇女搞好农业。该家庭作风民主，没有暴力，男女平等，邻里和睦。夫妻二人的乐于助人是人人知晓，邻里邻居好多时候找他们帮忙，他们从不拒绝，每次都是尽自己的全力热心帮助群众。孙兴国家更是一个友爱的大家庭，大哥孙峻岩曾是榆中县第一中学的校长，多年来勤勤恳恳于教书育人的事业，为榆中一中的发展做出了贡献，更为千万莘莘学子报效祖国奠定了坚实的基础。孙兴国夫妇育有一儿两女，儿子和大女儿都在银行工作，小女儿在榆中县第一中学任教，儿女们均已成家，各自在自己的岗位上为祖国的美好明天作出贡献。孙兴国家房廊左右两边墙上写着"物华天宝人杰地灵，斯是陋室惟吾德馨"。孙兴国说当年因为大哥喜欢便写上去了，尽管日子久了，字迹略显模糊，但是这两句话的精髓却印在了这个大家庭里每个成员的骨子里，激励着这个大家庭的孩子们努力拼搏，不忘做对社会有用的人。

0041 兰州市榆中县贡井乡"幸福家庭"张志高家

批准时间：2012-08-04
批准单位：榆中县计生局
所属地区：兰州市榆中县
代表人物及骨干队伍：张志高

简　　介：张志高，1971年3月生，中共党员，榆中县贡井乡地湾村村主任。妻子王克菊，家中务农，儿子张重泽，17岁，现就读于榆中县第四中学。夫妻相互恩爱、孝敬老人、家庭和谐，他们是道德模范家庭，更是致富的带头人。平时热心助人，邻里之间和睦相处，生活、生产方面在村里起到良好的带头作用。夫妇两人积极响应政府号召，发展产业种植，脱贫致富。张志高在自己致富的同时不忘自己村主任的职责，他配合乡政府，向村民宣传各项种养殖项目和技术，农闲之余，他喜欢书法作品。张志高全家人拥护党、爱国家、守法纪，尤其在计划生育方面他们更是响应党的号召，严格按照政策方针来执行。他们积极参加乡上及村上组织的健康服务检查和讲座，用自己的行动影响着周围的群众。夫妻结婚多年来相敬如宾，孝敬老人，兄弟之间团结和睦、互相帮助，是一个和睦幸福的大家庭。

0042 兰州市榆中县三角城乡"文艺之家"孙时俊家

批准时间：2013-11-11
批准单位：榆中县县妇联
所属地区：兰州市榆中县
代表人物及骨干队伍：孙时俊

简　　介：孙时俊家有11口人，孙时俊1950年出生，退休前是三角城乡大兴营村小学的音乐教师，2002年加入大兴营村文艺团队，擅长二胡、电子琴演奏和陇原小调编写。妻子马英兰也于2002年加入大兴营村文艺团队，擅长于民族舞蹈，多年来悉心指导大兴营村文化团队民族舞蹈的表演。大儿子孙逢堂1971年出生，现任职于榆中县教育局，毕业于榆中师范音乐班，乐器方面擅长二胡，声乐方面也有所长。二子孙逢庭，1973年出生，现任教于榆中师范，从事体育教学工作，擅长于流行音乐。女儿孙逢霞，1976年出生，毕业于西北师范大学音乐系，现榆中县一悟小学音乐教师，擅长钢琴演奏。大儿媳罗明霞，1973年出生，毕业于榆中师范音乐班，后于西北师范大学进修，主攻手风琴。二儿媳梁治萍，1975年出生，西北师大体育系毕业，现在三角城小学从事体育教学。女婿金泉余，1973年出生，毕业于榆中师范美术系，擅长书法、绘画。孙子孙玮，1997年出生，现就读于西北师大附属中学，已通过钢琴9级考试，成为表演级。外孙金义杰，2001年出生，就读于榆中六中，擅长萨克斯。孙子孙翊荣，2001年出生，现就读于榆中九中，是一名体育健儿。在这个大家庭里每个人都努力实现着自身价值，为社会大家庭尽职尽责，平安、文明、和谐家庭在这里得到了全面的诠释。

0043 兰州市榆中县清水驿乡杨秀珍

批准时间：2009-10-05
批准单位：榆中县文化局
所属地区：兰州市榆中县
代表人物及骨干队伍：杨秀珍

简　　介：杨秀珍是清水驿乡天池峡村一位地地道道的农民，作为一名普通的农家妇女，她20多年来在耕作之余坚持写作，将自己对生活和乡情的感悟凝练出来，以最直观的感受，用最朴素的文字，刻画出一种田园生活的美好场景。她先后被甘肃省作协、省杂文学会吸收为会员，在各类刊物上发表了300多篇文章。作为一名普通的农家妇女，做了一件很不普通的事，20多年来在耕作之余坚持写作，"喜欢在山上放羊时写作！"杨秀珍说。前些年她还没有大量发表作品，不敢公开地写作，放羊时披件羊皮袄，揣上写字板和纸笔，一个人在山上静静地思考、写作，累了就躺在山坡上望着天空出神地遐想。当时她没有考虑过能不能发表，写好后就向各种报刊投稿。直到2004年，她写的《拒绝可怜》在《甘肃农民报·副刊》上发表，极大地鼓舞了她的创作信心。随着作品越发越多，村里的人们才慢慢知道，经常寄信来的那个"古风"原来是她。于是喜欢人们称她为古风，因为这个笔名让她实现了理想，活得与众不同。古风的文章多数是描写乡情、感悟亲情的内容，这是她多年对乡村生活的细致观察和思考的结晶，文字中充满着对人性、家庭和农民切身的感受。

0044 兰州市榆中县夏官营镇刘小玲

批准时间：2014-04-25

批准单位：榆中县宣传部

所属地区：兰州市榆中县

代表人物及骨干队伍：刘小玲

简　　介：刘小玲，1974年出生在宛川河上游的夏官营镇太平堡村，是一个地道的农家女孩，父母的老实质朴润泽了她美好的心灵。她自幼失去父亲，在母亲的教育下长大，从小就乖巧、和气、懂事，孝敬老人，善解人意。1995年，刘小玲嫁入宛川河下游金崖镇金崖村，与金崖村三社的陆义军结为夫妻，和公婆住在一起。当时公婆都已经六七十岁了，两个老人的身体也不是太好。但两个老人性格豪放、正直而又一团和气，从不指责他人，一家人和睦相处，其乐融融。然而天有不测风云，1999年秋的一天，小两口正起劲盖房的时候，公公因腿脚有问题，住院了。这一突如其来的事情可忙坏了小两口，既要盖房子，又要去医院照顾老人，真是辛苦。但是从没听到儿媳刘小玲的一句怨言，只见她衣衫单薄了，身体消瘦了，仍热情地跟人们打招呼。公公平时就有高血压，2004年突发心脏病倒在床上，2009年灾星又降到了婆婆身上，老人家因脑溢血半身不遂，生活不能自理。刘小玲没有一句怨言，一直照顾两位老人，直至离世。"滴水之恩，当涌泉相报"，"父母之恩大于天"，"百善孝为先"，这是我们中华民族的传统美德，刘小玲没什么大文化，高学历，也不会甜言蜜语，但她用一个瘦小的身影，为我们树立了一个闪光的形象。

0045 兰州市榆中县马坡乡"五好家庭"刘永胜家

批准时间：2015-01-05

批准单位：榆中县宣传部

所属地区：兰州市榆中县

代表人物及骨干队伍：刘永胜

简　　介：刘永胜，1944年出生于马坡乡哈班岔村，16岁初中毕业后入伍，在新疆喀什服役，担任炮兵。服役5年后，回到家乡马坡，他发现家乡农业受到的冰雹等自然灾害的影响，使农作物减产现象严重，对此感到非常痛心。由于他自身具有专业基础，并且本人喜爱农村气象科学知识，从而主动担任马衔山气象炮手。在担任炮手期间，尽职尽责，认真学习农业科学知识，平时向群众大力宣传农作物的防冻防灾等气象知识。一门高炮、一部电台、一间10平方米的简陋小屋，从20多岁的年轻人到花甲老人，在高山之巅近40年的坚守。作为高炮防雹炮手，为了农业防雹减灾，72岁的刘永胜默默地奉献了青春。现在，他还坚守在炮手的岗位上。由此，在2014年被评为"榆中县十大道德模范"之一。

0046 兰州市榆中县金崖镇魏常林

批准时间：2014-04-25

批准单位：榆中县宣传部

所属地区：兰州市榆中县

代表人物及骨干队伍：魏常林

简　　介：魏常林出生在一个平凡的农民家庭，从小刻苦学习写得一手好字，平时刻苦钻研科学知识、养殖知识和种植知识，并向村民宣传所学知识。其家庭和睦，倡导新风。孝敬老人、尊重体贴父母是中华民族传统家庭美德。弘扬这种传统美德对于现代社会仍有十分重要的意义。魏常林一家夫妻恩爱，尊老爱幼。邻里关系也非常融洽。在这个家庭里，尊老爱幼、男女平等、夫妻和睦是家庭的家规与家风。全家人互敬互爱。晚辈对长辈尊敬、孝顺，长辈对晚辈爱护，是一个名副其实的和睦家庭。其热心公益，帮贫济困。作为山区4个村之一的大涝池村，和其他山区村一样，大多数人都搬迁至金崖，走出大山，村上也剩下了为数不多的几家人，魏常林家便是其中一家。所以魏常林经常帮助全村人。作为"留下来"的一部分人，魏常林在寒暑假辅导小学生作业、红白事情上写对联，春节前为各家各户送春联、送祝福。始终积极参与、全力支持，帮助每一位需要帮助的群众，他总是身先士卒、慷慨解囊。在村里，他还义务打扫卫生，修剪树木，补修田间道路。不断学习，提高自我。魏常林经常在村图书室借阅各种书籍，不断提高自身修养，而且积极参加村镇等单位组织的各类培训。

0047 兰州市榆中县贡井乡"五好家庭"杨翠兰家

批准时间：2003-03-08

批准单位：榆中县妇女联合会

所属地区：兰州市榆中县

代表人物及骨干队伍：杨翠兰

简　　介：杨翠兰，1963年5月生，家住榆中北山贡井乡吕家岘村，全家7口人，现已是四世同堂。全家人热爱生活，勤俭持家，团结邻居，家庭和睦，尊老爱幼，深受当地邻里的一致好评。韦军满、杨翠兰两人自组建家庭以来，他们相互尊重、相互理解、相互支持、共同提高。在伺候公公的时候，杨翠兰更是细致入微，每天问寒问暖，在她的精心照顾下，九十岁的老父亲依然健康地享受着天伦之乐，她用自己的实际行动，诠释着自己作为儿媳妇应尽的孝道。幸福美满家庭的建立离不开和乡邻们的和睦相处。在对待邻里关系上，全家人都一直坚持着"邻里关系亲如弟兄，情同手足"的理念，邻居家只要谁有了困难，他们就一定会伸出友爱之手，主动去帮助大家，为大家排忧解难，只有大家都幸福了，才是真正的幸福。她们注重对下一代的培养，教育孩子学会感恩、学会做人、学会做事、学会乐于助人，三个懂事的孩子通过刻苦勤奋的学习也在默默地支持着母亲，先后一个个考上大学，现已都找到较好的工作。此外杨翠兰还多次获得"双学双比"女能人、"百名孝星"、优秀共产党员等荣誉称号，其爱人韦军满被评为贡井乡致富带动创新人、贡井乡先进工作者称号，其家庭被评为2009年度榆中县"和谐家庭"示范户。

0048 兰州市榆中县夏官营镇闫祖来

批准时间：1992-10-15

批准单位：榆中县文明办

所属地区：兰州市榆中县

代表人物及骨干队伍：闫祖来

简　　介：闫祖来，男，生于1943年，榆中县夏官营镇夏官营村村民，榆中县老年书法家协会会员，笔势雄健洒脱，诗文酣畅雄厚，其书法作品在全国享有名气。他的书法作品分别在歌唱祖国、歌颂母亲暨庆祝新中国60华诞全国书画大赛中荣获金奖；在纪念毛泽东同志《在延安文艺座谈会上的讲话》发表65周年"毛泽东诗词"全国书画大赛中荣获金奖；在纪念康有为逝世80周年全国书画大赛中荣获金奖，在梅兰竹菊全国书画大赛中荣获金奖；在"首届中国书画家走进黄河口名家邀请展"活动中，被授予"中国书画家黄河口大众推广奖"，作品藏于中国书画名家展馆；在纪念欧阳询诞辰1450周年全国书画大赛中荣获金奖；作品在纪念毛泽东同志逝世30周年"毛泽东诗词"全国书画大赛中荣获银奖；创作的《书法》荣获第二届农民艺术节·全市农民书法展二等奖；在第二届"欧阳询奖"全国书法大赛中获得银奖；其创作的《大篆对联》入选庆祝中华人民共和国成立64周年暨第四届农民艺术节金秋之梦·农民作品展；参加了百名农民写《宪法》活动，书法作品入选《百名农民写宪法书法作品集》；获得"兰州市第六届运动会暨建国六十周年书画摄影大赛"优秀奖等诸多书画类奖项。

0049 兰州市榆中县贡井乡"文化之星"金美凯

批准时间：2007-05-06

批准单位：榆中县文明办

所属地区：兰州市榆中县

代表人物及骨干队伍：金美凯

简　　介：金美凯，生于1976年，籍贯甘肃省榆中县贡井乡崖头岭村。业余书法爱好者，酷爱诗词书法，古文楹联。艺名金梅开，号醉心人。学习正书、行书、草书，师法张芝、张旭、怀素等。尤其擅长龙蛇飞动、纵横跌宕之狂草、大草。学逾十年，心摹手追，乐此不疲。在书法的诸多幅式中尤其喜用长卷，曾用真、草二体书录古今诗词近千首。兼学钢笔书法，曾临黄若舟、庞中华先生部分字帖。其作品《清平乐·六盘山》获得2007年"伟人颂·纪念毛泽东《论实事求是》发表70周年全国书画大赛"金奖，被湖南毛泽东书法研究院授予"当代书画百强"、"二十一世纪中国书画百杰"等荣誉称号。

0050 兰州市榆中县银山乡滕祖仁

批准时间：1992-07-12

批准单位：榆中县人民政府

所属地区：兰州市榆中县

代表人物及骨干队伍：滕祖仁

简　　介：滕祖仁系榆中县银山乡打磨沟村口子社农民，一家6口人，儿子儿媳在外打工，两个孙子都在读小学。户主滕祖仁出生于1951年10月2日，自上初中开始，对书法产生兴趣，抽空进行临帖练习。他家并不宽裕，用节衣缩食省下来的钱买纸墨笔砚、名人书法集等。他将这一爱好坚持了下来，并取得了一些成绩。1989年加入榆中县书法协会，并参加了多次书法比赛，均获得了较好的成绩。1991年荣获新中国成立四十周年榆中县书画摄影联展优秀作品奖；1993年11月作品白居易诗《草》获首届银山乡书法比赛一等奖；1993年12月荣获榆中县纪念毛泽东诞辰一百周年《毛泽东诗词》青少年书法比赛青年组纪念奖；1994年10月其中一幅作品被榆中县文化馆收藏。

0051 兰州市榆中县韦营乡好媳妇韦正翠

批准时间：2014-12-30

批准单位：榆中县文明办

所属地区：兰州市榆中县

代表人物及骨干队伍：韦正翠

简　　介：韦正翠出生于1917年3月，韦营乡李家坪村人，她热爱家庭、无私奉献，忠于爱情、勤俭持家，尊老敬老、任劳任怨，同时，更是群众眼中的好妻子、好儿媳。她以一个典型的东方女性的心态，埋头做着她认为该做的事，把"孝"字深深地刻写在自己的字典里，抒写着"孝"的朴实与无华。2005年冬的那场大雪使灾难降临到这个原本平静的家庭。韦正翠的婆婆不小心摔倒，急忙送到医院检查，经医生诊断，老人是大腿骨折，需要立即住院手术。这虽然不是大病，但无疑是一道晴天霹雳，阴云笼罩着整个家庭。经过医院的全力救治，老人的腿治好了。在住院的一个月里，因丈夫是村支部书记，忙着处理村上的一大堆事，照顾婆婆的重担就落在了韦正翠一个人的身上。喂药喂水喂饭、梳头洗脸洗脚、端倒便盆、擦洗身子……30多个日日夜夜，韦正翠从未耽误过一次，她默默无闻照顾婆婆的行为，深深感染着同病房所有的人，感染着医生和护士。出院后，韦正翠的婆婆还需要人照顾，吃饭、穿衣、梳头、起床这些最简单的事都不能自理。于是，韦正翠开始担负起了给婆婆喂饭、喂水、洗脸、穿衣等繁琐的护理工作。无论是日复一日的端汤送水、洗脸洗脚、揉肩捶背，还是每周一次的洗头洗澡、擦身换衣等，她都从未落下过一次。韦正翠不但对自家的老人关心照顾，她也不忘照顾村里的孤寡老人。她以自己的实际行动诠释着中华民族的传统美德。

0052 兰州市榆中县金崖镇张斌

批准时间：2014-04-25
批准单位：榆中县宣传部
所属地区：兰州市榆中县
代表人物及骨干队伍：张斌
简　　介：张斌同志出生在一个淳朴的农民之家，金崖镇张家湾村人，从小刻苦学习，成家后也不忘刻苦钻研，掌握了许多种植技术。一、遵纪守法、勤劳致富。该同志自觉学法，积极参加各类普法学习，做到知法、守法、用法，依法办事，依法维护自身权利。遵守村规民约和社会道德规范，认真履行公民义务和权力，家庭成员没有违法违纪行为，将所学的法律知识运用到生产生活中。二、家庭和睦，倡导新风。该同志一家夫妻恩爱，尊老爱幼。邻里关系也非常融洽，从未和邻居发生过口角。他在做好生产工作的同时，宣传引导群众破除陈规陋习，封建迷信，提倡新事新办，勤俭节约。杜绝抵制赌博和封建迷信活动，组织群众学习国家法律、法规，开展读有益书和读有用书活动，开展村规民约学习培训，引导村民自觉抵制不良行为。三、热爱学习，家教文明。《新闻联播》是张斌一家每天必看的电视节目，他还利用时间在农家书屋学习《致富之经》、《农民文摘》等报纸杂志。他经常说，一个人要不断学习，才能有长进。在他的影响下，家庭的学习气氛很浓，妻子也通过学习各种农科技术，达到提高蔬菜产量的目的。

0053 张掖市临泽县倪家营镇亢吉才家庭

批准时间：2013-06-06
批准单位：临泽县文广新局
所属地区：张掖市临泽县
代表人物及骨干队伍：亢吉才
简　　介：亢吉才家中3口人，儿子正在上初中，家庭经济来源主要以种植和养殖为主。他引导家庭成员树立终身学习的意识，养成良好的学习习惯，努力实现家庭生活学习化。家中藏书1500余册，书籍多为文学类，有中外名家的文学名著、历史类、文化教育类，也有农业技术类和其他社会科学类。

0054 张掖市临泽县倪家营镇亢吉文家庭

批准时间：2013-06-06

批准单位：临泽县文广新局

所属地区：张掖市临泽县

代表人物及骨干队伍：亢吉文

简　　介：亢吉文家中5口人，儿子正在上初中，家庭经济来源以种植和养殖为主。他在中学时就对文学有着浓厚的兴趣，曾和同学们一起办过文学社，油印过《小草》文学刊物。爱书、爱读书、也爱藏书。爱藏书是他的癖好，历经20年读书藏书的过程，现有各类藏书300余册。在藏书方面已略有收获的亢吉文喜欢读书，单日读经，双日读史，间隙博览其他类图书及各种报纸杂志，在读书方面基本上做到了有序、有恒、有量、有质，不但如此，他还养成了每天不读书睡不着觉的习惯。

0055 张掖市临泽县倪家营镇孙海科家庭

批准时间：2013-06-06

批准单位：临泽县文广新局

所属地区：张掖市临泽县

代表人物及骨干队伍：孙海科

简　　介：孙海科家中4口人，儿子正在上初中，家庭经济来源主要以种植和个体经营为主。对书籍情有独钟的他手里有了余钱，就用来买书，渐渐地积攒了百余本图书，村上的很多人也在闲暇时到他家来借书。同时，他还重视智力投资，家庭对学习的投入逐年增加，专门布置了自己的书房，现在藏书220余册，除此之外还经常订购各类报纸杂志。

0056 张掖市临泽县倪家营镇亢吉军家庭、

批准时间：2012-06-06

批准单位：临泽县文广新局

所属地区：张掖市临泽县

代表人物及骨干队伍：亢吉军

简　　介：亢吉军家中3口人，儿子已经上了大学，家庭经济来源主要以种养植和劳务输出为主。他们夫妻恩爱、孝敬老人、关怀子女、热心助人、邻里和睦，用读书装点了生活，充实了头脑，提升了品位，从书中得到了无穷无尽的力量和智慧。他们用生活工作中平凡的事、点滴的情构建了一个读书的家庭、和谐的家庭，赢得了村子、邻里、同事和周围人们广泛的赞誉。

0057 张掖市临泽县板桥镇贾秀萍家庭

批准时间：2013-10-21

批准单位：临泽县文广新局

所属地区：张掖市临泽县

代表人物及骨干队伍：贾秀萍

简　　介：2013年，贾秀萍一家被评为12345家庭文化示范户。贾秀萍在古城村任文书、兼图书管理员，为了提高业务知识便于调解处理村民事务，利用图书管理员之职，抽空闲时间阅读各类图书，特别是业务知识会计、财会管理、法律常识、科技宣读、普法知识等。个人及丈夫、儿女所订各类刊物、报纸在8种以上，全家人藏书600多册。

0058 张掖市临泽县倪家营镇张丁家庭

批准时间：2013-06-06

批准单位：临泽县文广新局

所属地区：张掖市临泽县

代表人物及骨干队伍：张丁

简　　介：张丁家中5口人，儿子被西北师范大学录取后，家庭经济来源主要以种植和养殖为主，自己还是县聘农民技术员。腹有诗书，其品自高；腹有诗书，其德自谦；腹有诗书，其身自正。这是他们一家所追求的目标，也是在平凡的生活中不平凡的收获。为了更好地徜徉信息世界，享受网络时代带来的方便与快捷，他家在2005年就购买电脑上了网，利用电脑增长知识、扩大视野、拓宽胸襟也成为了他家不可缺少的一部分。

0059 张掖市临泽县倪家营镇张义军家庭

批准时间：2013-06-06

批准单位：临泽县文广新局

所属地区：张掖市临泽县

代表人物及骨干队伍：张义军

简　　介：张义军家中5口人，他本人是村上的文书，家庭经济来源主要以种植和养殖为主。他始终把看书作为生活中必不可少的精神食粮，始终树立以书为友，可以丰富人的内心的观念。除吸收书本上的知识外，每天还坚持收看电视新闻，不断地进行知识更新，开拓自己的视野。在提升自己的同时，辐射带动家庭其他成员读书看报，培养他们学习的兴趣，为掌握知识服务社会做贡献。

0060 张掖市临泽县倪家营镇刘光海家庭

批准时间：2012-06-06

批准单位：临泽县文广新局

所属地区：张掖市临泽县

代表人物及骨干队伍：刘光海

简　　介：刘光海家中4口人，两个子女都在上学，家庭经济来源主要以种植和劳务输出为主。这是一个学习型家庭，该家庭成员都注重学习，除了坚持学习农业生产、农村生活相关的知识外，还坚持学习中国的历史、文化、科学、信息技术，每天都看报上网关心天下大事了解改革开放的新成就，从中吸取新的理念，新的知识。

0061 张掖市临泽县倪家营镇张永刚家庭

批准时间：2013-06-06

批准单位：临泽县文广新局

所属地区：张掖市临泽县

代表人物及骨干队伍：张永刚

简　　介：张永刚家中4口人，本人是高中学历，两个子女都在上学，家庭经济来源主要以种植和养殖为主。"立身以立学为先，立学以读书为本"，这是北宋诗人、文学家、政治家欧阳修的名言，也是他家读书的座右铭。他们全家都有良好的学习习惯和深厚的家庭阅读氛围。现家中有150余册各类图书，而且每年都订阅《甘肃农民报》、《中国少年报》等报纸杂志。

0062 张掖市临泽县倪家营镇任学祥家庭

批准时间：2013-06-06

批准单位：临泽县文广新局

所属地区：张掖市临泽县

代表人物及骨干队伍：任学祥

简　　介：任学祥家中3口人，儿子正在上高中，家庭经济来源主要以种植和养殖为主。他平时总是注重营造家庭求知、求进、求新的学习氛围，一有空闲，他们一家都捧着书在看，家庭中总是弥漫着浓浓的书香气。

0063 庆阳市合水县民俗文化公司张玉娟

批准时间：2006年

批准单位：庆阳市民间工艺协会

所属地区：庆阳市合水县

代表人物及骨干队伍：张玉娟

简　　介：张玉娟，女，汉族，1983年6月出生，合水县人，合水县民俗文化公司员工，从小热爱刺绣工艺，十多岁时就跟着长辈们学习刺绣。对作品有很深理解能力，精通民间传统针法，把传统的针法和现代刺绣工艺结合起来，把绣制的主体和背景融为一体，刺绣手法变化多样且互相渗透，针角流畅，色彩过渡自然，刺绣的主要作品有《红叶》、《博古图》四条屏、《马蹄莲》等，被评为"庆阳市民间工艺大师"。

0064　庆阳市合水县民俗文化公司郭俊莲

批准时间：2014年

批准单位：庆阳市民间工艺协会

所属地区：庆阳市合水县

代表人物及骨干队伍：郭俊莲

简　　介：郭俊莲，女，汉族，1967年6月出生，合水县西华池镇人，合水县民俗文化公司员工。曾一度被邻居乡亲誉为"巧媳妇"，2000年带头把传统绣制的"嫁妆"、"绣鞋"通过自己超群的技法，推向市场，成为传统刺绣的亮点，2004年第五届庆阳香包节上绣制的刺绣品《孔雀牡丹》被评为"二等奖"，绣制的《鸳鸯》鞋被评为"一等奖"。

0065　庆阳市合水县赵秀宁

批准时间：2014年

批准单位：庆阳市民间艺术协会

所属地区：庆阳市合水县

代表人物及骨干队伍：赵秀宁

简　　介：赵秀宁，女，汉族，生于1964年，现住合水县城北区荣发花园小区。系甘肃省民间文化艺术家、合水县民间文艺家协会会员。热爱刺绣艺术，热衷于民俗文化艺术交流学习。曾参与大型刺绣作品的绣制，并多次参加"庆阳香包名俗文化艺术节"且多次获奖。2002年、2003年、2004年分别参与了大型刺绣百米长卷《百象图》、《群象图》、《象兆福祉》的绣制工作，该作品在三届中国·庆阳香包民俗文化艺术节上均获"金奖"；2004年作品《红叶》荣获第三届庆阳香包名俗文化艺术节刺绣类作品二等奖。2005年前往湖南长沙交流学习刺绣；2006年被命名为甘肃省民间艺术家；2008年作品《梅竹双雀》荣获第六届庆阳香包名俗文化艺术节刺绣类作品三等奖；2013年作品《洋枕头》荣获中国庆阳农耕文化节暨第二十四届中国西部商品交易会民俗文化精品展中三等奖。

0066　庆阳市合水县民俗文化公司吕海宇

批准时间：2006-06-18

批准单位：庆阳市民间工艺协会

所属地区：庆阳市合水县

代表人物及骨干队伍：吕海宇

简　　介：吕海宇，女，汉族，1968年8月出生，合水县民俗文化公司员工，对作品有很深的理解能力，刺绣手法变化多样且相互渗透，针脚细密，思路流畅，色彩过渡自然，刺绣的主要作品有《菊花》、《瑞鹤图》四条屏，在2006年第五届香包节上绣制的《松枫丽羽图》获得金奖，被评为"庆阳市民间工艺美术大师"称号。

0067　临夏市临夏县书香之家韩生华家

批准时间：2013-08-09

批准单位：甘肃省委宣传部、甘肃省新闻出版局

所属地区：临夏市临夏县

代表人物及骨干队伍：韩生华

简　　介：该"书香之家"在长期的读书活

动中，主要以择录、撰写心得体会等形式，涵盖名句名篇、家庭教育、生活保健、业务指导、历史资料、哲学、社会生活等方面，积累了近10万字的读书笔记。首先，通过学习和积累，有力地指导了所从事的业务工作，特别是通过读书参加自学考试，在保证完成正常工作的前提下，夫妻双双完成了大学专科自学考试的十六门课程，获得了大学专科学历，在读书中学习提高并始终做到理论指导实践，曾双双获得临夏县优秀教师称号。在教学成绩保持领先水平的同时，撰写的教学论文曾多次获得省地级论文大赛的奖励。获省级三等奖一次，地级一等奖和二等奖各一次。读书自学中获国家语言文字委员会颁发的优秀自学考生奖励，同时积累素材从事文学创作。撰写的诗歌深受群众喜爱和业内人士的好评。起草的16万多字的《韩土司历史研究》基本脱稿。其次，在子女教育中通过名人论述指导实践，从勤奋学习、待人接物、遵守法纪、自立自爱等方面培养子女，使女儿顺利考入第一批次录取的本科大学。再次，通过读书与钻研有效提高了书法创作水平，顺利加入临夏州书法家协会，作品多次参加省、地、县作品展，并多次获奖。同时，还有作品被兄弟县市收藏和省级报刊发表。

（三）文化名城

文化名城特指国家历史文化名城，是指保存文物特别丰富，具有重大历史文化价值和革命意义的城市（或市、县、区）。本卷文化名城包括国务院认定的国家历史文化名城以及甘肃地方政府认定的省级历史文化名城。

0068 国家历史文化名城——天水市

批准时间：1994-01-04
批准单位：国务院
所属地区：天水市
代表人物及骨干队伍：伏羲、女娲
简　　介：天水，得名于"天河注水"的传说，古称秦州，是甘肃东南部政治、经济、文化和交通中心，地处陕、甘、川三省交界，"东抱陇坻，西倚天门，南控巴蜀，北指金城"，历代为兵家必争之地。

天水在夏、商时期属雍州。秦武公十年（前688年），秦灭邦戎，置邽县（今秦城区）。西汉元鼎三年（前114年），从陇西、北地二郡析置天水郡，郡治平襄，隶凉州刺史部，始有"天水"之名。东汉永平十七年（74年），更天水郡为汉阳郡，治冀。三国魏文帝黄初元年（220年），更汉阳郡为天水郡，属秦州，州郡均治上邽。晋武帝泰始五年（269年），置秦州，治冀城，天水郡属之。太康三年（282年），罢秦州，并入雍州。七年（288年），复立，治上邽（今秦城区）。隋大业三年（607年），改秦州为天水郡，治上邽。唐代为秦州中都督府，属陇右道，本治上邽。开元二十二年（734年）因地震徙治成纪之敬亲川。天宝元年（742年），复改为天水郡，再治上邽。乾元元年（758年），复为秦州。大中三年（849年）复徙治成纪。自宋至清，均为秦州。1913年，撤秦州设天水县。1950年，析天水县置天水市，以城区为县级天水市的行政区域隶属于天水地区。1985年，天水撤地为市。原天水市、天水县改设秦城、北道两区。

天水有包括甘肃境内唯一保存下来的明代官式木构建筑伏羲庙、甘肃境内保存最完整的明代官吏宅院胡氏古民居建筑、我国四大石窟之一并被誉为"东方雕塑馆"的麦积山石窟等在内的3处全国重点文物保护单位，有西山坪遗址、后街清真寺、纪信祠、哈锐宅院和仙人崖石窟等在内的18处省级文物保护单位。天水境内有遗址、墓葬、建筑、民居和石窟等各类文物点400余处。馆藏文物方面，天水市博物馆共有藏品4100余件，其中一级品约40件。1994年1月被国务院评为国家历史文化名城。

0069 国家历史文化名城——武威市

批准时间：1986-12-08

批准单位：国务院

所属地区：武威市

代表人物及骨干队伍：贾诩、李益、牛鉴

简　　介：武威市地处甘肃省西部河西走廊东端。南面祁连山，东北是腾格里沙漠，中部是河西走廊平原，东连古浪峡，西与永昌县戈壁滩相接，正北有北沙河与永昌、民勤县为界。丛山峻峭，溪河湍急，戈壁旷阔，是河西走廊面积最大、开发最早、人口最密、经济最繁荣的地区。武威古称凉州，因其"金行其地，是故寒凉"，故有此称。武威历史悠久，距今4000多年前的武威一带已有人类繁衍、生息，并进行农牧业活动。西汉汉武帝时辟河西四郡，武威即为河西走廊政治、经济、文化、宗教等的重镇，民族融合之熔炉，其农业、商业在当时即已经十分发达，成为我国古代西域六朝之都。它是为古丝绸之路自东而西进入河西走廊的第一重镇，也是今天作为欧亚大陆桥上我国东部沿海与欧亚诸国进行经济文化交流的枢纽。武威是兰州西行到河西走廊旅游的第一大站，旅游资源丰富多彩。主要有中国旅游标志铜奔马出土地雷台汉墓、号称"陇右学宫之冠"的武威文庙、丝路名刹海藏寺、堪称石窟之祖的天梯山石窟及沙漠公园等。有皇娘娘台遗址、亥母寺遗址、磨嘴子墓群、旱滩坡墓群、海藏寺和大云寺等34处省级文物保护单位，省保单位数量在全省县（市、区）中最多。武威有遗址、墓葬、石窟、建筑、民居和石刻等各类文物点近300处。馆藏文物方面，武威市博物馆共有藏品18000余件，其中一级品160余件。武威于1986年12月8日被中华人民共和国国务院列为国家历史文化名城。

0070 国家历史文化名城——张掖市

批准时间：1986-12-08

批准单位：国务院

所属地区：张掖市

代表人物及骨干队伍：郭汜、赵武孟、高孟

简　　介：张掖，史称甘州，西汉时设置郡，位于甘肃省河西走廊中部，是古丝绸之路上进入河西走廊的重要驿镇，是中原通往西亚、东欧各国进行经济文化交流和友好往来的要冲。张掖历史悠久，文化灿烂，山川秀丽，民风淳朴，水草丰美，素有塞上江南、金张掖的美誉。至今已有2000多年的历史。公元前121年由汉武帝派霍去病西征战胜匈奴后始设张掖郡，取断匈奴之臂，张中国之掖（腋）之意而得名。张掖古为河西四郡（敦煌，酒泉，张掖，武威）之一，是历代中原王朝在西北地区的政治、经济、文化和外交活动中心。张掖曾是北凉国的国都、行都司的首府、甘肃省省会和历朝诸代设州置府的治所，素有塞上锁钥之称。市内汉明长城、历代石窟、寺庙、碑塔、古城、烽燧、墓葬群星罗棋布。大禹导弱水入合黎，老子骑青牛入流沙，周穆王乘八骏西巡会见西王母的传说，张骞、班超、法显等都曾途经张掖前往西域，隋炀帝于609年在张掖曾召集西域27国君主使臣，召开了万国博览会，唐玄奘经张掖去西天取经，马可·波罗旅居张掖一年等历史传说和记载，使这块土地更加神奇。创建于魏晋时期的马蹄寺、金塔寺，保存着文物价值极高的雕塑、壁画。有黑水河遗址和张掖大佛寺等全国重点文物保护单位，有17处省级文物保护单位。张掖市博物馆馆藏文物9700余件，其中一级品约40件。

0071 国家历史文化名城——敦煌市

批准时间：1986-12-08

批准单位：国务院

所属地区：酒泉市

代表人物及骨干队伍：竺法乘、张芝、常书鸿

简　　介：敦煌市位于甘肃省河西走廊最西端，地处甘肃、青海、新疆三省(区)交汇处，党河和疏勒河下游最大的绿洲上，为"丝绸之路"西出玉门关和阳关的主要门户。

春秋时，月氏、乌孙驻牧。西汉初为匈奴所占。汉武帝时设敦煌郡，为河西四郡之一。晋时为沙州州治。公元400－405年，敦煌为西凉国(李暠所建)国都。北魏初，置敦煌镇，后置瓜州，均以敦煌为治所。北周改为鸣沙县。隋复置敦煌郡。唐武德初改为西沙州，贞观七年(633年)改成瓜州，建中二年(781年)陷于吐蕃。大中五年(851年)，敦煌人张议潮收复瓜、沙二州，自此，敦煌在归义军统治下，至宋仁宗年间(1022—1063年)。宋至清雍正年间一直称沙州。清乾隆二十五年(1760年)改名敦煌县。1987年撤县设县级市。

世界文化遗产和全国重点文物保护单位莫高窟位于敦煌城东南25公里，是世界上现存规模最宏大、历史最长久、内容最丰富、保存最完好的佛教石窟艺术宝库。作为汉代河西四郡之一的敦煌同时拥有汉武帝"据两关"的玉门关和阳关遗址（前者为全国重点文物保护单位，后者为省级文物保护单位）。全国重点文物保护单位悬泉置遗址出土了2.1万余枚汉简及3000余件其他遗物，被评为1991年度和"八五"期间全国十大考古发现之一。敦煌市还有寿昌城故址、祁家湾遗址及墓葬、佛爷庙—新店台墓群和敦煌南仓等省级文物保护单位10处，石窟寺、遗址、墓葬、长城和烽燧等各类文物点近300处，以及国家级风景名胜区鸣沙山—月牙泉。馆藏文物方面，敦煌市博物馆共有藏品2300余件，其中一级品90余件。1986年12月8日，敦煌被评为第二批国家历史文化名城。

0072 甘肃省历史文化名城——兰州市

批准时间：2008-07

批准单位：甘肃省人民政府

所属地区：兰州市

代表人物及骨干队伍：薛举、黄谏

简　　介：兰州是甘肃省的省会，位于中国陆域版图的几何中心，在大西北处于"座中四连"的独特位置。市区南北群山对峙，东西黄河穿城而过，蜿蜒百余里。城市依山傍水而建，层峦叠嶂，既体现了大西北的浑壮雄阔，又展现了江南的清奇秀丽。兰州是黄河上游经济区重要的经济中心和西陇海兰新经济带重要的支撑点和辐射源，是我国东中部地区联系西部地区的桥梁和纽带，是大西北的交通通信枢纽。陇海、兰新、兰青、

包兰四大铁路干线交汇于此，是西北地区最大的货运站和新亚欧大陆桥上重要的集配箱转运中心，也是西部地区通信枢纽和信息网络中心。兰州属中温带大陆性气候，冬无严寒、夏无酷暑，气候温和，市区海拔平均高度1520米，年均气温11.2℃，年均降水量327mm，全年日照时数平均2446小时，无霜期180天以上，是比较理想的居住和投资创业之地。

兰州是古丝绸之路上的重镇。早在5000年前，人类就在这里繁衍生息。西汉设立县治，取"金城汤池"之意而称金城。隋初改置兰州总管府，始称兰州。自汉至唐、宋时期，随着丝绸之路的开通，出现了丝绸西去、天马东来的盛况，兰州逐渐成为丝绸之路重要的交通要道和商埠重镇，联系西域少数民族的重要都会和纽带，在沟通和促进中西经济文化交流中发挥了重要作用。古丝绸之路也在这里留下了众多名胜古迹和灿烂文化，吸引了大批中外游客前来观光旅游，使兰州成为横跨2000公里，连接敦煌莫高窟、天水麦积山、张掖大佛寺、永靖炳灵寺、夏河拉卜楞寺等著名景点的丝绸之路大旅游区的中心。随着新欧亚大陆桥的开通特别是西部大开发战略的实施，重新构筑起现代丝绸之路，兰州作为我国东西合作交流和通往中亚、西亚、中东、欧洲的重要通道，战略地位更加突出，正发挥着承东启西、联南济北的重要作用。

0073 甘肃省历史文化名城——酒泉市

批准时间：1990-06

批准单位：甘肃省人民政府

所属地区：酒泉市

代表人物及骨干队伍：赵娥、祁嘉、阎毓善、融照

简　　介：酒泉市，城内有泉，《汉书·地理志》引东汉应劭"城下有金泉，其水若酒，故曰酒泉"，酒泉市由此得名。位于甘肃河西走廊西部中段，是古丝绸之路上重要的历史文化名城，是连接新疆、内蒙古、青海等省区的通衢重镇。

汉以前，相继为月氏、匈奴地。汉置禄福县，为汉河西四郡之一的酒泉郡治，三国魏因之。晋改福禄。北魏初置酒泉军，属敦煌镇，复曰福禄。北周因之，属张掖郡。隋改肃州，唐曰酒泉县。五代属回鹘，宋属西夏，皆曰肃州。元置肃州路，明置肃州卫，清置肃州直隶州，领高台县。民国改酒泉县。1985年，撤县设县级市，为酒泉地区行署所在地。2002年9月，酒泉地区撤地为市，设立肃州区。

全国重点文物保护单位果园—新城墓群是河西地区一处性质单纯、分布密集的魏晋十六国至唐代的墓葬群，尤以魏晋壁画墓著名。肃州区有省级文物保护单位14处，以赵家水磨遗址、下河清墓群和酒泉古城门等为代表，共有遗址、墓葬、建筑和烽燧等各类文物点250余处。馆藏文物方面，酒泉市博物馆及肃州区博物馆共有藏品4200余件，其中一级品约40件。

0074 甘肃省历史文化名城——临夏市

批准时间：1996-06

批准单位：甘肃省人民政府

所属地区：临夏市

代表人物及骨干队伍：何锁南、解缙、王竑、朱贵

简　　介：临夏市，古称枹罕、河州，因地处黄河支流大夏河畔而得名，是丝绸之路南道之要冲，唐蕃古道之重镇，茶马互市之中心，明代四大茶马司之一——河州茶马司，历史上就是西北的军事重镇和商贸中心，有"河湟雄镇"之称。秦置枹罕县，属陇西郡。

晋代属河州，始有"河州"之名。此后至唐代，或称枹罕郡，或称河州郡。宋沿袭为枹罕县，属陕西路河州郡。元为河州路，属吐蕃宣慰司。明初相继为河州府、河州卫，后为河州，属河州府。清初沿袭明制，后属狄道州。民国初年，沿用清制。1913年，甘肃改道、县行政制。河州改为导河县，属兰山道。1929年，同政部决定改导河县为临夏县。1956年11月成立临夏回族自治州，设立县级临夏市，为州府所在地。

临夏市是黄河上游古文化发祥地之一。有众多距今5000—3000年的马家窑文化、齐家文化、辛店文化和寺洼文化等遗址。现出土的文物有陶器、石器、玉器、骨器，已发现的马家窑文化时期彩陶，是彩陶发展鼎盛时期的产物，在甘肃和国内同类文物中占有重要地位。这里还有汉、唐、宋、金各代的墓葬群，已发现近百座墓中有精美的砖雕。馆藏文物方面，临夏州博物馆共有藏品3500余件，其中一级品60余件。

临夏市内名胜古迹众多。大拱北始建于清康熙年间，院内古树参天，建筑群错落有致，是本市清真寺中保存比较完整且修建年代较久的建筑群；万寿观依山而建，始建于明代，原是一座完整的建筑群。共有7级，每级都有大殿、配殿及厢房相连。山顶原有一座清乾隆年间修建的7层砖塔，"文革"期间被毁，幸存的有玉皇殿、紫微殿、灵官殿等。国民党军阀马步青所建的东公馆和蝴蝶楼更是以精美的砖雕体现了地方特色。

0075 甘肃省历史文化名城——灵台县

批准时间：1996-06
批准单位：甘肃省人民政府
所属地区：平凉市灵台县
代表人物及骨干队伍：皇甫谧、牛僧孺
简　　介：灵台县位于甘肃东部，属西北黄土高原地区，东南与陕西省长武、彬县、麟游、千阳、陇县接壤，北靠泾川，西与崇信毗连，是古丝绸之路的重要通途。

灵台县商为密须国。秦置鹑觚、阴密县，属北地郡。西汉时，今县境分属阴盘、阴密、爰得和鹑孤四县，分隶安定、北地两郡。东汉时分属鹑觚、三水县。魏晋南北朝时，分属阴密、鹑觚两县。隋时置良原县，分鹑觚置灵台县，取文王伐密筑"灵台"之意。唐时县境内相继置有灵台、安定、鹑觚、良原、潘原、宜禄等县，并屡有分合。明为灵台县，隶泾州，属平凉府，辖境接近现代规模。清沿明制，仍为灵台县。中华人民共和国成立后，灵台县隶属甘肃省平凉专员公署。1958年并入泾川县，1962年1月复置灵台县，属平凉地区行政公署（现平凉市）。

灵台县历史源远流长，商周文化积淀深厚。境内已发现有从旧石器时代到近现代包括遗址、墓葬、建筑、石刻等各类文物点近400处，其中有包括草脉殿遗址、西山遗址、告王河墓群、晋代名医皇甫谧墓和唐代宰相牛僧孺墓等在内的17处省级文物保护单位。馆藏文物方面，灵台县博物馆共有藏品6400余件，其中一级品40余件。

0076 甘肃省历史文化名城——庆城县

批准时间：1996-06
批准单位：甘肃省人民政府
所属地区：庆阳市庆城县
代表人物及骨干队伍：岐伯、不窋、公刘
简　　介：庆阳县（今庆城县）位于甘肃东部，泾河上游，属黄土高原边缘沟壑区。庆城县历史悠久，相传周先祖不窋率族人在此拓荒垦田，教民稼穑，肇创华夏民族农耕文化。后历代均在此地设置郡县，秦属北地郡，宋、元、明、清均为庆阳府治。县城所在凤城，相传为周祖不窋所筑，其形似凤，故名凤城。

2002年6月，庆阳地区撤地设市，庆阳县更名为庆城县。县境内从新石器时代到近现代包括遗址、墓葬、建筑、石刻、民居、革命旧址等各类文物点计100余处，其中包括吴家岭遗址、傅介子墓、普照寺大殿、周旧邦木坊和陇东中学礼堂等10处省级文物保护单位。馆藏文物方面，县博物馆共有藏品1600余件，其中一级品20余件。另外，世界瞩目的"环江翼龙"化石也发现于县境内。庆城还是陕甘宁边区的重要组成部分，1937年成立了党组织，1940年建立革命政权，刘志丹、谢子长、蔡畅、耿飚等老一辈无产阶级革命家曾在这里生活和战斗过。

0077 甘肃省历史文化名城——夏河县

批准时间：1996-06

批准单位：甘肃省人民政府

所属地区：甘南藏族自治州夏河县

代表人物及骨干队伍：嘉木样·华秀·阿旺宗哲

简　　介：夏河县位于甘肃省西南部，因濒临大夏河而得名，是一个多民族聚居的地区。春秋至秦，地属西羌。汉曾于境内置白石县。晋改为永固。南北朝时为吐谷浑所据。唐属安乡郡，后属吐蕃。至宋为河州所属。金归积石州，元为宣政院辖地，明时分属河州卫、洮州卫，清属循化厅。民国初辖于青海省循化县。1927年划归甘肃，设拉卜楞设治局。1928年改为夏河县，1953年改属甘南藏族自治州。

夏河县有我国藏传佛教六大寺院之一，同时也是全国重点文物保护单位和著名旅游景点的拉卜楞寺，有省级文物保护单位桑科古城和唐宋八角城。夏河县以拉卜楞寺为龙头的旅游资源十分丰富，县内有藏传佛教、自然风光、民俗风情等五大景区三十六处景点。初步得到开发的旅游景点有拉卜楞寺、桑科草原、白石崖溶洞、达尔宗圣湖、大夏河森林自然风光等。

0078 甘肃省历史文化名城——陇西县

批准时间：1996-06

批准单位：甘肃省人民政府

所属地区：定西市陇西县

代表人物及骨干队伍：姚兴、李公佐、李朝威、李复言

简　　介：陇西县位于甘肃中部，渭河上游。陇西县历史悠久，秦昭襄王二十八年（前279年）置陇西郡（治狄道，今临洮），即有此名，因地处陇山以西而得名，为天下三十六郡之一。汉初置襄武县，汉末移金城、陇西二郡治襄武，从此成为历代郡、州、府、治所在地。唐时初为武阳县，后为陇西县。县名遂沿用至今。

陇西境内有遗址、墓葬、长城、建筑和碑刻等各类文物点150余处，其中有包括吕家坪遗址、西河滩遗址和威远楼等在内的6处省级文物保护单位。馆藏文物方面，陇西县博物馆共有藏品3400余件，其中一级品5件。

唐太宗李世民登基后曾诏令天下，李氏郡望是陇西，遂有"天下李氏出陇西"之说。现位于省级森林公园仁寿山内有"陇西堂"传为李氏祖祠，进而有李氏文化之说。

0079 甘肃省历史文化名城——会宁县

批准时间：1996-06

批准单位：甘肃省人民政府

所属地区：白银市会宁县

代表人物及骨干队伍：栗在庭、王万祥、柳迈祖

简　　介：会宁县位于甘肃中部。是古丝绸之路上的重要通道，素有"秦陇锁钥"之称。城郭形如凤凰展翅，故别称"凤城"。汉武

帝元鼎三年设祖厉县（前114年），属安定郡。隋为凉川县，唐武德二年（619年），改为会宁县，属会州会宁郡。此后一直沿用。中华人民共和国成立后，属定西地区。1985年，划归白银市。

1936年10月，中国工农红军第一、二、四方面军三大主力胜利会师于此，红军二万五千里长征胜利结束。当时，中央领导曾在会宁城西津门楼上开过会，故1958年将西津楼改建为"会师楼"。会宁红军会师旧址是全国重点文物保护单位和全国百个爱国主义教育示范基地之一，除会师楼及会师门外，还包括始建于明代的红军会师联欢会会址——文庙大成殿；由邓小平同志题写塔名的"中国工农红军第一、二、四方面军会师纪念塔"建于1986年，高28.78米，共11层，下九层三塔环抱，象征红军三大主力会师；有徐向前元帅题写馆名的"红军会宁会师革命文物陈列馆"和原国家主席李先念同志题名的"红军烈士纪念堂"等。另外，还有会师期间朱德总司令的住址——邢家台子，红军总政治部旧址，红四方面军总指挥部旧址，青江驿红二、四方面军会师旧址，老君坡红一、二、四方面军会师旧址，侯家川红二方面军总指挥部旧址以及大墩梁、慢牛坡、张家堡等多处战斗遗迹。

会宁境内共有遗址、墓葬、烽燧、建筑和革命旧址等各类文物点共计190余处。除红军会师旧址外，还有牛门洞遗址和郭蛤蟆城2处省级文物保护单位。馆藏文物方面，会宁县博物馆共有藏品700余件，其中一级品10余件。

0080 全国体育先进县——通渭县

批准时间：1992-12
批准单位：中华人民共和国体育运动委员会
所属地区：定西市通渭县
代表人物及骨干队伍：通渭体校
简　　介：1992年12月通渭县被国家体委命名为"全国体育先进县"。通渭县体育事业在历届县委、县政府的领导下，认真贯彻落实《体育法》、《全民健身条例》，全民健身、业余训练、项目建设等得到了长足发展。全县有乡镇文体站18个村，体育总会及单项协会14个，健身站点16个。每年举办以乒乓球、羽毛球、象棋、围棋、篮球、田径运动会、冬季中长跑等为主群体竞赛12次以上并形成制度。至目前，全县有各类体育场馆设施2100多个。2013年筹措资金3000多万元，建成了"乡镇文体活动站（一乡一站）"18个，乡镇社区健身中心5个，"一村一场"112个，有体育公园、全民健身综合楼、体育馆等。

0081 甘肃省文化产业示范基地——通渭县

批准时间：2013-12
批准单位：甘肃省文化厅
所属地区：定西市通渭县
代表人物及骨干队伍：通渭县产业办
简　　介：围绕"华夏文明传承创新区"建设内容和市委、市政府加快文化产业发展的战略部署，通渭县制定了《通渭县文化产业发展规划》，编制上报了华夏文明传承创新发展示范区项目，共12大类60项，总投资100.75亿元。其中通渭县书画产业综合开发及书画产业园项目占地3000亩，总投资 43.6 亿元，共分三期开发建设。积极争取乡镇文化站建设项目，"十一五"期间新建乡镇文化站 15 个，改扩建 3 个，总投资 650 万元。投资 830 万元，建成"农家书屋"332 家，建立了全国文化信息资源共享工程县级分中心，正在实施全国县级博物馆展示服务提升工程试点项目。为了有效解决文化产业发展融资难的问题，县上成立了文化产业发展投资公司，县财政每年投入 250 万元用于文化产业发展。紧紧围绕书画经营、中介服务等领域，扶持注册了大成文化传媒公司、晓亚文化传媒公司、聚贤斋文化公司、少华文化公司等 4 户以书画经营为主的文化龙头企业，累计发展画廊、书画中介服务机构和装裱店 350 家，培育懂鉴赏、善经营的书画经纪人 360 多人，年书画作品交易额近 1 亿元，初步形成了集创作、交流、装裱、销售为一体的市场化格局，通渭县已成为全省乃至西北地区重要的书画作品集散地。同时，书画产业的发展壮大，带动了文房四宝、装裱材料经营及图书报刊销售等多个行业的发展，全县现有各类经营门店 160 余家，年经销书画作品 10 万余件，订阅书法报刊 1500 余份。

0082 全国书画产业先进县——通渭县

批准时间：2013-12
批准单位：文化部
所属地区：定西市通渭县
代表人物及骨干队伍：通渭县书画协会
简　　介：2012 年，通渭县共实施文化旅游项目 9 个，完成投资 2.1 亿元。其中总投资 2.5 亿元的悦心画廊建设项目已完成一期工程；总投资 2.54 亿元的书画城建设项目和总投资 2.8 亿元的天象城市文化综合体建设项目正在加紧建设。同时成立了通渭县推进"华夏文明传承创新区"建设协调领导小组，实行了县级主要领导和分管领导负责制、相关部门责任制，具体负责重点文化产业项目的谋划、争取和组织实施。编制了通渭县文化产业 2012 年至 2020 年发展规划。目前，正在委托有关单位编制书画产业园、牛谷河风情线、温泉开发、"四馆一院"、华家岭黄土风情旅游等规划。编制上报了 12 大类的 60 个项目，计划总投资约 101 亿元。其中投资 43.6 亿元的通渭书画产业综合开发项目已列入定西市 2013 年 5 个战略性文化产业项目之一；投资 18.8 亿元的通渭温泉文化旅游综合开发项目、投资 3.6 亿元的通渭县书画交流中心项目、投资 1 亿元的通渭县秦嘉徐淑公园二期工程建设项目、投资 0.6 亿元的《榜罗会议》电影拍摄等 4 个项目已列入定西市 2013 年 30 个重点文化产业项目之中。

0083 中国羊肉美食文化名城——金川区

批准时间：2012-07
批准单位：文化部华夏文化遗产保护中心
所属地区：金昌市金川区
代表人物及骨干队伍：金川区人民政府
简　　介：金川区位于河西走廊东部以北，属温热带大陆性气候，地下水资源丰富，土壤碱性高，生长的草含碱也高，可中和羊肉的膻味。20 世纪 90 年代初，从山东引进了小尾寒羊，与本地绵羊进行杂交，有效提高了本地羊的繁殖性能，并使本地绵羊赋予了多胎血统，为肉羊快速发展奠定了基础。2002 年开始，引进了新西兰肉羊波德代、陶赛特、萨福克、特克塞尔等优良品种，对本地肉羊进行了新一轮杂交改良，肉羊品种得到了进一步改变，肉羊产业步入了快速发展的轨道。近年来，金川区坚持把发展壮大肉羊产业规模，实施"商品肉羊"战略，作为转型跨越发展和强区富民的一项支柱产业来抓，全区上下"念羊经、发羊财"，实现了肉羊养殖由传统家庭饲养向现代化规模养殖的跨越。一是养羊总量和经济效益快速上升。二是规模化养殖发展快。三是标准化程度高。金川区历史文化源远流长，独特的气候、地理和植被造就了以羊肉为主的特色饮食文化。"羊肉垫卷子"、"大煮羊肉"、"黄焖羊肉"等一批风味独特的传统美食享誉省内外，已逐步发展成为本区特有的产业优势。

（四）文化名村

文化名村特指中国历史文化名村，是由建设部和国家文物局共同组织评选的，保存文物特别丰富且具有重大历史价值或纪念意义的，能较完整地反映一些历史时期传统风貌和地方民族特色的村。本部分以住建部、国家文物局等以及甘肃地方政府认定公布的名单为准。

0084 麦积区胡家大庄村

批准时间：2014-03-17
批准单位：住房城乡建设部、国家文物局
所属地区：天水市麦积区
代表人物及骨干队伍：郭海明、胡云、胡福茂、胡贡兴、胡杰、胡明福、胡智远

简　　介：胡家大庄村地处天水市麦积区西北部的新阳镇，南对凤凰山，东北渭河环绕，西依牛乳山，坐落于麦甘、新凤公路交汇处，坐西向东，交通便利，村域面积约4.3平方公里。胡家大庄胡氏祖先于明洪武年定居新阳镇，建庄于河川龙王庙一带，约273年后，因关门沟连年洪水成灾，村民难以安居。于崇祯八年即1636年，经胡氏家族商议疏散搬迁，除一部分迁往温家集、温家坪等五处外，大部分搬迁于胡家大庄现址，在总门北侧，建庄造宅，至清乾隆三十三年，建成以总门、西门、东门为出入口，有排水、防御功能的村堡式村庄。村庄布局合理，格局为两纵五横，村内路网整齐有序，四通八达，保存有大量较为完整的明清风貌古建筑，多为明崇祯和清乾隆、同治年代所修建，共218处。其中建于乾隆二十九年，雕刻细致工艺精美的四柱、四门八窗的土木建筑厦房，建于同治年间的四合院，都集中体现了当时建筑的风貌。村域环境优美，至今仍保持传统村落格局。不管是古民居还是新院落，门首悬挂匾额在每户人家必不可少，"耕读第"、"三欣居"、"祥和瑞"、"雅安居"，一块块匾额既是家族文化的体现，也寄托了当地人对美好生活的向往。随着社会的不断进步，现已扩建为六纵六横，分南、北、中三个居民区，现有居民760户，3880人，产业以果品、劳务、养殖为主。2012年12月，被国家列入"全国第一批传统村落名录"。2014年3月17日，由住房城乡建设部、国家文物局公布为"中国第六批历史文化名村"。

0085 麦积区街亭村

批准时间：2014-03-17
批准单位：住房城乡建设部、国家文物局
所属地区：天水市麦积区
代表人物及骨干队伍：刘占山、张小红、卜文辉、王玉顺、王毛生、王晓红、穆云儿

简　　介：街子古镇位于麦积区麦积镇北，

即今街亭村，村域面积约 4.6 平方公里。街亭古镇，地跨麦积山石窟所在地麦积镇和双玉兰堂所在地甘泉镇，是"陇上小江南"天水东南部经济文化重镇，总人口约 2 万人，皆属汉族。古镇四面环山，四季分明，历史悠久，文化灿烂。诗圣杜甫流寓东柯时诗赞古镇曰"东柯好崖谷，不与众峰同，落日邀双鸟，晴天卷云片"。古镇早在新石器时代晚期，就有人类生活栖息的遗迹，夏、商、周三代属雍州，古镇始建年代已无确考，但应早于北魏，大约在春秋战国时期。先秦时设亭，称街子，属邽县，汉景帝时期为上邽县县治所在地，汉代街子县衙就设在古镇南川，"九股松"就长在衙址内。古镇在唐代发展到鼎盛，修筑了城墙及城门楼阁，已形成了相当规模的集镇。古镇主要格局形成于明清两代，民国得以延续，用"十"字形主街将镇内划分，整体布局井然有序，四方互通，体现了中国传统城市设计理念。现十字街两侧的土木结构的商栈店铺、民居，主要为民清至民国时期建筑，大街小巷相互贯穿，院落错落，店铺栉比，许多小巷通向纵深的民居院落，且保存基本完整。2012 年 12 月，被国家列入"全国第一批传统村落名录"。2014 年 3 月 17 日，由住房城乡建设部、国家文物局公布为"中国第六批历史文化名村"。

0086 西固区河口村

批准时间：2013-09-03

批准单位：甘肃省政府

所属地区：兰州市西固区

代表人物及骨干队伍：杜书林、张文雍

简　　介：河口村地处河口镇中心，古称"庄河堡"，主街以老式商埠建设模式为主，沿街多为前店后宅格局，后宅多为四合院，都是明清式样的木板雕饰，为前朱雀、后玄武、左青龙、右白虎样式。尚存有古民居 37 处 200 余间。家具一般有琴桌、八仙桌、太师椅、屏风、炕柜、大衣柜、琴柜等，目前尚存有 120 余件套。这里不仅有保存较为完好的"古民宅"，还有"长最城"、"沙都城"、"古烽燧"、"明长城"等多处甘肃省重点文物保护单位。河口的过街社火、元宵灯会远近闻名，保留至今的 100 多盏纱灯是珍贵的历史文物。河口小曲容纳了临夏、青海"花儿"和兰州鼓子、迷胡剧、武威鼓子等地方名曲，具有浓厚的地方色彩。河口是"金城望族百分张氏"和明肃王后裔的发祥地，具有浓烈的士族文化色彩。2011 年河口村被兰州市旅游局确定为市级旅游示范村，2012 年被住建部、财政部、文化部核定为首批中国传统村落，2013 年 9 月被省政府批准为省级历史文化名村，拟申报为国家级历史文化名村，根据古镇建设进度，择机申报历史文化名镇。河口历史文化街区恢复性建设项目被列为市委市政府重点督查的 25 个文化产业项目之一，河口古镇的建设提升了西固文化旅游产业的形象，也是调整产业结构、增加当地居民收入的必然选择。

0087 榆中县三角城乡大兴营省级精神文明村

批准时间：2012-12-08

批准单位：甘肃省文明委

所属地区：兰州市榆中县

代表人物及骨干队伍：孙永浩

简　　介：榆中县三角城乡大兴营村位于榆中盆地中心地带，南邻詹家营村，北接中河堡村，东邻下彭家营村，西与夏官营相连，兰渝铁路穿村而过，被甘肃省文明委命名为省级文明先进村。为了提高农民整体素质，村上又办起了农民文化技术学校，每年聘请县、乡农技人员对全村劳动力进行科技培训，先后培训各类技术骨干300余人。为了进一步弘扬中华民族敬老、爱老的传统美德，每年都要在全村范围内召开"好媳妇、好公婆、好家庭"、"五好家庭"、"幸福老人"、"致富模范"、"孝子模范"等评选活动，在全村范围内掀起了比、学、赶、帮、超的良好氛围，文明家庭、和睦家庭、学习型家庭不断涌现。举办活动，创新载体，培养村民良好风尚，为了活跃群众文化生活，每年在元旦、春节、国庆等节日和农闲时节，组织群众开展社火、舞蹈、戏曲、农民运动会等多种形式的文化娱乐活动，充分发挥村文化活动中心的作用，让村民养成良好的生活习惯。村里修建成了农民文化广场，体育健身器材、乒乓球场及配套设施设备都已经到位。定期举行秧歌队、乒乓球等比赛，有组织的大型文化、体育活动每年举办，群众每年多次自发组织比赛。村上大力宣传科学知识，抵制封建迷信，组织科学知识进万家活动，消除迷信对村民的危害。

0088　金川区陈家沟乡村旅游示范村

批准时间：2012-04-01

批准单位：甘肃省旅游局

所属地区：金昌市金川区

代表人物及骨干队伍：陈家沟村委会

简　　介：陈家沟村系金川区双湾镇政府驻地，现辖3个村民小组，366户，1520人，耕地面积9011亩，2009年农民人均纯收入达6239元。该村先后被市、区确定为市级新农村建设示范村和区级基层党建示范点。近年来，镇党委、政府按照中央和省、市关于加快推进城乡一体化的战略部署和区委、区政府提出的以城市的标准建设农村的发展理念，紧紧抓住金陈公路开通和双湾镇小城镇建设的良好机遇，结合土地沙化治理项目，依托原有150亩老果园，委托清华大学建筑学院规划设计了陈家沟生态休闲园。陈家沟生态休闲园位居双湾镇小城镇与金昌市区连接路段，总体规划以金陈公路为主线设计，在道路两侧分别布局农家乐区、别墅区、住宅区、生态景观区、多层住宅区和经济林区等六个功能区，是一处集居家生活、休闲观光、餐饮娱乐为一体的田园式休闲场所。该园于2007年整体规划开工，经过近三年的建设，已初步形成生态休闲格局。目前，陈家沟生态休闲园已初步显现出了乡土田园气息和城市园林风光两大特色，逐步融入了金昌市区"10分钟经济圈"，成为双湾镇城乡一体化建设的缩影和重要基础平台。

0089　靖远县双龙乡仁和村

批准时间：2006-08-07

批准单位：甘肃省建设厅、甘肃省文物局

所属地区：靖远县双龙乡

代表人物及骨干队伍：仁和村委会

简　　介：仁和村位于靖远县双龙乡，历史悠久，文化灿烂，民俗风情多彩多样，文物古迹众多，现存文物遗址5处，有北城滩长城遗址、仁和四合院、发裕堡遗址、北城滩城遗址、北卜渡口遗址等，其中北城滩长城遗址被列为国家重点文物保护单位，仁和四合院和北城滩城遗址被列为省级文物保护单位。仁和村于2006年被批准为甘肃省首批历史文化名村。仁和村全村总住户684户，总人口4016人，全村共有6个村民小组。区域总面积9800亩，耕地面积7640亩，其中有效灌溉面积5200亩。全村共有党员68人，其中女党员4人，农业种植以水稻为主，夏粮以小麦为主，另外少量种植胡麻、菜籽、玉米、大豆，近几年大枣和枸杞已成规模，种植面子达3000多亩。今后，仁和村要继续保持和延续历史文化名村的传统格局和历

史风貌，维护历史文化遗产的真实性和完整性，进一步加强文化遗产保护，更好地发展文物、旅游、休闲娱乐等文化产业。

0090 秦安县兴国镇凤山村

批准时间：2006-08-07

批准单位：甘肃省建设厅、省文物局

所属地区：秦安县兴国镇

代表人物及骨干队伍：胡缵宗

简　　介：天水市秦安县兴国镇凤山村，地处秦安县城东南角，坐落于凤山脚下，南小河北岸，因坐北朝南，光照充足而又称凤阳城。凤山村历史悠久，人文荟萃，文化底蕴深厚，自古就有陇上小邹鲁的美誉。境内历史文化古迹众多，历史名人辈出，泰山庙为全市唯一保存完整的元、明、清古建筑群，上关明清一条街是全省保留最为完整的四条明清古街之一，据《秦安志》记载，金正隆二年（1157年）始建秦安县时，南上关就有铺面。明代以后，铺面逐渐增加，清道光时期初具规模，到民国时期，私商铺面共有200余间。2005年2月，该街被秦安县人民政府公布为县级文物保护单位。明代山东巡抚、著名学者胡缵宗在入东川时写下了"鸠杖入东川，鸾迎小有天，梧桐三径目，杨柳一溪烟，呼鹤崆峒外，餐霞鸟鼠边，奚寰投五色，初咏白云篇"的美妙诗句。有许多历史名人遗迹，如胡氏祠堂遗址、胡缵宗长子胡初故居、武进士胡自源故居、李氏故居、侯氏故居、蔡氏故居、上关庙儿巷民宅等，还有许多历史文化名人著作、书画、木刻、金石、影图等。2006年，凤山村以它特有的历史沉淀和文化财富被甘肃省建设厅、甘肃省文物局命名为首批甘肃省历史文化名村。

0091 秦安县五营乡邵店村

批准时间：2006-08-07

批准单位：甘肃省建设厅 甘肃省文物局

所属地区：天水市秦安县

代表人物及骨干队伍：大地湾博物馆

简　　介：秦安县五营乡邵店村位于秦安县城东北部，距县城45公里，清水河自东向西流经这里，是五营乡政府所在地和驰名中外的大地湾遗址所在地。邵店村地处清水河流域中游，这一带地势开阔，又有清水河挡道，汉代就是著名的"丝绸之路"南大路的必经之地，省道304线沿线，又是通往陇县的交通要道，也是连接陇城镇与莲花镇的重要枢纽。由于地处关陇大道的咽喉之处，自汉至清，境内战场频繁，历史上著名的街亭古战场、野战坡战场及拱北川战场都曾在该地留下历史的印记。大地湾遗址是一处规模较大的新石器时代遗址。大地湾遗址最早距今7800年，最晚距今4800年，有3000年文化的延续，其规模之大、内涵之丰富，在我国考古史上亦属罕见。在我国新石器考古中无论规模、遗迹遗物丰富程度，还是研究价值均超过著名的西安半坡遗址，因此，它被称为中华人民共和国重大考古发现之一，也被学术界评为我国20世纪百项重大考古发现之一，为重建中国史前史增添了非常宝贵的资料。1988年1月，被国务院公布为全国重点文物保护单位。2006年8月，邵店村被甘肃省建设厅和省文物局评为首批甘肃省历史文化名村。

0092 两当县杨店乡杨店村

批准时间：2006-08-07
批准单位：甘肃省建设厅 甘肃省文物局
所属地区：天水市秦安县
代表人物及骨干队伍：杨店村委会

简　介：杨店村位于两当县杨店乡政府所在地，国道316线横穿境内，全村耕地面积970亩，辖5个村民小组，172户，农业人口712人。该村交通十分便利，历史文化积淀深厚，是全省7个历史文化名村之一，也是红军长征入甘第一站。该村按照"一线两街四场"小城镇布局，即316线绿化美化工作，建设商贸一条街、文化旅游一条街，建成故道文化广场、豆坪文化广场、石马感恩广场、姚庄蔬菜批发市场，并配套完成了杨店街道路路灯安装120盏，修建步行街2.5公里，龙头墙1100米，绿化5300平方米。又把新农村建设与文化旅游相结合，实施316线风貌打造工程，维修美化民居174座，建成了官道坪仿清古建一条街。为了充分展示故道文化，投资156万元，建成了占地2300平方米的故道文化广场，体现故道红色文化、果老文化、民俗文化特色，并突出文化旅游、休闲健身两大功能，成为故道风情线上一道亮丽的风景。2006年8月，杨店村被甘肃省建设厅和省文物局评为首批甘肃省历史文化名村。

0093 景泰县寺滩乡永泰村

批准时间：2006-08-07
批准单位：甘肃省建设厅 甘肃省文物局
所属地区：白银市寺滩乡
代表人物及骨干队伍：岳钟琪

简　介：寺滩乡永泰村以其境内距今400多年的永泰古城而闻名。永泰古城东西520米，南北460米，平面呈椭圆形，城墙底宽12米，顶部残宽1-3米，高12米。因城平面形似乌龟，故又称"龟城"。该城门向南开，城周有护城河，城墙外侧有瓮城1处、月城3个，马面12个。城墙除西北、东南有三个豁口外保存比较完整。古城内原有古建筑于20世纪60年代被拆除。城内现有古民宅320平方米。1920年建成的"永泰小学"分前后两院，占地面积7.5亩，为民国时期典型的哥特式建筑。城内"五眼井"为雍正二年陕甘总督岳钟琪为补龟城五脏六腑所建，系将水磨沟地下水用暗渠引于城内，在城门对应的正街，挖坎儿井5个将水导入城西北角的"甘露池"再由暗渠流入城外护城河。城西南水磨沟沟口、官草沟沟口和东南约4公里的山上各有烽火台1座。城北每隔1.5公里有烽火台1座向北连于20公里外的明长城上。古城历经400年之久，文化内涵丰富且城墙保存比较完整。1993年经甘肃省人民政府公布为省级文物保护单位；2006由甘肃省建设厅、甘肃省文物局批准为首批甘肃省历史文化名村。

0094 静宁县界石铺镇继红村

批准时间：2006-08-07
批准单位：甘肃省建设厅 甘肃省文物局
所属地区：静宁县界石铺镇
代表人物及骨干队伍：界石铺红军长征纪念馆

简　介：继红村位于平凉市静宁县界石铺镇。继红村张家大院，现为界石铺红军长征纪念馆，这里曾是中国工农红军长征两次途经和三大主力胜利会师的地区之一。毛泽东、周恩来、张闻天、王稼祥、博古等中央领导曾在这里宿营扎寨，召开干部群众大会，留下了许多珍贵的历史资料。1996年前后，当年群众自愿集资，县委、县政府拨款共同修建了纪念馆。该纪念馆占地面积35亩，建筑面积5200平方米，设有3个展室14个展柜。馆内陈列毛泽东、周恩来、朱德、邓小平、王稼祥、张闻天、博古等中央领导同志长征时的珍贵图片资料40余件，"平型关大战要图"等实物16件，还陈列有毛泽东当年用过的电话机、铜灯、火盆和房东家的织布机、纺线机、古式梳妆台，以及肖华在长征中用过的办公桌等。界石铺红军长征纪念馆现为全省爱国主义教育基地、中共党史教育基地、国防教育基地和全国30条红色精品旅游路线中的知名红色旅游景区。继红村是一个具有七十多年光荣革命传统的红色革命老区村，是革命烈士的故乡、重要的革命与战争纪念地，是甘肃省知名红色革命旅游景区，具有极为深刻的红色文化内涵。2006年被评为首批甘肃省历史文化名村。

0095 榆中县夏官营镇夏官营村

批准时间：2004-06-08

批准单位：兰州市文明办

所属地区：兰州市榆中县

代表人物及骨干队伍：李德明、裴烈萍、闫祖来、田韵文艺演出队

简　　介：夏官营村位于兰州市以东46公里处，距榆中县城12公里。近年来，为满足群众日益增长的文化需求，打造特色文化品牌和文化村社，夏官营村按照"整合资源、综合利用、统一管理、服务群众"的原则，充分利用村文化活动室、健身广场、文化礼堂、党员活动室、道德讲堂、文化信息资源共享工程、农家书屋等现有的文化资源，建成夏官营村"乡村文化舞台"，配套各种文体器材，健全完善各项制度，组建"秦之缘"秦腔表演队、田韵文艺队等9个文化社团，人员达到110余人，使"乡村舞台"成为全村群众学习培训、休闲娱乐的聚集区。近年来，夏官营村以"乡村舞台"为载体，围绕中国梦、社会主义核心价值观、中华民族传统文化宣传教育，制作各类文化宣传折页1200张、孝道文化墙1面，利用道德讲堂、党员远程教育等场所，积极开展"幸福家庭"、"五星级家庭"创评活动及农业实用技能培训，设置了各类光荣榜，群众思想道德素质进一步提升，村风民风得到进一步好转。同时，该村依托"乡村舞台"，充分利用重大节日和农闲时节，组织开展群众喜闻乐见的社火表演、广场舞比赛、秦腔展演、电影放映、农民运动会等文化体育活动，还积极组织文化社团参加市县文体活动比赛，并获得2013年"陇鑫餐饮杯"健身舞大赛三等奖以及2014年"乡风乡韵、乡土乡情"榆中县乡村广场舞大赛二等奖。

0096 瓜州县西湖乡中沟村

批准时间：2013-01-22

批准单位：酒泉市文广局

所属地区：酒泉市瓜州县

代表人物及骨干队伍：张明全、杨生军

简　　介：中沟村地处瓜州县城北郊，三面环城。近年来，西湖乡中沟村立足历史文化资源优势，不断深化文化体制改革，全面构建大文化发展格局。文化阵地建设亮点纷呈，群众文化活动叫响品牌，不仅唱响了时代主旋律，占领了文化主阵地，而且为全乡经济发展和社会繁荣提供了强有力的支撑。2011年中沟村多方筹措资金，新建村委会办公大楼一座，占地面积1694平方米，配套修建村文化广场4500平方米，2012年4月投入使用。办公大楼内配套"图书阅览室"、"乒乓球室"、"多功能活动室"、"中沟村文化产业发展展览厅"等，村文化广场配套健身器材、篮球场、休闲椅、精神文明宣传牌等，较好地形成了以村文化大院为基础、以组文化专业户为补充的多层次、多体制的群众文化网络，形成了政府、集体、个人多渠道兴办文化产业的新格局。自村文化广场、图书室、活动室修建后，文化广场每天活动人数达到200余人次，健身、篮球、羽毛球、广场舞多种活动方式相结合。图书室、活动室每天活动人数达到50余人次，进行图书借阅、乒乓球比赛等。

0097 瓜州县三道沟镇三道沟村

批准时间：2013-01-02

批准单位：酒泉市文广局

所属地区：酒泉市瓜州县

代表人物及骨干队伍：刘治义

简　　介：三道沟村地处疏勒河上游，位于瓜州县最东段，东与玉门隔河相望。三道沟村坐落于三道沟镇政府驻地周边的中心地带，最早于1968年成立三道沟大队民兵连毛泽东思想宣传队，多次代表全镇及全县参加酒泉地区文艺汇演或调演，并于1973年代表酒泉军分区参加甘肃省军区文艺汇演，由于历史原因多次解散，于1986年重新组建文艺宣传队，由三道沟村组织管理。2001年成立三道沟村文艺自乐班。近几年来，全村建设三个片区的中心文化广场，二组生态园，九组生态园，七组文化广场花园。有篮球场3处2400平方米，健身器械36件，老年活动中心及戏台占地266平方米，卫生所1座，农民书屋、五保家园活动场4500平方米，座椅280副，文化宣传牌匾300余付（块）等，达到融景观、娱乐、健身、休闲于一体的效果。2008年以来修建文化大院1座，设立村文化活动中心，并设立了村文体活动中心、图书阅览室、荣誉室、科技咨询室、电化教育室等，建立了党员远程教育网络，完善了电化教育工程设施，配置了电视机、电脑、DVD、音响等现代电子设备；实现了远程信息传输和资源共享。进一步充实了文化服务中心的活动内容，添置了乒乓球、羽毛球等体育器材和设施以及象棋、围棋、音响设备等文化活动器材20余件，新购图书3000册，使图书室可阅图书达5000余册，文化大院有文艺骨干30余人。

0098 永登县红城镇进化村

批准时间：2012-12-04

批准单位：永登县文化体育局

所属地区：兰州市永登县

代表人物及骨干队伍：以王氏、李氏家族群众为主

简　　介：该村历史悠久，文化积淀丰厚，教育发展早。历史上曾出了进士、举人、众多秀才，知名人物多。现在村中有清中、晚期以及民国时的民居15处，建筑精美，是永登民居的优秀代表。有古碑刻、名泉、古家具、大量明清家谱等。

0099 永登县树屏镇杏花村

批准时间：2013-06-25

批准单位：永登县文化体育局

所属地区：兰州市永登县

代表人物及骨干队伍：王华泰

简　　介：杏花村风景秀丽，文化丰富，民间传说众多，境内海通山建筑独具风格，历史悠久，山形别致。山下杏花林每年四月游人如织，每年杏花会人山人海，登山踏青、拜神远眺。目前旅游发展比较好，环境好，今后要进一步开发旅游服务、农家风味休闲游。

0100 永登县红城镇凤山村

批准时间：2013-07-04
批准单位：永登县文化体育局
所属地区：兰州市永登县
代表人物及骨干队伍：马国喜
简　　介：凤山生态环境十分良好，山如凤凰展翅，村落在凤山下。凤山上有史前文化遗址，出土了大量彩陶和生活遗迹，曾是汉代重要军事驻地，西夏设卓罗和南监军司，是全国十二个监军司之一。地理位置十分重要，文化自古兴盛，名人辈出。明代在凤山建有千光寺，山下有握桥，中华人民共和国建立初被毁，近年来恢复。

0101 永登县武胜驿镇向阳村

批准时间：2013-06-28
批准单位：永登县文化体育局
所属地区：兰州市永登县
代表人物及骨干队伍：杜成福
简　　介：向阳村位于武胜驿镇西北，曾出土马家窑文化彩陶钵，为国家一级文物。村中有鱼龙山，山势奇特，若鱼若龙，山下有池，对面有案山，明代山上建有娘娘庙，清代平定番民叛乱后曾在这里迎接过朝廷的圣旨，因而在山下修建了皇坛，后来皇坛成为私塾，培养了很多优秀人才。现在鱼龙山绿化很好，恢复了建筑，是休闲、观景的好地方。

0102 永登县河桥镇鳌塔村

批准时间：2013-06-28
批准单位：永登县文化体育局
所属地区：兰州市永登县
代表人物及骨干队伍：赵祖东
简　　介：鳌塔村是因原先山上建有塔，山形酷似鳌，塔在鳌尖上，有着极为奇妙的风水学说。现在由群众兴建鳌塔女娲文化产业园，建筑精美，文化内涵丰富。民间信仰丰富，具有西部古老的多民族文化遗风。

0103 永登县苦水镇苦水街村

批准时间：2013-06-28
批准单位：永登县文化体育局
所属地区：兰州市永登县
代表人物及骨干队伍：巨积敏
简　　介：苦水街村历史悠久，文化积淀深厚，明代设堡，有很独特的建筑格局和风水学说。现在村落格局基本保持原貌，玫瑰栽培已有两百年历史，古梨树、古果树分布田园，非物质文化遗产十分丰富，有国家级项目高高跷以及每年二月二热闹非凡的龙抬头社火表演。

0104 张家川回族自治县龙山镇官泉村

批准时间：2014-12-09
批准单位：张家川回族自治县政府
所属地区：天水市张家川回族自治县
代表人物及骨干队伍：王毅、王勇
简　　介：官泉村是一个回汉杂居的村，共有1000多户村民，是省级民主法治村。自从2013年官泉村修建了文化广场后多次举办了大型的广场舞比赛，丰富了群众日益增长的精神文化需求。

0105 张家川回族自治县张川镇查湾村

批准时间：2014-12-06
批准单位：张家川回族自治县政府
所属地区：天水市张家川回族自治县
代表人物及骨干队伍：马化龙、马元章、马进成、马元超
简　　介：查湾村位于张家川回族自治县城西北5公里左右的北山，该村因建有宣化岗拱北而出名。拱北内有伊斯兰教哲赫忍耶门宦第五代教主马化龙、马元章、马进成、马元超等4位宗教先辈的陵墓，又是哲派第七

辈教主马元章及其三弟马元超复兴教门的根据地，是中国伊斯兰教"哲赫忍耶"学派北山门宦的教务中心。经过三代相继扩建，规模逐渐扩大，占地达到13200平方米。因此，查湾村成为西北地区很有影响的伊斯兰教活动场所所在地。每年要举行多次大型宗教活动，前来参加活动的信教群众涉及全国13个省区，人数多则上万人，少则数千人。受此影响，该村村民信教虔诚，勤劳务实，在党的惠民政策的正确引领下，该村发展起了以种植业、养殖业和劳务输出业为龙头的致富产业，逐步建成生产发展、生活宽裕、乡风文明、村容整洁、管理民主的新农村。马元章、马元超作为伊斯兰教领袖，二人在该村讲经、传道静修的故事，经久流传。

0106　崆峒区四十里铺镇吴岳村

批准时间：2007-08-06

批准单位：平凉市文化出版局

所属地区：平凉市崆峒区

代表人物及骨干队伍：芦定华

简　　介：吴岳村位于平凉市工业园区四十里铺镇，以物流运输、苗木种植和房地产产业为支撑，人均年收入过万。近年来打造的吴岳山庄是一处综合性养生观光园地，青山绿水，环境优美。吴岳村建有农家书屋、图书室、阅览室、文体活动室。有藏书5620册，其中科技书籍560余册，设有农民体育场，健身器材8套，图书借阅活动经常进行，阵地活动活跃，每年春节举办的社火、地摊戏深受城乡人民好评。

0107　西和县太石河乡银杏村

批准时间：2015-02-01

批准单位：西和县文化局

所属地区：陇南市西和县

代表人物及骨干队伍：张社忠、银杏村秦剧团

简　　介：银杏村位于陇南市西和县太石河乡境内，距离县城73公里，距离乡政府所在地2公里，辖3个村民小组，人口600人，有小学1处，党员活动室1处，综合文化广场1个，其中包括标准化篮球场1个。该村自古以来文化底蕴浓厚，村民普遍重视文化教育的发展，村民整体文化素质好，思想道德水平高，现有群众自发组织成立的剧团1个，切实丰富了群众文化生活，有传统佛香制作艺人1名，加工作坊1个。近年来，在各级党委政府的正确领导和群众的辛勤努力下，该村已成为一个人文底蕴浓厚，村容美丽整洁，群众安居乐业的示范村。

（五）文化名街

本部分文化名街是指历史文化街区，特指中国历史文化名街，它是历史文化名城的有机组成部分，具有一定的历史文化价值和经济文化活力，并有一定的社会知名度和完善的保护管理制度，是特殊类型的文化遗产。

0108 城郊镇八坊十三巷

批准时间：2013-06-07
批准单位：临夏市政府
所属地区：临夏市八坊办事处辖区
代表人物及骨干队伍：姬润、临夏市住建局、永靖古建筑工程总公司
简　介：八坊十三巷位于临夏市城郊镇木场村，是典型的回族聚居区，由大寺坊、祁寺坊、西寺坊、北寺坊、铁家寺坊、前河沿寺坊、老王寺坊、新王寺坊等八坊，大旮巷、小南巷、坝口巷、北巷、沙尕楞巷、博员巷、大南巷、细巷、拥政巷、铁家寺巷、王寺街等十三巷构成。所以，八坊的古建筑是回族前人在持久的生产生活中逐步形成的，伊斯兰文化特色较为浓重，各式清真寺融外国古典建筑风格和阿拉伯特色于一体，庄沉肃穆，秀丽宏伟。现存穆斯林栖身的院落、清真寺等建筑气宇雄伟，裙楼、阁楼、砖雕、木刻等特色工艺突出。八坊十三巷是临夏市城市名片，也是河州历史文化名城、省级文化旅游示范基地、国家级历史文化街区、中国伊斯兰文化最佳旅游目的地的重要支撑。

0109 秦州区枣园巷历史文化街区

批准时间：2001-12-18
批准单位：天水市政府
所属地区：天水市秦州区
代表人物及骨干队伍：天水市名城办
简　介：枣园巷，民国年间称"东团巷"、"荣誉巷"，中华人民共和国成立后恢复其名"枣园巷"。该街区位于小西关城，伏羲庙西侧，面积2.1公顷。枣园巷是传统的街巷民居，街巷格局和古建筑保存完好。在使用性质上以居住为主，保持安静宜人的生活居住氛围。典型院落式古建筑有枣园巷6号：该院为马家宅院，清代建筑，天水市名城委挂牌保护院落，现为秦州区县级文物保护单位。枣园巷11号：该院原主人姓宋，是商宅，往日商队如云。枣园巷15号：该院为孟家院，清代建筑，天水市名城委挂牌保护院落，现为秦州区县级文物保护单位。

0110 秦州区大小巷道历史文化街区

批准时间：2001-12-18
批准单位：天水市政府
所属地区：天水市秦州区
代表人物及骨干队伍：天水市名城办
简　介：位于伏羲庙东侧，建筑的质量和

风貌尚可,作为伏羲庙外围的历史环境加以保护,紫线划定保护面积1.18公顷。古建筑有士言巷4号:清代建筑,为一代天水儒尊任其昌宅院,现为秦州区县级文物保护单位。士言巷5号:任承允故居。大巷道5号:清代建筑,现为天水市名城委挂牌保护院落。伏羲路96号:明清建筑,现为天水市名城委挂牌保护院落。

0111 秦州区自治巷历史文化街区

批准时间: 2001-12-18

批准单位: 天水市政府

所属地区: 天水市秦州区

代表人物及骨干队伍: 天水市名城办

简 介: 自治巷,旧名下河里、和平巷,位于解放路中段以南。紫线划定保护面积5.09公顷。保存较好的历史建筑院落有自治巷59号、61号。自治巷44号:清-民国建筑,为吴鸿宾宅院。自治巷57号:明-清建筑,为张深世孙张焕斗故居。

自治巷59号:明清建筑,为张裕故居,张裕(1842—1905年),字顺侯,秦州"西厢张氏"乐善之长子。世序78世,迁秦19世。世居59号院。同治元年(1862年),举孝廉,同治年中举入仕,任职宁夏训导,训导任上有政绩,擢升为奉政大夫,五品同知至终仕。其时为秦州名士,师道尊严,身行重教,博得陇南书院山长任士言之称赞,说:"师表善行,书院楷横。"其故居为清代嘉庆二十四年(1819年)建造。该院落现为秦州区县级文物保护单位。自治巷61号:明清建筑,为张深故居。张深,秦州"西厢张氏"世序73世、迁秦14世祖,世居下河里。清乾隆六年(1741年)中举,迁四川凉州千总,任上恪尽职守,剿匪平叛,足智果断,勇猛无比。知府视为将才,奏请擢升为守备之职。乾隆十二年(1747年),因平叛有功,授广威将军,至乾隆二十一年(1756年),因患病去职返乡,以四品广威将军衔终仕归里。该院落现为秦州区县级文物保护单位。

0112 秦州区自由路历史文化街区

批准时间: 2001-12-18

批准单位: 天水市政府

所属地区: 天水市秦州区

代表人物及骨干队伍: 天水市名城办

简 介: 位于交通巷以东,解放路以北,自由路以北、以南的大部分地区,紫线划定保护面积3.3公顷。保护范围包括陕省会馆、山西会馆、杨家楼等文物保护单位。保存较好的历史建筑院落有自由路14号、45号。自由路2号、91号:清代建筑,为刘永亨故居,刘永亨为光绪三年进士,翰林院庶吉士,授编修,侍读学士,内阁学士。官至户、工部侍郎,总督仓场侍郎。善书法,工楷书。光绪十二年(1886年)任兰州求古书院山长。该组院落现为秦州区县级文物保护单位。自由路12号:清代建筑,现为秦州区县级文物保护单位。自由路14号:明清建筑,现为天水市名城委挂牌保护院落,已批文物点。自由路45号:清代建筑,为汪家院,为天水市名城委挂牌保护院落,现为省级文物保护单位。

0113 秦州区三新巷历史文化街区

批准时间: 2001-12-18

批准单位: 天水市政府

所属地区: 天水市秦州区

代表人物及骨干队伍: 天水市名城办

简 介: 位于聚宝盆以东,解放路以北,北侧为古城墙遗址,绿化良好,部分院落保存完整,紫线划定保护面积6.68公顷。该街区保存有:赵氏宗祠;清代武进士张珍故居

11号院，该院在抗战至中华人民共和国成后一段时期，曾为荣毅仁荣氏企业面粉厂秦州办事处；抗金名将张俊府25号院；民主革命者葛霁云故居51、53号院；同治进士西厢张氏张和故居67号院等名人故居，保存较好的院落有三新巷9号、11号、39号、41号和49号。

0114　秦州区澄源巷历史文化街区

批准时间：2001-12-18

批准单位：天水市政府

所属地区：天水市秦州区

代表人物及骨干队伍：天水市名城办

简　　介：澄源巷，自哈氏一族入住以来，回汉两个民族融合的故事一直流传，于是此巷又叫团结巷，中华人民共和国成立后改为澄源巷。该街区位于澄源巷北段西侧，北接原城墙遗址，面积较小，仅0.7公顷。但院落、建筑保存完整，是西关保存最完好的历史街区，规划使用职能以居住为主。澄源巷11号、13号、15号、17号：清代建筑，为哈锐故居。哈锐为光绪壬辰恩科进士，先后在京任刑部主事、四川等地知县，为中国文化史上唯一的回民翰林公。辛亥革命后，走实业救国之路，开创甘肃民营工业先河。该组院落为天水市名城委挂牌保护院落，甘肃省省级文物保护单位。澄源巷21号、23号、42号：明清建筑，为张庆麟宅院。张庆麟为咸丰庚申科进士，曾任河北广平县令，归故里后，因"品行高洁、乐善好施、济危扶困"而名著乡里，秦州人尊称其门为北门张氏。该组院落为天水市名城委挂牌保护院落，甘肃省省级文物保护单位。澄源巷28号：明代建筑，现为天水市名城委挂牌保护院落。澄源巷88号：明清建筑，现为天水市名城委挂牌保护院落。

0115　秦州区育生巷历史文化街区

批准时间：2001-12-18

批准单位：天水市政府

所属地区：天水市秦州区

代表人物及骨干队伍：天水市名城办

简　　介：育生巷，原名"张家巷"，清同治年间改为"三阳巷"，光绪年间改为"二郎巷"，后以乡贤张育生先生为巷名，便为"育生巷"，是西关片区面积最大的历史街区，该街区包括育生巷两侧，解放路以南，南民路以北、忠义巷以西、务农巷以东的大部分地区，面积6.4公顷。该区古建筑分布广、文物古迹众多、街巷格局完整，是目前西关乃至天水古城内保存较好的历史街区。用地性质基本以居住为主。保存较完整的院落主要有忠义巷26、28号，育生巷14号、42号、56号和孙家大院12号、16号、18号。忠义巷26、28号：清代建筑，为邓家院，26号院为邓宝珊将军出生地，天水市名城委挂牌保护院落，现为秦州区县级文物保护单位。育生巷14号：清代建筑，已批文物点，现为天水市名城委挂牌保护院落。育生巷42号：清代建筑，为张氏民居，为天水市名城委挂牌保护院落，现为省级文物保护单位。育生巷56号：清代建筑，为张氏民居，为天水市名城委挂牌保护院落，现为省级文物保护单位。孙家大院12号：明代建筑，现为天水市名城委挂牌保护院落。孙家大院16号：清代建筑，现为天水市名城委挂牌保护院落。孙家大院18号：清代建筑，为王家院，天水市名城委挂牌保护院落，现为秦州区县级文物保护单位。

0116　秦安县明清古建筑一条街

批准时间：2005-02-01

批准单位：秦安县政府

所属地区：秦安县县城

代表人物及骨干队伍：秦安县文化馆

简　　介：秦安县上关明清古建筑一条街，旧称"南上关"，2005年2月被评为县级文物保护单位，其地处秦安县城以南，公元1150年，秦安县建县时，该街就已存在，清道光年间，该地形成街景。当时，街道上共有40多家字号。该街道建筑全部采用土坯木结构，主街全长500米，占地6500平米。民国时期秦安县商会马会长的私宅就处于这条街上，这栋宅子属于清中晚期建筑。丁氏民居是这条街上保护比较完整的清晚期四合院，有100多年的历史。建筑装饰主要以雕花和砖雕为主，以牡丹为基调，外加福字，取"万年富贵"之意。秦安明清街是一条传承和保护相对完整的古建筑。

（六）文化名镇

本卷文化名镇特指中国历史文化名镇，是由住房和城乡建设部和国家文物局共同组织评选的，保存文物特别丰富，且具有重大历史价值或纪念意义的，能较完整地反映一些历史时期传统风貌和地方民族特色的镇，通常和"中国历史文化名村"一起公布。本部分也包括甘肃地方政府认定的文化名镇。

0117 永登县连城镇

批准时间：2007-05-31

批准单位：国务院

所属地区：兰州市永登县

代表人物及骨干队伍：连城镇政府

简　　介：连城镇位于永登县城西南60公里的大通河腹地。东接永登县民乐、通远乡，南邻河桥镇，北连青海省互助县，西接青海省乐都区和甘肃省天祝县，位于两省三县交界地带。境内有37万亩的天然林和草山，平均海拔1890米，年平均气温7.4℃，年平均降水量419毫米，无霜期139天。

连城镇历史文化悠久，早在新石器时期，大通河两岸就有人居住，辛勤劳作，繁衍生息。《汉书·地理志》：汉昭帝始元六年（前81年），置金城郡，领县13，连城属浩门县管辖。北宋政和六年（1116年），"建筑古骨龙城，赐名震武城，未几，改为震武军"。震武城即今连城古城，震武军辖永登县部分地区。明洪武三年，元宗室脱欢率部投诚，安置在连城。脱欢之孙失伽以军功升土司都指挥使，赐姓鲁，准世袭。自明初至民国改土归流，鲁氏家族一直统治连城一带。镇域内旅游资源得天独厚。有国家4A级森林公园吐鲁沟，国家级文物保护单位——鲁土司衙门、藏传佛教圣地妙因寺、显教寺、雷坛，以及素有"小五台"之称的石屏山尕达寺。还有引大入秦先明峡倒虹吸工程、水磨沟宋代摩崖石刻、东大寺等自然、人文景观。因人文历史悠久，2007年被评为第三批中国历史文化名镇。

0118 榆中县金崖镇

批准时间：2010-07-22

批准单位：住建部、文物局

所属地区：兰州市榆中县

代表人物及骨干队伍：王希光、金吉泰

简　　介：金崖镇位于兰州市榆中川西部，距兰州市区18公里。2008年被公布为甘肃省历史文化名镇，2010年7月被国家住建部、文物局命名为第五批中国历史文化名镇。金崖镇毗邻省会兰州，是丝路古道上货通东西的旱码头。明清时期，金崖逐渐成为兰州水烟的主产区和贸易集散地。水烟业的兴盛，使金崖成为苑川河流域政治、经济、文化中心，一大批祠堂、庙宇、驿站、会馆等建筑和民居四合院随之诞生。主要文化遗产有：国家级文物保护单位明肃王墓、省级非物质文化遗产保护项目"苑川七月官神"和古建及民居群。金崖古建及民居群沿古丝绸之路（陕甘大道）分布于苑川河谷阶地上，绵延12公里。现存主要古建筑有三圣庙（山西会馆）、周家祠堂、金崖驿站、福元泰烟坊、白马庙、翠英寺、雷祖庙等16处，集中分布的古民居49院。此外还有敬家坪、平顶山、梁坪等史前遗址4处、古墓葬3处、烽燧2处。明肃王墓占地面积450000平方米，其他古建筑及民居群总占地面积26002平方米，总建筑面积8872平方米。金崖历史文化遗产在甘肃省历史文化遗产中地位独特，能够较为全面地体现千年丝路古镇所特有的地域文化、宗族文化、商旅文化、民俗文化、水烟文化和建筑文化，内涵丰富，特色鲜明，具有较高的艺术价值、科研价值和观赏价值。

0119 榆中县青城古镇

批准时间：2007-05-31

批准单位：建设部、国家文物局

所属地区：兰州市榆中县

代表人物及骨干队伍：青城镇政府

简　　介：青城位于榆中县北部，黄河南岸，被誉为"陇上江南，鱼米之乡"，历史悠久，文物古迹众多，文化底蕴深厚，自然风光优美。为唐宋元明时期的边塞军事重镇，被誉为"黄河千年古镇"。2006年被甘肃省建设厅、甘肃省文物局命名为"甘肃历史文化名镇"，2007年被中华人民共和国建设部、国家文物局命名为第三批中国历史文化名镇。2009年青城古镇又被命名为国家级特色旅游乡镇。2013年镇域内49处古建筑被公布为第七批国家级文物保护单位。青城是水烟的发源地，被誉为"中国水烟之乡"。明末清初，青城人民就发明了水烟，到了清乾隆、嘉庆、道光年间，水烟的种植、加工、销售达到了鼎盛时期。青城被誉为"风雅青城，仁义之乡"，青城在废除科举制度之前，先后培养出了进士11人，其中皇榜翰林1人；文举23人，武举51人，孝廉方正8人，贡生83人；秀才不计其数。青城的文物古迹有高氏祠堂、青城书院、城隍庙、罗家大院、二龙山戏楼、闯王墓和散落在古镇核心区的49处古民居四合院等。民俗活动有西厢小调、隍爷出府、柴山、英雄武鼓、剪纸、刺绣等。自然景观有小河漂流、百年梨园、千亩稻田、东滩荷塘等。土特产有水烟、青城干面、农家陈醋、西瓜、葡萄、苹果、梨等。特色饮食有青城长面、糁饭、驴肉、酸白菜、酸烂肉等。

0120 秦安县陇城镇

批准时间：2008-10-14

批准单位：国家文物局

所属地区：天水市秦安县

代表人物及骨干队伍：女娲

简　　介：陇城镇历史悠久，在距今7800年前，我们的祖先就在陇川繁衍生息，开垦种植。传说中的人类始祖——女娲，就出生在陇城，故陇城素称"娲皇故里"。陇城地处古丝绸之路上，为历代兵家必争之地，三国古战场街亭就在境内，是古代长安经关中，通过关东南大道进入甘肃境内的第一重镇，历来是商贾云集、交通便利的通衢要道和驿站，是古秦安四大集镇之一。史料记载，汉武帝元封五年（公元前106年），凉州刺史部治在陇城（古名为龙城）；西晋时设置略阳郡、略阳县，隋朝时设置陇城县。以后历代在陇城一直设置有道、县、镇的建制。中华人民共和国成立后设立陇城区，1965年撤区并社，1984年撤社立乡，2003年撤乡建镇。2006年7月被评为甘肃历史文化名镇，2008年10月，被评为第四批中国历史文化名镇。

0121 古浪县大靖镇

批准时间：2007-05-31
批准单位：建设部、国家文物局
所属地区：古浪县大靖镇
代表人物及骨干队伍：大靖镇政府
简　介：武威市古浪县大靖镇地处古浪县东部，东望昌灵山，南依祁连山东端余脉，西接古凉州，北临腾格里沙漠南缘，曾为丝绸北路、河西走廊东线重镇，是全省四大古镇之一。省道308线横贯全境，干（塘）武（威）铁路穿过腹地，是连接甘、宁、青等地的交通枢纽，现辖26个行政村，1个居委会。镇城区面积1.35平方公里，人口2.5万人（含流动人口，非本镇居民），城镇化水平9.1%，文教卫生、金融保险、电力交通等社会服务体系较为完善。早在四千多年前，先民们就在这块土地上繁衍生息，创造着原始文明。明万历二十七年，建成大靖堡，鼎盛时期亭台楼阁，宫观庙宇，鳞次栉比，商贾云集，俗有"塞上小北京"之美誉，现存有财神阁、青山寺、马庙会馆等，历史文化遗迹久负盛名，二级文物明清水陆画被誉为"可移动的莫高窟"，清代"五花诰命"圣旨、大藏经《甘珠尔》等历史文物见证了大靖沧桑更迭的历史。2007年5月被评为第三批中国历史文化名镇。

0122 宕昌县哈达铺镇

批准时间：2005-09-16
批准单位：建设部、国家文物局
所属地区：陇南市宕昌县
代表人物及骨干队伍：哈达铺镇政府
简　介：哈达铺，原名哈塔川，明代在哈达川设铺，故称哈达铺，地处岷山东麓丘陵川坝之中，海拔2280米，是驰名中外的"岷归"的主要产区。自清末民初，这里就有陕西、山西、天津、上海、河北、四川等十余省的药商来此设"商号"，开"店铺"经营药材生意，素有当归之乡的美称，2005年荣获"中国历史文化名镇"称号，2015年荣获"全国文明村镇"称号。

哈达铺红军长征纪念馆，位于哈达铺镇上街，国道212线上，南距宕昌县城35公里，北距定西岷县县城35公里，西距甘南迭部县腊子口（腊子口战役纪念馆）70公里。1935年9月至1936年10月，中国工农红军红一、二、四三个方面军经过艰苦卓绝的征程，先后到达甘肃小镇哈达铺，党中央毛主席在当地发现的《大公报》上得知陕北有红军根据地的消息后，立即作出了将红军长征落脚点放在陕北的重大决策。红二、四方面军次年在哈达铺相继发动实施了"成徽两康"战役和"岷洮西固"战役计划，并在哈达铺开展了扩红建政工作。哈达铺是决定红军长征命运的"重大决策地"，是长征途中名副其实的"加油站"。

哈达铺红军长征纪念馆筹建于1978年，之后分别被命名为全国重点文物保护单位和全国爱国主义教育示范基地，也是全国30条红色旅游精品线路和全国100个红色旅游经典景区之一。现馆内存有文物52件，其中国家一级文物1件、国家二级文物8件、国家三级文物14件。1994年12月，哈达铺长征纪念馆被中共甘肃省委命名为全省爱国主义教育示范基地，2000年5月被甘肃省国防教育委员会命名为甘肃省国防教育基地，2001年6月被中共中央宣传部命名为全国爱国主义教育示范基地，2001年6月被国务院公布为全国重点文物保护单位。

近年来，哈达铺镇启动了小城镇建设，大力实施了以临街房屋风貌改造、镇区骨干路网为主的建设工程，极大地改善了基础设施条件和镇区面貌，对红军长征旧址进行了维修保护。2005年哈达铺镇被命名为中国历史文化名镇。

0123 临潭县新城镇

批准时间：2008-10-14

批准单位：住建部、国家文物局

所属地区：甘南州临潭县

代表人物及骨干队伍：李达

简　　介：甘南藏族自治州临潭县新城镇古称洪和城、洮州城，自秦汉以来就是古洮州政治、经济、文化、军事的中心，地处临潭县中部，是一座高原古城，汉、回、藏等多民族繁衍生息，共同发展。新城于明洪武十二年由西平候沐英在三国候和城的遗址上扩建改筑而成，城周九里，墙高9米，东西南北设四座瓮城，跨山连川，气势雄伟，时称洮州卫城，是唐蕃古道南路之藏汉门户。新城虽历经战乱浩劫，然城内民居，依稀尚存明清风貌。长征时期红四方面军驻临潭之指挥中心、县苏维埃政府、洮州会议会场、1943年的甘南农民起义指挥所、临潭县人民政府等故址均得到较好的保护。新城境内群山环绕，有"朵山玉笋"、"玉兔临凡"、"西湖晚照"、"紫螃烟云"等美丽的自然风光；有明卫城、鸣鹤城、隍庙、雷祖庙、李家坟等文化遗产和人文景观；有传统端午节迎神赛会等大型民俗活动；有粗犷豪放、婉转悦耳的"洮州花儿"。这是一块古老神奇的热土，是避暑度假的好去处。新城镇是甘肃省乡镇企业示范园区，甘肃省历史文化名镇，自明朝以来，就有十日一营的传统集市，辐射周边三地六县。改革开放以来，新城镇党委、政府在狠抓农业生产的同时加强了乡镇企业建设，乡镇企业增加值达1660万元，工业增加值达535万元，上缴税金91.4万元。努力拓宽广大群众的增收渠道，使新城人民在致富路上率先迈出了一步，城镇化建设成效显著。2006年年底，全镇农民人均纯收入达1395元。2008年10月，被评为第四批中国历史文化名镇。

0124 永登县红城镇

批准时间：2013-10

批准单位：甘肃省政府

所属地区：兰州市永登县

代表人物及骨干队伍：红城镇政府

简　　介：红城镇是省级历史文化名镇，曾是省上四大名镇之一，是丝绸古道的商贸、文化、军事重镇。现在古城遗迹众多，有全国重点文物保护单位红城感恩寺，省文保单位把家坪遗址，县级的有山陕会馆、文昌殿，在清明山上恢复了原有错落有致的古建筑，保存着众多历史碑刻。红城历史悠久，文化内涵丰富。全镇现存古迹4处，分别是红城大佛寺、陕山会馆、文昌庙、明城墙遗址。其中，红城大佛寺保存最完整、最具规模。大佛寺，又名感恩寺，位于甘肃省兰州市永登县城南30公里的红城镇永安村，始建于明弘治五年（1492年）。该寺院为明弘治年间孝宗皇帝表彰长期镇守西北地区鲁姓土司而特意敕建，是历代鲁土司和当地群众从事宗教活动的场所。建筑群彩绘基本保持原貌，寺院内还有大量的明代泥塑像，并保存有少量的壁画。更具特色的是墙壁上端自西向东顺时针环墙体塑有《西游记》故事内容的全景悬塑像，反映唐玄奘西天取经九九八十一难的过程，并塑有各种人物的小塑像1500多个，各个神采奕奕，栩栩如生。目前，在甘肃省还没有发现建筑内塑有全景故事画内容的悬塑雕像群，整个建筑群较好地保存了传统建筑的历史原貌。1963年2月11日，甘肃省人民政府公布为省级文物保护单位。1981年9月10日，甘肃省人民政府重新公布为省级文物保护单位。2013年被评为甘肃省历史文化名镇。

0125 武山县滩歌镇

批准时间：2006-07-26

批准单位：省建设厅、省文物局

所属地区：天水市武山县

代表人物及骨干队伍：张飞豹、陈军义

简　　介：滩歌镇位于武山县西南部，距县城22公里，与岷县锁龙乡、漳县东泉乡接壤。2006年命名为全省首批历史文化名镇，2007年滩歌镇"旋鼓"列入国家级非物质文化遗产，2009年被评为全市十大魅力乡镇，2010年被评为全省环境优美乡镇、全省生态旅游明星镇，是关中－天水经济区重点建设镇之一。滩歌自古有"金盆养鱼"之称，天爷梁（3120米）、太皇山（3112米）两座天水市第一高峰横亘于南部，南高北低，境内沟壑纵横，山脉连绵，森林覆盖。交通较为便利，贺岷路、四马路两条公路纵横交汇，通村道路全部畅通。旅游资源丰富，万花寺、镇兴堡、明清古街、奎心阁等古迹保存完好，新开发的省级卧牛山森林公园地势险要，群峰叠翠，美不胜收，为旅游避暑的好去处。文化事业十分繁荣，旋鼓、社火、书画、武术、歌谣、戏曲等民俗文化活跃。近年来，在县委、县政府的正确领导下，滩歌镇新一届党委、政府班子站在新的历史起点，抢抓机遇，开拓创新，提出全力实施"44531"镇域发展战略及"十二五"发展规划，滩歌镇处在了跨域式科学发展的关键时期，经济社会正在蓬勃发展、全面进步。

0126 通渭县榜罗镇

批准时间：2006-07-26

批准单位：省建设厅、省文物局

所属地区：定西市通渭县

代表人物及骨干队伍：榜罗镇政府

简　　介：榜罗镇位于通渭县西南部，地处定西、天水两市辖区的通渭、陇西、甘谷、武山四县交界地带，镇区中心距县城34公里，下辖24个行政村。省道马陇公路、常榜公路跨境而过，是通渭县西南部的政治、经济、文化中心。榜罗镇属典型的温暖半干旱区。"榜罗"一词系吐蕃语译音，一说为"盆地"，其原意为"骡马市场"。从古至今，榜罗几易其建制，如今是通渭西南部最大的建制镇。

榜罗镇是一个具有悠久历史和光荣革命传统的历史名镇。1935年9月26日，中国工农红军一方面军到达榜罗镇，9月27日，党中央在榜罗镇召开中共中央政治局常委会议，改变了俄界会议关于去会合陕北红军，以游击战争形式打到苏联边界去，取得国际联系的战略方针，即"榜罗镇会议"。会议正式确定，红军继续北上，把落脚点放在陕北，将陕北苏区作为领导全国革命的大本营。9月28日上午，党中央在榜罗小学门前的打麦场上召开全军连以上干部会议，到会千余人。

"榜罗镇会议"是红军长征期间中共中央召开的一次极为重要的会议，彻底结束了红军长期没有明确的落脚点，流动作战的被动局面，亦为今后革命的发展指明了方向，使中央红军群情振奋，信心倍增。从此以后，中央红军走向陕北、走向全国、走向胜利、走向辉煌、走向成功。"榜罗镇会议"彪炳史册，功垂千秋，为扭转中国革命起到了不可估量的作用。2006年7月，被评为甘肃省首届历史文化名镇。

0127 华池县南梁镇

批准时间：2006-07-26
批准单位：甘肃省文化厅
所属地区：庆阳市华池县
代表人物及骨干队伍：南梁镇政府
简　　介：南梁镇位于庆阳市华池县东北部，地处陕甘交界，北与陕西省志丹县毗邻，东、南、西三面与华池林镇、山庄、紫坊乡接壤。境内九（窑口）-南（梁）-义（正）道路连接至陕西志丹县义正乡。

1934年11月7日，刘志丹、谢子长、习仲勋等老一辈无产阶级革命家在这里建立了陕甘边苏维埃政府，是第二次国内革命战争时期"硕果仅存"的革命根据地。列宁小学孕育了一批红色革命先驱，为中国革命的胜利输送了新鲜血液，南梁革命纪念馆向世人昭示着南梁的丰功伟绩，记载了南梁过去的辉煌，被命名为国家级爱国主义教育基地，2004年被列入全国百个红色旅游经典景区之一，2006年被评为全省历史文化名镇，2008年被评为省级文明乡镇。2011年被评为国家级生态乡镇。

南梁土地富饶，物产丰富。地膜玉米、白瓜子已成为支柱产业，豆类、小杂粮种植已初具规模。草畜产业的发展，正在振兴着南梁封山禁牧后的畜牧业。境内森林资源丰富，石油贮量大，南梁采油作业区以日产600吨而闻名。近年兴办的神龙山矿泉水厂、综合养殖场、建材公司等一批新兴企业正在带动着全乡经济的发展。社会主义新农村建设，为改变南梁人古老风俗习惯和人居环境树立了典范。

南梁是全市重点小城镇建设示范乡镇之一，四通八达的交通和宽松、和谐的经商环境，为各方来宾提供了便利的条件，正在吸引着四方客商前来投资兴业和旅游观光。

0128 文县碧口镇

批准时间：2006-07-26
批准单位：甘肃省文化厅

所属地区：陇南文县

代表人物及骨干队伍：碧口镇政府

简　　介：碧口镇原名碧峪口、碧霞口，1949年以前，碧口是甘川两省的水旱码头，商贾林立，位列甘肃四大名镇之首。碧口位于陇南市文县的东部，白龙江的下游，它与通渭县马营镇、永登县红城镇、华亭县安口镇并称为"甘肃四大名镇"，居民多为四川经商落户移民，语言、服饰、习俗、民宅无不和巴蜀大地同出一辙，故自古就有"碧口不像甘"之说。碧口，历史悠久，源远流长，据考古发掘响浪汉代墓群出土的铜器表明，两汉时期这里就有农牧活动。自明清以来，碧口至四川昭化的白龙江、嘉陵江两百里水道，成为水上"丝绸之路"，商船列队，搏击惊涛骇浪，号子声声震峡谷，纤夫肩上的纤绳沟通了甘、青与巴蜀的联系。清至民国，繁盛一时。境内的罐子沟海拔550米，是甘肃省海拔最低的地方。碧口属于北亚热带气候区，冬天，这里要比同纬度地区暖和得多，被称为"甘肃的西双版纳"和"陇上小江南"。境内盛产茶、油、果、药、苗、草等，碧口龙井为甘肃最有名的自产茶叶品牌。大唐碧口水力发电厂位于碧口古镇，是白龙江梯级开发中的第一座大型水电站，也是联结西南、西北两大电网的枢纽，被誉为白龙江上的第一颗明珠。2006年7月碧口镇被评为首批甘肃历史文化名镇。

0129　西和县洛峪镇

批准时间：2014-08-15

批准单位：西和县县文化局

所属地区：陇南市西和县

代表人物及骨干队伍：申庭顺

简　　介：洛峪，本名洛谷，因洛峪河而得名。洛峪河古称"洛谷水"。《水经注》记载："洛谷水有二源，同注一壑。"境内洛谷城，历史悠久。西汉设武都郡和武都县，郡址在今洛峪镇境内。魏晋南北朝时期，白马氏族杨氏在此地建立"仇池国"政权，设立过仇池镇、南秦州、成州等行政建制。据专家考证，洛峪镇曾是中国最早的茶叶市场之一。沿洛谷水，至今可看到古道遗址。清代有洛峪集，民国置洛峪乡。1953年设洛峪区，同时增设喜集乡，1955年增设花园乡。1958年，改为洛峪、花园、喜集三个公社。1959年撤销喜集公社，并入洛峪公社。1969年，撤销花园公社，并入洛峪公社。1983年，洛峪公社改为洛峪乡，分设河口乡和喜集乡。2004年，撤销河口、喜集两乡，原河口乡新民、鲁冉及喜集乡大部分村庄并入洛峪，洛峪乡改为洛峪镇。

0130　徽县城关镇

批准时间：2014-02-19

批准单位：陇南市委宣传部

所属地区：陇南市徽县

代表人物及骨干队伍：吴玠

简　　介：城关镇地处徽县中部，东与永宁镇接壤，西南与水阳乡为邻，北依银杏乡，是徽县县城所在地，为全县政治、经济、文化、商贸中心。自古为陇右福地和古代陇上通往川、陕的交通要道，是甘肃东南边陲的商贸重镇，经济、交通等较发达，境内文化遗址、名胜古迹很多。城关镇宋时称固镇，自宋开宝三年河池县移治此处后，元、明、清各代均为州、县治所在地。民国16年设区署，下分乡镇。民国26年行保甲制，辖八保二十六甲。中华民国27年撤区设镇，称中山镇。民国29年改为一民镇。中华人民共和国成立后改称城关镇。2004年7月撤东关回族自治乡，并入城关镇。境内现存东关清真寺、吴玠墓及碑、徽州城郭遗址、文庙大成殿、城隍庙大殿等古迹多处，此外还有红二方面军总指挥部驻地旧址——徽县天主教堂、红二方面军政治部驻地旧址——徽县福音堂、徽县地下党组织负责人吴治国旧居、徽县新民主革命时期死难烈士暨死难劳动人民纪念塔等红色遗址。

0131 七里河区阿干镇

批准时间：2013-10-31

批准单位：七里河区政府

所属地区：兰州市七里河区

代表人物及骨干队伍：阿干镇政府

简　　介：阿干镇形成于北宋时期，即置阿干堡，阿干所处关隘要冲，为兰州南部重要门户，古丝绸之路重镇。我国历史上名僧玄奘、边塞诗人高适和岑参都是经由临洮、阿干到兰州而后西行的。重要的战略位置也使阿干成为兵家必争之地，早在明洪武年间阿干镇就开始开采煤炭，与此相关的制陶、冶铁、铁器加工业发展迅速，商贸发达，远近闻名。目前有六处民居保存完整。多集中在中街公路两侧，多为通柱式二层结构房屋，一层为商铺，二层居住。建筑用料考究，木刻精美，砖雕造型各异。寺庙有灵岩寺，位于石佛沟内，石崖之上有石佛洞，其内刻有石佛图像。佛洞遗迹清嘉庆年间（1796-1820年）才被发现，并于石佛旁修一禅院，命名石佛寺，石佛沟由此得名。有西山寺，始建于唐朝敬德年间，系兰州最古老的寺院之一，西山寺横卧阿干镇老爷山山腹，在"文革"期间被毁，1992年由理明法师率众自发募捐在原址重建。有铁冶寺，始建于明朝洪武年间，至今有400余年历史，"文革"期间全部被毁，1994年，在原址恢复重建。有沙子沟遗址、古城坪遗址、梨华咀遗址。兰阿煤矿是我国在甘肃最早建成投产的国有重点煤炭生产企业。20世纪50-60年代成为甘肃最大的煤炭生产企业，也是甘肃省最早改革采煤方法的试验基地。

0132 永登县武胜驿镇

批准时间：2013-06-04

批准单位：永登县文化体育局

所属地区：兰州市永登县

代表人物及骨干队伍：武胜驿镇政府

简　　介：武胜驿镇位于永登西北部，境内有奖俊岭、鸡冠山、标杆山等永登最高山岭带，有奇峰、草原、松林。古镇驿站是历史上进出河西的重要驿站，地理位置十分重要，汉、明长城从峡谷中穿过，自古为军事要冲。这里回、汉、土、藏等多民族和谐共荣，有兰州市唯一的土族村，民族风情独特。镇内向阳村出土了五千年前马家窑文化彩陶，其中两件现为国家一级文物，有西峰堡、烽火台等遗址。如今武胜驿高原夏菜、高原养殖、回族手抓羊肉、石家滩油菜花、高原生态谷旅游已成品牌。

0133 永登县河桥镇

批准时间：2013-06-28

批准单位：永登县文化体育局

所属地区：兰州市永登县

代表人物及骨干队伍：河桥镇政府

简　　介：河桥镇是大通河畔工业重镇，历史悠久，是河湟地区的古驿站。史前文化丰富，出土了彩陶王、彩陶鼓等大量彩陶，有蒋家坪、乐山坪等县文物保护单位。汉唐古驿，历史上发挥了重要作用，文化遗产十分丰富。

0134 肃北县党城湾镇

批准时间：2014-07-01
批准单位：肃北县人民政府
所属地区：酒泉市肃北县
代表人物及骨干队伍：陈肃勇
简　　介：党城湾镇位于肃北县境内祁连山北缘冲积扇缓坡地带的党河东岸，南与盐池湾乡接壤，西与阿克塞哈萨克族自治县为邻，东与石包城乡相邻，北与敦煌市相接，地势东南高西北低，平均海拔2130米，气候干燥温差大，属典型冷凉灌溉农业区。党城湾镇是自治县县府所在地，是集牧业、农业、社区为一体的综合大镇，更是全县政治、经济、文化中心。全镇总面积6007平方公里，有耕地8587.79亩，林地2040亩，人工草地830.7亩，可利用草场4216平方公里。现辖2个社区，8个行政村（其中5个农业村、3个牧业村），总户数4101户，人口10575人。现有20个党支部，党员474人，其中机关党员49人，牧农民党员124人，社区党员301人。2012年，被省发改委确定为"综合改革试点镇"，在全面建成小康社会的道路上迈出了坚实的一步。近年来，稳步推动农业发展，促进农民增收。一是狠抓产业结构调整，兴建农业示范园，促进无公害大棚蔬菜生产，种植李广杏、紫皮大蒜等特色农作物，促进了农民增收。二是发展牧区设施养殖业，大力发展设施养殖。三是加快劳务输出，提高劳动力素质。四是落实种粮农民直接补贴、低保、高龄老人生活补助等各项政策，促进农民增收。

0135 肃北县马鬃山镇

批准时间：2014-08-16
批准单位：肃北县人民政府
所属地区：酒泉市肃北县
代表人物及骨干队伍：马鬃山镇政府
简　　介：马鬃山镇位于肃北县城北方向495公里处，东邻内蒙古额济纳旗，南邻玉门和瓜州，西邻新疆，北与蒙古国接壤，是一个以畜牧业和矿藏为主，旅游业综合开发的边防重镇，是甘肃省唯一的边防乡镇。全镇总面积3.6万平方公里，是全国土地面积最大的乡镇之一，总人口2000多人。辖6个牧业村，分别为：明水村、云母头村、马鬃山村、音凹峡村、公婆泉村、金庙沟村。马鬃山镇境内自然资源丰富，草原风光秀丽，矿藏资源充足。畜牧业盛产特色牛羊肉、优质山羊绒、酥油、奶酪、马奶酒、驼奶等，为畜产品加工销售提供了有利条件，开发前景较好。旅游资源丰富，境内有古城遗址48处，距离城镇较远，有远古时期的恐龙化石、鱼化石、木化石、玉矿遗址、军事要塞遗址等，野生动物资源极为丰富。主要旅游景点有国门口岸、公婆泉地质公园、黑戈壁陈列馆、明水军事要塞遗址。

0136 榆中县和平镇

批准时间：2009-01-01
批准单位：中央精神文明建设指导委员会
所属地区：兰州市榆中县
代表人物及骨干队伍：和平镇政府
简　　介：和平镇位于榆中县西部，距兰州市区6公里。先后获得"全国乡镇企业东西合作示范区"、"全国重点镇"、"全国创建文明村镇工作先进村镇"、"全国文明村镇"称号，2008年被国家发改委确定为"国家级发展改革试点镇"。近年来，和平镇始终把小城镇发展作为和平地区整体规划的重要环节来抓，按照"科学规划、分类指导、注重特色、统筹兼顾、突出重点、全面推进"

的原则，多层次、全方位推进小城镇开发建设。一是积极筹资融资，夯实基础设施。二是依托三大优势，发展支柱产业。三是加大招商引资，改善人居环境。不断完善小城镇的功能，增强小城镇的吸纳、辐射作用，工业研发、商贸金融、科教卫生、旅游休闲体系得以健全，城市面貌发生了明显变化，城镇化水平取得了长足发展。

0137 文化艺术之乡银达镇

批准时间：2011年
批准单位：甘肃省文化厅
所属地区：酒泉市肃州区
代表人物及骨干队伍：党翠芳、李培喜、郑殿有

简　　介：1958年，银达人民公社被评为全国农业社会主义建设先进单位，受到了国务院表彰，周恩来总理亲笔签名为银达乡颁发了国务院奖状。1959年，因为银达人民公社被评为全国农业社会主义建设先进单位，朱德委员长又奖励给银达乡两台大型东方红履带式拖拉机，支援银达经济建设。传统社火组合《太平年》获甘肃省群星艺术节广场舞蹈比赛铜奖。由镇农民业余艺术团自编自演的参赛剧目《摔罐》在2003年参加全国群星奖戏剧类比赛中获银奖。2003年，银达镇文化站被中宣部、文化部评为"全国服务农村服务基层文化工作先进集体"。2006年，由镇农民业余艺术团自编自演的参赛剧目《摔罐》在甘肃省第一届农民业余文艺调演中获一等奖。2007年，银达镇农民业余艺术团被酒泉市委宣传部、酒泉市文化出版局评为酒泉市"十佳文化社团"称号。2011年，银达镇被甘肃省文化厅命名为"甘肃省文化艺术之乡"；2013年，银达镇被命名为"酒泉民间文化艺术之乡"。银达长城遗址横贯全境，主要为明长城，镇内花城湖，自然景观独特。

（七）文化艺术之乡

本卷文化艺术之乡特指"中国民间文化艺术之乡"。"中国民间文化艺术之乡"是1987年文化部为传承和弘扬我国优秀民间文化艺术、加强基层特色文化建设、丰富广大人民群众精神文化生活，促进经济、政治、文化、社会全面发展而设立的文化品牌项目，命名周期为3年。2003年之前称为"中国民间艺术之乡"和"中国特色艺术之乡"，2007年以后统称为"中国民间文化艺术之乡"。

"中国民间文化艺术之乡"是指运用民间文化资源或某一特定艺术形式，通过创新发展，成为当地广大群众喜闻乐见并广泛参与的群众文化主要活动形式和表现形式，并对当地群众文化生活及经济社会发展产生积极影响的县（县级市、区）、乡镇（街道）。本卷文化艺术之乡包括地方政府认定的文化艺术之乡。

0138 中国民间文化艺术之乡——皋兰县（太平鼓）

批准时间：2000-07-01
批准单位：文化部
所属地区：兰州市皋兰县
代表人物及骨干队伍：庞斌、赖新年、魏永红太平鼓制作、编排、表演团队
简　　介：皋兰县历史悠久，自西汉置县已有2000多年的历史。清代乾隆三年，因境内有皋兰山而更名为皋兰县，沿用至今，行政区划属兰州市管辖。县境位于甘肃中部、黄河上游，南接兰州市城关区和安宁区。总面积2556平方公里，总人口17.26万，耕地面积43.58万亩。地形属黄土高原丘陵沟壑区，海拔高度在1459.2-2445.2米之间，相对高差达986米。县城有元明时代的泥塑佛雕洞窟石洞寺。皋兰县是太平鼓之乡，全县以西岔镇铧尖太平鼓最具代表性。1990年皋兰太平鼓曾赴京参加亚运会分会场表演，1999年参加新中国成立50周年大庆等表演活动，赢得了"天下第一鼓"的美誉，2000年被国家文化部授予"中国民间艺术之乡"。近年来，皋兰县高度重视优秀民族民间文化艺术的发展和创新，充分挖掘民间特色文化，深入实施"一村一品"群众性文化精品创建工程，着力打造兰州太平鼓、兰州鼓子、魏振皆书法三张县域文化名片，加快推进公共文化服务体系建设，有效保障城乡群众基本文化权益，积极搭建"农民艺术节"、"石洞寺文化庙会"等文化主题活动展演平台，集中展示民间文化艺术成果，大力推动文化事业全面繁荣、文化产业快速发展，促进了县域经济社会发展和全面小康建设。2008年11月，该县被授予中国民间文化艺术之乡称号。

0139 中国民间文化艺术之乡——会宁县甘沟驿镇（剪纸）

批准时间：2008-11-03
批准单位：文化部
所属地区：会宁县甘沟驿镇
代表人物及骨干队伍：曹秀英、田俊堂等
简　　介：会宁是黄河文明的发源地之一，早在5000多年前的新石器时代，就有人类生息繁衍，留下了许多生存遗迹。得天独厚的历史文化沉淀，造就了会宁剪纸艺术独具特色的艺术风格和魅力。会宁剪纸是会宁广大农村群众世代相传的古老的一种艺术形态，是传统农耕文化背景下会宁社会经济文化发展的见证。历史久远，风格独特，技法精湛，有较高的艺术价值，是会宁人民丰富多彩的精神文化生活的体现，也是广大农村劳动人民感情世界和艺术世界的外在表现。会宁剪纸在明清时期开始盛行，有可考的剪纸艺人王桂兰，生于1906年，是会宁地区最早的有明确传承谱系的剪纸艺人。会宁剪纸里的《古玉器》《古钱币》等作品，是会宁地区现存最早的剪纸作品。2009年，会宁剪纸列入甘肃省第二批非物质文化遗产保护名录；2011年，会宁剪纸列入国家级第三批非物质文化遗产保护名录。2009年在会师镇、甘沟驿镇、太平店镇、郭城驿镇等乡镇开办5个剪纸艺术传习所，使广大群众能够就近就便学习剪纸艺术。目前，全县剪纸家庭户24003户，剪纸从业人员5万余人。有农民、学生、教师、镇村干部等，剪纸艺术已经走进了千家万户，成为丰富农村文化生活、促进社会主义精神文明建设的重要艺术形式。2008年11月，会宁甘沟驿镇剪纸被文化部评为中国民间文化艺术之乡。

0140 中国温泉之乡——清水县

批准时间：2013-01-22
批准单位：国土资源部
所属地区：天水市清水县
代表人物及骨干队伍：清水温泉度假村
简　　介：地热资源作为清洁环保、可再生的新型能源，是国家倡导和鼓励开发的能源之一。清水县地热资源丰富，温泉水为渭河谷地断裂层上的高热矿泉水，水温达53.5℃，24小时涌水量576吨，是中国十三大名泉之一。经鉴定，水中含有放射性元素氡、矿物质及锂、锗、硅、硼、锶等多种人体必需的微量元素，其中被誉为"生命之花"的锌含量居全国第一，具有很高的医疗价值。近年来，清水县坚持"在开发中保护、在保护中开发"的原则，把温泉作为发展旅游业的龙头来抓，制定了《清水温泉生态旅游景区规划》和一系列开发优惠政策，通过招商引资，累计投资1.66亿元，建成了温泉森林公园和清水温泉度假村、汤浴温泉、玉泉训练基地3家旅游接待中心，初步形成了集沐浴疗养、休闲度假、避暑观光、体育健身、公务会议为一体的温泉生态旅游景区，年接待游客达38.2万人次，实现旅游产值5755.8万元。2013年，国土资源部正式命名清水为"中国温泉之乡"，大大提升清水温泉产业的知名度和美誉度，为做大做强温泉产业提供良好的机遇，为清水旅游产业的腾飞插上"金翅膀"。

0141 中国民间文化艺术之乡——清水县（轩辕鼓舞）

批准时间：2011-11-10
批准单位：文化部
所属地区：天水市清水县
代表人物及骨干队伍：清水轩辕鼓舞
简　　介：清水，陇上古县，地属天水，是轩辕黄帝的诞生地。《清水轩辕鼓》阵容庞大，气势恢宏。由136人组成，以3面大鼓和 64 名女鼓手为主，以 20 面平鼓、12 面大钋、4 面大锣、24 杆轩辕旗为衬托。3 面大鼓和大、中、小三种鼓型，表现轩辕黄帝"观天"、"理地"、"治民"，天、地、人三者和谐生存、永恒发展的精神追求，同时也是对《黄帝内经》关于"天有三宝：日、月、星；地有三宝：水、火、风；人有三宝：精、气、神"的理论精髓的暗合。4 面大锣和 12 面大钋寄托着人类祈求四季平安、风调雨顺的良好愿望，24 杆轩辕彩旗展示着轩辕黄帝探索农时二十四节气、创造农业文明的不朽功勋。64 面小鼓是先天八卦演绎规律的隐喻，昭示着轩辕黄帝带领远古先民们认识大千世界，寻求万物规律，把握人类命运的聪明智慧。《清水轩辕鼓》由黄帝开国、先民生存、万邦和睦三部分组成，采用清水民间世代流传的鼓点韵律和舞蹈语言，通过豪迈奔放、简洁明快的艺术表演，阐述轩辕文化"敢于斗争，勇于创造，自强不息"的精神内涵，是清水人民对轩辕黄帝出生清水轩辕谷、发迹清水轩辕溪、创造人类福祉的深情缅怀和崇高礼赞。2011 年，清水县（轩辕鼓舞）被文化部命名为"中国民间文化艺术之乡"。

0142 中国民间文化艺术之乡——武山县（书画）

批准时间：2011-11-10

批准单位：文化部

所属地区：天水市武山县

代表人物及骨干队伍：宁远书画院、武山县书法家协会、武山县美术家协会、武山县老年大学等。

简　　介：武山自古就有崇尚书画的传统，历史上书画人才层出不穷。清代乾隆时期至民国后期，武山就出过周班壁、于赞周、徐小康、陈青选、李彩、邓汉功、贾世俊、郭维屏、西园老等丹青妙手，他们都是比较知名的书法家、画家。新中国成立以后，又产生了一批以刘耀山、雷元贞、裴仰则、李芳林等为代表的书画家队伍。党的十一届三中全会以来，涌现出了一大批有水平、高层次的书画艺术人才。当代在武山出生、成长，现在外地工作的书画家有原中国书协理事、新疆自治区书协主席李殷木、"陇上板桥"裴慎之、前甘肃省画院院长康金成、全国著名山水画家、广州美院教授刘书民、西北师范大学美术系教授陈则恕、甘肃人民美术出版社高级美编宋武征等，他们都与武山大地有着不可割舍的密切关系，也为宣传武山、振兴武山做出过积极的贡献。目前有县级美术馆 1 个，专业书画协会组织 11 个，专业书画院 1 个，各类书画协会会员 1560 余人，其中中国书法家协会会员 8 人，初具条件 1 人；中国美术家协会会员 2 人，初具条件 1 人；甘肃省书协会员 60 多人；甘肃省美协会员 20 多人；天水市书协会员 80 多人；天水市美协会员 50 多人；武山县书协、美协会员分别达 300 多人。

0143 中国民间文化艺术之乡——凉州区四坝镇（攻鼓子）

批准时间：2008-11-03

批准单位：文化部

所属地区：武威市凉州区

代表人物及骨干队伍：杨门元、杨万柱及凉州区四坝镇攻鼓子艺术团

简　　介：甘肃省武威市凉州区四坝镇攻鼓子，是流传在四坝镇及周边地区的一种民间鼓乐舞蹈，是一种汉唐军族出征乐舞的遗存。据有关专家考证，已有近两千多年的历史。1957 年以杨芝元、杨泽元、杨万礼为代表的八人攻鼓子队参加了全国民间艺术表演，并在中南海怀仁堂受到了周恩来、朱德、宋庆

龄等党和国家领导人的亲切接见。攻鼓子舞蹈艺术的诞生、发展与西凉乐舞的历史同步，在西凉乐舞中，鼓是最重要的乐器，也是河西少数民族音乐舞蹈艺术中最常用的乐器。据此可判定攻鼓子亦为古代生活在河西地区的月氏、乌孙等少数民族中的一种鼓乐舞。新中国成立以来，凉州区四坝镇农民在当地群众文化艺术部门的支持指导下，对攻鼓子进行了不断的挖掘、整理和创新，使攻鼓子艺术既秉承了历史传统，又得到了发扬光大。1996年9月参加了文化部举办的第六届民间鼓舞演出比赛，并获得银奖，随后又获得甘肃省首届"群星艺术节"金奖，1996年四坝镇被国家文化部命名为"中国民间艺术之乡"，2008年11月，被文化部授予中国民间文化艺术之乡称号。

0144 中国民间文化艺术之乡——华亭县（曲子戏）

批准时间：2011-11-10

批准单位：文化部

所属地区：平凉市

代表人物及骨干队伍：刘旭文、郑平生

简　　介：华亭县人文荟萃，历史悠久。华亭曲子戏是华亭人民群众秉承当地历史文化内涵，在漫长的岁月中逐步发展出来的一种地方小戏剧种。华亭曲子戏源于宋元、成于民国、兴盛于十一届三中全会以后，特别是2006年全国范围内非物质文化遗产保护工作启动以来，华亭曲子戏取得了前所未有的发展成果。华亭曲子戏根据流传地域不同，又称小曲子、"笑摊"、"地摊子"、"信子腔"等，具有元曲杂剧的历史遗留痕迹，唱腔属于联腔体，即由众多的曲牌连缀而成，常用曲调有100个左右，以《前月调》、《背宫》曲牌开头，《月调尾》收场，在剧中唱词中报剧名，一唱到底，唱词的长短句式及宫调，保留了曲艺向戏曲蜕变的痕迹。剧目全为短小折戏，情节简单，演出时间上只在正月初五至二十三、平时婚丧及庙会时演出，至今仍保持自演自乐性。做功主要在表情的行为动作上，无双打戏，表演无固定程式，旗作轿、鼓作磨、鞭作马、帐子为床。行当分为生、旦、丑。乐队分为文、武，文乐队以三弦为主，辅以板胡、二胡、笛子、低胡；武乐队开场锣鼓打架子，演唱以"四页瓦"、水子（碰铃）敲击节奏。曲子戏在活跃华亭城乡群众文化生活、推动和谐社会建设步伐方面起着十分重要而积极的作用，在陶冶情性、扬善抑恶、寓教于乐中教化群众。2011年11月，被文化部授予中国民间文化艺术之乡称号。

0145 中国民间文化艺术之乡——环县（道情皮影戏）

批准时间：2011-11-10

批准单位：文化部

所属地区：庆阳市环县

代表人物及骨干队伍：史呈林

简　　介：环县道情皮影是道教文化与皮影艺术相结合的产物，相传产生于宋代，明、清逐渐形成体系，成为集民俗、音乐、美术、口传文学为一体、具有独特艺术魅力的非物质文化遗产，与当地群众的习俗信仰水乳交融。环县目前共有51个道情皮影戏班，分布在19个乡镇，有300名表演艺人（有26名艺人被评为甘肃省道情皮影艺术家），形成了以环县为中心、延伸至周边地区的分布现状，是目前国内保存较为完整的原生态艺术群体。所有戏班年演出总量约5000多台（次），承担了祭祀、过关、还愿、庙会、节庆等习俗活动。县内现有150多名雕刻艺人，从事皮影工艺品开发和销售的从业人员近1000余人，文化产业开发年产值突破1000万元。20世纪50年代，环县道情皮影三次进京演出，受到毛泽东、周恩来等党和国家领导人的高度赞誉；1960年发展成为甘肃省唯一的地方剧种——陇剧；1987年成功出访意大利；2002年中国民俗学会命名环县为"皮影之乡"；2003年文化部确定环县道情皮影为中国民族民间文化保护工程首批10个试点工程之一；2006年5月环县道情皮影被列入首批国家级非物质文化遗产名录。环县已于2002年6月和8月分别被中国民俗学会和甘肃省民间文艺家协会命名为"皮影之乡"和"道情皮影之乡"。2011年11月被文化部授予中国民间文化艺术之乡称号。

0146 中国民间文化艺术之乡——镇原县（剪纸）

批准时间：2008-11-03
批准单位：文化部
所属地区：庆阳市镇原县
代表人物及骨干队伍：祁秀梅、惠富君等
简　　介：镇原是我国农耕文化发祥地之一。镇原剪纸艺术蕴藏着无穷的本原哲学、人文学和美学魅力，不但粗犷单纯、天真狂野、大胆生动、古拙质朴，而且典雅秀丽、细腻逼真、时代感强，以鲜明的艺术特色而独树一帜，是一种与陇东传统窑洞民居形态相辅相成的民间艺术，剪纸美化了窑洞，窑洞也成就了剪纸，中国人固有的影像造型观念得到充分体现和强化。近年来，镇原剪纸传承保护工作有了长足的发展，在广大群众中逐渐营造了一种浓厚的喜爱剪纸、学习剪纸、收藏剪纸的良好氛围。充分利用中国·庆阳农耕文化节、香包节和甘肃省十二运、文博会等平台，展示、推介镇原剪纸。从2008年开始，选派刘玉英、段彩霞、成雪琴、金香莲等10位艺术大师，采取分片包乡的办法在全县范围内开展了剪纸艺术进学校、进社区活动。特别是县文化馆和县职中采取优势互补、联合办学的方法，在县职中开办了剪纸艺术长期培训班。2009年以国家级艺术大师为依托，和庆阳市非遗办联合在城关、临泾、太平、平泉等乡镇开办6个剪纸艺术传习所，使广大群众能够就近就便学习剪纸艺术。至目前，全县共计举办各种长、中、短期培训班240期，培训学员11000多人次。目前，镇原剪纸已被研发成多种文化产品，走进市场，走进千家万户。2008年11月，被文化部授予中国民间文化艺术之乡称号。

0147 中国民间文化艺术之乡——临洮县（花儿）

批准时间：2008-11-03
批准单位：文化部
所属地区：定西市临洮县
代表人物及骨干队伍：丁如兰、李友辉、靳尚明、浪淑琴、曾文义、马文惠以及临洮县花儿学会
简　　介：临洮县内非物质文化遗产丰富，文化底蕴深厚，人文景观独具特色。临洮花儿艺术是广泛流传在临洮南部农村的一种口

头传承的民间音乐形式。主要流行在县城南部的南屏、衙下、玉井，北部的太石、红旗和东部的连儿湾、窑店、龙门等乡镇。洮岷花儿最早追溯到北宋时期。元朝时期临洮花儿崭露头角，明代在洮河流域已相当盛行。到了清代，花儿在临洮的盛行规模已经达到了鼎盛。临洮花儿分洮岷花儿和河洲花儿，前者字句数不限，每首句数以三四句为主，也有五六句的，比较自由。曲调有"莲花山令"；后者以四六句为主，格律严谨，曲调有一百多种。洮岷花儿在临洮流传区域广大，主要分布在南部的衙下、南屏、玉井等乡镇；北部和东部红旗、站滩等乡镇流行河州花儿。花儿和花儿会主要在临洮县城南部，具有明显的地域性，反映着当地独特的地方风情。花儿会的时间主要集中在农历三月至九月之间，具有明显的季节性。临洮花儿是汉、回、藏、东乡等四个民族共同用汉语演唱的民歌。花儿会期间，人们扎摊对唱，花儿会和庙会同时进行，花儿会同时也是物资交流、农技推广的重要场所，它满足了群众多方面的需求，具有多种功能。2008年11月被文化部授予中国民间文化艺术之乡称号。

0148 花卉之乡——临洮县

批准时间：2001-07-01

批准单位：中国特产之乡推荐暨宣传活动组织委员会

所属地区：定西市临洮县

代表人物及骨干队伍：临洮县花卉协会

简　　介：临洮县花卉栽培历史悠久，据记载早在唐代牡丹就开始广泛栽培，民间花艺源远流长，素有"陇上花圃"之称。1989年，在第二届中国花卉博览会上，大丽花、唐菖蒲、郁金香分别荣获一、二等奖和科技进步奖。1997年，在甘肃省首届林果花卉展览交易会上，临洮大丽花荣获金奖。1999年在昆明举办的世界园艺博览会上，临洮大丽花以其品质好、花径大、花色艳、株型优美获得48个奖项，从而使临洮花卉这块品牌冲出了甘肃乃至全国，走向了世界。继世博会之后，临洮花卉又参加了全国第五届、第六届花卉博览会，取得了以大丽花、唐菖蒲、非洲菊、彩色马蹄莲、盆栽芍药、盆栽荷包牡丹等为主的28个奖项的好成绩。2005年，在南京召开的首届中国绿化博览会上，"临洮大丽花"又荣获名优植物银奖，2007年在甘肃省第二届林果花卉展览交易会上，临洮花卉获得21个奖项。全省"十大名花"，临洮独占五项。2009年，在中国第七届花卉博览会上临洮花卉荣获43个奖项。为此，临洮县先后被国家林业局和中国花卉协会命名为"中国花木之乡"和"国家级大丽花繁育基地"，被中国特产之乡推荐暨宣传活动组委会评为"中国花卉之乡"。在花卉品牌方面已注册了洮河牌、美兰牌、貂婵牌花卉商标，先后从国内外引进现代化智能温室、种球处理贮藏库、钢架网棚等新技术新设施，使花卉产业从设施、科技等方面有了新的突破，为花卉产业的发展，起到了更进一步的推动作用。

0149 全国田径之乡——通渭县

批准时间：1990-12

批准单位：中华全国体育总会

所属地区：定西市通渭县

代表人物及骨干队伍：通渭体校

简　　介：1990年12月通渭县被中华全国体育总会命名为"全国田径之乡"。在通渭县委、县政府的支持下，县体育部门精心组织，狠抓落实，通渭县田径运动得到了快速发展。1985年成立通渭县田径协会。每年一届的县田径运动会和各学校田径运动会已形成制度。形成了以县体校为龙头，辐射省市县田径训练点学校的业余训练网络，向各级各类大中专院校、体工队输送了一大批优秀人才并取得了好成绩。全县有四百米田径场3个，200米以上田径场320个，为田径运动水平的提高和活动开展奠定了良好基础。

0150 中华诗词之乡——通渭县

批准时间：2013-08

批准单位：中华诗词学会

所属地区：定西市通渭县

代表人物及骨干队伍：通渭县诗词协会

简　　介：通渭在东汉时期有为我国五言诗的成熟做出重要贡献的著名"夫妻诗人"秦嘉、徐淑，近代有赵荣、牛树梅、李南晖、王瓒等文化名人，当代有大陆首位英国皇家科学院院士杨子恒和中科院院士姚檀栋、尚永丰。通渭高度重视诗词教育培训工作，在全县各级各类学校开设诗词教学课，配备校本教材和诗教老师，全面开展各种形式的诗词教学活动；每年集中举办中小学教师诗词师资和诗词创作者培训班3期以上，组织200余名诗词爱好者参加培训。2010年县诗词学会成立后，在全县18个乡镇分别成立了诗词分会，在县直部门、企事业单位及各学校发展诗社、文学社200多个，并全部达到了有组织、有计划、有机制、有经费、有阵地、有载体、有活动、有典型的"八有"目标。目前，全县有诗词爱好者近1万人，其中中国作家协会会员1人、中华诗词学会会员2人、省市作家协会会员38人、省诗词学会会员27人、县诗词学会会员320多人、基层分会及诗社会员1800多人，每年在《中华诗词》、《诗刊》、《甘肃诗刊》等诗刊杂志发表诗词作品300余首；创办了《通渭文化》期刊，已编辑出版5期2.5万余册，刊发优秀诗词作品200余首；各分会、文学社和诗社都创办了各自的刊物，年刊发诗词作品600余首。同时，县内有关部门和个人先后编制出版诗词（诗歌）专集20余部，还编辑出版《通渭诗词选集》。

0151 中国民间文化艺术之乡——通渭县（书画）

批准时间：2008-11-03

批准单位：文化部

所属地区：定西市通渭县

代表人物及骨干队伍：通渭县书画院

简　　介：定西市通渭县，地处渭河北岸支流牛谷山中上游，是东汉著名诗人秦嘉、徐淑夫妇等古代优秀人物的故里。长期以来，特别是自20世纪70年代以来，通渭人以书画作为表现感受的载体，城乡村野处处散发出书画艺术的幽香，营造出了浓烈的艺术氛围，被人们称为"通渭现象"。通渭人的书法作品风格多样，蕴涵着传统的技艺和不断的创新意识。美术作品又有别于陕西户县农民画和天津杨柳青的风俗画，而以地道的文人画成其一大亮点。1992年，通渭县被国家文化部命名为"中国书画艺术之乡"。通渭县文化底蕴深厚，群众酷爱书画，习字作画蔚然成风，全县10万余户几乎家家悬挂、收藏字画，书画收藏总量150万件以上。全县现有书画创作人员3000多人，其中中美协会员5人、中书协会员28人、省美协会员53人、省书协会员60人。组建了通渭县书法家协会，吸纳会员200多名。近年来，先后在省美术馆、中国美术馆和天津市举办了"通渭农民书画展"，县内书法作者集体创作了《江泽民同志"七·一"讲话书法百米长卷》，与浙江省金华市和浦江县分别建立了文化友好市、县。在北京、兰州、西安等地举办通渭书画展360余次，展出作品6万余件，其中有110多名书画家作品多次在国家和省级展览中入展或获奖。在第二、三届全国农民书画展上通渭县分别荣获优秀组织奖、组织工作最佳奖，先后邀请王蒙、杨晓阳、贾平凹、刘艺、范扬、刘正成、吴善璋、聂成文等书画艺术界知名人士来通渭采风交流，交流作品达3000余幅。2008年11月，被文化部授予中国民间文化艺术之乡称号。

0152 诗词之乡——临洮县

批准时间：2008-07-10

批准单位：中华诗词学会

所属地区：定西市临洮县

代表人物及骨干队伍：罗明孝等

简　　介：临洮诗脉流长、诗风雄厚，享有"历史文化名城"的美誉，也是控扼陇蜀的战略要地。在诗词创作方面，历代歌咏临洮的诗篇数以千计，内容涉及经济、政治、军事、生产、生活的各个方面。1996年6月成立临洮诗词学会，现有会员340多人，会员遍布16个省市，会员除在《临洮诗词》发表作品外，经常在《中华诗词》、《诗刊》、《甘肃诗词》等中央和省级诗词杂志投稿发表作品。至2012年年底，《临洮诗词》出版48期，累计发行近2万余册，发表会员和各地诗友古体诗词10000多首，新体诗歌2000多首。全县中小学涌现出文学社、诗社、诗会20多个，会刊发表作品以诗词和散文为主，有《洮声》、《诗苑》、《临中生活》、《新二中》、《新蕾》、《淘沙苑》、《洮阳阳光》、《新天地》、《衙下中学校报》、《临农科苑》、《教学苑》、《雏鹰》、《长城之魂》等20多种校报校刊，团结和培养了一大批青少年学生诗词创作者和爱好者。2008年7月，临洮县被中华诗词学会授予"诗词之乡"荣誉称号，2013年7月被评为"甘肃省诗词之乡"。通过开展丰富多彩的诗词之乡建设和诗教工作，对继承和弘扬中华优秀传统文化，活跃群众文化生活，提高人民群众的道德素养起了良好作用，有力地推动了全县的政治、经济、社会和文化事业的协调发展。

0153 中国洮砚之乡——岷县

批准时间：2010-07-09

批准单位：中国文房四宝协会

所属地区：定西市岷县

代表人物及骨干队伍：李茂棣、赵成德洮砚开发公司

简　　介：洮砚以产于我国西北部黄河的主要支流洮河而得名。洮河流经临潭、卓尼、岷县一带的峭壁耸立的喇嘛崖、水泉崖等地，历经数亿年地壳演变沉积，造化出独特精美的制砚石材。洮砚雕刻技法分为两路：东路派以雕龙为主，主要是岷县的堡子、维新等地；西路派以雕花鸟为主，分布在岷县及周边地区。岷县堡子、维新的工匠熔两派技艺为一炉，享有盛名。洮砚雕刻技法还掺和玉雕、牙雕的圆雕技法，砖雕、石雕的深浅浮雕技法，木刻、石刻的篆刻技法。在制作工艺上镂空悬雕，游龙飞凤，更胜端砚、歙砚一筹，有"洮州石贵双照壁，端州歙州无此色"之誉。2010年7月岷县被中国文房四宝协会授予中国洮砚之乡称号。

0154 中国花儿之乡——岷县

批准时间：2004-04-22

批准单位：中国文艺家协会

所属地区：定西市岷县

代表人物及骨干队伍：刘国成以及花儿民间群众自发组织团体

简　　介："花儿"是流传在我国西北部甘、青、宁三省(区)的汉、回、藏、东乡、保安、撒拉、土、裕固、蒙古等民族中共创共享的民歌。因歌词中把女性比喻为花朵而得名。"花儿"用汉语演唱，音乐上受羌、藏、汉、土以及穆斯林各民族传统音乐的影响。它是当地民众的口头音乐表达，在民间传承演唱了500多年。在我国西北地区具有影响的"花儿会"有莲花山花儿会、松鸣岩花儿会和二郎山花儿会(岷县)。岷县"花儿"被称为洮岷"花儿"，是西北花儿的先声，又有南北两派之分。以城区二郎山为主的南路派"花

儿"称为"啊欧令";分布在县城北部西江、小寨、中寨、堡子、维新为主的北路派"花儿"称为"莲花令"。"洮岷花儿"深受国内外专家学者的青睐,联合国教科文组织曾派专家学者专程赴岷县进行考察。洮岷花儿被列入世界非物质文化遗产名录。明代高洪的《古鄣行吟》中写到:"青柳垂丝夹野塘,农夫村女耕田忙。轻鞭一挥芳径去,漫闻花儿断续长。"可见二郎山花儿会至少在明代就已成型。

二郎山花儿会集湫神祭祀、花儿演唱、物资交流于一体,在长期的流变过程中形成了多层面的民俗事象,具体来说具有如下特征:花儿演唱以岷县方言为主,运用语言具有鲜明的地域性;广泛的群众参与性,每年参加花儿盛会的群众有10万人之多;湫神崇拜的原始性;求神娱神的世俗性;花儿演唱的音乐性;花儿歌词的文学性;花儿的原生态性;花儿的教化作用等。

0155 中国当归之乡——岷县

批准时间:2001-06
批准单位:中国特产之乡组委会
所属地区:定西市岷县
代表人物及骨干队伍:张峰
简　　介:岷县当归被誉为"中国妇科人参",是世界当归中的上品,年种植当归、红芪、黄芪、党参等各种中药材1.67万公顷。"岷归"以其药用含量丰富、质量最佳、产量最大、销量最广而驰名中外,已有1500多年的种植历史,年产"岷归"5万吨以上,其中80%以上出口外销,是全县出口创汇的地方名优特产,也是农民的主要经济来源。

岷县当归产自海拔2000米以上的高寒阴湿山区,味微甘而稍有苦辛,肉多枝少,气味香醇,含有挥发性和水溶性物质106种,是我国传统中药材之一。近年来,随着中药材产业的快速发展,当地在总结和吸收传统种植经验的基础上,制定了当归种植、质量安全、生产技术、产地环境等一整套种植规范流程和标准,并建成无公害标准化示范基地20多万亩。岷县也先后被命名为"中国当归之乡"、"全国农业标准化示范县"、"道地药材保护与规范化种植示范基地"等;"岷归"获得国家进出口商品检验检疫局原产地标记认证书,被评为"甘肃省著名商标"和"中国驰名商标"。2014年5月,当归种植系统被农业部授予"中国农业重要文化遗产"。

自2012年开始,岷县以当归种植系统向农业部积极申报"中国重要农业文化遗产"。几年来,通过甘肃省农牧厅遴选推荐、农业部全球重要农业文化遗产专家委员会评审等程序,2016年最终确定将岷县当归种植系统等28个传统农业系统列入中国全球重要农业文化遗产预备名单。

0156 中华诗词之乡——岷县

批准时间:2013-08-16
批准单位:中华诗词学会

所属地区：定西市岷县

代表人物及骨干队伍：刘光裕、岷县诗词学会

简　　介：不论是古诗词还是现代诗的创作，在岷县都有着非常深厚的基础，创作队伍和读者群不断发展壮大，已形成了以本土诗歌创作为主，吸引外地诗人投稿，加强联谊互动、诗刊交流、诗人往来的诗词创作基地。当地有100多位诗人常年向几个刊物供稿，同时也向全国知名诗刊投稿，发表诗作，有外籍诗人80多人向岷县的诗刊投稿，对周边县市乃至全国产生着积极的影响。创作队伍阵容强大，先后编辑出版了《叠藏河》、《岷阳诗词》、《岷州文学》等诗文集30多部，出版个人诗集60多部。岷县诗词创作随时代变迁更具特色，促进了地域文化的繁荣发展。2013年被中华诗词学会授予"中华诗词之乡"称号。

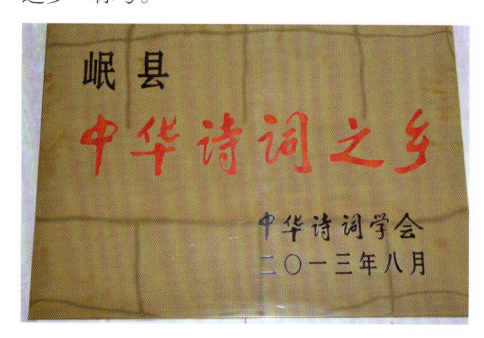

0157 中国白马人民俗文化之乡——文县铁楼乡白马藏族

批准时间：2014-09-14

批准单位：中国民间文艺家协会

所属地区：陇南市文县

代表人物及骨干队伍：白马藏族民俗文化传承人

简　　介：文县白马藏族是古代氐人的后裔，他们就是古文献中常常提到的"白马氐"，被汉代以后的史书称为氐族。古代氐族种类繁多，其中最大的一支当属"白马氐"。氐族氐人以骁勇善战著称，曾建立"前秦"、"大凉"等政权。栖息在今天陇南市的"白马氐"，先后建立过"武都国"、"阴平国"、"白马国"等地方政权，前后沿续了三百八十多年。早在20世纪50年代初，我国政府进行民族调查识别时，由于白马人聚居区和藏族聚居区在地缘上有一定关系，就把他们划归了藏族，并历史地沿袭下来。白马人无论语言、服饰，还是民俗风情和宗教信仰，都和藏族有着很大的区别。为了区别于其他藏族，他们又自称为"白马藏族"、"白马人"。白马人有自己的语言，但没有自己的文字，世代都以口头传授。白马人的语言属古音语系，其语汇、语法都很特殊，与藏族语言大不相同。白马人喜好鼓舞，会说话的就会唱歌，会走路的就会跳舞。春节期间，还要跳"池哥昼"，俗称"鬼面子"，就是极具特色的白马面具舞。"池哥昼"已被列入国家第一批非物质文化遗产名录。由中央电视台拍摄完成反映白马人历史文化和生活习俗的大型纪录片《探秘东亚最古老的部族——文县白马藏》，在央视科教频道《探索·发现》栏目播出。该地2014年被中国民间文艺家协会评为"中国白马人民俗文化之乡"。

0158 中国乞巧文化之乡——西和县

批准时间：2006-10

批准单位：中国民间文艺家协会

所属地区：陇南市西和县

代表人物及骨干队伍：张月兰

简　　介：西和乞巧民俗，是中华民族"七夕"文化的重要组织部分，是一种集信仰崇拜、生活期盼、民间传说、诗词谣赋、音乐歌舞、才艺展示和工艺美术为一体的综合性岁时节令活动，传承历史之久远、唱词语言之淳朴、歌舞展示之精美、情感蕴含之真挚、程式保留之完整、参与人数之众多、持续时间之久长，在全国绝无仅有，被誉为中国古代乞巧风俗的"活化石"。因活动主题是祈求巧娘娘赐以聪慧、灵巧，故当地称其为"乞巧节"，因参加乞巧的多为未出嫁的姑娘，历代文人又称"女儿节"、"女节"。西和民俗活动（乞巧节）从每年农历七月初一前夜开始，至七月初七晚结束，历时七天八夜，乞巧活动由手襻搭桥、迎巧、祭巧、唱巧、跳麻姐姐、相互拜巧、祈神迎水、针线卜巧、巧饭会餐、照瓣卜巧、送巧等活动组成，分为坐巧、迎巧、祭巧、拜巧、娱巧、卜巧、送巧七个环节。期间，年轻女子们通过一系列歌舞表演和祈祷方式向巧娘娘诉说自己的美好愿望。相互拜巧过程，则是一个展示自己的才艺，为邻村、邻街的姑娘搭建了互相交谊的平台，为未婚青年寻找配偶提供了很好的机会。在华夏文明五千年的历史长河中，作为人文肇始的西和县，以其独特的文化魅力，诠释着乞巧这一古老而神奇的"中国女儿节"。2005年9月，西和乞巧节被甘肃省政府列入第一批省级非物质文化遗产保护名录，2006年10月，中国民间文艺家协会命名西和县为"中国乞巧文化之乡"。2008年"乞巧节"被列入第一批国家非物质文化遗产名录。2006年至2012年成功举办了四届乞巧文化旅游节会，其中第四届升级为甘肃省级节会。

0159 中国花儿保护基地——康乐县

批准时间：2004-08-01

批准单位：中国民间文艺家协会

所属地区：临夏回族自治州康乐县

代表人物及骨干队伍：景满堂、丁如兰、汪莲莲、文香莲及莲花山花儿协会

简　　介：甘肃省康乐县的莲花山花儿是地方民间艺术瑰宝，有着深厚的群众基础，为各族人民所喜爱和演唱。莲花山花儿依托康乐县莲花山花儿会，主要是以口传心授的方式传承。莲花山花儿会始自元朝末年，有600多年历史，主要分布在以陇上名山——莲花山为中心的甘南、定西、临夏三州一县等方圆数百里，时序自农历六月初一、初二开始在足古川聚会，是花儿会的序幕，初三、初四游山对歌，是花儿会的高潮。初五日移至王家沟门、初六日清晨北撤紫松山，是花儿会的尾声。莲花山花儿会的特色价值是把优美的自然生态环境与优秀民间演唱艺术相结合，采用比兴手法，唱词即兴创作，内容丰富，语言动听朴实，形式有散花和整花两种，三五成群组成联唱或对唱，显示出莲花山花儿会的群体特征。莲花山花儿会是集秀丽的自然风光与花儿艺术于一体，其保护内容十分广泛，内容包括自然风光、景观、文化基础设施、花儿唱词、曲调、流派、曲谱、风格、伴奏乐器、民间歌手、实物、文字及音响资料等。

莲花山花儿2006年5月被列为国家级非物质文化遗产，但过去由于没有固定场所，一定程度上延缓了花儿文化的传承与发展。2015年，莲花山花儿传习所在康乐县莲麓镇落成，占地500多平方米，内设培训大厅和创作室，是集演唱、培训、研究、创作为一体的花儿文化展示窗口。2004年9月，康乐县莲花山被中国民间文艺家协会命名为"中国花儿保护基地"。

0160 傩文化之乡——永靖县

批准时间：2007-09-16

批准单位：中国民间文艺家协会

所属地区：临夏回族自治州永靖县

代表人物及骨干队伍：范廷录、杨塔乡焦家庙、红泉镇吴家庙、王台镇周家庙、三塬镇上金家庙等12支傩舞表演队。

简　　介：傩是一种历史悠久、内容丰富的民间艺术，保存着许多古老的风俗。永靖傩舞，与遗存于四川、云贵地区的傩文化非常相似，但有自己的特点。永靖傩舞俗称跳会，是一种具有驱鬼逐疫、祭祀功能的传统民俗舞蹈，但明显受到古代军傩的影响。舞队由60多人组成，四名会首身着八卦衣，手握开天斧。旗手队形随会首方位变化，锣鼓奏乐，热闹庄严。永靖县于2007年9月被中国民间文艺家协会命名为"中国傩文化之乡"。全县共17个乡镇，其中岘塬、三塬、杨塔、红泉四乡镇是傩文化分布乡镇，共有傩舞艺人120多人。近年来，各乡镇每年举办傩舞表演4-6场（次）不等，举办培训班3-4期不等，共培养传承人900多人。四乡镇每年举办傩舞汇演2-3场（次）。为进一步挖掘永靖县傩文化精髓，县上每年春节期间举办全县傩舞汇演；定期组织有关人员深入相关乡镇普查、挖掘、整理傩文化相关知识，和傩舞老艺人交流、探讨表演技艺；举办傩文化研讨会，邀请省内外专家及当地傩舞老艺人参加，就如何挖掘、保护、弘扬永靖傩文化进行交流、切磋。近年来，在县委、县政府的关心支持下，在上级业务部门的精心指导和相关人员的共同努力下，永靖傩文化得到了有效的保护，傩文化之乡的功能得到了充分的发挥。

0161 中国民间文化艺术之乡——卓尼县洮砚乡（雕刻）

批准时间：2008-11-03

批准单位：文化部

所属地区：甘南藏族自治州卓尼县

代表人物及骨干队伍：李茂棣、张建才、李学斌、王玉明、乔国荣、包新明等

简　　介：洮砚的生产距今有1300多年历史，始于唐而盛于宋，至今不衰。洮砚石别称鸭头绿、鹦哥绿、绿漪石等。洮砚又称洮河绿石砚，与广东端砚、安徽歙砚齐名，并称中国三大名砚。

甘肃省甘南藏族自治州卓尼县洮砚乡，洮砚石料的矿产面积约40平方公里，主要开采点有喇嘛崖、水泉湾、卡古直沟等多处，其中以喇嘛崖下层洮砚石料矿带上宋代老坑中所产石料"窝子石"最为名贵。20世纪80年代，洮砚雕刻艺人在沿袭传统雕刻的基础上已有了一系列创新的改进，工艺精美纤巧，浮雕、镂空技艺高超，构图不拘一格，此时的雕刻师代表有李茂棣、张建才等，代表作品有《读书挂角砚》、《古琴》等。20世纪90年代，出现了李学斌、王玉明、乔国荣、包新明等一批年轻洮砚雕刻艺师，主要作品有包新明的《五十六个民族》，乔国荣的《白鹤》，赠予香港特别行政区的《九九归一》。为庆祝中国共产党成立八十周年而精心制作的《东方醒狮》等洮砚精品，在国内外享有较高的知名度，对洮砚畅销国内外起到了积极的作用，为带动卓尼经济发展和弘扬民族传统文化作出了一定的贡献。1995年洮砚乡被文化部命名为中国民间艺术（民间雕刻）之乡。2008年11月被文化部授予中国民间文化艺术之乡称号。

0162 民间文化艺术"曲子之乡"——焦家庄乡

批准时间：2011-08-07

批准单位：甘肃省文化厅

所属地区：金昌市永昌县

代表人物及骨干队伍：当地农村业余文艺团队

简　　介：永昌县焦家庄乡于2011年8月被甘肃省文化厅命名为省级民间文化艺术"曲子之乡"。"焦家庄乡曲子"由来已久，产生于明清或更早时期，是民间文化艺术遗产的宝贵资源，它是地方群众文化的突出代表，有着悠久的历史和丰富的内容形式，它长期在民间传唱，口传心授，代代沿袭，不断更新和演变，真实地反映了本地人民群众的生产生活、人情习俗、情感追求和价值取向，它是一定历史时期内社会群体生活层面的真实记录和表现。曲子虽有方言俚言，但不失诙谐风趣，是深得当地群众喜欢的民间表演艺术形式。目前，全乡组建有16支独具特色的农村业余文艺团队，参演人员320多人，社团表演集永昌小戏小曲等传统民间表演艺术和现代舞蹈表演，富有浓郁的本土气息。其中焦家庄骊轩文化曲艺社、南泉群众业余文艺剧团、红庙墩村心声娱乐团、水磨关村民俗小曲队、陈家寨村业余文艺剧团是其中最具代表性的社团，它们以"丰富群众文化生活，构建和谐乡村"为主题，充分利用节假日、农闲等时机，为广大村民提供了基本的公共文化服务。同时各社团积极举办各类村民乐于参与、便于参与的文化娱乐活动，并根据各自实际自编自演反映民情民风的小曲小戏，极大地丰富了全乡广大群众精神文化生活。

0163 新城子镇节子舞

批准时间：2014-06-17

批准单位：甘肃省文化厅

所属地区：金昌市永昌县

代表人物及骨干队伍：赵尔星、赵培泽、赵振铎以及36人的节子舞传承表演团队

简　　介：新城子镇位于永昌县西南部、祁连山北麓。历史悠久，文化源远流长，素有"小凉州"美称。节子舞源于永昌新城子镇赵定庄村，由精湛的武术和诡秘的阵形演变而来，赵定庄人把手中的木棍变为了长二尺

四寸，两头顶端一边系红绸一边系绿绸，在棍子的两边各打了三个眼，每个眼内穿上了四个方孔铜钱，棍身上也漆上了好看的朱漆，并给这个棍子起了一个名字叫作节子，将武术和阵行的演练称之为打节子，也就是我们今天所看到的赵定庄节子舞。现在经过数百年的演变，人们在《节子舞》中加入了唱腔，主要以永昌小调为主，内容加入了党的方针政策和对来年有个好年景的祝愿。目前，建立了一支有36人的节子舞传承表演团队，经常在省、市、县的各种文艺活动进行节子舞表演，代表人物赵尔星，已故。赵培泽，已故。赵振铎，82岁，是赵定庄村节子舞在世的唯一传人。节子舞是独一无二的民间文化艺术遗产资源，内容丰富，形式多样，具有很高的文化研究价值。节子舞起源于南宋末年元朝初年，表演者身上所穿的服装还留有那时服饰的特征，这使得节子舞具有了很高的历史研究价值。另外，节子舞中体现出来的武术、古代军队打仗时的阵法和膏药匠的指挥手法，这对研究古代军事和中国武术都具有不可估量的科学研究价值。2007年永昌县节子舞入选甘肃省非物质文化遗产。

0164 唢呐文化艺术之乡——平南镇

批准时间：2011-05-30

批准单位：甘肃省文化厅

所属地区：天水市秦州区

代表人物及骨干队伍：邢天安、邢月拜

简　　介：秦州唢呐艺术早在1870年，即清同治九年就已流传，接辈传辈，没有间断，尤以清代同治、光绪时期为盛，距今已有140多年的历史，主要分布在天水市秦州区南路的平南镇。平南镇宝丰山唢呐艺术团有70多人的表演队伍，他们在祭祀庆典、农村集会、丰收节庆或婚丧嫁娶时尤其喜欢以演奏唢呐来表情达意、传递情感、渲染气氛。平南唢呐作为一门古老的民间演奏艺术，群众基础比较雄厚，流传范围比较广。在长期的流传过程中已形成了独特的演奏风格：音色高亢、明亮、抑扬顿挫，具有极强的感染力。演奏技巧有连奏、单吐、双吐、三吐、弹音、花舌、箫音、滑音、颤音、叠音和垫音等，还可模仿飞禽鸣叫声，它的演奏同戏一样，有主角、有配角，每个曲牌都有每个曲牌的主乐，而且曲牌不同，主乐不同，演奏的气氛也不同，表演期间配有云锣、鼓点、钹、铰子、梆子、笙、管、笛等乐器，民间为迎送客人、祭祀现场都要采用行进式表演，唢呐演奏一般以两人为一组，很少单人演奏，祭祀时场面较大，有几十个人同时演奏同一首曲子，气势恢宏。唢呐艺术演奏种类繁多，没有明确的调高概念，通常以杆的长短不同而分为五种：海笛、小唢呐、中唢呐、大唢呐和柏木杆五种。平南唢呐艺术具有很高的审美价值、文化价值和文化发展空间。

0165 小曲文化艺术之乡——皂郊镇

批准时间：2011-05-30

批准单位：甘肃省文化厅

所属地区：天水市秦州区

代表人物及骨干队伍：李亮、李东风

简　　介：小曲，即曲子戏，是天水区域内的曲艺戏种，亦是西秦秦腔发源的母本戏曲。传承了约二三百年，深受群众的喜爱，是群

众喜闻乐见的一种曲艺。小曲作为一种古老的民间曲艺文化，其表演情节与曲调结合伴以器乐形成了相似于小型戏剧的表演空间，但又不同于戏剧，也不同眉户、秦腔，更不同于黑社火的表演、演唱形式，而是一种具有独特情节和曲调的民间曲艺演唱，一出戏目一般由三五人组成，表演方法以唱、做、念、帮唱并举。

皂郊小曲的演唱曲调以九宫十八调为基础，还渗入一些佛、道曲调，曲调朴实无华，音乐苍凉、凄婉、悠扬、优美柔和、动听。小曲演唱时，常配以汉族民间打击乐和弦乐，俗称文、武场面。主要伴奏的乐器文场面以弦乐为主，以曲调为据，也有配以扬琴的弦乐；武场面打击乐最早使用四片瓦，现今常用干鼓、红鼓（抬鼓）、梆子、大钹、喜锣、钗子、碰铃、大锣、唢呐等。皂郊小曲的演唱曲目，主要是以历史故事和忠孝节义、婚姻爱情以及尊老爱幼等情节为故事内容的数十个有积极教育意义的节目，演唱曲目也包含部分民歌，如《洋彦麦》等，也保留有一些社火曲儿。秦州小曲的演唱使用地方方言道白，以实物做道具，朴实无华，不甚雕琢，乡土气息浓厚。

0166 鞭杆舞文化艺术之乡——秦岭乡

批准时间：2011-05-30

批准单位：甘肃省文化厅

所属地区：天水市秦州区

代表人物及骨干队伍：张世俊、张启源

简　　介：鞭杆又称短棍，是武器中的一种，甘肃鞭杆最早起源和流传在陇南及天水一带。秦人在长期牧马的过程中将拿鞭子的动作演化成一种民间舞蹈，后逐渐形成了约定俗成的套路。鞭杆舞通常为4人一组，最多时可有32人或64人同时舞蹈，舞者分为男女角色，动作各异，但现在流传下来的鞭杆舞的角色都以男人为主，女人充当鞭杆舞中的配角，动作较简单。

秦岭鞭杆舞比我们现在所能见到的很多民间舞蹈要古朴和复杂得多，它需要舞者有强壮的身体和良好的武术基础，这样才能更好地表现鞭杆舞剽悍、刚烈、粗犷而充满激情的独特韵味。鞭杆舞的道具鞭杆，更多体现着原本作为赶牲口工具——鞭子的角色，通常用三四尺长的竹竿或坚硬木棍加工而成，鞭杆两头挖孔，孔里镶有两枚铜钱，并扎有红色彩绸，拴有小铜铃。鞭杆舞在表演时，或清一色的生角，或生、旦两两相对。表演分行进步和固定步，行进步整齐有序，威猛壮观，声可震天；固定步对称穿插，腾挪跳跃，动人心魄。旁边则有二胡、笛子、碰铃、云锣等伴奏，也可组织数人伴唱助兴。演员根据鼓点、节拍变换队形，时圆时方，或蹲或跃，右手持于鞭把附近，顺次击打肩膀、前臂、膝盖、脚尖、跳起后勾向上的鞋底等部位并用鞭梢击打地面，表演时彩带飞扬，铜铃悦耳，鞭随人动、人随鞭狂。

0167 甘肃轩辕文化之乡——清水县

批准时间：2011-06-20

批准单位：甘肃省民间文艺家协会

所属地区：天水市清水县

代表人物及骨干队伍：甘肃省轩辕文化研究会

简　　介：清水县是中华人文始祖轩辕黄帝的诞生地，自古享有"轩辕故里"的殊荣。清水轩辕文化、先秦文化、汉唐文化和宋金文化交融汇集，境内发现马家窑至齐家文化遗址40余处。《史记》记载："黄帝居轩辕之丘"；《水经》记载："生于上邽轩辕谷"；明朝学者胡缵宗曾撰文《轩辕黄帝出生清水考》，并为清水题刻"轩辕故里"石碑；省、州、县志均记述："轩辕谷隘，清水县东七十里，黄帝诞此";著名历史学家范文澜的《中国通史简编》中说:"轩辕黄帝诞生于甘肃清水"。清水县城民国时期称"轩辕镇",新中国成立初期称"轩辕区"。城北4里许有两孔窑洞,即"轩辕窑",传说为黄帝之母携帝栖居之所。位于汤浴温泉后的剑道古镇有寿丘山,皇甫谧在《帝王世纪》中记述,"黄帝生于寿丘"、"长于姬水"、"居轩辕之丘"。翁独健主编的《中国民族关系史纲要》认为,"黄帝生于寿丘(今天水市境内)"。近年来,清水县挖掘文化资源,传承历史文脉,凝聚精神力量,积极建设轩辕文化保护传承体系,并成立了"天水轩辕文化研究会",民间还兴办了"轩辕博物馆",一批文物、文化资源得到了保护、研究、发掘。"清水道教音乐"、"清水剪纸"、"木人摔跤"、"轩辕鼓"等一批非物质文化遗产得到了充分保护传承。2011年,清水县被省民间文艺家协会命名为"轩辕文化之乡"。

0168 凉州皮影戏

批准时间：2011-05-30

批准单位：甘肃省文化厅

所属地区：武威市凉州区

代表人物及骨干队伍：马登歧

简　　介：凉州皮影戏自清末时期由陕西传入武威凉州后,在清源盛行流传至今。凉州皮影戏的表演一般需搭建舞台,方圆六至八米,一般演唱需九人,大型演唱可达十二人,曲调用秦腔,有时夹有眉户腔,曲调宛转、荡气回肠。乐器有扬琴、二胡、板胡、唢呐、大鼓、锣等,预示情节开篇。皮影戏的演唱人多为祖传,口传心授,作为民间娱乐的一种文化活动,现演唱曲种存有三十余本。戏曲主要以述颂英雄贤士、烈妇淑女、孝子贤孙、帝王将相、才子佳人故事为主,寓隐恶扬善,喻时劝世,因果报应等。其特点：一是内容朴素,感染力强。二是形式活泼,音容并茂。三是曲牌丰富,和谐共存。四是喜闻乐见,鲜活灵动。2008年,凉州皮影戏被公布列入甘肃省第二批非物质文化遗产保护名录。

0169 凉州宝卷

批准时间：2011-05-30

批准单位：甘肃省文化厅

所属地区：武威市张义镇

代表人物及骨干队伍：李作柄及天梯山民间艺术团表演队

简　　介：凉州宝卷主要流传于甘肃省河西走廊一带,这是我国至今仍有讲唱活动的少数地区之一。凉州宝卷是在唐代敦煌变文、俗讲以及宋代说经基础上发展而成的一种民间吟唱的文娱活动。变文主要吸收了印度佛经的结构形式,内容也以佛经故事为主,而宝卷则在继承的同时加以发展,使之更加民族化、地方化,成为地地道道的中国传统讲唱文学的一种。宝卷的脚本大多是木刻版和手抄本。凉州宝卷的主要形式是讲唱过程中的韵白结合,有说有唱,以"接佛声"为主要手段吸引群众参与演唱。白话是念卷人为了叙述故事情节,交代事件发展,铺叙人物关系,点明时间、地点而采用的一种表演手法,是"讲"或"说"的,而韵文则是为了寄寓善恶褒贬,推动故事情节发展,抒发爱憎情绪,烘托渲染气氛的,是"吟"或"唱"

的。凉州宝卷成熟、盛行于明、清至民国时期，"文革"期间逐渐冷落、沉寂，趋于失传。2006年被列入第一批国家级非物质文化遗产名录。

0170 文化之乡——沙井镇

批准时间：2011-05-30
批准单位：甘肃省人民政府
所属地区：武威市甘州区
代表人物及骨干队伍：太平鼓队、业余秦剧团
简　　介：沙井镇有悠久的群众性文化体育活动历史和传统，群众文化体育活动活跃，秦腔、太平鼓、社火队、农民篮球队等传统文化体育活动经常开展，特别是近年来，随着全镇经济及社会各项事业的发展，群众收入逐年增加，生活水平明显改善，对文化体育活动的需求日益提高，为满足群众日益增长的文体需求，镇党委、镇政府把发展文化体育事业列入议事日程，每年对文化体育事业都给予一定投入，千方百计改善文化体育基础设施，并利用节庆日及农闲时间积极组织群众开展文化体育活动。沙井镇坚持利用节庆日和农闲时间，积极组织群众开展社火调演、元宵灯展、演讲比赛、戏剧演出、农民运动会、文艺节目汇演、灵隐寺庙会等群众喜闻乐见的文化体育活动。沙井镇自1996年以来先后被张掖市委、市政府命名为"文化之乡"、"体育之乡"、"教育之乡"、"科技之乡"、"卫生之乡"，2011年被甘肃省人民政府命名为"文化艺术之乡"。多次被甘州区政府授予"文化体育工作先进乡镇"的称号。镇文化站被列为省"丝绸之路文化长廊示范文化站"、"甘肃省精神文明建设示范工程"。为构建和谐社会和建设社会主义新农村发挥了应有的作用。

0171 文化之乡——赤金镇

批准时间：2013-01-10
批准单位：甘肃省文化厅
所属地区：酒泉玉门市
代表人物及骨干队伍："铁人"家乡艺术团、王生荣、王德科、赵长虎
简　　介：玉门市赤金镇位于玉门市新市区以东45公里，南望祁连山，北临走廊平原，左接红山白塔，右连丝绸古道，兰新铁路、嘉玉赤公路、嘉安高速公路横穿东西，交通便利，总面积2021平方公里，现辖8个行政村，32个村民小组，3505户，13700人，耕地面积37190亩，是"铁人"王进喜的家乡。赤金镇作为丝绸古道交通要塞和经济中心，有着丰富的自然旅游资源和人文景观。先民们在这里创造了悠久的历史和璀璨的文化。隋唐年间的红山白塔代表了一个文化时代；洋洋大观的十佛洞、祭供台壁画，是镌刻在古文化史上的神秘印记；铁人王进喜，影响了一个时代的精神楷模；硅化木地质公园、丹霞地貌是地质变迁留给我们的宝贵财富，这些得天独厚的自然资源及农业资源，特色鲜明的自然景观和文化底蕴深厚的人文景观都具有很高的开发价值，而赤金这座历史古镇所留下的诸多人文景观和美丽动听的古老传说，仍有几十位百岁老人能绘声绘色地描述出来。如今在镇党委、政府的正确领导下，全镇正朝着"特色产业大镇、区域经济重镇、红色旅游名镇、和谐文明新镇、品牌党建强镇"的目标阔步前进。

0172 田径之乡——临洮县

批准时间：1994-11
批准单位：中国人民共和国体育运动委员会
所属地区：定西市临洮县
代表人物及骨干队伍：苟登彦、张仰圣、杨华栋、马学忠等
简 介：临洮县有省级传统项目学校2所，省级百所小学田径训练点2所，市级传统项目学校6所，县级传统项目学校43所，县级业余训练点10所，体育中学1所。临洮县连续五届被评为全国"田径之乡"，1997年被评为全国群众体育先进集体，临洮二中、体育中学被评为全国群众体育先进单位。"陇中苦甲天下"，临洮自然条件差，环境艰苦，使全县人民磨砺出一种吃苦耐劳、敢于拼搏的精神。正是这种优良的拼搏精神，造就了青少年从事田径运动的天赋和素质。田径运动在临洮已有悠久的历史和广泛的群众基础，自1954年首次举行全县"五·一"田径运动会以来，县上坚持举行一年一度的"五·一"田径运动会。1974年以来，培养输送的临洮籍运动员在国际比赛中获得11枚金牌、7枚银牌、4枚铜牌，3人达国际健将标准。1989年以来，临洮运动员在全国重大比赛中获20枚金牌、14枚银牌、8枚铜牌，破1项亚洲青年田径纪录，5项全国田径纪录，3人（次）达国际健将标准，13人（次）达国家级运动健将标准，27人（次）达一级运动员标准。目前，全县已初步形成以县体育中心牵头，各乡镇、单位、学校为基础上下一体，全面发展的全民健身新格局。每年全县举办比赛活动10次以上，大大提高了全社会参与支持体育事业的积极性。

0173 文化之乡——中村镇

批准时间：2006-12-10
批准单位：甘肃省人民政府
所属地区：庆阳市宁县
代表人物及骨干队伍：曹应辰
简 介：中村镇素有"文化大乡"的美誉，民间文化艺术底蕴雄厚，主要文化形式有高跷、香包、刺绣、剪纸、石雕、根雕、泥彩塑、民间自乐班、秧歌、社火、舞龙、舞狮、书法、绘画、皮影、艺术创作等一些群众喜闻乐见的艺术品类。2010年在政平张氏书房成功举办全县社会主义新农村建设书画大赛，新建农家书屋18处，建成标准化中村乡文化站活动室、读书室、电教网络媒体室，极大地丰富了人民群众的文化娱乐生活。建于五代时期的凝寿寺塔2001年6月被公布为国家文物保护单位。

0174 花木之乡——临洮县

批准时间：2000-06-01
批准单位：国家林业局、中国花卉协会
所属地区：定西市临洮县
代表人物及骨干队伍：临洮县花卉协会、临洮县牡丹芍药协会
简 介：临洮，位于甘肃省中部，定西市

西部，是省会兰州的南大门和兰州一小时经济圈的重要节点。2000年6月获得"中国花木之乡"荣誉称号，2001年7月获得"中国花卉之乡"荣誉称号。全县现有花卉产业联合会1个，花木协会1个，乡村级花木协会19个，注册成立花木企业43家。十一五末，全县累计花木种植面积达3万亩，其中温室种植5000亩，露地种植25000亩。临洮县花木产业快速发展，被国家林业局和中国花卉协会命名为"中国花木之乡"、"中国花卉之乡"。主要经验如下：一是抓基地，扩大种植增规模。二是抓机制，集约经营上水平。全县在花卉产业发展过程中探索和摸索出了一些好路子，主要是建立和推行了三种机制：一种是大胆推行了土地使用权流转机制。第二种是积极实践了"公司+基地+协会带动农户"的农业产业化发展机制，大力发展订单生产，将公司与农户连成互惠互利的利益共同体。第三种是建立健全了投资扶持激励机制，实行"谁投资、谁所有、谁受益"的鼓励政策。三是抓科技，突出特色创品牌。四是抓服务，引导护航作保障。五是抓延伸，发展旅游促效益。坚持立足花卉办旅游的思路，依托县花木开发公司、新兴千亩花卉园区等花卉公司，大力发展休闲度假业，既满足了游客观赏、娱乐、休闲的需求，又提高了旅游档次和品位。

0175 中国书法之乡——通渭县

批准时间：2013-08

批准单位：中国书法家协会

所属地区：定西市通渭县

代表人物及骨干队伍：通渭县书画院

简　　介：全县现有书画创作人员3000多人，其中中美协会员5人、中书协会员28人，省美协会员53人，省书协会员60人。组建了通渭县书法家协会，吸纳会员200多名。近年来，先后在中国美术馆、甘肃省美术馆和天津市举办了"通渭农民书画展"，与浙江省金华市和浦江县分别建立了文化友好市、县。在北京、兰州、西安等地举办通渭书画展360余次，展出作品6万余件，其中有110多名书画家作品多次在国家和省级展览中入展或获奖。先后邀请王蒙、杨晓阳、贾平凹、刘艺、范扬、刘正成、吴善璋、聂成文等书画艺术界知名人士来通渭采风交流，交流作品达3000余幅。举办了首届通渭农民书画艺术节，省、市艺术院团在通渭县开展"三下乡"慰问演出10场（次），举办全县性大型文艺演出12场次。在第二、三届全国农民书画展上通渭县分别荣获优秀组织奖、组织工作最佳奖。根据全省敦煌行·丝绸之路国际旅游节的总体安排，先后成功举办了三届旅游文化艺术节，2012年9月被省第二届敦煌行·丝绸之路国际旅游节组委会评为先进县。2012年，中央电视台把通渭作为八集大型纪录片《中国书法5000年》西北地区三个采访点之一，进行拍摄采访并在央视国际频道播出。2013年通渭县先后被中书协、中华诗词学会命名为"中国书法之乡"和"中华诗词之乡"。

0176 书画艺术之乡——通渭县

批准时间：1993-12

批准单位：文化部

所属地区：定西市通渭县

代表人物及骨干队伍：通渭县文化馆

简　　介：全县现有书画创作人员3000多人，其中中美协会员5人、中书协会员28人，省美协会员53人，省书协会员60人。在北京、兰州、西安等地举办通渭书画展360余次，先后邀请王蒙、杨晓阳、贾平凹、刘艺、范扬、刘正成、吴善璋、聂成文等书画艺术界知名人士来通渭采风交流，交流作品达3000余幅。1993年12月，被文化部授予"书画艺术之乡"荣誉称号。

0177 甘肃省土琵琶弹唱之乡——文县

批准时间：2014-09-14

批准单位：甘肃省民间文艺家协会

所属地区：陇南市文县

代表人物及骨干队伍：陈发祥、王玉贵、石鸡坝金稻穗琵琶弹唱队等

简　　介：在文县的中路河、白马河、洋汤河、让水河流域周边地区，广泛流传着一种民间音乐，演唱方式是独唱或多人合唱，用当地特制的琵琶和二胡、三弦、碟子、竹瓦等伴奏。音乐悠扬、唱腔婉转，如歌如诉，具有很强的艺术感染力和地域特色。这是山西、陕西的民歌和湖广、四川音乐，与当地的民歌小调进一步融合，逐渐形成了当地富有特色的土琵琶弹唱。

文县琵琶，不同于南方的琵琶，其造型古朴典雅，模样与敦煌壁画中的"反弹琵琶"中的琵琶非常相似，用上好的椴木等制作，发音清澈透亮。安有3根钢弦，其中外面的一根叫"子弦"，内面有两根称"哪弦"，内外弦为五度关系，两根内弦同音同高。所唱的曲词，从风格上看，部分吸收了山西民歌和陕西眉户的精华，大部分曲子中的"7"音，与秦腔眉户的"7"相同。还吸收了湖、川音乐的精华，这就是历史上的移民形成的，加上本地音乐的融合，便自然形成了自己的特色。琵琶弹唱内容主要有：一是歌颂民间男女爱情类；二是神话传说类；三是祝福贺喜类。文县琵琶弹唱于2007年被纳入市级非物质文化遗产名录。文县被文化部、中国民协、甘肃省文化厅分别命名为"中国民间文化艺术之乡"、"中国白马人民俗文化之乡"、"甘肃省土琵琶弹唱之乡"。目前，已有土琵琶弹唱队30余支。

0178 甘肃省民间刺绣艺术之乡——尹集镇

批准时间：2011-08-03

批准单位：甘肃省文化厅

所属地区：临夏州临夏县

代表人物及骨干队伍：马索菲亚、马秀兰、王克力麦

简　介：临夏县尹集镇人杰地灵，民风淳朴，文化底蕴十分浓厚。独树一帜的刺绣艺术，把精美的图案、花纹或文字，运用色彩艳丽的绣线，一针一线绣在各种日用品上。其作品具有明显的浮雕感，部分图案汲取了中亚伊斯兰风格，以艳丽动感的花、鸟、鱼、虫等动植物为题材，表现出当地各民族劳动人民崇尚自然、热爱生活的优秀性格特征。其针脚细腻、色彩艳丽、图案逼真、风格独特，每一件作品不仅是一副具有极高观赏价值和审美价值的精美艺术品，而且也是具有实用价值的消费品。目前，以尹集镇为基地的兆美公司已成为全县乃至全州开发利用刺绣艺术的龙头企业，由他们研制开发的手工刺绣艺术品，已达4个大类，100多个花色品种，并已将产品推向市场，而且前景十分看好。据统计，常年从事家庭刺绣加工的青年妇女达1000多人，全镇每6个家庭中就有1人常年从事刺绣加工。其中有586人成了技术娴熟，可以独立绘图设计的技术骨干。2007年11月，在甘肃省第二届民间文艺"百合花"奖评选活动中，尹集镇选送的46件作品入选参展，其中《双合绣花鞋》获得银奖，《糊涂虫》针扎获入围奖，尹集镇文化站获组织奖。2009年7月他们选送的500件作品，在甘肃省第四届文博会展销期间全部销售一空，为临夏人民争得了荣誉。2011年8月尹集镇被甘肃省文化厅授予"甘肃省民间刺绣艺术之乡"称号。目前，已初步建立了比较规范的临夏刺绣传承人谱系，以及各种软件资料档案。

0179 秦州区玉泉镇夹板舞

批准时间：2010-08-20

批准单位：天水市文化文物出版局

所属地区：天水市秦州区

代表人物及骨干队伍：张岁歹、马永忠

简　介：秦州夹板舞主要分布在秦州区玉泉镇，清代初期，鉴于州城水患所致，秦州夹板与宗教祭祀相联系。清乾隆五年前，州城以北瀼水（今罗玉河）由北向西再向南穿越州城中心（今中心广场偏西）汇入藉河，由于湾道太急，常冲出堤岸，造成灾祸，东关父老只得把减免灾难的希望寄托给神灵。他们在玉泉观玉皇大帝像前祈祷，许愿每年正月初九（玉皇大帝诞辰）率众舞打夹板到玉泉观进香。从此，每年正月初九，由东关民众组成的三架夹板队经由大城、中城、西关、伏羲城至玉泉观进香。夹板舞属男性队伍舞蹈，其形式丰富多彩，由数十名身着青衣白云边、腰系彩绸带、头结布巾的男子，个个手持去阳板，在黄罗伞盖、飞龙旗、飞虎旗、五色旗的引导下，在锣鼓并吹奏乐伴奏下，在震耳欲聋的自制铁炮声中起步，列队沿街表演行进。队列声势浩大，蔚为大观。由于在行进中拍舞，故名行香步。天水人历来习惯称其为"朝山会"。

0180 文化艺术之乡——肃南裕固族自治县明花乡

批准时间：1992-06-20

批准单位：张掖市文化局

所属地区：张掖市肃南裕固族自治县

代表人物及骨干队伍：明花乡综合文化站

简　介：明花乡地处河西走廊中部，巴丹吉林沙漠边缘，兰新铁路及临清高速公路北侧。东与高台县接壤，西与酒泉市肃州区毗

邻，是一个以裕固族为主、藏、汉、回、土、哈萨克等民族居住的多民族聚居地，全乡辖14个行政村。多年来，明花乡大力实施文化惠民工程，在全乡形成了以综合文化站为枢纽，农牧村文化室、农家书屋为节点的宣传文化活动网络。该乡积极推进乡镇综合文化站和农家书屋建设，完成了乡镇综合文化站设施配套工程，实现了文化信息资源共享工程村级服务点全覆盖。为全乡各村的农家书屋配套图书1400册以上，有效解决了农村群众看书难的问题。依托传统节日、重大节庆和民族民间文化资源，开展丰富多彩的群众性文化活动，让农牧民群众在文化平台上"唱主角"。实施广播电视村村通工程和数字电视整体转换工程，进一步满足牧民群众的信息文化需求。1992年，张掖市文化局授予"文化艺术之乡"称号。

0181 民间文化艺术之乡——西坝乡

批准时间：2012-12-25

批准单位：酒泉市文化广播影视新闻出版局

所属地区：酒泉市金塔县

代表人物及骨干队伍：西红秦剧社

简　　介：金塔县西坝乡地处县城西北端25公里处，共辖8个行政村，43个村民小组，总面积29306公顷，总人口3311户，11975人，耕地面积43823亩。西坝乡人文荟萃，文化积淀深厚，秦腔、眉户剧、民间小调、民歌、秧歌、社火、旱船、龙狮等多种文艺形式活跃在田间地头，生生不息，代代相传。由农民自发组织的剧团、戏社、自乐班，常年活动在县内及周边地区，特别是当地群众自编自演的秦腔、眉户和传统民间小调更是有着悠久的历史渊源，形成了独具地方特色的民间文化。近年来，乡文化工作以建设社会主义新农村和构建和谐文化为目标，通过全方位、多领域、多层次的开展农村群众文化活动，着力发展地方特色文化，全乡文化事业更加兴旺繁荣、全面发展，群众文化生活更加丰富多彩、有声有色。在2000年被中华人民共和国农业部、国家体育总局、中国农民体育协会命名为"亿万农民健身活动先进乡镇"；2002年被甘肃省农业办公室、甘肃省体育局命名为"元旦春节农民健身活动先进单位"；2004年被中共金塔县委、金塔县人民政府命名为"特色文化之乡"。连续多年在全县文艺调演、春节社火汇演中获奖，多人受到市县宣传和文化部门的表彰奖励。2013年被命名为"酒泉市民间文化艺术之乡"。

0182 瓜州乡民间歌舞

批准时间：2013-01-22

批准单位：酒泉市文广局

所属地区：酒泉市瓜州县

代表人物及骨干队伍：刘云山、肖进全、陈桂兰、张淑琴、张彦平、王丽娜、杨玉玲、郭立财、石学金、杨红梅

简　　介：瓜州乡位于瓜州县城西11公里处，面积约50.4平方公里，东连县城，西邻敦煌，南接南岔镇，北通西湖乡，属于疏勒河流域灌溉为主的农业乡镇。瓜州乡经过多年的文化资源整合，大力扶持和引导了民间歌舞演出团队，使得全乡民歌民舞活动习俗得以健康发展。截至目前，全乡已发展民间歌舞自乐班5个，农民狮舞表演队、舞龙表演队各1个，农民歌手10余人。各类演出年累积90余场（次），观众年累积达1.5万多人（次），全乡演员150余人，专职演员30余人。社火活动（舞龙、旱船、舞狮）代表人物有刘云山、肖进全等。刺绣代表人物有陈桂兰、张淑琴等。乐器表演代表人物有张彦平等。农民歌手代表人物有王丽娜、杨玉玲、郭立财等。民间歌舞自乐班代表人物

有石学金、杨红梅等。

0183 南岔镇民间曲艺

批准时间：2013-01-22

批准单位：酒泉市文广局

所属地区：酒泉市瓜州县

代表人物及骨干队伍：胡燕志、李发喜、段建设、胡思根、苏正伟、张德、王小花

简　介：南岔镇地处瓜州县西南17公里处，东与县城紧密相连，西与国际旅游名城敦煌市为邻，南与肃北蒙古族自治县毗连，北与瓜州乡接壤，314省道穿腹而过。近年来，连续举办了书画、剪纸、刺绣作品展。南岔一组吕德象的书法作品被中国书法家协会收藏。学校的日常教育教学中，全面开展民间文化艺术教育和人才队伍培养，使民间文化艺术的传承和发扬光大后继有人。围绕"酒泉民间文化艺术之乡"创建，在全镇广泛开展群众文体活动。"元旦"、"春节"期间，按照镇牵头、村主办的模式，组织大型迎新春社火队上县城、入村组、进企业慰问表演；充分利用"三八"、"五一"、"五四"、"六一"、"七一"等节日，坚持群众文化群众办，连续举行了九届"春兰杯"、四届"小康杯"文艺大奖赛、"先锋颂歌"歌咏演唱会，数年来优秀节目常演常新百看不厌，充分展示群众文化成果。被誉为"文化村"的九北村群众自发组成百余人的秧歌队，九北村组组有演唱队、秧歌队。胡燕志的民间小曲、李发喜的桃尖帽、段建设的二胡调、胡思根的迪调曲等具有浓厚乡土气息的民间曲艺和苏正伟、张德、王小花等一大批民间文化艺术人才有了发展的空间和舞台，传承民间文化艺术的队伍稳定发展、日趋壮大。

0184 肃州镇曲子戏

批准时间：2013-01-16

批准单位：酒泉市文广局

所属地区：酒泉敦煌市

代表人物及骨干队伍：闫光福，肃州镇曲子戏自乐班

简　介：敦煌曲子戏起源于肃州镇，全镇60%以上的农民都能随口唱几段曲子戏。据史料记载，早在1871-1921年的第一代11位传人中，有9人为肃州镇籍人士。雍正年间向敦煌的大移民，使敦煌地方戏在原有曲子词、变文、俚曲小调的基础上吸收了秦腔、眉户及甘肃地方戏的各种曲调，逐渐形成了敦煌曲子戏。1940年之后，曲子戏因革新而崛起，有舞台表演和地摊清唱两种表现形式。在庙会、传统节日、老人寿庆、新生儿出月等喜庆之日都邀请曲子戏艺人来家演唱。1952年，敦煌县文化馆举办了曲子戏艺人培训班，对传统的曲子戏进行了改造。2006年敦煌市文化馆在敦煌曲子戏整理、申报首批国家级非物质文化遗产的过程中，肃州镇的敦煌曲子戏传人闫光福提供了多年来从事演唱积累的大量文字资料，其创建的自乐班录制了大量的唱段，为敦煌曲子戏成功申报非物质文化遗产做出了重要贡献。近年来，市镇两级政府加大对曲子戏的保护力度。文化馆对老艺人演唱的部分剧目进行了录音、录像，制成光盘，进行保存。镇文化站鼓励年轻人工作生产之余加入自乐班学习演唱曲子戏，大力培养接班人。2010年，肃州曲子戏自乐班荣获全省先进文化大院荣誉称号。2012年被授予"酒泉市民间文化艺术之乡"的称号。至2014年，全镇有10个农民自乐班长期开展曲子戏演唱活动，固定班子成员超过400人，业余爱好者占到全镇人口的60%。

0185 黄渠乡秧歌

批准时间：2013-01-16

批准单位：酒泉市文广局

所属地区：酒泉市敦煌市

代表人物及骨干队伍：康元玉、黄渠乡集镇社区文化大院

简　　介：黄渠乡是一个传统的文化体育大乡，其中秧歌艺术在这里扎根久远，历久弥新。秧歌是农闲时节主要的文化活动，黄渠传统秧歌独具一格，比较突出的两种表演形式"地蹦子"和"卖膏药"。"地蹦子"是一种载歌载舞且多人参与的综合性表演，演员身着旦、丑角古装服饰，戏短精悍，演出环境较为随意，表演夸张幽默，内容多为典故和戏剧情节，惹人发笑，较受观众欢迎，其中"大头和尚"、"跑旱船"、"跑毛驴"等滑稽表演，诙谐幽默、风趣夸张、亦庄亦谐，让围观群众忍俊不禁。"卖膏药"又名"装彩傅"，形式更为简单随意，由表演艺人触景生情即兴编创一些"四六句"式的祝语、贺词外，有时还要加入一些道德教育、政策宣传的内容，边跳边唱，或跳一段、唱一段，跳唱交叉，给主人和观众说点吉祥话，惹人发笑。康元玉是黄渠乡代家墩村六组的一名普通村民，他是教授传统秧歌的"老把式"，也是黄渠乡群众文化活动有名的"艺术指导"和"领头人"。这个由传统秧歌之乡发展起来的文化大乡，目前已是全国"亿万农民健身活动先进乡镇"，是"甘肃省文明乡"，有全省的"精神文明建设示范工程"，有酒泉市"健身广场示范点"。2010年被国家文明委评为"争创全国文明村镇工作先进村镇"。秧歌艺术在这里散发着迷人的魅力，传统乡土文化在这里得到了广传深播。

0186 合水石雕

批准时间：2008-06-13

批准单位：甘肃省文化厅

所属地区：庆阳市合水县

代表人物及骨干队伍：陇东古石刻艺术博物馆

简　　介：合水石雕历史悠久，源远流长，石雕艺术是原始先民祭祀和崇拜的文化。合水石雕艺术的产生与发展，可以说与合水民俗历史同步。它经历了北魏的产生形成期，唐宋成熟兴盛期，明清至民国的衰弱期，新中国成立初期至"文革"的淡化、冷落期，新时代的复苏期。特别是改革开放以来，随着人民生活水平的提高和精神文化需求的发展，随着庙会、祭祀等民俗活动的复苏和发展，建筑装饰和求美之风兴起，石雕艺术有所发展和创新，尤其是非物质文化遗产的发掘、抢救、保护工程的启动，石雕这朵民间艺术之花也展现出了勃勃生机。合水县博物馆现收藏各类石雕文物3000多件，属于国家二级以上文物46件。2008年，合水石雕被列入第二批甘肃省非物质文化遗产名录。

0187 板桥剪纸

批准时间：2010-06-03

批准单位：甘肃省文化厅

所属地区：庆阳市合水县

代表人物及骨干队伍：合水县民间工艺协会

简　　介：板桥剪纸起源于汉代，盛行于唐、宋时代。历经世代相传，仍盛行不衰，深深扎根于群众之中，成为当地妇女抒发感情、表露艺术才华的主要园地。每逢过年过节，娶媳嫁女，女人们就大显身手，忙忙碌碌打扫窑洞，裱糊房屋。尤其是对窗户、炕围、墙壁、顶棚格外看重，擦净、糊好、裱新，在上面贴上各种图样的剪纸。板桥剪纸丰富多彩，它是观察板桥人道德观念、行为准则的一个窗口，有婚育剪纸、寿宴剪纸、丧俗剪纸等。在长期的剪纸实践中，劳动妇女掌握了丰富的剪纸技巧和表现手法，技艺

娴熟。板桥民间剪纸凝聚着中华民族深厚的思想感情和心理意识，是民族艺术的源和魂。它具有丰富的哲学、美学、考古学、历史学、民俗学、社会学和人类文化内涵，是板桥文化的浓缩，是打开合水文化的一把金钥匙。

0188 店子面塑

批准时间：2006-09-30
批准单位：甘肃省文化厅
所属地区：庆阳市合水县
代表人物及骨干队伍：合水县民间工艺协会
简　　介：甘肃省合水县店子乡位于合水县东北部，古为人畜憩息之所，人称"打火店"，今称店子。店子历史文化悠久，秦直古道就从店子乡子午岭经过。中国古代的"高速公路"——雄奇险峻的子午岭土脉之上，遗存着堪称人类建筑奇迹的秦直古道。店子是华夏农耕文明的一部分，先民为了获得好收成，进行祭祀祈祷，祭品逐渐以面塑品代替了原始的动物，从而产生了精彩纷呈的面塑艺术。合水面塑用料以小麦面粉为主，辅之以黑豆、大枣、红豆、姜黄、花椒叶末等。工序为蒸、炸、烤、烙。塑做手法有捏、挤、压、挑、剪等手法。构图简洁明快而朴实，或粗犷，或雅致，用一把面刀，一把木梳，一只顶针，一根擀杖，便可做成各种植物花卉、动物、人物图案等形象，面塑艺术用途广泛，祭祀用的祭品、家中祭祀用的供品、祝寿的寿礼品，嫁娶中的催妆馍、和气馍等，以及宾客用的食品，都呈现出民间面塑艺术之美。飞禽走兽、十二生肖、枣山、面虎、蝙蝠、凤蝶、植物花卉、人物八仙、二龙戏珠、寿星、面娃娃等，形神兼备。合水面塑风俗被列入第一批甘肃非物质文化遗产名录。

0189 合水香包刺绣

批准时间：2014
批准单位：甘肃省文化厅
所属地区：庆阳市合水县
代表人物及骨干队伍：合水县民间工艺协会
简　　介：合水香包刺绣历史悠久，源远流长，遍及全县农村家庭。刺绣为当地农村妇女的必修针工，其历史渊源可追溯到人文初祖皇帝时代的嫘祖养蚕、织棉和岐伯的中药材之术。《黄帝内经》一书中就有关于香包的记载。到了唐宋明清时期，庆阳香包刺绣已经十分盛行，成为人民佩戴或馈赠的佳品，传递爱情的信物。合水香包刺绣内容丰富，取材广泛、天地万物、山川日月无所不包。合水香包刺绣用料简单，按制作技艺，可分为绌绌、线盘、立体刺绣、平面刺绣四大类。合水香包刺绣从结构到表现都体现着原生态文化，其表现手法多样，印象神秘怪异，寓意乐观吉祥，具有浓厚的民族传统和吉祥文化内涵及粗犷荒蛮的艺术风格。畅游于合水香包刺绣的海洋，不但给人一种原始生命的壮美之感，而且更使人感受到这里黄土地的厚重。

0190 合水编结技艺

批准时间：2010-06-03
批准单位：甘肃省文化厅
所属地区：庆阳市合水县
代表人物及骨干队伍：合水县民间工艺协会
简　　介：合水民间手工编结品，所需原料均为当地天然植物，具有本土鲜明的地域特征。用于编结的原料没有丝毫污染，具有绿色环保的特征，更具有实用性特征。大部分编结品都用于生产和生活中，既有观赏的艺术价值又有实用的价值。随着社会的发展，人们为了生活生产和美化环境的需要，随手采用当地植物枝、茎、叶、杆、根，用一把席刀、一条刃子、几根绳子、一把尺子，采用编、缠、扎、掐、曲、削、插、烤等方法，即可编结出多姿多彩的艺术品。条编、草编、芋子编、麦秆编、高粱秆编、叶编、根编等遍及全县。它与生产和人们生活的实用性紧密相联，在生产生活中起着决定性的作用，深深扎根于民间，世世代代相传，久传不衰。

0191 蒿咀铺民谣

批准时间：2010-06-03

批准单位：甘肃省文化厅

所属地区：庆阳市合水县

代表人物及骨干队伍：合水县文化馆

简　　介：蒿咀铺，古称蒿土峪铺。据旧志记载，这里有桃岭飞红、古庙松阴、自响水鼓三景，是行人过往子午岭时必宿之地，群众习称好宿铺。后屡经兵乱匪患，秀色大减，蒿草林木四起，群众又渐称蒿咀铺，相沿成习，始有今名。隶属于甘肃省庆阳市合水县，地处合水县东北部，子午岭西麓。世世代代生活在这块土地上的劳动人民，在生产和生活实践中，创作出了大量内容丰富的民谣。远在春秋时期，祭祀的巫歌即是民谣的雏形，到周代，不少反映先民生活的古豳社会的民谣随之产生。在历史的长河中，合水民谣不断传承发展，遍地传唱。蒿咀铺民谣有着鲜明的特征：大部分民谣是本地人创作的反映本地政治、经济、生活、民情等内容，具有本土的地域特征。群众通过广泛参与既可和谐相处，又可受到社会道德教育，因而具有教化和群众性的特征。每个时期，都有一些新民谣问世，内容多为揭露腐败现象或讽刺不良风气，或赞美新生，易记易传，因而具有时代特征。

0192 何家畔高跷

批准时间：2010-06-03

批准单位：甘肃省文化厅

所属地区：庆阳市合水县

代表人物及骨干队伍：合水县文化馆

简　　介：何家畔镇位于合水县西南部，距县城39公里，东隔马莲河畔与合水县吉岘乡相邻，南与宁县瓦斜乡接壤，西靠西峰区什社乡、温泉乡，北接庆城县赤城乡。境内多平塬，少山川，沟壑纵横。何家畔高跷表演始于清朝康熙年间，兴盛于民国。随着时间的推移，它的内容更加丰富，表演艺术有了很大提高，是庙会佳节中群众喜闻乐见的一种娱乐活动。高跷艺术注重虚与实结合，动与静结合，滑稽与幽默结合的表演形式，使传统的表演有张有弛，记忆性强，形式多样，便于观赏，而且流动方便，深受群众喜爱，成为农村群众节日文化生活的重要组成部分。何家畔高跷表演分为文、武两种，以"扭、浪、逗、相"为主要表现手段，踩武高跷的有一整套难度很大的动作，文高跷不在于高难度的动作，而在于行走时边踩边扭，表演故事，动作夸张，诙谐逗趣。何家畔乡高跷艺术在历届政府的关心支持下，建立了完备的档案和资料，拥有近百人的高跷表演队伍，利用群众集资和援助，在节日和喜庆活动中积极表演，代表性表演节目有《秃女婿尿炕》、《采花》、《女望家》等，老百姓百看不厌，成为传统保留节目。还经常赴外地，如平凉的泾川、华亭等地进行表演，受到群众一致好评。

0193 段家集唢呐

批准时间：2010-06-03

批准单位：甘肃省文化厅

所属地区：庆阳市合水县

代表人物及骨干队伍：合水县民间工艺协会

简　　介：段家集乡隶属于甘肃省庆阳市合水县，位于合水县东南部，以当地段姓集居，故名段家集。段家集唢呐始于金元时代军乐仪仗中，至明代在段家集民间广为流传，并日渐形成独有的地方特色。曲牌经过千余年创新发展，迄今已有200多首。按民俗应用，可分为通用曲牌、红事曲牌、白事曲牌、白事专用曲牌等形式。有的欢天喜地，有的情悲意哀，有的委婉动听，有的高亢激昂，有的幽默诙谐，有的热情奔放。婚丧喜庆中，喜庆祥和之声，如喜鹊报喜，似龙凤和鸣，令人心情激扬。丧事祭典中，低沉悲哀之调似雁落沙滩，如寒风号叫，引起人们无限的伤感、悲凉与哀思，倍觉人间生离死别的悲痛与忧伤。段家集唢呐手，一代代传承不息，可谓人才济济，层出不穷。全乡有唢呐手近40名，有唢呐乐队8个，常常活跃在乡镇、村落。不避严寒、不畏酷暑，走东家、串西家，把辛苦揣在怀里，把欢乐奉献乡亲，唢呐一响，乐了八方。

0194 西华池根雕

批准时间：2010-06-03

批准单位：甘肃省文化厅

所属地区：庆阳市合水县

代表人物及骨干队伍：合水县民间工艺协会

简　　介：西华池，古名金柜镇。西汉置略畔道，隋、唐、后周先后为乐蟠县治。宋熙宁四年改为西华池寨。西华池镇地处合水县城，相传宋时城南沟掌有一湫，水清位高，荷花盛开，景色华丽而得名华池，又因境内已有东华池，故名西华池。西华池根雕作品在战国后期就已出现，隋唐时期，随着社会生产力的发展，根雕艺术也得到了相应的发展。明、清时期，根雕得到了进一步发展，这一时期制作的根雕作品讲究"三分雕刻，七分天成"，顺根造型，依型加工，地域特色鲜明。作为一门独特古老而新奇的艺术，西华池根雕作品集"奇"、"妙"、"古"、"佳"为一体，融书法、绘画、雕塑的某些内涵和表现手法，别具一格。它依据各个不同的树根及其不同的材质、形态，经过根雕师匠心独运的创意、构思、蒸、泡、剥、锯、精雕细刻，化腐朽为神奇，使一些普普通通的木头疙瘩变成一个个千姿百态出神入化的艺术精品。其特点表现为善于利用根的自然形态，因势造型，因材施艺，从而使"材"和"艺"兼而有之，天然与技艺融于一体。在制作中相形度势，精心构思，经过运刀整修、磨光、上色、披蜡、涂油、擦亮等工序，制成令人喜爱的根雕作品。西华池镇根雕在艺术创作上具有四大特色：一是寻奇觅美；二是巧借天然；三是突出意趣；四是讲究构图。

0195 傩戏之乡——先锋乡

批准时间：2006-09-13

批准单位：临夏回族自治州民间文艺家协会

所属地区：临夏回族自治州临夏县

代表人物及骨干队伍：鳌头村傩戏成员

简　　介：2006年9月，临夏县先锋乡经州文联批准被授予"傩戏之乡"称号，全乡跳傩戏的共有23个社，827户，3610人。先锋乡傩戏分鳌头村鳌头社"傩戏"和潘家、寨子社"傩戏"两种。鳌头社的"傩戏"面具

（俗称脸子）有两种说法：一为清光绪年间所制，一为民国28年所制。因村人文化知识较低，无法考证。据说原有面具50多具，后遗失十多具，现存39具。潘家、寨子社的"傩戏"现存面具36具。两种"傩戏"其基本形式相同，但具体细节及内容有所不同。鳌头社的"傩戏"折子传说有24折，现存18折。内容涉及敬佛降香、神话传说、三国故事、除暴安良、封建婚姻、农事活动等。乐器有鼓、锣、笛。潘家、寨子社"傩戏"折子现存18折。乐器有鼓、锣、钵。傩戏包括面具（俗成脸子）、舞、善会禀说词。鳌头社的"傩戏"和潘家、寨子社的"傩戏"均为"正月会"。"正月会"每年春节举办一次，时间三天。鳌头社"傩戏"分别于1940年、1946年、1948年、1962年、1984年、1994年和2001年共举办过7次，其规模较大，观看人数众多，影响范围广。鳌头社的傩戏时间久远，内容丰富，日益引起了州内外专家学者的关注。

0196 文化之乡——苦水镇

批准时间：2013-06-06

批准单位：永登县文化体育局

所属地区：兰州市永登县

代表人物及骨干队伍：以非物质文化遗产为传承的队伍

简　　介：苦水镇位于永登县庄浪河川最南端，历史悠久，地理位置独特，物产丰富，民族文化独具风味，既是驰名中外的玫瑰之乡，也是河西走廊非物质文化遗产的沃土，有国家级项目高跷、省级项目下二调等。苦水镇是永登县的文化之乡，拥有丰富的民间文化遗产，民间艺术和民俗风情源远流长，世代传承，丰富多彩且具有鲜明的地域特色。主要文化活动有：春节期间的社火和文艺汇演、二月二龙抬头社火、三月三文化庙会、四月八猪驮山文化庙会、五月五端阳节文化庙会、七月十五嘛呢寺庙会、九月九重阳节老年活动，还有"三八"节文艺汇演、"五一"、"国庆"两节期间的秦腔演唱、文艺比赛、体育竞赛、书画大赛等等，可谓内容精彩纷呈，百花齐放。但最具地域特色的民俗艺术当属二月二龙抬头社火、猪驮山文化庙会、苦水高高跷、木偶戏、铁芯子、太平鼓艺术表演、秦腔演唱、民间小曲下二调演唱等。

0197 马鹿镇花儿

批准时间：2013-08-19

批准单位：张家川回族自治县人民政府

所属地区：天水市张家川回族自治县

代表人物及骨干队伍：马吴丹及其村民

简　　介：天水市张家川回族自治县马鹿镇位于张家川县东南部，距县城37公里，S305线穿境而过。马鹿镇历史悠久，资源丰富，是古丝绸之路要道。早在远古时期，先民们就在马鹿乡从事畜牧和农耕，先后有西戎、氐、吐蕃等少数民族居住。唐宋时期，阿拉伯、波斯等国家的贡使、商贾经"丝绸之路"相继迁入该地。据《张家川县志》记载，元明时期，张家川花儿在当地流传。到了清时期，有大批的回族迁入，形成了一个以回族为主体的少数民族聚居区，各种文化的不断融合，为张家川花儿的盛行奠定了基础，使花儿演唱达到了鼎盛的阶段，一直延续到民国时期。中华人民共和国成立初期，继续保持了发展的势头。"文革"期间，民间艺术受挫，演唱花儿的人数迅猛减少。20世纪80年代后，民间文化重新被抢救和保护，使花儿的传唱开始复苏，出现了马如意、杨国祥、马宝珍、马吴丹等一些演技较高的花儿艺人，使张家川花儿得以薪火相传，延续至今。近年来，随着非物质文化遗产保护工作的深入和规范化管理，张家川花儿受到各级政府高度重视，县文化馆成立了花儿艺术团，常年深入研究，弘扬传承这一非物质文化遗产。目前张家川花儿已成为马鹿乡回汉人民精神文化生活的重要资源，备受青睐，为这一片贫瘠的土地绽放出了异样的光彩。

0198 铧尖乡民间文化

批准时间：2014-08-20

批准单位：肃州区政府

所属地区：酒泉市肃州区

代表人物及骨干队伍：王吉绪、地蹦子表演队

简　　介：铧尖乡位于肃州区城东15公里处，地理位置优越，属于城郊乡，因地形酷似"犁铧"而得名。先后被中央文明委、省委、省政府评为"全国精神文明建设先进村镇"、"全国文明村镇"、"全省文明乡"，民间文化发达，主要有以下几种：一、民间舞蹈。铧尖的民间舞蹈代表性种类有地蹦子、高跷、二鬼打架、大头娃娃戏柳翠、磨盘秧歌、狮子、旱船等十几种表演舞技。1992年铧尖乡本土文化能人王吉绪将铧尖地蹦子改编为32人、64人组成的大型表演社火队。二、墙头文化。铧尖乡墙头文化创始于1994年，其创始人是铧尖乡本土文化能人周世仁。通过他不断努力和创新，使得墙头文化成为了铧尖乡一大文化特色，有自编的"三字经"、四字歌谣、顺口溜，还有版画、年画等多种形式。三、说唱文学。说唱文学的主要品种是"酒泉宝卷"，它接近于戏剧和故事之间，文句生动、曲调优美，辅以劝善除邪恶的主题，是民间流传的一种奇特文化，还有小曲子。据初步调查，遗存在铧尖乡的经卷有十几种，至今传抄传唱，并使很多人陆续购买"酒泉宝卷"，现如今仍在铧尖乡广大人民群众间流传延续。四、铧尖的"半台戏"。铧尖的"半台戏"是在周边乡邻镇戏剧院影响的基础上，在长期的演出艺术实践中，吸收了陕西眉户、秦腔曲调以及兰州鼓子的行腔伴奏，经融合、互补形成了具有地方特色的眉户秦腔剧种。铧尖"半台戏"演出的剧目大多是生动风趣的地方小戏和精炼的折子戏，有"三娘教子"、"杀狗劝妻"、"俩亲家打架"等古装老戏。曲调平直古朴，唱词多以方言表白，风趣幽默，结构短小整齐，演员易记易唱，其演奏乐器以三弦、板胡为主，音色流畅动听。

0199 花儿艺术之乡——羊井子湾

批准时间：2012-12-25

批准单位：金塔县人民政府

所属地区：酒泉市金塔县

代表人物及骨干队伍：羊井子湾乡花儿演唱队

简　　介：羊井子湾乡是甘肃省"两西"移民工程在河西投资开发建设的第一个移民安置试验示范基地，位于金塔县城东北12公里处。羊井子湾乡移民群众自1986年开始，分别从临夏州、永靖、东乡等县市区迁入，带来了临夏"花儿"的溜唱形式，他们在田

间劳作中，在农历四月初八庙会等节日期间，自发地对唱"花儿"抒发感情，赞美发展的新成就。为了保护传承"花儿"这一民间艺术，羊井子湾乡举办了"花儿"赛唱会，对优秀"花儿"歌手进行表彰鼓励，并对"花儿"曲词进行了收集、整理。

后 记

在甘肃进行全面性的文化资源普查属于首次，将普查成果汇编成大型的文化资源名录在国内也属于前列。《甘肃省文化资源名录》是按照《甘肃省文化提升行动协调推进领导小组工作方案》和《甘肃省文化资源普查和分类分级评估工作实施方案》要求推出的重要成果。经过甘肃省文化资源普查和分类分级评估工作领导小组办公室组织40多名专家学者，在甘肃省文化资源普查平台数据库基础上，历时两年精心编排，终于完成书稿，这是参与全省文化资源普查的所有工作人员集体智慧的结晶。

甘肃省委原常委、省委宣传部原部长连辑，甘肃省委常委、省委组织部部长梁言顺，甘肃省委常委、省委宣传部部长陈青，先后领导和部署了本名录的编辑出版工作。省委宣传部原副部长、省社科院原院长范鹏研究员协调推进了本名录的编写。甘肃省社科院院长王福生研究员组织实施了本名录的策划设计、内容编排、审定并最终定稿。甘肃省社科院副院长马廷旭研究员负责了审稿、统稿和出版发行事宜。刘玉顺同志全程负责了书稿编排工作。

在《甘肃省文化资源名录》面世之际，感谢甘肃省文化提升行动协调推进领导小组各位领导的大力支持与关心，感谢参与普查工作的各市（州）县（区）、有关省直厅局的鼎力相助，感谢参与普查的专家学者和基层工作人员的辛勤付出，感谢中国书籍出版社为本名录的出版所做的努力，感谢所有关心关注本名录的人们。《甘肃省文化资源名录》是从盘清全省文化资源家底的角度入手，收录范围极其宽泛，有部分内容还存在缺项，有的资源没有资源简介，有的资源缺图片等等，给该书的出版留下了遗憾（该套丛书普查数据截至2012年12月31日）。同时，由于我们的水平有限，可能还有错讹疏漏之处，恳请读者随时批评指正，以便在将来进一步完善和修订。

甘肃省社会科学院
2017年7月

甘肃省文化资源名录
总书目

第 一 卷　　可移动文物Ⅰ（金银器、铜器）
第 二 卷　　可移动文物Ⅱ（铜器）
第 三 卷　　可移动文物Ⅲ（铜器、铁器）
第 四 卷　　可移动文物Ⅳ（陶泥器）
第 五 卷　　可移动文物Ⅴ（陶泥器）
第 六 卷　　可移动文物Ⅵ（陶泥器）
第 七 卷　　可移动文物Ⅶ（陶泥器）
第 八 卷　　可移动文物Ⅷ（陶泥器）
第 九 卷　　可移动文物Ⅸ（砖瓦、瓷器）
第 十 卷　　可移动文物Ⅹ（瓷器）
第十一卷　　可移动文物Ⅺ（宝、玉石器，石器、石刻）
第十二卷　　可移动文物Ⅻ（纺织品、皮革、漆木竹器、珐琅器、玻璃器、骨角牙器、文具乐器法器、绘画）
第十三卷　　可移动文物ⅩⅢ（书法、拓片、玺印、货币、雕塑、造像）
第十四卷　　可移动文物ⅩⅣ（文献图书、徽章、证件、票据、邮品、度量衡器、交通运输工具、武器装备、航天装备、古脊椎动物化石、人类化石、其他）
第十五卷　　不可移动文物Ⅰ（古墓葬、古遗址）
第十六卷　　不可移动文物Ⅱ（古建筑、石窟寺及石刻、其他）
第十七卷　　红色文化（故居、旧址、纪念地、纪念设施、烈士墓、其他）
第十八卷　　历史事件与人物Ⅰ（历史事件、历史人物）
第十九卷　　历史事件与人物Ⅱ（历史人物）
第二十卷　　历史文献Ⅰ（古籍）
第二十一卷　历史文献Ⅱ（古籍、志书、档案、其他）
第二十二卷　非物质文化遗产Ⅰ（民间文学、民间音乐、民间舞蹈、民间戏剧、曲艺）
第二十三卷　非物质文化遗产Ⅱ（民间杂技、游艺传统体育与竞技、民间美术、民间技艺）
第二十四卷　非物质文化遗产Ⅲ（民间技艺、民间医药、民间信仰、岁时节令、生产商贸习俗、消费习俗、民间知识、人生礼俗）
第二十五卷　建筑、自然景观文化（建筑文化、自然景观文化）

甘肃省文化资源名录
总书目

第二十六卷　　文学艺术Ⅰ（文学、艺术）
第二十七卷　　文学艺术Ⅱ（艺术）
第二十八卷　　饮食文化（酒、茶、饮料、特色饮食、饮食器皿）
第二十九卷　　节庆、赛事、文化之乡（节庆、赛事、文化之乡）
第 三 十 卷　　地名文化Ⅰ（特色自然地理地名、市州、市县区、乡镇街道、村、社区）
第三十一卷　　地名文化Ⅱ（村、社区）
第三十二卷　　地名文化Ⅲ（村、社区）
第三十三卷　　地名文化Ⅳ（村、社区）
第三十四卷　　地名文化Ⅴ（村、社区）
第三十五卷　　地名文化Ⅵ（村、社区）
第三十六卷　　文化产业、传媒Ⅰ（新闻出版发行服务、广播电视电影服务、文化用品的生产、文化产品生产的辅助生产）
第三十七卷　　文化产业、传媒Ⅱ（文化艺术服务、文化信息传输服务、文化休闲娱乐服务、工艺美术品的生产）
第三十八卷　　文化产业、传媒Ⅲ（文化创意和艺术服务、文化专用设备的生产、传媒）
第三十九卷　　社科研究Ⅰ（机构和团体、著作类、研究报告、学术活动、社科刊物、获奖成果）
第 四 十 卷　　社科研究Ⅱ（论文）
第四十一卷　　社科研究Ⅲ（论文）
第四十二卷　　文化类高等教育、文化艺术机构团体Ⅰ（文化类高等教育、文化艺术机构、文艺团体、文艺表演团体、文艺场馆）
第四十三卷　　文化类高等教育、文化艺术机构团体Ⅱ（群众文化艺术馆）
第四十四卷　　文化人才Ⅰ（社科人才）
第四十五卷　　文化人才Ⅱ（社科人才）
第四十六卷　　文化人才Ⅲ（图书情报人才、档案人才、文博人才、新闻人才、出版人才、文艺人才）
第四十七卷　　文化人才Ⅳ（体育人才、网络文化人才、动漫人才、民间文化人才）
第四十八卷　　宗教文化、民族语言文字Ⅰ（教职人员、宗教经卷）
第四十九卷　　宗教文化、民族语言文字Ⅱ（宗教活动场所）
第 五 十 卷　　宗教文化、民族语言文字Ⅲ（宗教活动场所、民族语言文字）